来新夏文集

来新夏 著

第五册

图书文献学卷（下）

目录学 图书馆学

编辑出版

南方传媒

广东人民出版社

·广州·

目录学

我和古典目录学

1923年的夏天，正在军阀混战的年代里，我出生在江南名城杭州的一个读书人的大家庭中，父叔常年谋食四方，家中事无巨细都由祖父主持。我的祖父裕恂先生是清末的一位秀才，曾师从于晚清国学大师俞樾，肄业于诂经精舍。但是，他的思想很先进，很开放，不满于清朝的统治，写了许多抨击时政的诗篇。他赞成戊戌变法，写了《读〈公车上书〉》，颂扬康有为是"伟哉南海有人豪"。当得知变法失败，六君子蒙难时，他哀悼变法者的流血。他认为"《苏报》案"的实质是"痛言论之不自由兮！横遭祸殃"，至于章太炎、邹容之入狱则是"因文字而获罪兮！大道晦盲"。他还写了多篇与时代脉搏相呼应的诗篇。我的祖父是位正直的饱学之士，他继承了传统文化的优良部分，又接受了资产阶级新思潮的灌输，是由封建知识分子转化过来的新型资产阶级知识分子。光绪二十九年（1903），我的祖父在当时留日热潮的影响下，远赴日本去寻求救国之道，就读于弘文书院师范科，并考察日本各类学校的教育状况。次年，他应聘出掌横滨中华学校教务。不久回国，经蔡元培介绍加盟光复会，在家乡从事新式教育的劝学工作。他在留日期间，曾读过一些日人所著有关汉语语法诸作"类皆以日人之品词强一汉文"，颇受刺激。回国后，激于爱国义愤，乃参读中外典籍，摒绝外务，潜心著述，历时四年，终于完成《汉文典》四卷，由商务印书馆出版。辛亥以后，他敝屣荣华，依然在教育部门和各类学校任职，并参加地方志编纂工作。公余和赋闲时笔耕不辍，继续研究学问，除《汉文典》外，还有《萧山县志》、《蜗园诗集》正续、《玉皇山志》、《中国文学史》和《易学通论》多种著述。

我的祖父是为我日后从事古典目录学研究进行原始训练的第一位老师。我是他的长孙，七岁以前一直随侍左右，生活上备受宠爱，但他对我的教育却很认真。他是位思想先进的知识分子，但非常严格地对我进行传统启蒙教育。他"强制"我这个六七岁的孩子必须按照他的要求，以三、百、千、千的顺序去读，去背诵。当时我感到非常苦恼和无奈，但当成人后基本上能出口成章，谈吐不俗时，我又非常感谢这段被迫接受的传统启蒙教育。我还从祖父的日常谈话和读书活动中获得很多潜移默化的启示。祖父是高度近视，有时自己从书架上找书较困难，便写个条子让我到按经史子集分列的书架上照单找书。开始时速度很慢，渐渐熟悉排架，能够较快地找到书，而受到祖父的嘉许。他曾用一种扫叶山房本的《幼学琼林》教我读，遇到文中有错字和读不通处，就亲自找另一较好版本让我核对，果然刻字有误。这些当时并不理解，而当日后涉足古典目录学领域时才感到这不就是一种校勘学的实习吗？七岁那年，我因父亲定居天津，即随母北上。我依依不舍地离开了祖父的身边，以后虽然再未共同生活在一起，但是，他仍然不时写信来指导我读书和修改我的习作，直到他高年辞世时为止。

我从小学到大学遇到不少良师，他们都从各个不同方面给我日后的学术道路以重要的影响。三四十年代之交，我在天津一所中学读书，有一位年轻的国文教师谢国捷，专攻哲学，是史学家谢国桢的六弟。安阳谢氏，家富藏书，谢老师又慷慨倜傥，师生间十分契洽，因此，我得以尽读谢氏藏书。有时谢老师还谈些治学方法与经验，鼓励我写文章。我的第一篇史学论文《汉唐改元释例》初稿就完成于此时。此文后来在陈援庵老师的直接指导下，经过多次修改，成为我的大学毕业论文。

40年代初，我考入北平辅仁大学历史学系。当时，沦陷区的许多知名学者教授，因为辅仁不是敌伪大学，纷纷来校任教，历史学系更是名师聚集。我有幸亲受业于陈垣（援庵）、张星烺（亮尘）、余嘉锡（季豫）和朱师辙（少滨）诸先生之门；启功（元白）、赵光贤（奉生）、柴德赓（青峰）和余逊（让之）诸先生还都在中年，但他们都曾为我夯实治学基础而耗费过心血。我读大学时，家境不算富裕，为了争取奖学金，我努力读好各门课程，而对目录学这门既古老而对一个刚从中学上来的学生确又非常新鲜的课程产生了很浓厚的兴趣。陈、余二师的目录学功底都很深厚，又善于启迪后学。陈垣老师倾心于目录学甚早，在少年时代就开始涉猎《书目答问》作为自己读书选书的依据。以后又进而研究《四库全书总目》，奠定了他"即类求书，因书究学"的治学潜力。他曾亲手编制《文津阁书册页数表》、《四库书名录》、《明末清初教士译著现存目录》及《敦煌劫余录》等目录学专著，而《中国佛教史籍概论》尤称力作。陈垣老师讲授并撰述《中国佛教史籍概论》，这不仅"以为史学研究之助"，也使"初学者于此略得读佛书之门径"。他以此书为例规定了撰写目录的模式是"每书条举其名目、略名、异名、卷数异同、版本源流，撰人略历及本书内容体制并与史学有关诸点"。陈垣老师是为人宗仰的一位史学大师，他在讲课中对目录、校勘、版本和考证等专学都有深入的阐述，对初入史学之门的学生有重要的启迪和奠基作用；对我日后能涉足于史学、方志学和目录学各个学术领域，并做了一些学术工作是有重要影响的。尤其在专攻古典目录学时，陈、余二师的教导都不可缺一。陈垣老师不仅教育学生注重目录学，而在论定其他学者的学术成就时，也多以是否通谙目录学为其衡量标准之一。余嘉锡老师是陈垣老师的挚友，陈垣老师在为《余嘉锡论学杂著》所作序文中推崇季豫师的成就时即说："他学术的渊源，实得力于目录学，而他终身所从事的学问，也是以目录学为主。"

相互尊重是老一辈学者的优良品质，援庵师对季豫师的评论又是非常确实而毫无虚谀之处。余嘉锡先生的目录学造诣极深，足称近代目录学之大师。我刚迈入大学殿堂时，曾有几位中文系高年级同舍生指点我选读目录学，我既感到这门课新鲜，又震于季豫师的盛名，并从同舍生借给我读的季豫师所撰《目录学发微》一书中读到如下一段话："目录之学为读书引导之资。凡承学之士，皆不可不涉其藩篱。"我既想走学术之路，无疑应涉目录学的藩篱。于是选修了目录学，从此古典目录学便成为我学术历程中的重要组成部分，并与我同时专攻的历史学、文献学和方志学等其他学术领域起着相辅相成的作用。

我第一次在课堂上瞻仰到季豫师的风采时，他已年逾花甲，但仍然精神矍铄，了无老态。他讲课操湖南乡音，手不持片纸，侃侃而谈，如数家珍，使人若饮醇醪，陶醉于这门形似枯燥而内涵丰富的学术领域之中。这门课规定以《书目答问》为基本教材，季豫师要求我们准备《书目答问补正》作读物，分两年按四部循序讲授。这是我第一次接触到《书目答问补正》这个书名。当时，我幼稚地以为由此就可以进窥古典目录学的堂奥。孰知展卷一读，只是一连串鳞次栉比的书名，彼此毫无关联，读之又枯燥乏味，昏昏欲睡，但还是硬着头皮通读一遍。1943年3月间的一个风沙天，我到柴德赓先生家去请益，谈到读《书目答问》的困难时，柴先生把所藏贵阳本《书目答问》借我，并告我比读二书当能得益。回舍后，我先校读《著述姓名略》，纠谬补正，果有所得，兴奋之余，即于我那套

《书目答问补正》书后写一小跋云：

> 癸未三月二十七日，京师尚有风沙，走访柴青峰先生寓，借其贵阳雕版之《书目答问》，返舍手校《著述姓名略》，正其纰缪补其不足。校竣，识于后。

这是我第一次比勘异同的校勘实习。隔了一段时间，全书比读完毕。自以为略有心得，想进一步深求，便冒昧地登季豫师之门问业。季豫师听了我的读书情况后，很严肃地指导我做三件事：一是讲了三国时董遇"书读百遍，其义自见"的故事，要我继续读《书目答问补正》，并特别注意字里行间。二是要我再读一些与《书目答问》有关的著作。三是要我利用假期为《书目答问》编三套索引，即人名索引、书名索引和姓名略人物著作索引。季豫师还说这三点做到，《书目答问》就算初步读通了。这一点一拨，似已祛除迷雾而看到了入门之阶。我也是逐项按着老师指点去做的。

首先，我反复读《书目答问补正》，注意字里行间的只言片语，果有所得。如在史部正史类注补表谱考证之属后就读到小字附注说："此类各书为读正史之资粮。"这不仅了解了这类书的性质，也掌握了读正史时主要参考书的书单，从而领会了目录学对治学的作用。

其次，我借到了《书目答问》的第一个补本，即江人度的《书目答问笺补》（光绪三十年江氏刻本）来读。《笺补》在各书下有笺，各类后有补。所笺涉及版本、分类、辨证、计数及评论诸方面；补则增补所不足之书目。此书有益于开启思路，拓展眼界，但书很难得，遂录其笺补部分，装订一册，可惜在"文革"初起时，这本小册子就被我曾经教过并知道"目录学"一词的勇士们非常潇洒地扔进了家门前正在熊熊燃烧的那堆"封资修"的"黑货"中，我只有目送片片纸灰随风飘去的权利。所幸在80年代，我又重得一复印本，差堪自慰。此外，我还读了《四库全书简明目录》和《标注》、《读书敏求记》和《郑堂读书记》等目录学名著，依稀地窥知治学的门径。

第三，我利用1943年大学的第一个暑假为《书目答问》编了三套索引，并用墨笔写成一册。一本书经过三次反复编排搜检，2000多部书名和撰者，都能基本记住，输存到我的大脑信息库中。我想对任何一部书或任何一种学问，如果都能做一次反三复四的工作，都会收到应有的效果，只是这种方法太笨，肯做的人不多而已。我掌握了这套基本书目后，明显地感到对于读书治学、开辟领域、转换方向都颇有左右逢源的美感。并且由于有了基本书目，便能很快地扩大书目储存量，而书目恰恰又是研究学问的起跑线。这正是我后来能多涉及几个学术领域的原因之一。这本索引在十年浩劫中也与其他一些书籍衣物一起被席卷而去，可能因为这是我亲笔墨写的"秘本"，也许能搜寻点我见不得人的"罪行"证据，制造出"特大喜讯"。大概最后无所收获而颇感失望，便随手扔到无人收拾的废纸堆中。幸而我的一位老学生在被派清理查抄物资时，从废纸堆中看到此索引而捡存，直到70年代后期落实政策后才归还给我。我很感谢这位有心人。

经过上述三方面的努力，我似乎感到已奠定了古典目录学的入门基础，再读其他目录书也不感到十分枯燥而能从中捕捉到自己需要的信息，钻研学术也没有无所措手足的苦恼，自信能在学术迷宫中得到曲径通幽的乐趣。可是从50年代以来，一方面我工作繁忙，要接受任务从事新的教学与研究工作；另一方面，"目录学"这类课程很难排入课表而渐渐被人遗忘。我对目录学虽然旧情难忘，也只能原地踏步而无所进展。

60年代初，我处在一种无事可做的闲散境地，长日无聊，难以排遣。我没有什么爱好，只能寄情于读书。于是，重理旧业，又对目录学温故而知新。1962年春，我偶然想到，何不仿《四库全书总目标注》之例，搜求各家批注，为《书目答问》做汇补工作，于是先后在我那部《书目答问补正》上过录有关资料，如将叶德辉、邵瑞彭、刘明扬、高熙曾……诸家所标注内容一字不遗地过录于我那部书的天头地脚和行间。每毕一家，都在抑郁的心头绽开一丝欢乐。乃振笔疾书，题跋于书尾，录之以见"学海无涯乐作舟"之"乐"。我曾写下如下的工作记录：

> 1962年8月2日至9日，温度在三十度以上。自晨至夜，过录江苏省立苏州图书馆馆刊（1932年4月）第三期所载叶德辉著《书目答问斠补》全文。虽肘黏背湿而颇有所得，亦云快哉！过录既竣，心胸为之豁然者久之。翌日即归还该刊于藏者北京图书馆。俟暇当再过录邵次公及刘明扬诸氏校本。
>
> 1962年8月中旬录邵次公批语。
>
> 9月上旬补吕思勉《经子解题》。
>
> 9月下旬过录刘明扬批语。
>
> 1978年元旦又假得高熙曾补正本，除邵、刘已有补，又录高氏及李笠批语，历时二日。

我所过录的各家标注以版本居多。叶德辉为版本名家，所补以版本、刊行年代为多。刘明扬为天津名藏书家，经眼甚富，所见明版尤多。他所注版本颇精当，如在《册府元龟》条注称：

> 余藏有明嘉靖时人白纸蓝格精抄本，原书为宋监本，如以校刻本，当有许多胜处。

刘明扬对有些书还有所补入，如张澍撰《诸葛忠武侯故事》条即补称：

> 明万历杨士伟《诸葛忠武书》、清张鹏翮《忠武志》均佳作也。一则万历刻，一则康熙刻。

刘氏所藏明本书极为可贵。可惜人亡书佚，徒留雪泥鸿爪于所批《书目答问补正》，后来此批注本又不知流落何方？幸我早自书肆借来过录。邵、高二氏均为学者，各有所知所见，而高则尚间有考证。

经过这一段过录工作，不仅进一步熟悉《书目答问》，而且也比较牢固地掌握了版本学方面的知识和著录版本的方法。但是，对《书目答问》所收书的评说尚少涉及，对《书目答问》以外的目录学著作还研究不够。于是，我又重新精读若干种目录学名著，如史志目录中的汉、隋二志序，私家目录中的《郡斋读书志》和《直斋书录解题》，专著中姚振宗的《快阁师石山房丛书》以及汪辟疆的《目录学研究》和季豫师的《目录学发微》等书，并检读这些著作所连及的一些著述。经过这阶段的研读，加深了我对目录学的认识，扩大了我进一步研究这门学问的基础。

与此同时，我正在读清代的各种杂书，时见有评论典籍的条目，其中也有评骘《书目答问》所收各书的。每有所遇，辄录入我的《书目答问补正》中，如读清人韩泰华的《无事为福斋随笔》卷上云：

> 《金石录》明以来多传抄，惟雅雨堂刻之。阮文达有宋椠十卷。

此即可入《补正》卷二《金石录》条。又如读清吴骞《桃溪客语》卷三记《南唐书》撰述缘起及流传情况云：

> 宋马令辑《南唐书》三十卷，其祖元康，世家金陵，多习南唐旧事，未及撰次而卒，令纂承之，实崇宁时也。书中多言徐铉、汤悦被诏作《江南

录》之疏略。元戚光撰《金陵志》，求得其书，并为之音释，书始显于世。令，阳羡人，志乘多阙载。

此又可补《书目答问》卷二《马令南唐书条》。类此者所在多有。

做了这番功夫后，我的这部《书目答问补正》已是满目疮痍，天头地脚，字里行间，无不充盈墨笔小字，更有夹纸黏条，几难使外人卒读，而我则视其为私藏之瑰宝。我对藏书外借素不吝惜，惟此二册决不外借。我曾想集中一段时间，进行整理增补，成《书目答问汇补》一书以利己利人，并且不自量力地在撰者、补正者后面用毛笔添写上"来新夏汇补"字样，作为对自己的鞭策。不意在动乱年代，我的藏书不是籍没归公，便是在门前付之丙丁。我十分关心于这两册书是否也未逃此厄运！真是皇天不负苦心人，几年后认领抄家物资时，可能这两本涂写得乱七八糟的破书未能引起好货者的兴趣，所以才能物归故主。全书未太损坏，只是也用毛笔把那行"来新夏汇补"的字样涂抹掉。看来这是一位有点知识的勇士所为，也许还是曾受业于我的人，否则哪能鉴定我不够格而予以抹杀呢？至今我对这部书仍在不时添注。如果有人问我，你的藏书中，你最珍惜哪部书？我会毫不思索地回答说：我最珍惜的是那两册与我相伴半个多世纪，并曾同遭劫难的《书目答问补正》。

我真正入门于目录学的研究领域是在50年代中期。我着手以已有的目录学知识编撰一部有清以来的人物年谱目录，亦即后来定名为《近三百年人物年谱知见录》的一部目录书。这是我在一种想法的支配下开始纂辑的。我从实际的教学与科研工作中常常见到人们为了论史证史而需从浩繁的史籍中搜集资料时，往往都是人自为政，穷年累月，孜孜不倦地去翻检爬梳时，我就想为什么不可以把大量史籍分门别类地查清底数、编纂目录备用，免去人人从头做起之劳，岂不更好？于是我在一位前辈学者、当时任南开大学图书馆馆长的冯文潜教授的启示下，从史籍中选择了清人年谱这一门类来作试探。我一面检读，一面根据目录学的要求，每读一谱，便写一篇书录。每篇书录除记谱名、编者、卷数、版本、著录情况、谱主事略、编纂缘起和藏者外，还增著了谱内有无可供采择的史料和涉及哪些史料。每篇书录少则二三百字，多则千字左右。经过多年的努力，我检读了800余种年谱，约1200余卷，为了修整体例，划一文字，增补内容，历时六年，终于完成了《近三百年人物年谱知见录》定稿。我很珍重这份成果，亲自用毛笔在小学生的有格作文本上写了清稿，共50余万字，装订成12册。但是，我哪里想到书厄的阴影即将袭来，1966年8月，我家被第一批"横扫"，室内衣物狼藉，器皿粉碎，文稿书籍或持去检查，或门前一炬，知见录12册亦未逃此劫，黯然神伤，欲哭无泪。幸发还查抄物资时尚有残稿一册归赵。虽非完璧，终得抱断简而自喜。不久，津郊学农。亡友巩绍英是惟一义重情长来送行者，谆嘱鼓起勇气，学习谈迁，重新纂写《近三百年人物年谱知见录》，于是携《近三百年人物年谱知见录》的残稿、原始记录及零散卡片下乡。在几年的耕读生活和回城候差的几年里，我就以此排遣抑愤，忘却纷扰，终于在1975年秋又一次完成了《近三百年人物年谱知见录》的定稿。80年代初，《近三百年人物年谱知见录》即由上海人民出版社出版，发行于海内外，为学者提供了可备检查有清以来大部分人物生平事迹及资用史料的工具书。我则得到了初育宁馨儿的喜悦。

80年代百废俱兴，学术也日趋平实，许多基础课程纷纷恢复和增设，为历史专业学生开"目录学"得到主系政者首肯，又风闻我于此略有所知，遂加起用。我则衷心窃喜，上天佑我，历年积累，可牛刀小试。于是翻箱倒箧，倾其所有，时值酷暑，仅浃月而成目录学讲义十余万字。窃以此目录学不同图书馆之分类编目之目录，而系"辨章学术，考镜源流"之专学。深思苦虑，以其有悠久的学术源流，所以为此而定名为"古典目录学"，并为讲义命名为《古典目录学浅说》。没有料到，"古典目录学"这一定名为人所接受和使用，而这门课程也很受年青朋友和学生们的欢迎。《古典目录学浅说》也在经过几次修订后，由傅璇琮先生收入他所主编的《中华史学丛书》中，由中华书局出版。《古典目录学浅说》出版后，得到学术界的关注，有的学者还写了评论文章，鼓励和帮助我。我在撰写古典目录学的过程中，一直努力恪守季豫师的治学方法和严肃态度，尽量言必有据，语必有源。我为了写好魏晋南北朝目录学事业的发展成就，涉猎了近40种史料，以1.4万余字的篇幅比较清晰地作了论述。我在书中对一些目录学家都做了应有的评论，如对阮孝绪的研究，不仅考知《七录》的体制和成书缘由，还总结了他的特色和成就，我认为阮孝绪在"内寡卷帙，旁无启沃"的窘境下，只能根据一些私人藏目和官目来编《七录》。阮孝绪在对校官私目录的过程中，发现官目"多所遗漏，遂总集众家，更为新录"。因此《七录》是继承和总结前人成果而纂成的一部比较完整的综合目录。他开启了研究前人目录之端，摆脱了单纯登录图书的局限。特别是他在既无藏书又乏助手的条件下，力争恢复向、歆父子撰写书录的传统所作的努力，"其精神是可贵的，其成就是值得肯定的"。晚清目录学家姚振宗，过去少为人所注意，我在通读了他的《快阁师石山房丛书》之后，即认为这样一位不甚知名，又缺乏政治依靠的学者，能独立完成如此繁富的著述，确实难得，足证其学识之博，功力之深，为前此学者所罕至。从而论定姚振宗"在史志目录领域中所作的补注考证等工作，为古典目录学增加了重要内容"。我对有些古典目录学的著作也通过研读而提出己见，如王俭《七志》不仅七分，若合其二附录，实为九类。许多目录学著述多以《七志》所附道、佛即为二附录，愚意不然，因王俭于《七志》序中明言："其外又条《七略》及两汉《艺文志》、《中经簿》所阙之书，并方外之佛经、道经，各为一录。""各"之一字，其意甚明，即一个附录是《中经簿》以前各自目录书的阙书目，其中有漏列的，也有后出的，这正是《今书七志》得名之缘由。这种著录方法不仅扩大了著录范围，也为后世提供了检核典籍存佚的方便。另一个附录即是道、佛经录，从而纠正了《七志》二附录就是道经录和佛经录的讹传。对清代古典目录学的成就，经过大量资料的阅读后而认为："清代的目录学著作从收录图书、编制体例、体裁多样和内容价值各方面看，都显示出一种总结前代、开启后来的特色。"我为满足青年学子对传统文化的渴求了解，又写了有关分类、版本、校勘、考证等作为古典目录学支柱的几门学科的专篇，附入本书。《古典目录学浅说》由于内容比较全面易读，颇适合于追求实学的中等文化程度以上的学子作为入门阶梯而受到欢迎。1986年国家教委决定将经我多次修改过的《古典目录学浅说》列入"七五"教材规划，并为更适于教学，又要我重加修订撰写。我即以《古典目录学浅说》为基本依据，重新调整章节，补充内容，删定文字，于1987年写定，易名为《古典目录学》，油印成册，广泛征求学者意见。1988年9月，国家教委委托南开大学召开审稿会，邀请同行专家，讨论审定，一致认为："在理论研究、博采众说、史料搜求和考订评论诸方面都作了应有的努力。同意它作为高等学校文科教材出版。"我根据大家的意见，进行了付印前的全面修改，并将定稿送请前辈目录学家顾廷龙教授审定。顾老以八十多岁的高龄亲加审阅，并赐写叙言，论定："此作广征博引，深入浅出，叙述简要，议论平实，颇多创见，足为研究古典文献及传统目录学者入门之阶梯。"鞭策我当更求精进。1991年初，《古典目录学》由中华书局正式出版。

继《古典目录学》问世之后，我本当急流勇退，按常人所说"见好就收"去处理人生；但深知学如逆水行舟，不进则退，我不愿就此止步，而想为这一领域再竭尽所能做一些研究编撰工作，庶无负于老师的多年教诲。但究竟做什么，却使我很费脑筋，经过审时度势，冷静思考，我终于从实力和需要出发，选择了两个课题。

一个是本着一向主张做"为人"之学的宗旨，我选定了《中国历代目录提要》课题。这是我长期想实现的愿望。中国目录学的传统很悠久，历代流传下来的目录书为数不少，特别是清代的成果尤为突出，但使用翻检甚为不便，又时有散失之虞。我久有心于编一部目录的目录，供更多的学者便于使用以节劳增寿。这一想法曾得到北京大学和华东师范大学的同道赞同，并愿合作共事。于是我进行了全面策划，周密设计，发现兹事体大，若自上而下合千余年之作而为之提要，诚非易事。经多次商讨议定先从目录事业繁盛的清代着手，编撰《清代目录提要》一书，则是一种可行之举。国家教委古籍整理研究工作委员会又热情地给以支持和赞助，于是发凡起例，分头进行。几经波折，历时三年而成书，共收录清人所编目录380余种，包括经、史、子、集、佛、道、金石等门类。此虽非清代目录之全部，而系清代目录中较完整和较优秀者。所撰提要则详于篇卷、版本、流传、编辑缘起、编撰经过、收录特点、类目沿革、后世影响以及续补之作等等。齐鲁书社不斤斤于经济收益，毅然接受出版，孙言诚、赵捷二编审促成其事，情尤可感。惟回顾该书，仍有错漏不确之处，虽可诿诸书成众手，但我既主编其书，终难辞其咎，容当遇机补过。

另一个课题是《古典目录学研究》。自《古典目录学》问世，并付诸教学实践后，不时发现有缺漏和未申其义之处，屡思有以补苴，而难得其时。我更深深地感到古典目录学的研究领域亟待扩大，研究内容应更加丰富。为此，我向国家教委申请了人文、社会科学规划项目以便于《古典目录学研究》课题得以顺利推动。我为了使这一课题能具有代表性，特邀约了一些在目录学领域里学有专长的同道来共同完成。我们撷取了以往古典目录学研究中重视不够和论述不足的专题进行研究并撰写论文。我们对过去涉及较少，甚至从未涉及的一些目录学家进行新的发掘，努力反映他们的学术作用和成就。我们对别具一格的目录如读书记和书跋，专科目录中的科技目录、金石目录、西学目录和特殊目录的佛典目录、道经目录、敦煌目录等都进行了较为系统、富有深度的分析与研讨，提出了一些看法和见解。这一课题在参与者共同努力下，按照项目的要求，如期完成，并于1997年3月由天津古籍出版社正式出版。这一课题的研究成果是对过去古典目录学研究的某种发展，也是对今后古典目录学研究方向和扩展领域的一种展示。

《清代目录提要》和《古典目录学研究》二书完成的先后，正是我离开教坛、退归林下的时候。我似乎就应该摒除俗务去享受悠闲的晚年，但是我总感到尚有许许多多自认为等待我去做的事，我还要奋其余勇去弹奏未完成的交响乐。即以古典目录学这一领域而言，我受之于师门的，还远远地未能报偿。我一生中虽然写了很多所谓著作，但总合起来亦未能及季豫师《四库提要辨证》之毫末，遑论补续《辨证》，完成季豫师之遗业。加以岁月不居，垂垂老矣，更难有何奢望痴念，惟期以有生之年力完夙愿：

《近三百年人物年谱知见录》原收800余种，颇为士林所用，但问世迄今所知见者又已增倍，是其功用大不如前，亟应广事搜罗，撰写提要，成其《续编》，前编历时26年，《续编》当期以10年。设能得有志于此学者相助，或能提前成书。此我之意愿一也。

清人笔记为数甚多，至今无准确统计，即粗加估算，或近于千种，应认作乃一大史源，但读者往往以其为消闲谈助之作，不加经意，惟披沙拣金，其书时有可备史证之资料。我于数年前开始检读清人笔记达200余种，札录其事，整理成提要者约百余篇，其法一依古典目录学之要求，亦期以10年，写提要500篇，成《清人笔记叙录初编》，若天假我年，当再成《续编》。

若成此二书，私衷稍慰。虽终难胜蓝，自忖尽心，庶无负于师教！

原载于《学林春秋》二编上册　张世林编　朝华出版社1999年版

中国古典目录学简说

一、目录学概说

目录是目和录的合称。"目"是篇名或书名，"录"是对"目"的说明，把篇名或书名与说明合在一起就是"目录"。

目录有一书目录和群书目录。

一书目录是指一本书的篇名和说明而言。它比群书目录出现得早。古籍中《周易·十翼》的《序卦传》就是最古的一书目录。司马迁《史记》中《太史公自序》后半部分的小序就是《史记》一书的目录。它把每一篇的篇名和全篇的要点顺次排列写成专条。这篇目录成为读全书的钥匙。我们现举出一则示例如下：

> 秦失其道，豪杰并扰；项梁业之，子羽接之；杀庆救赵，诸侯立之；诛婴背怀，天下非之。作《项羽本纪》第七。

这是一条很出色的目录，前八句是"录"，概括了《项羽本纪》的全篇内容：一二句是讲秦末纷扰的历史条件；三四句是指明项羽继承了叔父项梁创建的实力；五六句是讲项羽诛杀按兵不动的卿（庆）子将军宋庆，解救了赵国邯郸之困，因而受到诸侯的拥立；七八句指斥项羽杀死出降的秦子婴，背弃了楚怀王的命令，因而遭致天下人的非难而失败。这既叙述了项羽的主要业迹，又评论了项羽的功过是非。同时，作者撰传的意图也表达出来了。最后一句便是称为"目"的篇名。把这样的一百三十条目录集合起来就是《史记》的一书目录。这一目录位于全书的最末，而现在流传本书前的篇目并非原有，乃是后人为翻检方便而加上去的。

一书目录对于检读一本书固很方便有用，但要了解某类典籍有哪些书，某些书的大致情况如何以及怎样找到自己所需要的书等等问题，就必须求助于群书目录。

群书目录是指诸书书名和叙录的总聚而言。它是目录学研究的主要对象。它的出现可能与古代的书写制度有关。从成堆的竹简、木版式的图书到成卷的帛、纸式的图书确是我国书写制度上的变化和进步。但是，竹木笨重、纸帛繁多，翻查都很不便，即使在每卷简、帛图书外端挂上标识，检索也很困难。于是记录书名和图书大致梗概的群书目录便应实际需要而逐渐产生。据文献记载，开始进行部分试探性工作的，应是汉武帝时的军政（官名）杨仆。当时，汉朝的国家藏书由于有较长一段时间的安定和政府的重视求书，所以藏书量已被形容为"积如丘山"。汉武帝为了用兵的需要，曾命杨仆从丘山般的简书中整理出兵书，编制一份军事著作的群书目录，以备选书参考。这本目录称为《兵录》，虽然全佚，难以了解具体情况，但它应被认为是第一部由国家主持编修的专门性目录。

对于图书进行大规模的整理、编目工作应以汉成帝时刘向等所领导的"校书"活动为最早。刘向等经过了二十年左右的辛勤工作，完成了群书目录的开创性著作——《别录》。这是我国历史上最早的综合性目录，可惜原书已佚，现仅存几篇残录。清代学者曾从各书中做过不少辑佚工作。

从刘向以后，目录书的编纂工作相延不断，成为我国图书事业中一项有悠久历史传统的工作。它们是中华民族灿烂文化的一份宝贵遗产。

从刘向以来，虽然在事实上已经开创和进行了目录学的工作，但是，目录学作为一门专学提出来的时间却较晚。过去，曾认为是清代学者王鸣盛在《十七史商榷》中所提出；可是在宋人苏象先所撰的《苏魏公谭训》卷四中已有"目录之学"的说法。可见，目录学作为一门专门学问来看待应说是从宋仁宗时就开始了。不过，目录学被大力提倡，广泛应用于治学并有学者专心致力于这一学科，而成为专门之学，还应以清代为它的昌盛期。

目录学既成为专门之学，究竟它有什么用处呢？我认为：目录是用来反映图书内容，便于检寻所需图书的重要工具。把它作为一门专学来研究，在学术本身来说能"辨章学术，考镜源流"，就是说可借此了解某一门学问的性质、内容，并且考查它的流派及发展，得到明确清楚的认识。而对治学者来说则能"即类求书，因书究学"，即运用这种目录知识可寻求到所需要的图书典籍，从而根据这些资料去探究这门学问，起到了研治学术的辅助作用。因而历来为学者所重视。清代学者王鸣盛在所著《十七史商榷》一书中，开宗明义的第一条目下就说：

> 目录之学，学中第一紧要事，必从此向途，方能得其门而入。

在卷七的另一条目下又说：

> 凡读书最切要者，目录之学。目录明，方可读书；不明，终是乱读。

这些见解未免有些偏激夸大，有点绝对化，应该批判他肆意夸大的一面，因为目录学虽可作为研究学问的辅助，但决不是学问的极致。近代目录学家余嘉锡先生曾说：

> 或得一古书，欲知其时代、撰人及书之真伪，篇之完缺，皆非考之目录不为功。（《古书通例》）

此说比较切实平允。

目录学知识不但对于图书本身可以起到"断真伪、定性质、考篇次、访缺失"的作用，而且对治学也有重要的辅助作用。如果致力于文史及图书工作的人能够学点目录学，至少可以收到这样几点效果：

（一）掌握图书的基本情况

我国典籍为数很多，过去就有"浩如烟海"、"汗牛充栋"的说法，至今尚难有一种精确的估计，多则有说十四五万种者，少也估计有七八万种。究竟近似数若何，目前尚难判断。就拿七八万种来说，为数也不算少。这些大量的图书如果杂乱纷呈，无所部属，那么寻检群书又将多么困难！要是学点目录学知识，不仅能利用已有的目录书以"即类求书，因书究学"，还可以自己动手编制新的目录书以利学者。那些已有的目录书都是过去学者按检群书、分类编次而成，一编在握，可以帮助我们对浩繁的图书知其归属，按检有据，这样运用既久，对于图书的基本情况就可以大致了解和掌握。

所谓基本情况，不外以下三个方面：

（1）各时代的古籍概貌

我国历史上的官修目录，基本上反映了各朝官藏的图书现状，是比较完备的总书目，因而可以从中看到某一时代的古籍概貌，如从《汉书艺文志》的著录中就可以知道汉代的图书总数是13000余卷。又如从《汉书艺文志·六艺略》的春秋家后附录史籍中知道有23家、948篇，而从《隋书经籍志·史部》中即知当时存亡史籍已有874部、16558卷，较《汉书艺文志》增加甚多，而且还有了独立的史部，这不就可以了解到史籍发展的概貌了吗？

（2）古籍的归属状况

图书无归属好像士兵无编伍一样，会给求书者带来一定的困难，而目录学知识不仅可以知道古代图书分类的大致情况，而且还能了解各大类下的细类，各类性质如何、包含哪些基本图书。这样，类有所属，书有所归，易于掌握，从而起到"类例既分，学术自明"的效果（宋郑樵：《校雠略·编次必读类例论》）。

熟悉了古籍的归属，又便于在读书过程中增订已有目录书，编撰新目录书，使古籍的基本情况得到补充与丰富。邵懿辰等的《增订四库简明目录标注》就是增订者运用目录学知识而撰成的一部较完备的版本目录专著。

（3）古籍图书的考辨

古籍中撰者有阙名，篇帙有不同，而伪作、伪托更需考定。对于这些方面的考辨，目录学知识是其中重要的一个方面。余嘉锡先生曾提出过目录学对古籍考辨有六项功用，即：

①以目录著录之有无，断书之真伪；

②用目录书考古书篇目之分合；

③以目录书著录之部次定古书之性质；

④因目录访求阙疑；

⑤以目录考亡佚之书；

⑥以目录所载姓名、卷数考古书之真伪。（《目录学发微·目录学之意义及其功用》）

如此看来，目录学知识对于了解图书总的基本情况，确能起到事半功倍之效。

（二）了解图书的本身状况

目录书大都记载了与图书有关的情况，使人们能从中了解到图书的简要内容、存亡残整、良本精刻等等。即以图书的版本为例，有些目录书比较详明地记录了版本，如宋尤袤的《遂初堂书目》、清代官修的《天禄琳琅书目》和邵懿辰的《四库简明目录标注》都著录有版本，不仅可以知道某一图书各个时代的版本和流传情况，而且有的还记有版式、行格，这更有助于对图书的鉴定。清代学者黄丕烈、顾千里、陆心源、丁丙等关于善本书的题跋、书目等目录学著作则便于求读善本精刻。由于学了点这方面的知识，那就可借以博采众本、雠校异同、校勘订误，使图书对学术研究发挥更好的作用。由于对图书本身有了充分的了解还可以为审查史料提供有力的外证材料，如《汉书·艺文志》是登录西汉以前图书的目录书，如果有一部著作据说是先秦作品，但不见于《汉书·艺文志》著录，那么这部著作就有可疑之处而需进一步审订。

因此，图书本身状况的资料对于读书、治学各有关方面如校勘、版本、考证和撰述等等都能有所裨益，而要了解图书本身的状况，只有具备一定的目录学知识，方能知其途径，运用自如。

（三）粗知学术源流

有若干重要的目录书不仅对图书加以分类、编目；而且还在书录中分析和论述了图书源流、学术派别、成就贡献等等；甚至还有目录学家的一己之见，很有点学术史的意味，达到了如清人章学诚所说："辨章学术，考镜源流"的境界。这一境界正是研究目录学的重要任务。我们如果能吸取这些成果，至少可以粗知学术源流。有的图书资料由于年代久远而有遗佚，但往往从目录书中可以略窥轮廓。如《别录》、《汉书·艺文志》不仅记载和分类了汉代以前的图书，而且还概要地分析和叙述了学术的源流演变，其中有的图书久已失传也借此能得其大略。有的目录书还录入图书序跋，对于了解图书更有莫大的帮助。序跋文字中往往叙述了图书的主要内容、写作过程、撰者意旨、流传经过和对撰者与图书的评介等等情况，成为人们认识和熟悉某一图书的途径。又如宋晁公武的《郡斋读书志》、陈振孙的《直斋书录解题》、清周中孚的《郑堂读书记》和李慈铭的《越缦堂读书记》等对学术源流、图书价值等都有所论及。

目录学著述中既蕴藏这些与学术有关的资料，如能在掌握目录学知识的条件下，加以充分利用，那就不只限于粗知学术源流了。同时，由于这些丰富知识，对于评论和衡量图书的价值和地位，也就更能有所帮助。

（四）辅导读书、研究

早在汉代，著名学者王充就提倡做通书千篇以上、万卷以下的"通人"，而达到"通人"的途径就是靠目录学知识，他曾说：

> 六略之录，万三千篇，虽不尽见，指趣可知。（《论衡·案书》）

这正说明目录可使人得到读书的门径。

清代目录学家张之洞也提出过"四库全书，为读群书之径"。（《𫐓轩语》）

近代目录学家余嘉锡先生也自述："余之略知学问门径，实受《提要》之赐。"（《四库提要辨证》序录）

这些学者所说的指示门径作用具体体现在小序、题解和附注上。有的目录题解对图书的评论多可供读书与治学的参考。有的目录书在一种图书或一类图书之后往往附以片言只语即涉及读书门径和图书的用途，如《书目答问》正史类注补表谱考证之属下便附注说："此类各书为读正史之资粮"，在李兆洛撰《纪元编》下又附注说："此书最便。"这些附注虽然有些过分和过时，但至少可供参考。有些《读书记》式的目录书还是有相当水平的学术专著，更可以从中了解到他们如何治学，从而取得借鉴。因此，目录学知识和目录书在读书与研究中是能发挥其辅导作用的。

以上四个方面并未能全面概括目录学的效用，而只是几点粗浅看法，借以引起对学点目录学的重要性的初步认识，并能引起探讨目录学和运用目录学知识的兴趣。

二、谈谈目录书

既要学点目录学，就要读点目录书；要读目录书，就应知道有哪些目录书。我国目录学的历史十分悠久，目录书数量也很多，据汪辟疆的《目录学研究》一书的统计，自汉魏至明末，共计151种，加上孙殿起的《贩书偶记》所著录清以来的目录书118种，合计达269种。这些目录书可分成多少类呢？清人汤纪尚为清代著名目录家周中孚所撰的《周郑堂别传》中曾说：

> 目录之书，权舆中垒（刘向曾官中垒校尉，意始于刘向《别录》），流派有三：曰朝廷官簿、曰私家解题、曰史家著录。（《槃薖文乙集》下）

这是指主要的三类，实际上还可以多分几类。在此，我略作如下说明：

（1）官修目录：自汉以来，各个朝代常由政府主持进行规模较大的图书整理工作，把政府收藏和搜求到的图书加以整理，即一般所说的"校书"。最后将整理的成果用文字记载下来，编制成目录书，这就是官修目录。刘向在汉成帝时所撰的《别录》便是这类目录书的开创性著作，其后如隋的《大业正御书目录》、唐的《群书目录》、宋的《崇文总目》、明的《文渊阁书目》，最负盛名的是清代的《四库全书总目》。

（2）史志目录：这是指正史中的艺文志、经籍志一类目录书而言。它大多依靠官修目录和私家目录而撰成。《汉书》、《隋书》、《两唐书》、《宋史》和《明史》等六部正史中都有这类目录书。清代学者又有补撰。日人在文政八年（清道光五年）曾汇集十种正志和补志为《八史经籍志》。这部合刊目录到光绪四年始由张寿荣翻刻流传。此外还有《补后汉艺文志》、《补三国艺文志》、《后汉艺文志》、《三国艺文志》、《补晋书艺文志》、《补晋书经籍志》等，再加上金建德的《司马迁所见书考》和《清史稿·艺文志》，那就构成了我国自古以来一部完整而正规的图书总目。在史志目录中，《汉志》和《隋志》是出色的代表作。

（3）私家目录：自宋以后，私人藏书日盛，据叶昌炽的《藏书纪事诗》所记，自北宋到清末较著名的藏书家有1100家左右，很多都为自己的藏书编制目录，如《郡斋读书志》、《直斋书录解题》、《也是园藏书目》、《千顷堂书目》等。清代有些学者还为别人的藏书编制目录，如清人孙星衍为孙氏祠堂编写书目。还有一种是学者读书时所写的提要或札记，或由自己、或由他人加以分类编成读书记。这是私家目录中学术价值很高的专著，既可以窥见学者治学的门径，也可供后人参证，如周中孚的《郑堂读书记》等都是值得我们仔细研读的目录学专著。私家目录中宋晁公武的《郡斋读书志》和宋陈振孙的《直斋书录解题》最为后人所推重。

（4）专门目录：这是专为某一方面、某一种书或某一种专门用途而编制的目录书。它和综合目录相对应。如释道目录、专书目录和初学目录等等。

释道目录是专记释道二家典籍的专门目录。最早的释家目录是东晋释道安的《综理众经目录》，此书已佚，现存最早的是梁僧祐的《出三藏记集》15卷。记道家书籍的目录有明白云霁所撰《道藏目录详注》4卷。

专书目录有一书的引用书目，即把某一书所引的各种用书编成专目，借以考察此书的资料来源，并以此见引书的存佚，如沈家本所撰《三国志注所引书目》、《世说新语注所引书目》和《续汉书八志补注所引书目》（合称《古书目三种》）。还有为某一书编制参考书目录的专书目录，如《史记书录》就是把与《史记》有关的参考书编制成目录，供研究《史记》之用。

初学目录姑且以张之洞的《书目答问》为例。此书是张之洞为应初学者的需要而拟定的，故简要易读，但由于它产生于特定的时代背景而有一定的缺陷和过时之感，在尚未撰作这类新书目前，它还可以作为初学者的入门读物，至少可以熟悉和掌握一部分古籍的基本情况，近人范希曾为它所作的《补正》比原作增订甚多，尤其值得初学者一读。

（5）地方目录：我国的地方志数量很多，估计有8500余种，内容丰富，值得重视。有的方志往往载有著录当地人物和与当地有关人物的著述目录，这就是方志目录即地方目录。过去治目录学者对此不甚注意。其实，地方目录不仅可供求书、检书之用，反映地方学术文化发展的状况，而且也可以搜辑、整理地方文献，进而为建立地方文献的体系提供条件，甚至可能从中发掘出重要人物的遗佚著作或非重要人物的有价值著作。有些单独成书的如清吴庆坻的《杭州艺文志》10卷和孙诒让的《温州经籍志》36卷，颇有参考价值。

（6）目录学研究专著：自宋以来，在文集和杂著中有关于目录学的论述和见解，其能独树一帜，自成体系的，应推宋郑樵的《校雠略》。郑樵不仅是通史专家，而且还是目录学家。他所撰的《通志》200卷，是一部通史兼专史名著，其中二十略的《艺文略》、《校雠略》、《图谱略》等就是他研究目录学理论和实践的成果。继郑樵《校雠略》之后的另一目录学研究专著是清人章学诚的《校雠通义》。他标举宗刘、补郑、正俗的著述主旨，较全面地评价了郑樵的成就与失误，并针对目录学研究和实践工作中的问题提出个人的见解与主张，颇有见地。另外，有近人余嘉锡所著的《目录学发微》，这是撰者长期治目录学的切身体会所得，颇中窍要，是指导初学者窥目录学门径的一部研究专著。

以上从六个方面举出十几种目录书和一些相关著述，并略加说明，它不表明这是对目录书的分类，而只是我主观上认为，如果从这几个方面读这十几种书，也许就可以对传统目录学的发展概况和目录学的基础知识有些初步了解。

目录书的体制：这些目录书的编纂体制归纳起来，基本上是三种不同类型，就是：

（1）部类之后有小序，书名之下有解题。这种体制主要是为了"论其指归，辨其纰缪"，对图书进行全面论述，如《四库全书总目》等。

（2）有小序而无解题。这种体制充分利用小序来"辨章学术，考镜源流"，使读者便于从学术上了解和掌握图书概貌，如《汉书·艺文志》。

（3）无小序无解题，只有书名。这种体制只列书名、作者、卷数；但如果类例分明，也能使读者有清楚的条理，如《书目答问》等。

从这三种不同体制看，古典目录书的基本结构主要是书名、小序和解题。

书名是任何目录都需具备的一项，它反映了图书的基本特征——书名、撰者、篇卷、版本、藏者等。有的较全，有的有缺项。

小序是随着目录书开始纂辑就出现的一项基本结构。它论述某一部类图书的学术源流、演变和特点以便读者提纲挈领，鸟瞰全局。《七略》中的《辑略》是小序体制的开端，《汉书·艺文志》散《辑略》内容入各类，成为后来的小序形式。《隋书·经籍志》正式标举出"小序"之名。

解题也称叙录、书录或提要。它是用来揭示图书主旨和用途，向读者提示门径和提供方便的。它肇始于《书序》。刘向《别录》就以书录为主要构成部分。宋陈振孙采用解题之名，撰《直斋书录解题》。所以这类目录书往往被称为解题目录或提要目录，它由于取材内容和写法不同，可分为三种类型：

（1）叙录体：这是解题目录中最早的体例，它以较多的文字叙述图书主旨内容，间或加以评论，可借此对全书有概括性的了解。

（2）传录体：这是比叙录体内容简略的一种体裁，它往往只为撰者叙其生平而已。

（3）辑录体：这是广泛辑录与本书相关的资料来揭示图书内容并进行评论。

书名、小序和解题是目录书体制基本结构的三个要素。

三、官修目录和史志目录的创造——两汉

《别录》与《七略》

《别录》与《七略》是奠定我国目录学基础的开创性著作。它把我国古代的分类思想应用于图书整理。提出了图书的正式分类法，对两千年来我国的图书事业产生了深远的影响。

《别录》的作者刘向（前77—前7年）是西汉后期的大学者，成帝河平三年（前26年），他受命"校书"（整理国家藏书），这是一项空前艰巨的任务，但当时确已具备了校书的良好条件：一方面前人已开始做了些图书整理工作，有成果可吸取，如儒家典籍的系统和诸子百家书的系统已逐渐形成，并有杨仆所作的兵书的专门目录，这些都是刘向足资参考的资料。另一方面，当时的社会已有编制一部国家目录的要求，从汉朝建立到刘向生活的时代已有170余年长期统一的局面。又经过汉初武帝和成帝几次大的求书运动，国家集中了大量的图书。武帝的大一统和独尊儒术的政治要求也对学术界产生了重要影响。《史记》是在史学上反映大一统的杰作，图书整理方面也需要这类性质的成果反映。刘向便是在这种可能条件下领导了我国第一次大规模的整理图书运动。他的全部工作可概括为：备众本、删重复、订脱误、谨编次和撰叙录，即如《汉书·艺文志序》里说的"条其编目，撮其旨意，录而奏之"。这些工序基本上符合编制目录书的规律——搜求图书、分工（类）整理、异本校勘、确定篇次、撰写提要，最后把这些工序的全部成果汇编成目录书。刘向的这项工作是对当时重要文化典籍所进行的一次总结性大整理，清理了西汉政府二百年来所积累的国家藏书。

在刘向的这项工作中，有两点值得注意。

第一，在使用和培养人才方面取得了特殊的成效。繁重的整理图书工作非独力所能完成，它需要合理地调动、使用人才，才能有条不紊地展开工作。刘向采取了专材校书，分工（类）进行的办法，他按照图书内容和性质分成六艺、诸子、诗赋、兵书、数术和方技六种，分别由专门人才主持：刘向主持六艺、诸子、诗赋，步兵校尉任宏主持兵书，太史令尹咸主持数术，侍医李柱国主持方技，这既发挥了专门人才的专长，又自然形成了我国最早的正式图书分类。刘向在调动专家的同时，又能不拘一格地奖掖和培养青年。他拥有一批青年助手，如他的儿子刘歆仅二十六七岁，就担任他的主要助手，掌握全面工作。另参加校书的杜参、班斿（游）、王龚也不过十几二十岁，他们通过学术工作的实践，大多做出了成绩，成长为著名学者。

第二，创制书录，树立提要目录体例的典型。刘向为图书写书录是一项开创性工作，所写的书录是我国文化史上的一份宝贵遗产，可惜绝大部分遗失，只剩下《战国策》、《孙卿新书》、《晏子》等8篇。过去学者对此颇为重视。余嘉锡先生在《藏园群书题记》序中说：

> 昔者刘向奉诏校书，所作书录，先言篇目之次第，次言以中书、外书合若干本相雠校，本书多脱误以某为某，然后叙作者之行事及其著书之旨意。

这是对刘向所写全篇文字内容所作的全面概括，但我认为真正的书录正文应是指全篇文字的中心部分。从现存的全篇文字来分析，可以分为四部分。

（1）篇目：《晏子》、《孙卿新书》叙录前所列篇目是刘向"条其篇目"后的定目，这是书目，不是书录的内容。

（2）工作报告：从文字叙述的开始到"皆定，以杀青，可缮写"一语止，这是刘向"校雠"工作的总结，是向皇帝所上的工作报告，是确定定本的处理说明。

（3）书录正文：在"可缮写"后，有的有"叙曰"字样，然后叙作者生平、著书意旨、学术价值及资治意义等，有的未加"叙曰"，可能是后来佚落。从"叙曰"到"谨第录"或"谨第录，臣向昧死言"一语才是书录的正文。

（4）全书标鉴：在"谨第录"后往往有"左都水使者光禄大夫臣向所校战国策书录"等字样，这也不属书录正文，这些题字可能起两个作用：一是刘向为清缮者写的工作说明，说明以上是书录，清缮时不要和书的本文相混连；二是作为这部书的标签，是在这一捆青皮简叙录的最外面一简上标明这是什么书的书录。这可看做是这卷简书的笺（标签）。

刘向勤勤恳恳地工作了十九年，在即将完成全部宏伟事业前死去了。他的未竟事业由他的儿子和主要助手刘歆奉命继承。

刘歆（前53—公元23年）从青年时代就奉命参加校书工作，刘向死后，他担负起总结校书成果，建立系统目录的重任，在已有成果的基础上，花了大约两年时间，撰成了我国第一部系统目录——《七略》。这样，国家的全部藏书有了统计，学术流派和科学文化水平也得到了应有的反映。

《七略》包括六艺、诸子、诗赋、兵书、数术、方技等六略和六略前的《辑略》。《辑略》是全书的总录。它包括总序和各略的序，说明各类图书内容和学术流派，其余六略则依类著录图书，每书之下都有简短说明。《七略》的内容基本上是节录《别录》的书录而成，六略之下有种，种下有家，家下列书。全目除《辑略》外共为6略（大类）、38种（小类）、603家、13219卷。

《七略》的重大贡献是把我国古代的分类思想具体地运用于整理图书，使西汉前的重要典籍得到了系统的著录，这对古代文化的保存起了重大作用，所以范文澜把它与《史记》并提为西汉时期有辉煌成就的两大著作。

班固与《汉书·艺文志》

东汉的目录事业集中表现在班固所撰的《汉书·艺文志》上，这是我国第一部史志目录。

《汉书·艺文志》是《汉书》的一个组成部分。它的撰者班固是东汉初年著名的史学家、目录学家，他在刘向父子的影响下，继承了《别录》与《七略》的成果，对它加以剪裁、编次，撰成了《汉书·艺文志》，创立了新的目录体裁——史志目录。

《汉书·艺文志》的体制是前有总序，文字虽短，但内容丰富，主要有：

①概述汉以前的学术概况；

②汉初至成帝时的图书事业；

③刘向的校书程序；

④刘歆完成《七略》；

⑤《汉书·艺文志》的编撰。

这篇总序既是西汉以前的学术史和目录学史的大纲，又表明了《汉书·艺文志》的学术渊源。

《汉书·艺文志》分六艺、诸子、诗赋、兵书、数术和方技等6大类，称为"六略"，下分38种，596家、13269卷（此家数、卷数不确）。各略均有序，各种除《诗赋略》外也都有序。

书名的著录方法大致有先书名后撰人、先撰人后书名，或仅著书名无撰人、以撰人做书名、以撰人官爵为书名和以撰人加文体等六种形式。

目录之后即记种、家、卷的数目。书名下有的有注、有的无注。所说只是撰人、内容、篇章、真伪和附录等。

《汉书·艺文志》虽是申明以《七略》为主要依据，但也付出了作者剪裁编次的劳动，表现了自己的特色，如调整了去取，改易了文字，变更了属类，删略了一些题解等等。

《汉书·艺文志》的最大贡献在于始创了史志目录一体，使目录成为正史中的组成部分，保存了历代典籍的要略，特别是《七略》自唐以后亡佚，而《汉书·艺文志》至今独存，遂成为征考汉前典籍的重要依据。

四、四分与七分——魏晋南北朝

魏晋南北朝是一个战乱频繁、政局动荡的时代，但它在目录方面也取得了一些成就，特别是在图书分类的研究中，表现得尤为突出。

魏蜀吴三国可以魏为代表。魏秘书郎郑默编制了一部国家藏书目录——《中经》（今佚）。他进行了比较细致的图书分类工作，为两晋以来正式探索图书分类工作起了先导作用。

西晋荀勖的《中经新簿》

荀勖出身于西晋著名的世家，在西晋时担任过许多显赫的官职，他在文学、音乐、目录学等方面都有很高的造诣，为时人所推重。晋武帝泰始十年（274年），荀勖领秘书监时，和中书令张华合作，进行了一次大规模的图书整理工作。武帝太康二年（281年），荀勖奉诏整理编次汲冢书，并专为汲冢书编制了一份国家目录，把汲冢书收列为国家藏书。

荀勖还以郑默《中经》做主要依据，编制了一部综合性的国家藏书目录，即《中经新簿》。梁阮孝绪的《七录》序说它是四部分类。《古今书最》说它收四部书1885部、20935卷（道宣：《广弘明集》卷三），而《隋志》序则较详细地记述了各部所收的图书内容和体制。

根据上述记载，《新簿》的情况是：

荀勖《新簿》系据郑默《中经》而作。它既据《中经》所录之书，也不可避免地参考了《中经》的分类。它既标《新簿》，就包含改编之意。二者相因之关系，诸书所载俱同。所以郑默《中经》对荀勖《新簿》的分类是有贡献的。

《新簿》共分四部，由于有《七录》序和《隋志》序的记载，可略知其每部内容，虽史籍已独成部类，但甲乙丙丁的次序为经子史集，与后来经史子集的次序略异。

《新簿》的体制是登录书名、卷数和撰人，并有简略的说明，可是没有很好地继承刘向写书录的传统，缺乏对图书内容的评述和论析。但其可取之处在于记录图书的存亡，这对后来查考图书存佚流传和借此进行图书真伪的考辨，都起了提供资料依据的作用，而且也开后来目录书著存亡的先例。

总之，荀勖《新簿》在分类、解题等方面虽有不足之处，但它对目录学的发展增加了一些新的内容，起了一定的推动作用。

东晋李充确立四部顺序

李充字弘度，江夏（今湖北安陆）人。东晋的文学家、书法家和目录学家，历官至中书侍郎。他曾在晋穆帝永和二年后的若干年内，主持整理图书和编制《晋元帝四部书目》。此时距晋元帝时已有二十余年，因李充编目所据者乃元帝时所"鸠聚"的图书，故名《晋元帝四部书目》。

李充所编之目，由于图书数量较少，仅3014卷，"遂总没众篇之名，但以甲乙为次"（《隋书·经籍志》序），即只有四部，而不立各书的类名。他的四部分类虽和荀勖相同，但次序有所变更，清代学者钱大昕曾说："至李充为著作郎，重分四部：五经为甲部，史记为乙部，诸子为丙部，诗赋为丁部。而经史子集之次始定。"（钱大昕：《元史艺文志》序）

李充的四部分类编次方法，一直为后世沿用，所谓"自尔因循，无所变革"（《隋书·经籍志》序），正说明它在目录学发展史上的贡献。

王俭与阮孝绪的七分法

刘宋后废帝元徽元年，著名目录学家王俭主持撰成《宋元徽四年四部书目》（《元徽书目》）和《七志》两部目录书，前者是国家目录，后者是私人撰目。《七志》的成就远远超过《元徽书目》，它不仅开私人编目之先，而且还为目录事业增添了新的内容。

《七志》的体制，在分类上改变了李充的四部分类法，参考了荀勖的《中经新簿》；而主要依照刘向、刘歆父子的分类法，只是略改《七略》部名。《七志》仿效《七略》在卷首写列九篇条例作为各部小序，《隋志》序评论这九篇条例"文义浅近，未为典则"。因本书已佚，难定是非。尽管如此，王俭恢复刘向、刘歆父子辨章学术这一优良传统的贡献是应予肯定的。但他却没有很好地继承书录的良规，所谓"不述作者之意"正是其不足之处，不过他尚能"于书名之下，每立一传"（《隋书·经籍志》序），开创了书目解题体制中的传录体，仍不失为有所创新。

总之，《七志》虽有类例不明、论辨不足等缺点，但它的私人编目、著录今书、创立传录等为前人所无，这是王俭在目录学研究上的一大成就。

阮孝绪（497—536年），南梁著名的目录学家，他于梁武帝普通四年（523

年）仲春，开始独力完成《七录》这部极有特色的私人目录。此书久佚，但所幸《广弘明集》卷三保存了《七录》序和所附的《古今书最》，使后人不仅得知《七录》的基本概况，而且还对梁以前的目录事业略得轮廓，成为古典目录学中的重要参考文献，根据《七录》序可以知道该书的基本体制和成书缘由。

《七录》的体制主要参酌刘歆《七略》和王俭《七志》而自定新例。全目分为内外篇：内篇有《经典录》、《记传录》、《子兵录》、《文集录》、《术伎录》等5录，外篇有《佛法录》、《仙道录》等2类。共为12卷，收书55部，6288种，8547帙、44526卷。《七录》在编撰过程中，曾得到友人刘杳的无私帮助。

《七录》的特色和主要成就是：

（1）《七录》的编目条件和过去不同。前此的目录书多是就国家藏书撰成的。即使如王俭的《七志》虽属私人目录，但也是在编《元徽书目》时进行的，又有主管图书的职权便利，所以使用图书方便。而阮孝绪则是一个被称为"文贞处士"没有政治地位的普通学者，因而不具备这些条件。他只能根据一些私人藏书家目录和官目来整理编目，经过官私目的对校，发现官目"多所遗漏，遂总集众家，更为新录"。这说明《七录》继承和总括了前人的目录成果，是比较完备的综合目录，开启了研究前人目录之先河，摆脱了单纯登录藏书的局限。

（2）《七录》在分类上有所创新。它从图书数量的现实出发，又把史籍从附属地位提到独立部类上来，专立《记传录》，同时在部类之下又分细类，推动了分类学的发展，对后世的分类有重要影响。

（3）《七录》"总括群书四万余，皆讨论研核，标判宗旨"，介绍了作者事迹和图书的流传情况。虽然《隋志》总序批评它"剖析辞义，浅薄不经"，但我们不能不看到阮孝绪是在既少藏书，又无助手的条件下，力争恢复刘向、刘歆父子书录传统所作的努力，精神可嘉，其成就是值得肯定的。

（4）《七录》的七分和类名是经过一定研究而确定的，它不像王俭名为《七志》，实为九分那样牵强。它把根据文德殿五部目录体例的图书分做五录列为内篇，而以佛法、仙道作为二录列外篇，既表明列佛道于附录的含义，又确为七分，名实取得一致。

（5）《七录》所收书44000余卷，较之文德殿书目所收23000余卷，增加几近一倍。在南北朝这样一个动乱时期，阮孝绪能在较差的条件下，独力完成这样一部搜罗比较完备的图书目录，确是古代目录事业中的重大成就。

北朝的目录事业

北朝的北魏是汉文化程度较高的朝代。孝文帝迁都洛阳后，曾派人检查图书缺少的情况，编定《魏阙书目录》一卷，索书于南齐，南齐藏书本不繁富，而北魏尚向它借缺书，则藏书之少可想而知。《魏阙书目录》是北魏惟一见于著录的一部目录。

北齐在文宣帝天保七年时曾命樊逊等11人"校定群书"（《北齐书·文苑传》），但史传不载编目之事。唐刘知幾在《史通》中提到北齐时，有宋孝王曾撰《关东风俗传》，记北齐邺下之事，书中有《坟籍志》，记当代著作，开后世地方目录之先声。

北周明帝时，也曾"集公卿以下有文学者八十余人于麟趾殿，刊校经史"。（《周书·明帝纪》）但未闻有编目之事。

五、官修目录和史志目录的发展——隋、唐

隋唐时期，我国出现了相对稳定的局面。社会经济有所恢复，文化事业也得相应的发展。隋朝虽立国日浅，确也做了不少工作。文帝、炀帝两朝都进行官修目录的编撰，而炀帝时编成的《大业正御书目录》9卷尤有价值，所谓正御书是炀帝指派学者柳䛒从国家藏书370000卷中整理精选出的37000余卷图书，并为之编目。私家目录则以许善心所撰《七林》为著名，可惜已佚而难知其详。隋朝的这些工作，为唐代的目录事业做了铺路和过渡的工作。

《隋书·经籍志》

《隋书·经籍志》，旧题魏征撰，实际上还有李延寿和敬播二人，它成书于唐初，是继《汉书·艺文志》后的一部重要史志目录。《隋志》主要依据隋、唐时国家藏书，并参考它以前的有关目录书而编成。

《隋志》虽列入《隋书》，但它包括了梁、陈、齐、周、隋五代官私书目所载的现存图书。

《隋志》的材料依据，在《总序》中曾概括说："远览马史班书，近观王阮志录"。它远受《汉志》影响，近承《七录》绪余，又参考前代目录，对唐以前

的图书状况进行了一次总结。《隋志》在各部、类之末都仿《汉志》例写序，简要地说明诸家学术源流及其演变，各类小序都分别说明与《汉志》的继承关系。《隋志》和《七录》的关系尤为明显，《隋志·总序》是目录学文献中的重要篇什，其主要内容即据《七录叙目》和隋牛弘的《五厄论》。《隋志》的体例也据《七录》而有所损益。

《隋志》对前此诸目均搜集整理加以著录，列为《史部·簿录类》。并将前此诸目的见存书汇为一编，合条为14466部，有89666卷。这是《隋志》会聚旧目的部、卷数。撰者对这些又删去了"文义浅俗，无益教益者"，附入了"辞义可采，有所弘益者"（《总序》），实收了6518部，56881卷，并明载其数于志目。

《隋志》的收录以撰人卒年为断，凡隋义宁二年（即大业十四年，公元618年）以前者收录，唐初始卒者一概不收。

《隋志》按经史子集分类。四部分类，虽始于魏晋，但现存以四部分类的目录书，则当以《隋志》为最古。但是细察《隋志》的分类，并非是严格的四分。因为它后面还附有道、佛二录，实际上是六大类。在部下分类，计经10类、史13类、子14类、集3类、道4种、佛11种。类下著书。佛、道只计部数，不著书名。在四部中值得注意的是史部。史部不仅有了独立的部类，而且还有了部类的名称。这是史籍发达、史籍增多的必然结果。史部13细类，通计亡书有874部，16558卷，比《汉志》的23部，948篇增加了几十倍，可见我国图书事业的发展状况。

《隋志》值得注意的一个特点是记存佚。如称梁有、宋有或亡，并以夹注的方式依类附入亡佚书目。小计除子部外，又通计之书，佛、道二录则计残而未计亡书。小计中尚记残缺，但有遗漏未计者。

《隋志》的著录体例是列书名及卷数为项目，而以撰人为注，对撰人不评介而只叙其时代官衔，间或注明书的内容真伪及存亡残缺，其著录也有错误处。清季沈涛所著《铜熨斗斋随笔》中有考证多则，如卷五《晋诸公赞》、《氏字误衍》、《杨承庆》，卷七《李文博理道集》及《历代三宝记》等则皆为对《隋志》著录的正误。

历代学者对《隋志》评论不一，毁誉相参，直至清代方为学者重视，其专门著述主要有3种。即：

（1）《隋书经籍志考证》13卷，章宗源撰。

（2）《隋书经籍志考证》52卷，姚振宗撰。

（3）《隋书经籍志补》4卷，张鹏一撰。

章、姚、张三书均见开明《二十五史补编》（四）。

《群书四录》和《古今书录》

唐代的官修目录以唐玄宗时编撰的《群书四录》为最著名。这是开元初年在唐玄宗的亲自过问下，屡易编者，终于在开元九年撰成的一部官修目录，全书200卷，内容繁富，可称是有书录以来的一部巨著。但由于篇幅巨大，成书仓促，必然存在着一些缺点。但这些缺点在一般官修目录中也在所难免。而这部目录能在短期内完成收书2000部、40000卷的编目工作，确属不易，仅以其篇卷之大不能不使它在目录学史上占应有的历史地位。

《古今书录》40卷，是唐玄宗时的目录学家毋煚所作，他曾参加过《群书四录》的编撰工作，可能由于官修目录未能很好地吸取他的建议而自撰了《古今书录》。此书在宋以前已佚。但它的书序被《旧唐书·经籍志》抄录而幸存下来。这篇书序内容丰富，是研究古典目录学的重要参考文献。从这篇书序中得知：《古今书录》每部有小序，每书有撰人名氏及解题。全书共45家，3060部，51852卷。更重要的是此书序深刻地阐述了目录学的作用。

五代十国目录工作的衰落

五代十国目录著作甚少。十国仅从《通志艺文略》著录中知有《蜀王建书目》一卷。五代则后晋刘昫所撰《旧唐书·经籍志》影响尚存，为五代目录事业增色不少。它主要取材于《古今书录》，体制规仿《隋志》，所录为开元盛时之书。开元以后著述则未收入。《旧唐书·经籍志》是正史目录中的一种，在保存目录学资料方面颇有功绩。

六、私家目录的勃兴和目录学研究的开展——宋、元

宋仁宗时，命王尧臣、欧阳修等人编撰《崇文总目》66卷。它把所收的30669卷图书分为4部45类。原来类有小序，书有提要，可惜南宋后都被删去，仅存书名。明清时只剩简目，清学者钱侗等曾为辑佚5卷。

宋代十分注重修撰"国史"，而每种国史都有《艺文志》。有《三朝国史艺文志》、《两朝国史艺文志》、《四朝国史艺文志》及《中兴国史艺文志》等四种，今虽已亡佚，但从其他记载中尚能略知大概。这些目录都是类有小序，书有解题，各志相承而不重复。它虽以国家书目为主要依据，似有官修目录的性质，但它终究附于各朝国史，仍应列入史志目录。它在目录事业发展史上开创了官修当代史志目录的先例。

史志目录有欧阳修所撰《新唐书·艺文志》，它著录图书3277部，52094卷，在记录唐代藏书及唐人著录方面比《旧唐书·经籍志》完备。它在分类编次上有所改进，如废除以部类为"家"而以学术流派分类；非将霸史、偏史合一而删去霸史类名；列笔记杂著于史部杂史部类等等。这对后来《国史经籍志》、《校雠略》等目录学著述都有影响。

《郡斋读书志》和《直斋书录解题》

《郡斋读书志》的作者晁公武，为官多年，藏书丰富。他大约在50岁任荣州太守时开始编撰《郡斋读书志》。后有衢州袁州两种刊本。

《郡斋读书志》按4部分成45类（袁本作43类），每部有总序，各书对作者、全书主旨、学术源流、篇第次序等都按不同情况，写成提要，可供后世考订典籍所借资。

陈振孙是宋代继晁公武之后的另一位卓有贡献的目录学家。他聚书四十余年，藏书5万余卷。在晚年耗费了二十年的时间，仿《郡斋读书志》的体例，撰成《直斋书录解题》56卷，著录图书3096种、51880卷，与南宋官修目录所著录相差不及万卷。

《直斋书录解题》原按四部分类并有小序，明初亡佚。今本从《永乐大典》辑出22卷，直接分为53类目，但综观编次，仍存四部顺序。它对所著录各书都叙明卷帙，并评论作者，创制解题体裁，并开始以解题名书。它的解题内容涉及甚广，有评论人物，评论图书价值，介绍内容与取材，记述撰述时间及版本等方面。这些资料对后人研究古代学术及典籍都有重要的参考价值。所以《四库全书总目》对22卷辑本给予了极高的评价。

《郡斋读书志》和《直斋书录解题》不仅在宋代卓著声名，也堪称私家目录的双璧。

此外宋代尤袤的《遂初堂书目》也是值得注意的私家目录。此目只有书名，不撰解题，但记录各种不同版本，成为我国最早的版本目录著作。通行本缺卷数与撰者，《四库提要》认为是传写者所删削，而非原本脱漏。

郑樵对目录学的研究

对目录学的专门研究始于宋代，而卓然成家的当推郑樵（1104—1162年）。他著述繁富，但留传后世的仅剩几种，其传世之作是《通志》200卷。这是一部通史兼专史的名著，而其中的二十略专史最为人所推重。二十略中的《艺文略》、《校雠略》、《图谱略》、《金石略》等"四略"就是郑樵研究目录学理论和实践的成果，其中《校雠略》的影响尤巨。

郑樵《校雠略》对类例、著录和提要三方面反复阐述了自己的观点。他特别强调类例的重要性，把图书分类问题提到学术高度来论述，提出了"类例既分，学术自明"的著名论点，发挥存书与明学的两大作用。他创编了《艺文略》来表达其创新图书分类体系。《艺文略》分12类、100家、371种，突破了过去分类的束缚。同时类、家、种的三级类目也使图书归属更接近合理。

郑樵在著录方面主张通录古今，不遗亡佚，全面记有和兼录图谱、金石。他的编目不仅取材于旧目，更着重采录今书，以求编制一份通录。他对于撰写图书提要曾提出"泛释无义"的原则，反对那种不顾实际需要而无区别地从形式上加以全面撰写。他所写的提要主要包括介绍作者、图书篇卷名称及评论内容等方面。

郑樵的精于类例（分类），不遗亡佚（著录）和泛释无义（提要）等论点，不仅体现了他个人的特殊见解，也体现了宋代目录学研究的新水平。

元代的目录事业

元代对图书典籍的编目工作不够重视，现所能见到的国家书目仅有至正二年王士点、商企翁合撰的《秘书监志》中有《书目》2卷，此目无书名、卷数，实际上它只是秘书监的一份图书清单，而不能算作一部正规的国家书目。

史志目录有一部《宋史·艺文志》。它依据宋的各朝艺文志而撰成，但缺乏很好的剪裁编次，所以谬误甚多，而度宗咸淳以后尚有缺略。因而它被《四库提要》认为是史志目录中最丛脞者。

马端临所撰的《文献通考·经籍考》是一部别具特色的目录学名著。马端临（约1254—1323年）以二十年的时间撰成《文献通考》348卷。《经籍考》76卷是其中的一部分。它主要依据晁公武的《群斋读书志》和陈振孙的《直斋书录解题》二书，并博采公私目录及有关著述，分书辑存。《经籍考》各类有小序，各志有解题。其解题是博采众说，汇聚群籍加以排比辑列的辑录体形式。这种辑录有关众说于一书之下，既便于检读，又能保存遗佚，确可以起到"览此一篇而各说具备"的作用（姚名达：《中国目录学史》）。它是提要目录中重要的辑录体流派。

七、古典目录学的昌盛——明、清

明清时期，古典目录学由元代颇为缓慢发展的阶段过渡到昌盛阶段。

明初虽注意到"求书"，但未能顾及"校书"，直到英宗正统六年（1441年）始由大学士杨士奇等建议对国家藏书登录编目，遂编成明代的国家图书目录《文渊阁书目》。这部书目是国家藏书登录簿性质。全目不分经史子集而以藏书的千字文排次为序，自天字至往字，凡二十号，共五橱，共贮书7297种，其卷数也按此分号编为二十卷。这部目录虽多被后世学者讥评为疏陋，但因它是明代现存的一部官修目录，对于考校当时的图书状况和保存遗佚书资料等还是有一定的参考价值。其他尚有作为史志目录的焦竑所撰《国史经籍志》。这部书目特别注重分类，其有关分类的论述有足供参考之处。但能代表明代目录学水平的仍应归于私家目录。

私家目录的丛出

明代的私家藏书比较兴盛，而藏书家又大多撰有目录，形成私家目录丛出的局面。它们大体上以藏书目录及专科目为主。

藏书目录数量较多，其著名的如：

（1）《百川书志》二十卷　高儒撰

高儒字子醇，自号百川子，涿州人，他是一个武人而藏书甚富。他以六年时间，整理考索私藏，三易其稿，写成此目。全目以四部分类，下列九十三门，收书近万卷，每书都有提要。他的特点是在史部之下收录了小说、戏曲之类，反映了撰者已突破传统的收书规范，而这一突破却为古典文学的研究提供了重要资料。

（2）《红雨楼书目》四卷　徐𤊹撰

徐𤊹字惟起，更字兴公，闽县人，藏书3万余卷。仿《通志·艺文略》及《通考·经籍考》体例撰成《红雨楼书目》四卷。它著录文艺图书较多，如卷三子部传奇类收元明杂剧和传奇140种。它所收明代集目也较多，其《明诗选》部分更详注作者履历，是有关明代文艺的资料。

（3）《澹生堂书目》　祁承㸁撰

祁承㸁字尔光，山阴人。是明末浙东的藏书世家，聚书达10万余卷，编成《澹生堂书目》。此目原写本未分卷，采用表格式，清人邵懿辰谓其书可分为47卷。它虽按四部分类，而其下细目多有新意。它为便于检索，采取分析著录与互见著录的方法，对同书而卷册版本有所不同，则以又字另著一条；对上下或正续编著作则分条著录；其成目后续收各书皆续附各类之末，因而，它并非简单的登录簿而是自有其例的。

其他藏书如《赵定宇书目》、《晁氏宝文堂书目》和《万卷堂书目》等都是独具特色的著名目录书。

明代私家目录的另一类是专门目录。它虽不如藏书目录繁盛，但也是很具特色的，如周弘祖撰《古今书刻》二卷可称代表作。周弘祖，湖广麻城人，嘉靖时进士，曾官福建提学副使。上编载各直省所刊古籍，下编则录各直省所存石刻，故名书刻。它实际上是出版目录和金石目录的混合体。它保存的版刻资料为考求版刻源流及图书存佚提供方便。其他如讲医籍的有殷仲春所撰《医籍目录》、讲明传奇的有吕天成所撰《曲品》二卷，都含有专科目录的性质。

明代虽有私家目录的丛书，但还只是古典目录学昌盛期的前期，而真正使古典目录学达到昌盛，应该说是清朝。

四库全书总目提要

清朝由于康雍乾三朝社会经济的较快恢复，学术文化得到相应发展，目录学的运用多为学人所掌握，同时，由于清朝推行文化专制主义，目录学又成为可以直接避免知人论世的避风港，更推动了目录学走向昌盛。

清朝不仅目录学著作的数量超越前代，即从编制体例、收录范围、体裁多样和内容价值各方面看，也都显示出一种总结前代、开启后来的特色。诸多著述中最有成就的便是《四库全书总目》（简称《四库提要》）200卷。它是清乾隆朝纂辑《四库全书》的相连产物，是篇帙巨大的一部官修书目。全书按四部分类，计经部十类、史部十五类、子部十四类、集部五类。全目共著录图书3461种、79309卷，存目6793种、93551卷，有401部无卷数。在编写体例上，部有总序、类有小序、书有提要。它的提要大多定稿于著名学者之手，如由戴震、邵晋涵、周永年和纪昀分任经史子集专典，而由纪昀总其成。这些提要的内容不仅"叙作者之爵里，详典籍之源流，别白是非，旁通曲证"，而且还"剖析条流，斟酌古今，辨章学术，高挹群言"（余嘉锡：《四库提要辨证》序录），对18世纪以前的学术进行了一次总结。有的提要后还有案评，主要说明分类归属的移动理由，是研究图书分类的资料。因此，《四库提要》可以说是一部篇帙巨大、体例较备、内容丰富和具有一定学术价值而为前代所未有的目录学名著。这不仅是清代目录事业上的一大成就，也是古典目录学领域中的一大成就。

清朝鉴于《四库提要》篇幅过大，又简编了《四库全书简明目录》20卷。它虽然精简了总序和小序，但有些子目仍附有简短的按语，颇便翻检。官修目录同时编制繁简二本，也是前代所无的创举。

《四库提要》因是官修，所以清代学者对它以颂扬为主，如目录学家周中孚评论说：

> 窃谓自汉以后，簿录之书，无论官撰私著，凡卷第之繁富，门类之允当，考证之精审，议论之公平，莫有过于是编矣。（《郑堂读书记》）

后世学者也有些评论，而比较允洽的当推余嘉锡先生的意见。他认为《四库提要》"就其大体言之，可谓自刘向《别录》以来，才有此书也"，"《提要》之作，前所未有，足为读书之门径，学者舍此，莫由问津"。同时，他也指出《提要》的不足之处是仓卒成书、取材范围不广，对许多重要目录书未能善加征引，立论有纰缪处，缺少版本项目等等。因而后来出现一些对《提要》进行补正的著述，如补其不足的有《四库撤毁书提要》、《四库未收书提要》、《清代禁毁书目》、《清代禁书知见录》和《增订四库简明目录标注》等；其订正缪误的有《四库提要辨证》及《四库全书总目提要补正》等等。这些书都对研究《四库提要》有益。

约与《四库提要》同时，乾隆、嘉庆两朝还相继完成了《天禄琳琅书目》正续编。它记录版刻年代、刊印、流传、庋藏、鉴赏和采择都较详备，是为版本目录学奠定基础的重要著作之一。

目录学研究的开展

清代目录学的研究主要表现在目录的编制、理论的阐发和相关学科的发展等三个方面。

清代的编目工作除了《四库提要》所取得的卓著成就外，很突出地表现在私家目录的撰著上。一些著名的藏书家，同时也是学者。他们已经不满足于收藏、著录和鉴赏，而是从各个方面研究图书，像撰写专著那样撰写书目，如钱曾（1629—1701年），字遵王，自号也是翁，江苏常熟人，是清初"见闻既博，辨别尤精"的版本专家。他曾据私藏编制《也是园书目》、《述古堂藏书目》和《读书敏求记》等三种书目，其中《读书敏求记》收录藏书中精华部分634种，专记宋元精刻，对书的次第完缺，古今异同都加标明和考订，不仅是一部有很高学术水平的版本目录学专著，也开启了后来编纂善本书目之端。

清代有些学者在传统目录体裁外，还用其他形式撰写目录性质的专著。他们从研究学术入手，随读书和研究，按书写成读书记来表述个人心得与见解。经久积累，便撰成有相当学术水平的著作，如周中孚的《郑堂读书记》和朱绪曾的《开有益斋读书记》等都为学术界所推重。有的学者通过对图书鉴定研究后加以题跋，这些题跋汇编成书就形成题跋式书目，如著名藏书家黄丕烈的《士礼居藏书题跋记》和《荛圃藏书题识》都是这方面的专著。

清代专科目录的编制有了显著的发展，朱彝尊的《经义考》就是这方面的名作。朱彝尊字锡鬯，号竹垞，浙江秀水人，是清初经学、史学、文学、目录学各方面都有成就的学者。所撰《经义考》300卷是历经多次修订刊印的一部经学专科目录。《经义考》不仅注明图书的存、佚、阙或未见，又按书汇辑有关序跋、传记及评论等参考资料，成为辑录体提要目录中空前巨著。同时代的学者就赞誉这部目录书是"非博极群书，不能有此"和"微竹垞博学深思，其孰克为之"（《经义考》毛奇龄、陈廷敬序）等语，而其影响及于国内外，日本学者所撰《医籍考》和章学诚的《史籍考》都受到它的重要影响。

在目录学理论研究上当以章学诚为代表。章学诚字实斋，浙江会稽人，是乾嘉时期的史评家与目录学家。他除以多年心力撰著过《史籍考》（咸丰六年稿毁于火）外，着重探讨研究了目录学的有关理论。他虽然不同意目录学的专名而标举校雠学，并为自己的专著命名为《校雠通义》，但他所研究的问题仍然是目录学领域中的问题。《校雠通义》一直被后世学者公认为目录学专著，书中标举宗刘（向）、补郑（樵）、正俗（说）的著述主旨。他评价了郑樵在编目分类上的卓识，也提出了对郑樵某些论点的不同见解。章学诚以揭示图书内容为出发点来研究目录学，标举出"辨章学术，考镜源流"的宗旨。他把神圣不可侵犯的"六经"看做古代典章制度的记录，按图书资料提供使用；他把编撰目录提到学术高度来对待。他认为写类序的工作是：

> 著录部次，辨章流别，将以折衷六艺，宣明大道，不徒为甲乙纪数之需。（《校雠通义》内篇一《原道》）

他又认为写提要的工作是：

> 推论其要旨，以见古人之所言有物而行有恒者，则一切无实之华言，牵率之文集，亦可因是而治之，庶几辨章学术之一端矣。（《校雠通义》内篇一《宗刘》篇）

总之，他把撰著目录看作为探求图书内容，以备研究学术源流的工作，而非编排登录的单纯技术性操作。他主张在"辨章学术，考镜源流"的思想指导下进行目录工作。他认为图书资料主要是为学术研究作"聚粮"和"转饷"的后勤工作。他的这种主观上强调目录应该以为学术研究服务为主要任务的观点，比过去那种只在客观上起了为学术研究服务的作用，确是一种突破，而成为清代目录学研究中的一大成就。

随着目录事业的发展，若干有关学科如分类、校勘、版本、考证诸学也多兴起而成为专学，从事学者，为数甚多，人才之盛，前所未有。即如分类，当时四部分类已成定例，而著名学者孙星衍为其宗祠所编《孙氏祠堂书目》则不依四部分类，直接分为十二属，在改变图书分类上有它的创新意义。在校勘学方面，除享有盛名的顾炎武、戴震和段玉裁等大力倡导，提出过具体要求和方法外，卢文弨和顾千里是专精校勘的魁杰。卢文弨"家藏图籍数万卷，皆手自校勘"。（钱大昕：《卢氏群书拾补序》，见《潜研堂文集》卷二五）顾千里不仅在国内"以精校雠名"（冯桂芬：《思适斋文集序》，见《显志堂稿》卷二），而且日本学人也誉之为"清代校勘学第一人"。（神田喜一郎：《顾千里年谱》）他们的校勘成果都是目录书中重要的著录资料。他如黄丕烈之精于版本，钱大昕之深于考证以及其他学者在这些有关学科方面的成果都为清代目录学提高到学术研究水平作出了应有的贡献。

八、近代以来对古典目录学的研究

历史进入近代以后，古典目录学虽然没有过去兴盛，而且由于西学传入，西学书目的编制和西方图书分类法的介绍等等，使古典目录学渐渐失去"独尊"地位。不过，在研究工作方面，它仍有不少值得称道的成果，大致可概括为以下几个方面：

（1）史志目录的补志

清代前期做了不少补志工作，取得了良好成绩。近代仍续有所补，如姚振宗的《后汉艺文志》、《三国艺文志》，曾朴的《补后汉书艺文志》以及吴士鉴、文廷式和秦荣光三家的《补晋书艺文志》等。其中尤以姚氏二志为最著声誉，他不名其书为补，一则表示自视所作为创作而非补缺；二则无视前期补志的钱大昭、侯康、顾櫰三诸家而自命为一家。梁启超曾特论二书特色有五点，并誉其书为"清代补志之业，此其最精勤足称者也"。（《图书大辞典簿录之部》，见《饮冰室文集》专集第十八册）史志目录经过清前期和近代的补换，大致已可构成一部完整的综合目录。

（2）丛书目录的编制

综合目录虽始于宋，但至明清，特别是清以来始有显著发展。清嘉庆时对丛书所收诸书已感难于搜检，于是有顾修首创编录丛书之目，辑录宋元以来261种丛书，编成《汇刻书目初编》十册，成为第一部丛书目录。近代以来又续编多种，著名的有光绪时朱学勤、王懿荣的《汇刻书目》二十册，收书567种。1918年李之鼎增订的《增订丛书举要》收书1605种。他们都采用分类排列法。1928年沈乾一编辑的《丛书书目汇编》收书2086种，改为字顺排列，比较方便。但是这些丛书目都没有子目索引，因此只能利用它了解某一丛书中收多少种书和所收何书，而无法检寻某书或某人著书是否在丛书内。1930年前后，金步瀛编《丛书子目索引》收书400种，施廷镛编《丛书子目书名索引》收书1275种，改正了过去的缺点而有利于检书了。丛书目录是在丛书发展的客观基础上出现的一种新型综合目录。

这方面不容忽视的就是燕京大学引得编纂处所进行的编纂引得工作，这对图书的检索和利用提供了极大的方便，其中《艺文志二十种综合引得》是对史志目录的一项综合研究工作。

（3）地方文献目录

地方文献目录始于宋人高似孙的《剡录》（剡，浙江嵊县）。清代前期所撰方志多有艺文、经籍之志，而单行地方文献目录则以近代吴庆坻《杭州艺文志》10卷和孙诒让《温州经籍志》36卷为最著。它不仅便于求书检书，反映地方文化发展状况，而且还能借此发掘出重要人物的遗佚著作或非知名人物的重要著作等等。

（4）初学目录

目录学对于初学者来说，颇有难于入手之苦。《四库全书简明目录》应说是最早的一部古典目录学初学读物。近代以来，又有张之洞于光绪初年所写《书目答问》。此书简要易读，过去学者多受其益。如近代目录学家余嘉锡先生自称，他的学问"是从《书目答问》入手"。（陈垣：《余嘉锡论学杂著序》）此书虽因所处历史时代而有所局限，遂有一定缺陷和过时之感，但姑且用作熟悉和掌握一部分古籍的基本情况，尚属可用。近人范希曾为此书《补正》，增补订正甚多，尤便初学，而其书更得广泛流传。

（5）新编目录

近代还有许多目录学家一依古典目录书的体制新编私家目录多种，丰富了古典目录学这一领域的库藏，如近代四大藏书家——海源阁、铁琴铜剑楼、皕宋楼、八千卷楼所撰私藏善本书目录。邵懿辰《四库简明目录标注》的广搜异本。杨守敬《日本访书志》的求书海外。孙殿起《贩书偶记》的补续四库书目。罗振玉《敦煌鸣沙山石室书目》的反映新的图书情况。陈垣先生《中国佛教史籍概论》对所收三十五种书籍都略按成书年代分类介绍，对各书书名、略名、异名、撰人略历、卷数异同、版本源流、内容体制、史料价值等均加分析叙述，无异是一部具有很高学术水平的释家目录。还有为配合某种大书的刊行而相应地编制该大书的书目，如商务出版《四部丛刊》、《丛书集成》，中华出版《四部备要》后，便有《四部丛刊书录》、《四部备要书目提要》和《丛书集成初编目录》等书目，提供版本、著者、卷目等项资料，而《丛书集成初编目录》前所载《百部丛书提要》介绍所涉及诸丛书内容，编者和编印历史等，尤有参考价值。所有这些，都是依照旧体裁而有新内容的新编书目。

（6）目录学研究专著

古典目录学的研究方向，大体不外二途：

一种是对古典目录学名著的研究，如姚振宗的《隋书经籍志考证》和余嘉锡先生的《四库提要辨证》可称这方面卓有贡献的两大名著。余先生所著经始于光绪二十六年而辍笔于1952年，先后历五十余年，数易其稿，乃成此"一生精力所萃"之作（《四库提要辨证》序录）。二书篇帙繁富，功力至深，是古典目录学研究中可珍贵的学术遗产。

另一种是对目录学学科本身的研究。这方面著作较多，而以汪辟疆的《目录学研究》与余嘉锡先生的《目录学发微》为最著。汪著引证详实，论列详明，于少所依傍之际，创写此书，实为难能。余先生所著对历来目录书体制、源流以及历代目录书类例沿革等皆阐述甚详，是一部很有价值的目录学专著。

一九九六年一月修改旧稿

原载于《古典目录学研究》 来新夏、徐建华主编 天津古籍出版社1997年版

古典目录书的体制和分类

——目录学浅谈之六

余嘉锡先生在《目录学发微》中把古典目录书的体制归纳为三种不同类型，就是：

（1）部类之后有小序，书名之下有解题。这种体制主要是为了"论其指归，辨其纰缪"，对图书进行全面论述。如《郡斋读书志》和《四库全书总目》等。

（2）有小序而无解题。这种体制充分利用小序来"辨章学术，考镜源流"，使读者便于从学术上了解和掌握图书概貌，如汉、隋二志。

（3）无小序和解题，只有书名。这种体制只有书名、作者、卷数等，但如果类例分明，也能使读者有清楚的条理。如《新唐志》和《书目答问》等。

从这三种不同体制看，其基本结构主要是书名、小序和题解。

书名是任何目录都需具备的一项。它反映了图书的基本特征——书的名称、撰者、篇卷、版本、藏者等。有的较全，有的有缺项。

小序是随着目录书开始纂辑就出现的一项基本结构。它论述某一部类图书的学术源流、演变和特点以便读者提纲挈领、鸟瞰全局。《七略》中的《辑略》是小序的开端，《汉志》散《辑略》入各部类，尤便参读。西晋荀勖的《中经新簿》似无小序，而南北朝宋王俭《七志》有《条例》九篇可能就是部类小序。《隋书经籍志》正式标举出小序之名。可惜《旧唐志》以来没有采用小序，破坏了目录书编纂体制中的优良传统。直到《四库全书总目》才又得到了恢复，为后人研究封建社会的学术源流与利弊提供了基本资料。

解题也称叙录、书录或提要。它是用来揭示图书主旨和用途，向读者指示门径和提供方便的。它在目录学史上是我国最早创制的一种体制，对后世的目录学及其他学术起着重要的推动作用。它肇始于《书序》。刘向《别录》就以书录为主要构成部分。宋陈振孙采用解题之名，撰《直斋书录解题》。所以这类目录书往往被称为解题目录或提要目录。它由于取材内容和写法不同可分三种类型：

（1）叙录体：这是解题目录中最早的体例。

（2）传录体：这是比叙录体内容简略的一种体例。

（3）辑录体：这是广泛辑录与一书相关的资料来揭示图书内容和进行评论。

书名、小序和解题是目录书体制基本结构的三要素。大量的古典目录书充分地体现了古代目录学家如何适当地运用这三种要素，为后人提供了足资借鉴和吸取的经验，但后人又应该伴随图书事业的发展、图书门类和数量的增长而创制和改造目录书体制的基本结构，不能泥古不化。

和体制同样值得注意的问题就是古典目录书中的分类。我国是最早把分类思想应用到图书编排上的国家。根据文献记载，汉代以前，我国的图书分类和学术分类已是经历了一定的历史阶段，并在二者错综发展的基础上，为图书分类目录的顺利诞生准备了条件。汉代，由于经过汉初、武帝和成帝几次全国性的大规模求书而日益增多，但堆藏混淆，无法使用。虽然武帝时，杨仆曾"纪奏兵录"，但那只是从中整理出一部分兵书，编制出单科目录而已，大量的其他图书仍亟待整理归类，于是在成帝河平三年（前26年），刘向和任宏、尹咸、李柱国等一批专业人员就受命整理，而由刘向总其成。他们的分工主要是按照学术性质分为六艺、诸子、诗赋、兵书、数术、方技六个整理组，体现了把学术分类的精神融贯到图书分类之中。刘向坚持工作了近二十年，整理了凌乱的图书，分别写了许多图书书录附在图书上，有人汇编在一起，即所谓《别录》。《别录》就是"别集众录"的意思。可惜他未能亲见事业的最后完成就死了。他的儿子刘歆继承遗业，在《别录》的基础上，在较短的时间内，于汉哀帝建平元年（前6年）撰成了我国第一部综合性的图书分类目录——《七略》。这就是图书分类目录中的"六分法"。

由六分法改为四分法是分类学上的重要发展阶段。四分法使用时间之长、影响之大，远远超过了其他几种分法，许多学者也很注意这一发展变化。清代乾嘉时期的著名学者钱大昕曾在他的《补元史艺文志序》和《经史子集之名何昉》等文中概括地叙述了四分法建立的过程和以后的变化。主要可归纳为以下几点：

（1）四分法始于西晋荀勖的《中经簿》，当时以甲乙丙丁为序，乙是子书，丙是史书，子先于史；东晋李充的《四部书目》虽仍以甲乙丙丁为次，但定乙部为史书，丙部为子书，所以后世经史子集的排次是李充所创始。

（2）荀勖、李充以后的古典目录书，大多采取四分法，史书所说的"秘阁以为永制"、"自尔因循，无所变革"等等，就是指此而言的。如齐永明元年秘书丞王亮、秘书监任昉、秘书丞殷钧所编制的《天监六年四部书目录》，直至唐初编纂的《隋书经籍志》等多采取四分法。

（3）当时除四分法外，还有刘宋王俭的《七志》和梁阮孝绪的《七录》等七分法，梁祖暅的《五部目录》的五分法，但都没有能够取代四分法的地位。隋唐以后，四分法一直被沿用下来。

梁祖暅的《五部目录》，从分部看似为五分，实际上没有脱离四分法的影响，他只是在四部之外另增"术数"一部而已。这或者和祖暅是一位天文历算专家有关，所以便对"术数"一类图书有所偏爱而独立一门，而且也无其他仿行者。七分法一般说是刘宋王俭《七志》所创始。《七志》分为经典、诸子、军书、阴阳、术艺、图谱和文翰，并附见道、佛，实际是一种九分。不久，梁阮孝绪《七录》分内外篇，内篇为经典、记传、子兵、文集、术技五录，外篇为佛、道二录。从这两部七分法的名著的部类看，它们基本上继承了刘歆《七略》的传统，并结合了当时佛、道兴起的现实需要而提出了这一分类法。七分法虽然没有从形式上得到后继，但它的分类精神却为《隋书经籍志》的撰者所吸取。它们对图书分类编目的发展作出了应有的历史贡献——为进一步完善四分法的分类提供了足资参考的要素。

四分法从魏晋创始以来，得到比较广的流传，而经史子集的概念也渐渐被人们所使用，如梁元帝时，颜之推等人曾奉命分校经史子集四部书（《北齐书·颜之推传》）。而唐初撰《隋书经籍志》以四分法编目时，就径用经史子集的部类标目来代替甲乙丙丁的编次。由于魏晋时的四分法目录书久已亡佚，所以《隋志》便成为现存最古的四分法目录书了。清季著名目录学家姚振宗曾指出说：

> 四部之体，不始于本志，而四部之书之存于世者，则惟本志为最古矣。

从此以后，历代有很多目录书都以此分类为据来进行编目，而它用来代替甲乙丙丁的经史子集名称，也被后来用作对古籍分类的惯称。清代学者王鸣盛曾说：

甲乙丙丁不如直名经史子集。隋志依荀而又改移之，唐宋以下为目者，皆不能违。

不过，实际上是"自宋以后，始无复有以甲乙分部者矣"。（《目录学发微》）

《隋志》虽名为四分，实则系集前此图书分类编目的所有成果。其四大部类虽循荀、李成法，但各部之下共分四十细类则是采取《七略》、《汉志》、《七录》的遗规。《七略》、《汉志》在六大部类之下，共分细类三十八种；《七录》在七大类下又分七十六细类可证。又《隋志》的纂辑，《七录》、《七志》也为主要依据。因之《隋志》名为四分法，实际上是总括六分、四分、七分诸家成就，演变发展推衍而成的新四分法，它对后世古典目录书的编制有着重要的影响。

唐宋以来，《隋志》的分类编目体制一直被沿用，虽后世也间或有所改动，但终未超越规范，如宋陈振孙《直斋书录解题》径以细类划分，而不标四部名目，但细审其图书编次仍以四部先后为次。清孙星衍所撰《孙氏祠堂书目》虽去掉四部大类，直接分为十二属类。这似乎是有了显著的改变，不过若细加推究，它只是把四分法的部类一级取消，其十二属内容并未超出四部范围。清人管世铭主张分图书为经、史、子、集、类、选、录、撰八大类，也只是在四部之外另增四类而已，并无新意，而且也只是一种主张而已。（《韫山堂集》）

因此，在整个古代历史中，《隋志》的四分法仍为图书分类编目的主要分类法。

四分、六分与七分等分类法是一定历史时期的产物。我们既不要抱残守缺，也不能全盘否定，而是应以批判继承的态度，深入具体地研究，提出适应当前需要的古籍分类法，以推动分类学的发展。

原载于《图书馆工作与研究》1980年第3期

版本、校勘、考证与目录学

——目录学浅谈之七

【编者按】 本刊的"业务讲座"专栏发表的《目录学浅谈》，现已全部刊载完毕。因此，我们对作者来新夏同志表示衷心的感谢！为了办好本刊，我们恳切希望图书馆同行和读者同学们踊跃投稿并提出办好业务讲座的建设性的意见。

版本、校勘、考证与目录等学既各有自身的研究对象与范围，又有相辅相成的相互关联。对这几种学科似无需反复辩论谁主谁属的问题，而宜略加申述其相互关联的作用。下面浅谈一点我对这几种相关学科的看法。

（一）版本学和目录学的关系

版本学和目录学的关系问题，在学术界是有不同看法的。有人认为"版本学是目录学的一部分"，有人则认为版本学"应该可以成为一门专门的科学"。这二者看来似乎距离很大，各一持端；但我以为它们是可以取得一致的。因为学术的发展，必然使各学科相互包容、相互渗透。版本学从它本身的发展历史和研究内容看，独立成学是完全可以的；但从研究目录学和编制目录书来说，版本学是目录学不可或分而密切相连的一门学科；反之，若从研究版本学来说，又何尝能完全置目录学于不论呢？那时，目录学又是版本学不可或分而密切相关的一门学科了。所以说，从目录学角度说版本学是目录学的相关学科，可能持两种不同意见的同志都能给予同意吧！

我说版本学是目录学的相关学科，其主要理由有二：

一是从刘向大规模校书开创目录事业的时候，广搜异本就是一道重要的程序。也可以说，版本学的起源是和目录学的创始相同而又同时诞生的。二者有着密切相连的关系。因此，说版本学是目录学的相关学科，当可无庸置疑。

二是目录学的实践活动中确又是不能没有版本学这样一个重要的环节。它可以从两方面来作些简略的说明：

①目录学的研究和目录书的编纂，其主要对象之一是图书，其重要作用之一是尽量反映图书的各方面情况，而图书的书有多写、版有多刻是天然具有的特点。古典目录学从刘向创始起，就把图书的各种版本情况写入书录，从现存书录中看，他所校各书的异本就有中书（宫中藏书）、外书（社会传本）、太常书（太常寺藏本）、太史书（太史令藏本）、臣某书（私家藏本）等。宋尤袤所编《遂初堂书目》著录各种不同版本十余种，开目录书著录版本的先河。清代的邵懿辰、莫友芝又从事知见传本的目录著录工作，使一书之下，详列众本，而版本源流、存佚均得体现于目录之中，图书情况的资料日臻完备。所以说，目录而不关涉版本则图书情况的反映难以全面，版本而无目录则资料著录又无所依附，二者关系之密切可以想见。

②目录学的重要作用之一还在于指示门径。清人张之洞在《书目答问略例》中曾经谈到此事说：

> 诸生好学者，来问应读何书？以何本为善？

所谓应读何书，正是目录学应发挥的作用，而所谓何本为善则正说明指示门径时不仅要介绍图书，而且还应告知何者是善本精刻，以免初学者之读误本劣刻。而且还可帮助读者去按本求书。所以，目录又何能舍版本而不求。

总之，从目录学与版本学的起源和二者相互为用的关系来看，它们既可独立成学，但亦不必排斥其互为从属的关系：言目录则版本为之辅，言版本则目录也可为之辅。所以有人名为版本目录之学，也正是这一现实情况的概括。

（二）校勘学与目录学的关系

校勘是刘向校书编目工作中的一道工序，是编制目录的重要前驱环节，当时称为校雠。刘向曾对校雠下了定义说：

> 一人读书，校其上下，得其谬误为校；一人持本，一人读书，若怨家相

对为雠。(《昭明文选·魏都赋注》)

这一解释对校雠的性质和含义讲得很明确,实际上,这就是我们现在整理古籍时比勘文字的校勘工作。刘向把校书工作分为六个步骤,即:兼备众本、比勘文字、审定篇次、确立书名、鉴定部居、叙述源流,最后把这些步骤的成果写成每书书录,又汇各书录为目录书——《别录》。校勘就是其中的第二步。所以校勘和目录从目录学一创始就是相伴并存、互有关联的两个环节。

一部目录书著录项目之一是版本,罗列异本固然可以;但是,一部有质量的版本目录,还应该有所评论,说明异同。现以《增订四库简明目录标注》的著录为例,如:

①《史记集解》一百三十卷条小字附注:

汲古阁刊本、毛刻单集解系翻北宋本,正文与各本多异。

②《新唐书纠谬》二十卷条称:

此所行本多佚脱倒乱,今以南宋椠本校补。

这种著录虽只寥寥数语,但所谓"与各本多异"、"多佚脱倒乱"等著录资料若非经过若干异本的相互校勘是难以着笔的,而写进目录书中的这一校勘成果将对后人读书、治学以极大俾助。这种例子,一些目录书中所在多有。目录著录版本资料是一改进,而著录经过校勘的版本资料尤为可贵。目录、版本、校勘之连环关系,于著录项目中可见。

提要目录是目录书中有悠久传统的优良体制。它的书录部分就包括有校勘成果。这从刘向时已开始。刘向将内廷所藏古文尚书和欧阳、大小夏侯之家经文相互比勘以后发现有错脱。于是(姚振宗)就把这一成果写入《七略别录佚文》、《师石山房丛书》之中。

这是把不同简书相互校雠后的结果写入了书录,也是最早的一篇校勘记。后来的提要目录中也常写入这种校勘资料。如《四库全书总目》卷四五《史记正义》条,全篇提要就是以史记震泽王氏刊本与明监本相校后,写入了明监本的脱落情况,这些内容都是通过异本校勘方得到的资料。所以校勘资料又是书录的内容之一。

从目录的原始、目录的著录项目和目录的提要内容可以看到目录与校勘的密切关系了。

（三）考证学与目录学的关系

考证学之与目录学犹为版本、校勘等学之与目录学一样，从来都有着密切的关联。而随着目录学的发展，考证学知识和方法的运用也越来越多，形成一种不能缺少的关系。从刘向的"条其篇目，撮其旨意"开始就包含着考证的内容。这明显地表现在现存的几篇书录中。刘向不仅考订了著书背景、学术流派和渊源、简策的异同等，然后才写成有学术价值的各篇书录。后来的目录书，虽体制各异，都无不利用考证。小序、解题固不待言，即仅按类列书名、篇卷、作者的目录书又何尝不考订图书性质、篇卷多寡、作者生平及版本年月呢？反之，考证学又无处不在运用目录、版本、校勘等学的知识和方法以达到解疑求实的结果。所以有的著作，既是目录学名著，又具有考证学的内容和价值，如《四库全书总目》。

许多著名目录学家也无不兼擅考证，甚至把考证工作列为目录学的首要任务，清章学诚所标举的"辨章学术，考镜源流"就把考辨置于其他版本、校勘、分类诸学之前，而乾嘉时期的考据名家钱大昕、王鸣盛、赵翼等又都以考据功力为目录学的研究。近代目录学家余嘉锡先生自述其撰著《四库提要辨证》就是从考证《四库全书总目》开始的。他说：

> 穷日夜读之（总目）不厌，时有所疑，辄发箧陈书考证之，笔之上方。……此于从事提要辨证之始。（《四库提要辨证》序录）

从古典目录书的现实情况和以往目录学家的学识素养看，考证学无疑是目录学的一门相关学科，而致力于古典目录学也就有必要对考证学有点概括的了解了。

从上述三方面看，从事目录学研究和目录书的编纂工作不仅仅要有分类编目方面的知识，而且还需要具备一些版本、校勘、考证等学科的知识。是否如此，望同志们批评。

原载于《图书馆工作与研究》1980年第4期

目录学与古籍考辨

古籍中往往撰者有缺名，篇帙有不同，而伪作、伪托更需订定。对于这类问题的考辨，无一不需借助于目录，所谓"或得一古书，欲知其时代、撰人及书之真伪，篇之完缺，皆非考之目录不为功"①。从古典目录的发展历史来看，考辨古籍与图书整理编目工作是同时并行的两道工序。刘向校书时已将辨识古籍真伪作为主要工作内容之一，并予以著录，如他疑《神农》20篇为"李悝及商君所说"②。班固撰《汉书艺文志》也多著录古书考辨成果，明注"依托"者七，"似依托"者三③，如道家《力牧二十二篇》下注："六国时所作，托之力牧。力牧，黄帝相"④。又小说家中注伪托者有多种，而《黄帝说四十篇》下更注称："迂诞依托。"⑤在佛典目录中还专门设立了"疑经"、"伪经"等专门类目。明代目录学家胡应麟在所著《四部正讹》中明确提出考核伪书八法，并将目录对考辨古籍的重要性列为首要二法，即："核之《七略》以观其源"和"核之群书以观其绪"。意思是从《七略》考求其渊源，并据各史的《艺文志》和《经籍志》来了解发展与变化。随着时代的推移，到清初终于出现了如姚际恒所撰《古今伪书考》那样的独立辨伪目录，而《古今伪书考》主要取资于《汉书艺文志》、《隋书经籍志》、《郡斋读书志》、《直斋书录解题》和《四部正讹》等古典目录专著。

近代学者梁启超曾综列前人考辨古籍经验12条，其开端2条即与古典目录有

①余嘉锡：《古书读校法》。
②《汉书》卷三〇《艺文志·诸子略》农家，颜师古注引刘向《别录》。
③梁启超：《中国近代三百年学术史》一四。
④《汉书》卷三〇《艺文志·诸子略》道家。
⑤《汉书》卷三〇《艺文志·诸子略》小说家。

直接关系，即：

1. 其书前代从未著录或绝无人征引而忽然出现者，什有九皆伪。

2. 其书前代虽有著录，然久经散佚，乃忽有一异本突出，篇数及内容与旧本完全不同者，什有九皆伪。①

近代目录学家余嘉锡先生还根据自己多年研究古典目录学的所得，进一步提出了目录学对古籍考辨有六项功用，即：

（1）以目录著录之有无，断书之真伪；

（2）用目录书考古书篇目之分合。

（3）以目录书著录之部次定古书之性质；

（4）因目录访求阙疑；

（5）以目录考亡佚之书；

（6）以目录书所载姓名、卷数考古书之真伪。②

这六条对考辨古籍都很重要，但还不能仅据此而贸然制定真伪，而需博采更多的本证和旁证来作最后的确定。

原载于《古旧书讯》1988年第5期

---

①梁启超：《中国历史研究法》第五章。

②余嘉锡：《目录学发微·目录学之意义及其功用》。近人王欣夫在所著《文献学讲义》（上海古籍出版社1986年2月版）第二章第二节中曾引余师此六条按称："以上六条，故友余氏嘉锡所启示，实为精辟之论"，并离析六条各立一目，每目下列举事利用目录，学以考辨古籍的方法，可供参读。

谈谈古典目录学研究中的几个问题

一、目录学的正名和古典目录学的研究对象

目录学从西汉刘向父子创始以来，一直在坚实的学术研究基础上发展，事实上形成一门专学，并在北宋初年有了"目录之学"①的专称。看来不存在什么"正名"问题，不过从宋郑樵以来却一直不承认这一专名。郑樵的名著《校雠略》虽专论图书搜求、整理和编目等事，但不取目录之名。清初学者全祖望在《丛书楼书目序》中曾力贬目录学的地位说：

> 今世有所谓书目之学者矣，记其撰人之时代，分帙之簿翻，以资口给。即其有得于此者，亦不过以为捃扯獭祭之用。②

乾嘉时学者章学诚则标校雠学以否定目录的存在，甚至说"乃谓古人别有目录之学，真属诧闻。"③

清季学者朱一新也认为目录无需作为专门之学。他说："甲乙簿为目录而目录之学转为无用。多识书名，辨别版本，一书估优为之，何待学者乎？"④

近人张舜徽氏承郑、章诸说又加以发挥。他主张用校雠大名统目录小名。他更进而申言目录不能自立为学，而应置目录、版本、校勘诸学共统于校雠学之

---

①苏象先：《苏魏公谭训》卷四。
②《鲒埼亭集》卷三二。
③《章氏遗书》外集卷一《信摭》。
④《无邪堂答问》卷二。

下。①

郑、章以来诸说，虽各有所见，但是，这些说法都是先对校雠、目录赋以己意，然后再加抑扬，故难以服人。近代目录学家余嘉锡先生曾从正名角度表示了异议，指出郑、章、朱等人概念上的不确切。他说：

> 据《风俗通》引刘向《别录》，释校雠之义，言校其上下得谬误为校，则校雠正是审订文字。渔仲、实斋著述论目录之学，而目为校雠，命名已误。朱氏之说非也，特目录不专是校雠版本耳！②

余先生之说颇得刘向原意。因此，目录学自可独立成学，固无须代以校雠学之名。其理由是：

（1）所谓"校雠"，刘向《别录》早有明确解释说：

> 一人读书，校其上下，得其谬误为校；一人持本，一人读书，若怨家相对为雠。③

刘向的这段解释说明校雠是指校勘文字、篇卷的错误。这是刘向整理图书工作的一道工序，不能表明全过程。郑、章诸家之说实是弃刘向所释原意，复借此自立新意以废目录学之名。

（2）郑、章诸家不从目录学实际考察而强以己意赋目录学以特定界说。他们认为目录学是"书目之学"，只不过是"记其撰人之年代，分帙之簿翻"，"多识书名，辨别版本"而已，不细察目录应包括哪些具体内容和经过哪些程序所撰成。如果目录学诚如诸家所赋界说，那实在可以不称为目录学。实际上，刘向早已为目录学的定义作了概括说明，那就是"条其篇目，撮其旨意，录而奏之"，然后"别集众录"而成书。那就是说，全部目录工作要经过整理篇次、校正文字、辨明学术、介绍梗概、撰写书录，最后把全过程的成果集中反映为目录。全部工作过程既用目录之名来概括，那么对所以达成最后成果的各个环节的研究活动总称之为目录学，又有何不可呢？

（3）张舜徽氏认为"举其学斯为校勘，论其书则曰目录"，所以主张称校雠学而不称目录学。这一点也难苟同。因为"书"毫无疑义地是全部治学活动的

---

① 《广校雠略》卷一。
② 《目录学发微》一。
③ 《昭明文选》《魏都赋》注。

文字总结。既然承认集中反映全过程的书能称"目录",那么,如上所述,为完成目录书而展开的全部治学活动又为什么不能称为目录学呢?

因此,目录学不特其名足以成立,即其学也实有可资研究而应成为独立的专门之学。

古典目录学则是目录学的一部分。它指目录学的古代部分,也就是过去所谓的传统目录学。文学可以有古典文学之称,则目录学的古代部分似乎也可称之为古典目录学。

古典目录学的时间断限是从目录事业兴起的汉代为上限,直至历史进入近代以前为止。也可以说,它大体上就是指中国封建社会的目录学。因此,古典目录学是以中国封建社会的目录事业、目录工作和目录学研究状况为其主要对象。它不涉及现代目录事业的发展变化、目录工作的革新和目录学基本知识的应用诸问题。

中国封建社会的目录工作,大部分和历代校书运动和官修制度相联系。因此,古典目录学有必要探讨和论述历朝的有关措施和所兴办的某些事业。

中国封建社会的目录工作,历史悠久,创造和积累了一些经验,纂集了大量的目录和目录学专著,从而不断出现一些在目录工作和目录学研究方面作出贡献的目录学家。因此,也有必要对这方面情况加以概括和总结。

古典目录学从一开始就不是单纯技术性的图书登录工作,而是从学术研究的角度入手。这一优良传统形成了相沿下来的一套工作程序,即从广搜异本、比勘同异、改定是非、类次归属、撰写书录到编制目录。这一全过程牵涉到分类、版本、校勘、考证等若干相关学科。因此,也要研究这些学科的源流、发展、基本方法和可资借鉴的经验,并加以概括和论述。

这些都是古典目录学的研究范围。

二、近代以来对古典目录学的研究

古典目录学的研究工作大致开始于宋。王应麟的《汉书艺文志考证》是对历史遗产的订补。郑樵的《校雠略》则是一种理论性探讨的著作。明胡应麟的《经籍会通》也不失为重要研究著作。清代前期,研究风气特盛而成绩尤著,它主要表现在有质量专著的涌现,相关学科领域的开拓和专才辈出等方面。历史进入近代以后，古典目录学虽然没有前期兴盛，而且由于西学传入，西书书目的编制和西方图书分类法的介绍等等，使古典目录学渐渐失去"独尊"地位。不过在研究工作方面仍然还有不少值得称道的成果。这里，仅仅作些不甚完备的概括以窥一斑。

（1）史志目录的补志

这项研究工作盛于清代前期，取得了良好的成绩。近代以来，陆续有所补志。姚振宗的《后汉艺文志》、《三国艺文志》，曾朴的《补后汉书艺文志》以及吴士鉴、文廷式和秦荣光三家的《补晋书艺文志》等。古典目录书中的史志目录原有缺朝，经过陆续补空后，就可构成中国古代一部完整的综合目录。

（2）丛书目录

丛书一般认为始于宋《儒学警悟》[①]，明清两代有很大发展，近代又续有所增，最新估计当在三千种以上。[②]在这样浩繁的书群中去搜检一、二种需用的书，实在不易。嘉庆时有顾修首创编录丛书之目，辑录二六一种宋元以来丛书，编成《汇刻书目初编》十册。这是第一部丛书目录。其后续编者有多人，著名的有光绪时朱学勤、王懿荣的《汇刻书目》二十册，收书五六七种。1918年李之鼎增订的《增订丛书举要》，收录了一六〇五种丛书。他们都采用分类排列法。1928年沈乾一辑的《丛书书目汇编》收书二〇八六种，改分类编排为字顺排列，检索比过去方便。这些初创的丛书书目有一共同缺点，就是都把子目列于各丛书之下，没有子目索引。因此只能利用它了解某种丛书中收有多少种书和收了些什么书，而无法检寻某书或某人著书是否已收入丛书，并收在何种丛书之内。针对这种缺点，1930年前后，金步瀛编制《丛书子目索引》收书四〇〇种，施廷镛编制《丛书子目书名索引》收书达一二七五种，把丛书子目的编制工作大大地推进了一步。解放后，上海图书馆集合了全国四十一个图书馆的馆藏二七九七种，编制了一部体制较备、规模较大的《中国丛书综录》。它包括《总目分类目录》、《子目分类目录》、《书目索引》、《著者索引》和《全国主要图书馆收藏情况表》等多种内容。它不仅可从丛书书名、子目书名、丛书性质和著者姓名等方面检索所需图书，而且还是一部联合目录，可以借助附录知道丛书的藏者。

①这是通行的一种看法。友人涂宗涛曾说"从刻版制印问世的丛书来看，我国最早的丛书，当推佛家于赵宋初（971—983）所刻之《开宝藏》，共收佛家经典一千余部，远比《儒学警悟》（1201）为早。"此说甚有新意。录此供参考。

②《中国丛书综录》不计佛学、新学丛书在内已有2797种。

（3）地方文献书目

方志是我国重要的文化遗产之一。数量很大。最近重编地方志综录时，统计约有八五〇〇余种。内容包罗万象，丰富多彩。有的方志中就有当地人物和与当地有关人物的著述目录，即方志目录。方志目录以宋人高似孙的《剡录》（浙江嵊县）开其先河。清代前期的方志中已多有艺文、经籍等门类。近代以来，单行地方文献目录迭出，著名的如吴庆坻的《杭州艺文志》十卷和孙诒让的《温州经籍志》三六卷等都极有价值。其中收录每有为公私目录所摒而本身又确有价值、久遭埋者。这些目录的创编不仅为求书、检书提供方便，而更重要的在于反映了地方学术文化发展的状况，为建立地方文献体系提供条件，发掘出重要人物的遗佚著作或非知名人物的重要著作等等。

（4）初学目录

古典目录书数量颇多，门类又较广，对于初学者来说，颇有难于入手之苦。近代以前，《四库全书简明目录》可以算是一部为初学者而编的入门课本，至十九世纪末任四川学政的张之洞为应初学者的要求，在缪荃孙的帮助下，写定了《书目答问》一书，内容简要易读，也尚有新意。过去许多目录学家曾受其益，如余嘉锡先生曾自称他的学问"是从《书目答问》入手"[1]。这部书虽然由于其产生的时代背景而有较大的局限，有一定的缺陷和过时之感，但在尚无这类目录前，姑且用它来供初学者作入门读物，至少可以熟悉和掌握一部分古籍的基本情况，作进一步钻研的阶梯。近人范希曾为它作过《补正》，增补订正甚多，使该书质量有很大提高，更便于初学。

（5）新编目录

近代以来有许多目录学家一依古典目录书的体制新编了很多种私家目录，丰富了古典目录学的库藏。这里未能殚述，只举几个例子说明：

清代以来学者多注重图书版本，对宋元善本尤为推重，于是有所谓"版本目录学"之说，而善本书目更为数甚夥，清代前期的汲古阁、传是楼及百宋一廛等善本书目固已人所共知。即近代以来，也纷起丛出，如《海源阁宋元秘本书目》、《铁琴铜剑楼宋金元本书影识语》、《皕宋楼藏书志》、《善本书室藏书志》、《潘喜斋宋元本书目》、《宋元旧本书经眼录》及《双鉴楼善本书目》等。近年来正在进行编撰的《中国善本书总目》规模体制更是超迈前人。还有一

---

①陈垣：《余嘉锡论学杂著》序。

些"广搜异本"的目录，如邵懿辰的《四库简明目录标注》，莫友芝的《郘亭知见传本书目》等。而杨守敬的《日本访书志》能注意到海外版本，尤有贡献。

有的则所著目录可称前代目录的续篇，使目录纂辑工作不致中断，其功甚著。如老书业人员孙殿起的《贩书偶记》就是一部补充和延续四库著录的版本目录学专著。

有的比较敏捷地反映了新的图书情况，十九世纪末年发现的敦煌石宝藏书，罗振玉便较快地编写了《敦煌鸣沙山石室书目》。这也是前代所未做过的。

有的学者所撰学术专著实际上也是一种目录，如陈垣先生的《中国佛教史籍概论》，本为抗战时期所撰讲稿，主要讲述六朝以来研究历史所常参考的佛教史籍。但陈先生对所收三十五种书籍都略按成书年代，分类介绍。对各书书名、略名、异名、撰人略历、卷数异同、版本源流、内容体制、史料价值等均加分析叙述，无异是一部具有很高学术水平的释家目录。

有的为了配合某种大书的刊行而相应地编制该大书的书目，如商务出版《四部丛刊》、《丛书集成》；中华出版《四部备要》后，便有《四部丛刊书录》、《四部备要书目提要》和《丛书集成初编目录》等书目，提供版本、著者、卷目等项目的资料，而《丛书集成初编目录》前所载《百部丛书提要》介绍所涉及诸丛书内容、编者和编印历史，尤有参考价值。

例证尚多，不再列述。

（6）目录学研究专著

自宋以来的文集和杂著中有不少关于目录学的论述和见解，其能自成体系，以研究心得撰成专著者，以宋郑樵《校雠略》与清章学诚《校雠通义》为最著。近代以来，研究专著颇称兴盛，大体上可属二类：

一类是对过去古典目录学名著的研究。姚振宗的《隋书经籍志考证》和余嘉锡先生的《四库提要辨证》是这方面卓有贡献的两大名著。二书篇帙繁富，功力至深。姚氏自称："吾于此书，多心得之言，为前人所不发，亦有驳前人旧说之未妥者。……取裁安处之间，几经审慎而定，订正疑异之处，数易稿草而后成。"[1]余先生也自述其书经始于光绪二十六年而辍笔于1952年，先后历五十余年，数易其稿，乃成此"一生精力所萃"之作[2]。余先生散在杂志报章的论文，新中国成立后汇编为《余嘉锡论学杂著》，其中有许多是研究古典目录学的佳

①姚振宗：《隋书经籍志考证》后序。
②《四库提要辨证》序录。

构，是可宝贵的学术遗产。姚、余二氏之外范希曾的《书目答问补正》也是很有贡献的著作。《补正》以三年辛勤，独力补正全目，做到"条理清楚"，可见其"用功至勤"①，可惜范氏早岁谢世，未能更臻完备，但即此也对后学有莫大的裨益。

另一类是对目录学这一学科本身的研究。这方面的著作也较多，而以汪辟疆的《目录学研究》和余嘉锡先生的《目录学发微》为著名。《目录学研究》1943年初版，其序中自称全书内容是：

> 索录略之渊源，条分合之得失，与夫汉魏六朝间官私著录之钩稽，宋元明清后丛书类别之更定，所谓目录学之最繁难最重要者，略已灿然备具。②

其言虽不无自诩，但引证翔实，论列详明，于少所依傍之际，创写此书，实较难得。余嘉锡先生所著《目录学发微》也是创作较早而又较有系统的名著。书中对目录书体制、目录学源流、历代目录书类例的沿革等阐述甚详，是一部很有价值的参考用书。

这方面还有许多其他著作，如姚名达的《目录学》和《中国目录学史》，刘咸炘的《目录学》，杜定友的《校雠新义》，蒋伯潜的《校雠目录学纂要》，郑鹤声的《中国史部目录学》和张舜徽的《广校雠略》，虽有些立论尚可商榷探讨，但都能各成一说，使目录学的研究工作得到程度不同的推动。

这方面不容忽视的就是燕京大学引得编纂处所进行的编纂引得工作，这对图书的检索和利用提供了极大的方便，其中《艺文志二十种综合引得》是对史志目录的一项综合研究工作。

以上只是举例式地做些说明，并未能很完备地对这一时期的研究工作加以概括和说明。

三、对古典目录学研究趋势的看法

如上所述，近代以来对古典目录学的研究确是取得了一定的成绩，但是，这些研究工作与我国丰富的古典目录学遗产相衡量，却还颇不适应，而很有必要把

---

① 《书目答问补正》重印本柴序。
② 《目录学研究》1934年初版序文。

古典目录学的研究工作向前推进一步。我对这门学科原来所知有限，而又长期荒疏，所以难以提出可供参考的设想；但又考虑这门学科也还应当提倡和拓展的，所以不揣固陋，谈点个人的管见。我以为这门学科研究趋势似应从整理、研究、撰写和刊印四方面入手。现就此略加说明如次：

（1）整理目录学文献

文献资料是研究工作的必要依据，因此要开展好研究工作，首先要进行文献资料的基本建设。古典目录学除了专著成书可即类求书外，还有丰富的资料散在各书，如：正经、正史、类书、政书、诗文别集以至笔记杂著中都所在多有，则较难一索而得。如果能组织一定人力，以一定的时间从二十四史有关纪传中辑出一套资料，再从宋元明清笔记杂著中辑出一套资料，分门别类，汇成《古典目录学资料类编》，则大有裨于学者。又如《书目答问》一书，在范氏《补正》外，不仅有江人度《书目答问笺补》（光绪刊本），叶德辉《书目答问斠补》（《江苏省立苏州图书馆馆刊》第三期），而海内还有很多批注本，如余嘉锡先生就有用四、五种颜色过录于书头的各家批校本；我曾经眼过天津藏书家刘明扬，目录学家邵次公、高煦曾等人的批注本，而在各图书馆所藏不知名的批注本则无法计算；若能汇聚诸家批注资料，再补入各古籍的后印版本，辑录有关评述，仿《增订四库简明目录标注》例，辑为《书目答问汇补》，则不仅对《书目答问》这一有一定影响的书目作一总结，便利学者，也为日后纂集专科古籍目录《新经义考》、《新史籍考》作初步的准备和探索。又如文集杂著中的散见资料更亟待整理辑录。这项工作不妨分朝代进行，如先辑《清人文集中目录学论文汇编》，它与资料类编有所不同，因为清人文集中有许多是成篇谈目录学问题的，不是片断资料。如钱大昕《潜研堂文集》中的《经史子集之名何昉》，黄廷鉴《第六弦溪文钞》的《爱日精庐藏书志序》，潘耒《遂初堂文集》的《请广秘府书籍以广文治疏》，刘毓崧《通义堂文集》的《黄氏书录序》……还可以例举很多。许多论文中多评述源流，阐明见解，几乎都是足资参考的文献，如能尽数年之功，分册成书，不特是目录学研究之福音，亦不失为整理清人文集之一法。

（2）研究目录书和目录学家

过去对于古典目录学著述和学者做了一些研究，但大多集中在汉、隋二志和四库总目等著名作品及向歆父子、郑樵和章学诚等著名学者上。即使在这些方面也还有不少的研究余地。如《别录》、《七略》的源流、体制、成书、辑本和评价都尚待总结。《隋志》序是篇好作品，但也还有可订正诠释之处。《四库提要》经余先生所辨证者仅四百余条，也还可续作《辨证》。此外如朱彝尊所撰《经义考》在国内外都有颇大影响，但一直没有进行全面研究评论，而明清以来大量的私家目录除了若干翻印时有些简短说明外，也缺乏深入综合的研究。对目录学家的研究方面显得更为薄弱，如：司马迁的《史记》中虽没有《艺文志》，但其《太史公自序》的小序实是史籍一书目录之始，有目有录，言简意赅很有研究和借鉴的价值，至于散在全书的目录学资料尤比比皆是，今人金德建所写《司马迁所见书考叙论》对此进行爬梳整理，有筚路之功；但进而研究《史记》的目录学贡献及太史公的目录学思想则尚有待，而三家注中所引《别录》资料也有可资参考者。牛弘是隋代大目录学家，其《五厄论》是论古代图书聚散的名篇，当时影响很大，对于这一学者就应研究。宋代两大目录学家晁公武、陈振孙所著《郡斋读书志》与《直斋书录解题》是学术界公认的私家目录双璧，但对晁、陈二人，除陈乐素所撰《直斋书录解题作者陈振孙》一文搜采颇备外，其他或相因，或短什，缺乏对这二位名目录学家的全面评论。有些不甚知名的目录学家更没有很好地发掘和表彰。阮孝绪及其《七录》，在目录学史上占了显著的一页，但对《七录》作出崇高牺牲的刘杳却淹没无闻。刘杳其人，阮孝绪《七录序》末特表述其人其事说：

> 通人平原刘杳从余游，因说其事（写《七录》事）。杳有志积久，未获操笔，闻余已先著鞭，欣然会意。凡所抄集，尽以相与，广其闻见，实有力焉。斯亦康成之于传释，尽归子慎之书也。[①]

这种"凡所抄集，尽以相与"，以助成别人著述的高尚格调，实使后之垄断资料，秘而不宣者赧颜。这样的学者即在叙及《七录》时都被抹煞，更谈不到去专门研究，而刘杳不仅具记于此，《梁书》、《南史》都有专传，实在应该撰文表彰。

有的学者有著作也往往被忽视，如清代道咸同时期的山西耿文光，既是藏书家，又是目录学家。我看到过他所著《目录学》、《苏溪渔隐读书谱》和《万卷精华楼藏书记》，像这样的目录学家也可根据其著述进行研究。

又如叶德辉、罗振玉等人对目录学这一领域有一定贡献，但其政治立场上反动，应该如何既不讳其失德，又不以人废言地加以评述也是值得研究的课题。

---

① 《广弘明集》卷三。

（3）撰写新的古籍目录

撰写有关古典目录学的专著是一项很重要的工作，但需要资料基础、撰写岁月，而且这种工作比较受到重视，将会得到一定的安排与推动的。我认为目前应该大力提倡和拓展的领域是吸取古典目录书中的优点编制古籍目录。新中国成立以来，这方面有一定的成绩，如《史记书录》、《红楼梦叙录》都就有关专书写成参考性的提要目录。而由国家主持、动员全国力量纂辑的《中国善本书总目》工作的意义尤为重大，不仅是摸清底数的空前创举，也是向世界昭示中华文化的有力武器。另外如重编的地方志联合目录也是有价值的目录。不过，这项工作仍然还有许多待举的方面，如专科目录的撰集就是应该着手的研究工作，清初朱彝尊的《经义考》至今还是受到很大的重视。难道不可以从中取法吗？乾嘉以来，章学诚等学者先后进行，陆续完成的《史籍考》，不幸稿毁于火，难道我们就不可以重纂吗？个人力量有限，一时聚集人力也有困难，那又为何不化整为零呢？我曾按照自己的设想，对清人年谱进行一次摸底，经眼检读达八百种、一千余卷而辑成《清人年谱知见录》六卷，如果有更多的人能分门别类撰辑这类专目，那么积以时日，奠定基础，日后只需统一条例，平衡编制便可用较短时日纂成《史籍考》（或名《史籍总目提要》）之类的巨著。这就如刘歆有《别录》可据，则《七略》便易于见功。如此，则先可得分类专目之用，终获部类总目之效。这实在是研究古典目录学值得拓展的园地。

还应该编纂一部古典目录书的目录。过去汪辟疆写过《汉魏六朝目录考略》，现在是否可分段写《唐宋目录考略》和《明清目录考略》，最后即可合编《历代目录考略》，实际上便为古典目录书作一总结。

（4）刊印古典目录学书籍

近代以来，刊印工作在不断进行，道光时日人辑刊的《八史经籍志》，光绪时海宁张寿荣即加翻刻。宣统二年罗振玉辑印的《玉简斋丛书》即收刊明清私家目录八种。1936年开明书店印行的二十五史补编中即收印了若干种史志目录的补志，并且还把姚振宗的古典目录学专著集印为《快阁师石山房丛书》。其他书局坊间印本也所在多有。解放后，刊印工作有很大发展。史志目录和明清私家目录多种都已重印，《四库全书总目》和《增订四库简明目录标注》不仅重印，还增添了新内容，提供了新资料，有利于研究工作。在专著方面清周中孚的《郑堂读书记》、清叶昌炽的《藏书纪事诗》、叶德辉的《书林清话》、汪辟疆的《目录学研究》、姚名达的《中国目录学史》和余嘉锡先生的《目录学发微》、《四库提要辨证》等书都得到重印，其他还有一些不再列举。但是，这种刊印工作还有可改进之处。其一，刊印古典目录学书籍应尽力做好加工，不仅要标点、说明，最好能有专论。附录有关资料，编制索引，有的更应加相当注释，以应实际需要。其二，有计划地重印一些传本比较难得而有价值的专书，有的可以独立成书，如姚振宗的《快阁师石山房丛书》已很难搜求，甘肃有一位同志研究姚振宗，通省搜求未得，这种书就应加工重印。有的可把同性质类型的书，编印为《丛刊》，如编列《卢抱经先生年谱》、《黄荛圃先生年谱》、《校经庼自订年谱》、《顾千里先生年谱》、《臧在东先生年谱》、《可读书斋校书谱》、《苏溪渔隐读书谱》等为一《丛刊》，则可提供清代版本目录学与校勘学的参考资料。其中如《可读书斋校书谱》就是钱泰吉二十七年的校书纪录，很有价值。另外公私所藏未刊书目有些还有参考价值的也可有选择加以刊印并汇聚一起编为《书目丛刊》，也很便于使用。

上述四点看法，只是想到写到，并不全面，也不成熟。读书未遍，妄加雌黄，本为学者大忌，但愚者千虑，或有一得，若借此而获商榷教正，则对古典目录学之研究或能少有裨益。

原载于《南开史学》1980年第2期

历代书目丛刊目录

小序

流略之学，由来盖久，自向歆父子，创编目录以还，历代多有作者、目录著述亦难尽数。我自攻目录学始，即注意书目之编，每有所见，辄记以寸纸置箧中。积数十年已有成数，其中有经眼者，有知其名而未见其书者。而此类图书，馆藏多列于参考用书之列，不得自置案头以备翻检，而个别搜求亦较艰难，不禁念及若能集各书影印，集为丛刊，一则历来散处各目得有归宿，再则使用者亦为称便，当为一大善举；但念兹及兹较易，而付诸实施，其难度固不可想像，迁延数十年，寸纸依然在箧，影印丛刊日近痴人说梦。"文革"劫难，以小箧寸纸未能引人注意而幸存，亦有天意存焉。

上世纪八十年代，百废尽兴，我亦以此影印丛刊之设想当有实现可能，乃与门下诸生赵永东、徐建华等商榷讨论，将积存寸纸，增补订正，稍加整理，分类编排为十辑，成《历代书目丛刊目录》一册。窃思按目求书，影印合刊，十年之期当可成此伟业。不意此类目录多入藏各图书馆，求书复印，不仅论页取值，非寒士所能承担；且设障重重，其难跨越，即使高额付赀，亦不得复印全书流通问世，甚至必须手签承诺不出版之文书。于是原有设想，尽付烟消。惟敝帚自珍，又难割舍，而精力不济，一时不易检核编次，遂先打印目录草稿以存线索，公之同好，或能有裨查阅。至于影印合刊，则当俟诸异日。

昔南皮张氏于《书目答问》附录一，列《劝刻书说》一文，盛言刻书之利称："且刻书者，传先哲之精蕴，启后学之困蒙，亦利济之先务，积善之雅谈也。"又言"假如就此录中随举一类，刻成丛书，即亦不恶"。而《书目答问》史部谱录类书目之属所收亦不过举要而已，《汇补》亦难大量补入，遂以此目附于《汇补》之末，聊补不足，略供引导。苟多年之后得有力有识者出，善行功德，斡旋周章，以此目为据，重加搜求勘定，编印合刊，则不啻为目录之学建一大厦，而为读一切经史子集辟一大途径。耄耋野叟，谨贡一得，祈高明者勿嗤其老悖，则幸甚矣！

岁次二〇〇七年六月来新夏编定于南开大学邃谷，时年八十五岁

目　录

第一辑 综合书目·汉—明

1. 汉刘向撰，清洪颐煊辑《别录》一卷
   汉刘向撰，清陶濬宣辑《别录》一卷、《七略别录》二十卷
   汉刘向撰，清马国翰辑《七略别录》一卷
   汉刘向撰，清顾观光辑《刘向别录》（一册，北图钞本）
   汉刘向撰，清姚振宗辑《七略别录佚文》一卷
   汉刘向撰，清王仁俊辑《七略别录》一卷、《别录补遗》一卷
   汉刘歆撰，清洪颐煊辑《七略》一卷
   汉刘歆撰，清陶濬宣辑《七略》一卷
   汉刘歆撰，清顾观光辑《刘歆七略》（一册，北图钞本）
   汉刘歆撰，清姚振宗辑《七略佚文》一卷
   汉班固撰，唐颜师古注《汉书艺文志》（六册，北图钞本，减去颜注甚多，
       而搜辑《七略》《别录》分载各书之下，又引《别录》中言及之书《汉
       志》缺漏者补入四种）
   汉班固撰，唐颜师古注《汉书艺文志》（《十史艺文经籍志》本，商务，
       1955）
           附：清姚振宗《汉书艺文志拾补》
   宋王应麟《汉书艺文志考证》十卷，清张大昌《汉书艺文志考证校记》（在
       《玉海》附刻张大昌《校补玉海琐记》内），清王仁俊《汉书艺文志考证
       校补》十卷
   清姚振宗《汉书艺文志拾补》六卷、《汉书艺文志条理》八卷
   清王先谦《汉书艺文志补注》一卷
   清刘光蕡《前汉书艺文志注》一卷
   孙德谦《汉书艺文志举例》一卷
   姚明晖《汉书艺文志注解》（一名《汉书艺文志姚氏学》七卷）
   顾实《汉书艺文志讲疏》
   张骥《汉书艺文志方技补注》一卷
   清庄述祖《历代载籍足征录》一卷（此书仅刻有汉代六艺一类，恐全稿未成）
   晋荀勖撰，清王仁俊辑《中经簿》一卷

刘宋傅亮撰，清傅以礼辑《续文章志》一卷

梁元帝萧绎撰，清王仁俊辑《金楼子藏书考》一卷

梁阮孝绪《七录序目》一卷

梁阮孝绪撰，清王仁俊辑《七录》一卷

梁阮孝绪撰，清臧镛堂辑《七录》二卷（稿本，《贩书偶记》著录）

梁阮孝绪《古今书最》

2. 唐魏征等《隋书经籍志》（《十史艺文经籍志》本，商务，1955）

　　附：清张鹏一《隋书经籍志补书目》四卷

清章宗源《隋书经籍志考证》十三卷

清姚振宗《隋书经籍志考证》五二卷

清张鹏一《隋书经籍志补》二卷

清杨守敬《隋书经籍志补证》（稿本）

李正奋《隋代艺文志》一卷（北图钞本）

后晋刘昫、宋欧阳修等《唐书经籍艺文合志》（《十史艺文经籍志》本，商务，1956）

　　附：清罗士琳《旧唐书经籍志校勘记》二卷

佚名《唐书艺文志注》四卷（国图、北大图书馆钞本）

清朱文藻《宋史艺文志》

《宋史艺文志·宋史新编艺文志歧异表》一卷（《中国历代艺文志》本）

清尤侗《明史艺文志》五卷

清金门诏《明史经籍志》

3. 清钱大昭《补续汉书艺文志》二卷

清侯康《补后汉书艺文志》四卷

清陶宪曾《补侯康后汉书艺文志补》（《灵华馆丛稿》卷四）

清顾櫰三《补后汉书艺文志》十卷

清姚振宗《后汉书艺文志》四卷

曾朴《补后汉书艺文志》一卷，考十卷

清侯康《补三国艺文志》四卷

清陶宪曾《补侯康三国艺文志补》（《灵华馆丛稿》卷四）

清姚振宗《三国艺文志》四卷

清丁国钧撰，丁辰注《补晋书艺文志》四卷，补遗一卷，附录一卷，刊误一卷

清文廷式《补晋书艺文志》六卷

清秦荣光《补晋书艺文志》四卷

吴士鉴《补晋书经籍志》四卷

黄逢元《补晋书艺文志》四卷

徐崇《补南北史艺文志》三卷

清王仁俊《补宋书艺文志》一卷

聂崇岐《补宋书艺文志》一卷

陈述《补南齐书艺文志》四卷

清王仁俊《补梁书艺文志》一卷

李正奋《补后魏书艺文志》（二册，国图、南京大学图书馆藏钞本）

陈汉章《南北史合八代史录目》（浙江图书馆藏稿本）

清顾櫰三《补五代史艺文志》一卷

清宋祖骏《补五代史艺文志》一卷

元脱脱等《宋史艺文·补·附编》（《十史艺文经籍志》本，商务，1957）

    补：清黄虞稷，清卢文弨《宋史艺文志补》一卷

    附：宋绍兴中官修，清徐松辑《四库阙书目》

        宋绍兴中官修，叶德辉考证《秘书省续编到四库阙书目》二卷

        宋陈骙等撰，赵士炜辑考《中兴馆阁书目》五卷（简目）

        宋张攀等撰，赵士炜辑考《中兴馆阁续书目》一卷（简目）

        宋时官修，赵士炜辑《宋国史艺文志》二卷（简目）

台湾"国立中央图书馆"《现存宋人著述目略》（台湾书店）

清黄虞稷等《辽金元艺文志》（《十史艺文经籍志》本，商务，1958）凡

    十四种：

清黄虞稷《千顷堂书目》（补辽金元部分）

清黄虞稷撰，清卢文弨辑《补辽金元艺文志》

清金门诏《补三史艺文志》

清吴骞《四朝经籍志补》

清嵇璜等《钦定续文献通考经籍考》（辽金元部分）

清厉鹗《辽史拾遗·补经籍志》

清杨复吉《辽史拾遗补·补经籍志》

清缪荃孙《辽艺文志》

清王仁俊《辽史艺文志补证》

清黄任恒《补辽史艺文志》

清龚显曾《金艺文志补录》

孙德谦《金史艺文略》

清钱大昕《补元史艺文志》

清张锦云《元史艺文志补》

清王仁俊《西夏艺文志》一卷

清郑文焯《金史补艺文志》（传钞本）

《元史新编艺文志》四卷（《中国历代艺文志》本）

清黄虞稷原编，清王鸿绪、张廷玉等删定《明史艺文志·补编·附编》

 （《十史艺文经籍志》本，商务，1959）

  补：清傅维麟《明书经籍志》

   明王圻《续文献通考·经籍考》

   清嵇璜等《钦定续文献通考·经籍考》

  附：明焦竑《国史经籍志》

   清宋定国、谢星缠合编《国史经籍志补》

清倪灿等《明史艺文志广编九种（1-4）》（台湾世界书局）

蒋孝瑀《明史艺文志史部补》（台湾国风出版社）

4. 宋欧阳修等《崇文总目叙释》一卷

宋王尧臣等《崇文总目》十二卷（《四库全书》本）

宋王尧臣撰，清钱东垣等辑释《崇文总目》五卷，补遗一卷，附录一卷

陈汉章《崇文总目辑释补正》四卷

宋王尧臣等《崇文总目》六五卷（天一阁钞本）、《崇文总目》六六卷（原
 南京国学图书馆藏钞本，一册）

宋官撰《秘书总目》残本（原藏清内阁书库）

宋陈骙等撰，赵士炜辑考《中兴馆阁书目》五卷

宋张攀等撰，赵士炜辑考《中兴馆阁续书目》一卷

宋官撰，赵士炜辑《宋国史艺文志》二卷

元王士点、元商企翁《秘书监志》十一卷（国图钞本）、《秘书监志》残

二卷

　　明杨士奇《文渊阁书目》二十卷（国图有王国维校语本）、《文渊阁书目》
　　　　四卷（《四库全书》本）

　　明马愉《秘阁书目》（二册，国图钞本）

　　明钱溥《内阁书目》（明钞本，藏国图）

　　明张萱《内阁藏书目录》八卷（述古堂钞本，藏国图）

　　李晋华《明代敕撰书考》

5. 宋晁公武、宋赵希弁《昭德先生郡斋读书志》四卷，后志二卷，附志一卷，
　　考异一卷（袁本，藏故宫博物院）

　　宋晁公武撰，宋姚应绩编《衢本昭德先生郡斋读书志》二十卷（王先谦校
　　　　刻本）

　　宋陈振孙撰，元程棨批注《直斋书录解题》二二卷（原南京国学图书馆有卢
　　　　文弨手校本）

　　宋尤袤《遂初堂书目》（一名《益斋书目》）一卷

　　明高儒、明周弘祖《百川书志·古今书刻》（古典文学，1957）

　　明晁瑮、明徐𤊹《晁氏宝文堂书目·徐氏红雨楼书目》（古典文学，1957）

　　明赵用贤《赵定字书目》（古典文学，1957）

　　明毛晋撰，潘景郑辑补《汲古阁书跋》（古典文学，1958）

　　冯贞群等《天一阁书目外编》（1962）

　　骆兆平《天一阁藏明代地方志考略》（书目文献出版社，1982）

6. 宋王应麟《玉海·艺文部》

　　宋郑樵《通志·艺文校雠图谱略》

　　清嵇璜等《续通志·艺文校雠图谱略》

　　元马端临《文献通考·经籍考》七六卷，清卢文弨《文献通考经籍校补》
　　　　（见《群书拾补》史部）

　　清朱奇龄《续文献通考补》四八卷（补明王圻书，钞本）

　　清嵇璜等《续文献通考经籍考》

7. 明叶盛（1420）《菉竹堂书目》六卷（《四库》存目本，真本）、《菉竹
　　堂书目》六卷（《粤雅堂丛书》本，伪本）

　　明都穆（1459）《南濠居士文跋》四卷

明李廷相（1481）《濮阳蒲汀李先生家藏目录》一卷、《双桧堂书目》（见《史料》）

明朱睦㮮《万卷堂书目》六卷、《万卷堂家藏艺文目》（钞本，藏国图）、《万卷堂艺文记》一卷（钞本，藏原国学图书馆），又一名《聚乐堂艺文目录》十卷（旧钞本，《柱注》著录）

明徐𤊹撰，清缪荃孙辑《重编红雨楼题跋》二卷附校记补遗

明赵绮美（1563）《脉望馆书目》四卷

明陈第（1541）藏编、明陈若孙增益《世善堂书目》二卷

明董其昌《玄赏斋书目》（二册）

明祁承㸁《澹生堂藏书目》十四卷

明钮石溪《世学楼书目》（见清沈嘉辙、清吴焯等编《南宋杂事诗》卷首所引）

明李鄂翀（1557）《得月楼书目》一卷（武进盛氏朱印本，藏国学图书馆）、《江阴李氏得月楼书目摘录》一卷

明严衍（1575）《修绠堂书目》（一册）

明毛晋（1598）藏，清毛扆撰《汲古阁珍藏秘本书目》一卷

佚名《汲古阁毛氏书目》一卷（国图钞本）

明佚名《太和堂书目》（二册）

明佚名《近古堂书目》二卷

明佚名《芙蓉庄书目》（二册）

明佚名《西吴韩氏书目》（原北京人文科学研究所藏钞本）

8. 明范钦藏、佚名撰《天一阁书目》（二册，清初钞本，天一阁藏。此书与一册之清初《宋氏漫堂钞本》恐为一书）

明范钦藏，佚名撰《天一阁书目》（一册，清初林佶跋本，藏国图）

明范钦藏，佚名撰《四明天一阁藏书目录》（二册，《玉简斋丛书》本）

清范邦甸等编《天一阁书目》四卷，附《碑目》一卷，《续增》一卷（此书即阮刊本，前多误写范懋柱编），清刘喜海编十二卷本（钞本，似藏天一阁）

清佚名编《天一阁书目》（介于阮目、薛目之间，原藏赵万里处）

清杨晋藩（一说何松）等新编阁目（稿本，见于清范彭寿《〈天一阁见存书

目〉跋》与冯贞群《鄞范氏天一阁书目内编序》，现未知其去处）

清薛福成《天一阁见存书目》四卷，卷末一卷

清缪荃孙撰《天一阁失窃书目》（二册，钞本）

林集虚《目睹天一阁书录》四卷，附编一卷

杨铁夫等《重编宁波范氏天一阁图书目录》，附天一阁藏书考

赵万里等新编《天一阁草目》内外篇

冯贞群《天一阁简目二种》

冯贞群《鄞范氏天一阁书目内编》十卷

第二辑　综合书目·清（上）

1. 清纪昀等《四库全书总目》二百卷（中华，1965）

　　　附：《四库全书总目校记》

　　　　　《四库撤毁书提要》

　　　　　清阮元《四库未收书提要》

清纪昀等《四库全书简明目录》二十卷并补遗附录（中华，1964）

清阮元等，傅以礼重编《四库未收书目提要》（商务，1955）

清邵懿辰撰，邵章续录《增订四库简明目录标注》（上海古籍，1979）

　　　附：清邵懿辰《善本书跋及其他》

　　　　　邵章《四库未传本书目》

　　　　　佚名《东国书目》

余嘉锡《四库提要辨证》（中华，1980）

胡玉缙、王欣夫《四库全书总目提要补正》六十卷并补遗（中华，1964）

　　　附：《四库未收书目提要补正》二卷

清纪昀等撰，卢靖辑《四库全书叙》并附录（一册）

清纪昀等撰，李时选集并考证《四库全书叙》附考证（一册）

清纪昀等撰，周云青笺注《四库全书总目提要叙笺注》（一册）

清纪昀等撰，林鹤年笺释《四库全书表文笺释》四卷

清范志熙撰《四库全书总目韵编》（五册，钞本，藏国图）

清满洲费莫文良《四库书目略》二十卷并附录，同治庚午本宅刊

杨立诚《四库日略》（四册）

清胡虔《钦定四库全书附存目录》十卷（南开大学图书馆有卢弼批校本）

佚名《四库全书恭收存目》（钞本，藏国学图书馆）

清纪昀等撰，佚名撮钞《四库全书总目提要撮钞》（残八册，钞本，藏国图）

陆费逵《四库全书辨正通俗文字》

清王朝梧《四库全书辨字》一卷

2. 清四库全书馆《钦定四库全书考证》一百卷

尚镕《四库全书总目附考》

杜贵墀《四库提要补证》

3. 清姚鼐《惜抱轩书录》四卷

清邵晋涵《四库全书提要分纂稿》（又名《南江书录》、《南江文钞》一卷）

清翁方纲《翁苏斋所纂提要书稿》（一五〇册，稿原藏浙江吴兴嘉业藏书楼）

4. 清纪昀《文溯阁四库全书提要》

金毓黻校《文溯阁四库全书提要》一二〇卷

5. 陶湘《钦定文渊阁四库全书目录》一卷

清世纲、清英麟《文津阁四库全书目录》附园内各殿宇陈设书籍目录（又名《文津阁经史子集部书籍数目略节》附园内各殿宇陈设书籍数目略节，国图藏钞本）

陈垣《四库全书书目考异》四十卷、《文津阁四库全书统计表》（一册）

佚名《文澜阁藏钦定四库全书目录》（四册，原钞本原藏清华大学）

章箴《壬子文澜阁新存书目》五卷，附《文澜阁目补》一卷

金裕新《钦颁文澜阁四库全书子集部目清册》（残三册，国图钞本）

堵福诜《补钞文澜阁四库阙简书目录》（一册）

周庆云《补钞文澜阁四库阙简记录》（一册）

杨立城《文澜阁目索引》一卷

佚名《文宗阁四库全书装函清册》（四册，钞本，藏国图、国学图书馆）

6. 吴慰祖校订《四库采进书目》（原名《各省进程书目》，商务，1960）

补遗：《武英殿第一次书目》、《武英殿第二次书目》

附：清黄烈《江苏采辑遗书目录》

清沈初等《浙江采集遗书总录》

清沈初等《浙江采集遗书总录》十卷，附闰集（北大有章钰校本）

清官撰《浙江解进备采书目》（又名《乾隆浙江进呈书目》）附进呈人总目（一册，清钞本，藏国图）

佚名《浙江进呈未收书目》（一册，钞本，邓氏群碧楼藏）

清黄烈《江苏采辑遗书目录》（钞本：①国学图书馆藏四卷本；②国图藏姚氏咫进斋钞本不分卷）

清郑大节《二老阁进呈书目》一卷（稿本，藏国学图书馆）

《钦遵上谕四库馆议定章程查明违碍书目》（一册，钞本，原藏清华大学）

《乾隆四十八年九月红本处查存应毁书目》（在《清内阁大库红本处办应销毁书籍总档》册内，钞本，1926年原明清史料整理会发现）

清英廉《清代禁书总目》四卷、《奏毁书目》一卷

清郝硕《禁书目录》（《掌故丛编》第十册）

清姚觐元、孙殿起《清代禁毁书目·清代禁书知见录》（商务，1957）

清杨魁《违碍书籍单》（《文献丛编》第七册）

清三宝《违碍书籍单》（《文献丛编》第八至十三册）

清姚成烈《湖北省查缴违碍书籍单》（《文献丛编》第十四册）

清佚名《山西陕西奏缴书目》（二册，钞本，原藏鄞县马氏）

清佚名《各省咨查禁毁书籍目录》

清佚名《禁书总目》（四册，钞本，原藏金陵大学，国图有传钞本，为三册）

清佚名《纂辑禁书目录》（一册，钞本，南开大学图书馆藏）

陈乃乾《索引式的禁书总目》

杨家骆《禁书考》（未毕稿，原藏中国学典馆，收书已达四千余种）

王重民《四库抽毁书提要稿》一卷

7. 清周郇《墨海楼书目补提要》二卷

陈乃乾《四库全书总目未收书目索引》四卷

杨家骆《四库失收书考》（未毕稿，原藏中国学典馆，载约一万二千余种）

8. 清孙冯翼《四库全书辑永乐大典本书目》一卷

　　田继宗《四库全书永乐大典本版本考》（稿本）

　　清莫友芝辑，莫绳孙编《邵亭知见传本书目》十六卷（北大有章钰批注卷七
　　　　至卷九本）

　　明徐谦《书目偶钞》二一卷（国图钞本）

　　赵万里《影印四库全书罕传本拟目》（一册）、《四库全书孤本丛刊拟目》
　　　　（一册）

　　故宫博物院《宛委别藏四十种目录》（一册）

　　前中央图书馆筹备处《影印四库全书未刊珍本目录》（一册）

　　编订四库全书未刊珍本目录委员会《四库全书珍本初集目录》（一册）

第三辑　综合书目·清（中）

1. 杨家骆《四库全书学典》

2. 杨家骆《四库全书总目别编》（未毕稿，原藏中国学典馆）

3. 伦明《四库全书续修总目》（列书一万余种）

　　伪东方文化总委员会《续修四库全书提要》（抗战胜利后，原中央研究院接
收该会时，已积稿二、三万条）

4. 清于敏中等《钦定天禄琳琅书目》十卷，《后编》二十卷（王先谦校刊本）

　　陶湘《昭仁殿天禄琳琅前编目录》一卷，《续编目录》一卷

　　张允亮《天禄琳琅现存书目》

　　清于敏中、清王际华《四库全书荟要总目》（六册，钞本，藏故宫博物院）

　　清庆桂等《四库全书荟要目》一卷

　　陶湘《摛藻堂四库全书荟要目录》一卷

　　清乾隆间官编《天禄琳琅排架图》、《四库全书荟要排架图》

5. 清乾隆间敕撰《国朝宫史·书籍门》

　　清庆桂等《国朝宫史续编书籍门》二六卷

　　清嵇璜等《皇朝通志·艺文校雠图谱》三略

清嵇璜等《皇朝文献通考·经籍考》

刘锦藻《皇朝续文献通考·经籍考》

清佚名《皇朝钦定书目录》（一册，钞本，藏国图）

钱恂《清代进书表录存目》

清黄本骥《皇朝经籍志》六卷

朱师辙等《清史稿艺文志》四卷

彭国栋《重修清史艺文志》（台湾，1962）

清史馆编《皇朝艺文志稿》十八卷（四册，钞本，有校改处，疑为缪荃孙手笔，藏北大）

清缪荃孙《拟国史艺文志稿》一卷（稿本，藏北大）

王绍曾《清史稿艺文志拾遗》三册（中华书局，2000年9月）

李灵年、杨忠《清人别集总目》三册（安徽教育出版社，2000年7月）

柯愈春《清人诗文集总目提要》三册（北京古籍出版社，2001年11月）

罗尔纲《太平天国经籍志》（见《中国近代史资料丛刊·太平天国》部分）

佚名《书目残本》一卷（钞本，有批校，都系清代撰述，与《皇朝艺文志稿》系一人所写，疑此稿或亦《清史艺文志》之别一底本欤？藏北大）

佚名《钞本书目》（四册，钞本，藏国图，内有清缪荃孙批校，且纸为缪氏物，恐即缪氏编）

萧一山《清代学者著述考》

单士厘《清闺秀艺文略》五卷

佚名《内阁库存残书目》（六册，钞本，藏国图）

清学部录存《清内阁旧藏书目》（六册，国图钞本）

6. 清钱谦益（1582）撰、清陈少章手批《绛云楼书目》四卷、《绛云楼书目补遗》一卷

清钱谦益《牧斋书目》一卷（钞本，藏国图）、《牧斋题跋》二卷（钞本，藏国图）

清钱曾《读书敏求记》四卷（国图有清陈其荣校语本）

清管廷芬辑，章钰补辑《钱遵王读书敏求记校证》四卷

清钱曾《也是园书目》十卷（刻本）、《也是园书目》十卷（四册，旧钞本，藏北大，有多人跋，与上虞写刻、粤雅堂刻诸本有异）、《述古堂书

目》四卷附《述古堂宋板书目》一卷

清曹溶（1613）《静惕堂书目》

清王钺（1623）《读书蕞残》三卷

清黄虞稷（1629）《千顷堂书目》三二卷（钞本，藏国图，有清杭世骏、清
　　鲍以文、清吴骞、况周颐跋，王国维有校本，未刊）

清朱彝尊（1629）《曝书亭藏书目》一卷、《曝书亭藏书集目偶存》一卷
　　（皆钞本，藏国学图书馆）、《竹垞行笈书目》一卷

清季振宜（1630）《季沧苇书目》（一名《延令宋版书目》）一卷附《续校
　　语》一卷

清徐乾学（1631）《传是楼书目》不分卷（鲍以文钞本，藏国图）、《传是
　　楼书目》八卷（旧钞本，藏国学图书馆）、《传是楼书目》不分卷附马氏
　　玉堂钞藏《传是楼足本书目残卷》（四册）、《传是楼宋元板书目》一卷
　　（《玉简斋丛书》二集本）

清徐秉义（1633）《培林堂书目》（二册）

清徐元文（1634）《含经堂书目》

清姚际恒（1647）《好古堂书目》四卷《宋元板书目》一卷（精钞本，藏国
　　学图书馆）

清陆漻《佳趣堂书目》（二册）

清曹寅（1658）《楝亭书目》四卷

清张宗松《清绮斋藏书目》一卷

清金檀《文瑞楼藏书目录》十二卷附藏书纪要（钞本，藏国学图书馆）

清何焯（1661）《义门读书记》（九册）

清王闻远（1663）《孝慈堂书目》四卷

清刘青《藕船题跋》二卷

7. 清吴焯（1676）《绣谷亭薰习录》经部一卷、集部二卷

清吴玉墀《绣谷亭书录》（八册，邵氏云未刊，稿藏瞿氏处）

清汪沆《小眠斋读书日札》（残四册，钞本，藏国图）

清宋筠（1681）《青纶馆书目》（二册）

清金农（1687）《所见古书述》一卷

清孙从添《上善堂书目》（一名《上善堂宋元板精钞旧钞书目》）一卷

清侯长松《西园藏书志》（四册）

清王谟《读书引》十二卷

清卢文弨（1717）《抱经楼书目》十二卷（稿本，四册，原藏南开木斋图书馆）

清汪宪（1721）藏，清朱文藻辑《振绮堂书录》四卷（十册，然多写二册）、《振绮堂书目》四卷（四册，钞本，原藏南开大学木斋图书馆）

清汪宪撰，清汪璐编《藏书题识》残二卷，附《叶文庄公书跋》一卷

清王昶（1724）《塾南四库目录》八卷

清钱大昕（1728）撰，清何元锡编《竹汀先生日记钞》三卷（王国维批校本，藏国图）、《竹汀先生日记钞》二卷（清潘祖荫、清李慈铭、清刘燕庭批校本，藏国图）

清周永年（1730）《借书园书目》

清周广业（1730）《目治偶钞》四卷、《四部寓眼录》二卷、《四部寓眼录补遗》一卷

清汪辉祖（1730）《环碧山房书目》（一册，钞本，藏国图、国学图书馆）

清彭元瑞（1731）《知圣道斋书目》四卷、《知圣道斋读书跋尾》二卷（国图有清管廷芬跋本）

清吴骞（1733）撰，清吴寿旸编《拜经楼藏书题跋记》五卷，附录一卷

清怡贤亲王弘晓（？）《怡府书目》

清赵魏（1746）《竹崦盦传钞书目》一卷

清倪模（1750）《江上云林阁藏书目》四卷

清倪模《经锄堂书目》稿本，黄永年藏

清陈鳢（1753）《简庄随笔》一卷

清孙星衍（1753）《孙氏祠堂书目内外编》七卷、《平津馆鉴藏书籍记》五卷、《廉石居藏书记内外编》二卷

清孙星衍藏，清佚名编《问字堂书目》（一册，钞本，原藏瞿氏处，见邵目）

清徐乃昌《积学斋书目》一卷（钞本一册，原藏南开大学木斋图书馆）

8. 清秦恩复（1760）《石研斋书目》

清江藩（1761）《半毡斋题跋》二卷

清严可均（1762）《铁桥漫稿·序跋》三卷（即《漫稿》卷五、卷六、卷八）

清阮元（1764）《文选楼藏书记》六卷

清陈经《墨庄书跋》三卷《陈景辰遗书》本，嘉庆二十五年刊

清钱树玉撰，清王颂蔚辑《非石日记钞》一卷，《杂文》一卷

清黄丕烈（1763）《士礼居藏书题跋记》六卷，清缪荃孙辑《士礼居藏书题跋记续》二卷、《士礼居藏书题跋再续记》二卷

清黄丕烈撰，孙祖烈辑《士礼居藏书题跋记续编》五卷

清黄丕烈撰，李文裿辑《士礼居藏书题跋补录》一卷

清顾广圻撰，清黄丕烈注《百宋一廛赋注》一卷

清黄丕烈《百宋一廛书录》一卷（北大有校注朱印本）

清黄丕烈《求古居宋本书目》二卷

清黄丕烈撰，宗舜年编《荛翁书跋十种》一卷（写本，藏北大）

清黄丕烈撰，章钰编《荛圃藏书题识新编本》二卷（稿本，藏北大）

清黄丕烈撰，章钰辑《荛圃藏书题识新辑底本》一卷（稿本，藏北大）

清黄丕烈撰，清缪荃孙、章钰、吴昌绶辑《荛圃藏书题识新辑底本》一卷（稿本，并有三人手校，藏北大）

清黄丕烈撰，章钰编《荛圃芳林秋思图卷题识》一卷（写本，藏北大）

清黄丕烈撰，清缪荃孙、章钰、吴昌绶辑《荛圃藏书题识》十卷，补遗一卷附《刻书题识》一卷、补遗一卷

清黄丕烈撰，王大隆辑《荛圃藏书题识续录》四卷、《荛圃杂著》一卷、《荛圃藏书题识再续录》三卷

清黄丕烈撰《读未见书斋书目》（见邵目）

清顾广圻（1766）撰，王大隆辑《思适斋书跋》四卷，补遗一卷

清顾广圻撰，蒋祖诒辑、邹百耐增辑《思适斋集外书跋辑存》一卷

清许宗彦（1768）《鉴止水斋书目》（丁氏持静斋藏钞本）

清瞿中溶（1769）《古泉山馆题跋》二卷（或云残稿一卷）、《古泉山馆题跋》（钞本，藏国学图书馆）

清瞿中溶《木居士书跋》二卷、《瞿木夫书跋零稿》一卷（章钰手校并补钞本，藏北大）

清瞿绍荃（1772）《恬裕斋藏书志》四卷（钞本，藏国学图书馆）

清瞿镛《铁琴铜剑楼藏书目录》二四卷、《铁琴铜剑楼宋元本书目》四卷

清钱谦益撰，潘景郑辑校《绛云楼题跋》（中华，1958）

清钱曾撰，瞿风起编《虞山钱遵王藏书目录汇编》（古典文学，1958）

清王士禛撰，陈乃乾校辑《重辑渔洋书跋》（中华，1958）

清周中孚《郑堂读书记》附补逸（商务，1959）

清祁理孙《奕庆藏书楼书目》（古典文学出版社1958年出版时，误题为清沈复粲《鸣野山房书目》，后加印说明更正）

清李慈铭撰，由云龙辑《越缦堂读书记》（商务，1959）

清李慈铭撰，王利器纂辑《越缦堂读书简端记》（天津人民，1980）

清赵宗建《旧山楼书目》（古典文学，1957）

第四辑　综合书目·清（下）

1. 清李筠嘉藏，清周中孚（1768）编《慈云楼藏书志》残稿

2. 清麟庆《琅环妙境藏书目录》四卷（稿本，孙目著录）

清祁理孙《奕庆藏书楼书目》四卷（钞本，藏国图）

清周原塥《来雨楼目》二卷（钞本，《书目举要》著录）

清李嘉绩《五万卷阁书目记》四卷

清陈揆（1780）《稽瑞楼书目》一卷

清庄仲方（1780）《映雪楼藏书目考》十卷（钞本，原藏南开大学木斋图书馆）

清汪士钟《艺芸书舍宋元本书目》二卷

清郁松年《宜稼堂书目》（一册，缪氏藏钞本；日本岛田翰且有清末蒋凤藻详注本，见《皕宋楼藏书源流考》中所记）

清陈征芝（树杓）《带经堂书目》四卷

清沈豫《群书提要》一卷

清张金吾（1787）《爱日精庐藏书志》四十卷

清杨以增（1787）藏，清杨绍和编《楹书隅录》九卷

清杨以增藏，清江标编《海源阁藏书目》一卷

清杨以增藏，清杨保彝《海源阁宋元秘本书目》四卷

清钱泰吉（1791）《曝书杂记》三卷（王国维手批本，藏国图）、《曝书杂

记》二卷（李慈铭手批本，藏国图）

清钱泰吉《甘泉乡人迻言》

清管廷芬《一瓻笔存书目》一卷（稿本，藏国学图书馆）

清曹金籀《石屋书目》一卷

清朱绪曾《开有益斋读书志》六卷，续志一卷，附录一卷（国图有李慈铭手
批续志本）

清王振声（1799）《文村书跋》一卷

清瞿世瑛《清吟阁书目》四卷

清国英《共读楼书目》十卷

清邹汉勋（1805）《读书偶识》八卷

清莫友芝（1811）撰，清莫绳孙编《宋元旧本书经眼录》三卷，附录二卷
（国图有姚觐元朱批本，北大有章钰手批本）

清莫绳孙《影山草堂书目》

清蒋光煦（1813）《东湖丛记》六卷

清蒋光焴《寅昉藏书目》（钞本，藏国学图书馆）

3. 清徐时栋（1814）《烟屿楼读书志》十六卷，附《笔记》八卷

清劳格（1818）撰，清丁宝书编《读书杂识》十二卷

清劳权、清劳格等撰，吴昌绶辑，王大隆、瞿熙邦补辑《劳氏碎金》三卷，
附录一卷

清丁白《宝书阁著录》一卷

清曾钊（1821）《古输廖山馆藏书目录》（钞本，《书目举要》著录）

清丁日昌（1823）藏，清江标重编《丰顺丁氏持静斋宋元校钞写本书目》五
卷附藏旧刊本书目、清莫友芝《持静斋藏书纪要》二卷

清朱学勤（1823）《结一庐书目》四卷、《宋元本书目》一卷、《别本结一
庐书目》一卷

清袁芳瑛《卧雪庐藏书簿》（四册，家藏底本，见《书林清话》所记）

清魏锡曾《绩识题跋》一卷

清潘祖荫（1830）《滂喜斋藏书记》三卷、《滂喜斋宋元本书目》一卷、章
钰《滂喜斋藏书摘要》一卷（写本，藏北大）

清潘祖荫撰，李少微编《八喜斋随笔》一卷

清丁丙（1832）《善本书室藏书志》四一卷、《善本书室题跋》（钞本，藏国学图书馆）

丁和甫《八千卷楼书目》二十卷

江苏省立国学图书馆《八千卷楼藏书未归江苏省立国学图书馆书目》（一册，国学图书馆钞本）

清丁丙《嘉惠堂藏书目》

清周星诒《传忠堂书目》四卷附录一卷

4. 清耿文光（1830）《苏溪渔隐读书谱》四卷、《万卷精华楼藏书记》一四六卷

5. 清陆心源《皕宋楼藏书志》一二四卷、《仪顾堂题跋》十六卷、《仪顾堂续跋》十六卷（国图有梁启超、郑文焯题识本）

日本河田罴《静嘉堂秘籍志》五○卷

日本佚名《静嘉堂文库图书分类目录》十卷、《静嘉堂文库汉籍分类目录》（一册）

傅增湘《静嘉堂文库观书记》（一册）

6. 清姚觐元《咫进斋善本书目》

清施再盛《世德堂书目》（光绪间钞本，孙目著录）

清刘人熙《楚宝目录》一卷

清黄澄量《五桂楼书目》四卷

清姚振宗（1843）《师石山房书录》

清缪荃孙（1844）《艺风藏书记》八卷、《艺风藏书续记》八卷、《艺风藏书再续记》、《艺风堂题跋》一卷

清杨晨（1845）《敦书咫闻》二卷，附《瀛洲咫闻》一卷

清袁昶（1846）《永慕堂藏书碑版目》六卷

清傅以礼《华延年室题跋》三卷

清吴引孙《扬州吴氏测海楼藏书目录》十二卷，陈乃乾校录《测海楼旧本书目》四卷附录一卷

清王颂蔚（1848）《古书经眼录》一卷

清李希圣《雁影斋读书记》一卷、《雁影斋题跋》四卷

清胡尔荣《破铁网》二卷

清顾家相撰，顾燮光辑录《勘堂读书记》十卷

清韩应陛藏，封文权编《韩氏读有用书斋书目》一卷

清蒋凤藻《秦汉十印斋藏书目》四卷（钞本，藏国学图书馆）

清潘志万《书籍碑版题跋偶录》二卷（一册，钞本，藏北大）

清佚名（吴成佐？）《乐意轩书目》（见邵目附录所引）

清黄锡蕃《醉经楼书目》（一册，钞本，藏国学图书馆）

清潘遵祁《西圃藏书目》附重刊正谊堂全书总目（一册，底稿本，藏南开大学）、《西圃藏书目》（二册，誊清本，然与上书有出入，藏南开大学）、《香雪草堂书目》（一册，钞本，藏南开大学）

清佚名撰，罗振常订《自怡悦斋藏书目》一卷

清佚名《范氏归馆书目》（二册，钞本，藏国学图书馆）

清佚名《宋氏宜秋馆书目》（一册，钞本，藏国学图书馆）

清佚名《拾园张氏书目》（四册，持静斋藏钞本）

清佚名《复壁藏书目》（钞本，孙目著录）

清佚名《存才堂书目》（一册，钞本，邵目著录）

清佚名《云间韩氏藏书目》一卷附书影

清佚名《天宝藏书目录》一卷（附于《传是楼书目》后，旧钞本，见邵目著录）

7. 太平天国《旨准颁行诏书总目》（见《钦定前遗诏圣书》卷首）

　　清何秋涛《俄罗斯进呈书籍记附目录》一卷

　　清佚名《西学述略》（一册，1798年）

　　（英）傅兰雅《江南制造局翻译西书事略》（1880）、《江南制造局译书提要》（1909）

　　清王韬《泰西著述考》（1889）

　　梁启超《西学书目表》三卷附一卷，《读西学书法》一卷（1896）

　　清佚名《四库西书提要》（一册，1898）

　　康有为《日本书目志》十五卷（1896）

　　梁启超《东籍月旦》（1902）

　　清沈桐生《东西学书录提要总叙》二卷（1897）

　　清徐惟则编，顾燮光补《增版东西学书录》四卷，附录二卷（1902）

述庐《通学书籍考》（1899）

沈兆祎等《新学书目提要》四卷（1903）

顾燮光《译书经眼录》（1905）

佚名《番外杂书总目》十七卷（钞本，藏国图）

8. 尊闻阁主人《申报馆书目》一卷（光绪间刊）

佚名《学古堂藏书目》五卷附《捐藏书目》一卷（二册，光绪间刊）

清徐树兰《古越藏书楼书目》二十卷（1904）

清杨复等《浙江藏书楼甲编书目》残卷，《乙编书目》全卷，附补遗（残二册，1907）

清缪荃孙《清学部图书馆善本书目稿本》（残二册，藏国图），《清学部图书馆善本书目》（三册，1912）

南京图书局《南京图书局阅览室检查书目二编》五卷（光绪间刊），《南京图书局书目二编》附书写目录（三册）

江南图书馆《江南图书馆书目》（八册，光绪间印）、《江南图书馆善本书目》（一册，光绪间印）、《江南图书馆善本装箱书目》（残一册，钞本，藏国学图书馆）、《江南图书馆外楼装箱书目》（八册，国学图书馆钞本）

江南图书馆《江南图书馆拨存江苏通俗教育馆书目》（一册，国学图书馆藏钞本）

江苏通俗教育馆《江苏通俗教育馆书目》（二册）

朱鸾瀛《河南图书馆书目》六卷（1909）

第五辑　综合书目·民国

1. 张允亮《故宫善本书目》（1934）

故宫博物院图书馆《故宫普通书目》六卷（1934）

故宫博物院图书馆《大高殿所藏杨氏观海堂藏书目录》（一册）

何澄一《故宫所藏观海堂书目》四卷（一册，1932）

李德启《国立北平图书馆故宫博物院图书馆满文书籍联合目录》（一册，

1933）

夏曾佑等《京师图书馆善本简明书目》（四册，1916）

江瀚重《壬子本馆善本书目》（五册，1918）

京师图书分馆《京师图书分馆藏书目》（七册）

赵万里《北平图书馆善本书目》四卷（1933）

赵录绰《北平图书馆善本书目乙编》四卷（1935）

梁启超原藏，余绍宋编《梁氏钦冰室藏书目录》

北平图书馆《国立北平图书馆瞿氏补书堂寄藏书目录》（1935）

蒋毓峰原藏，朱福荣编《博野蒋氏寄存书目》四卷（1934）

国立北平图书馆《国立北平图书馆排印卡片目录》（六册，1936—1937）

北平图书馆《北平图书馆图书展览会目录》（一册）、《北平图书馆水灾筹
赈图书展览书目录》（一册）

北京图书馆《北京图书馆由沪运回中文书籍金石拓本舆图分类清册》（1943）

北京图书馆善本部《北京图书馆善本书目》八卷（中华，1959）

台湾中央图书馆编印《台湾中央图书馆善本书目（增订本）》（1967）

台湾中央图书馆编印《台湾中央图书馆新书目录》（1969）

台湾故宫博物院编印《台湾故宫博物院善本书目》（1968）

台湾中央研究院历史语言研究所《中央研究院历史语言研究所善本书目》
（1968）

教育部《教育部图书目录》八卷（1912）、《重编教育部图书目录》（1915）

外交部《外交部藏书目录英法德日文之部》（二册，1915）

许同莘《外交部藏书目录中文之部》七卷（1916）

外交部《外交部藏书目录二编》七卷（1922）

2. 王钟兰《吉林省立图书馆藏书目录》前后编并附录（二册，1921）

热河省立图书馆《热河尊经阁所藏善本书目》（一册，1933）

河北省立第一图书馆《河北省立第一图书馆书目》（四册，1935）

河北省立第一图书馆《河北省立第一图书馆书籍说明》（一册）

北平直隶书局《北平直隶书局新收书目录》（一册，1933）

北平直隶书局《北平直隶书局书目录》（一册，1934）

北京市立第一普通图书馆《北京市立第一普通图书馆书目》（四册，1934）

香山图书馆《香山图书馆书目》（一册）

北京人文科学研究所《北京人文科学研究所藏书简目》（八册，1938），
　　《北京人文科学研究所藏书续目》（二册，1939）

章钰《广化寺图书馆检书草目》一卷（钞本，原藏燕京图书馆）

谭新嘉等《天津直隶图书馆书目》三二卷，附录二卷（十一册，1913）

佚名《天津直隶图书馆丛书总目》（一册，1933）

华凤卜《河北省立天津图书馆书目》（十二册，1946）

陈国英等《河南图书馆书目表》六卷（六册，1917）

武玉润等《河南图书馆书目二编》六卷附《河南通俗图书馆书目》（四册）

3．刘宝泰、袁绍昂《山东图书馆书目》九卷（八册，1917）

田九德、聂光甫《山西公立图书馆书目初编》五卷（一册，1931）

高树才等《陕西图书馆书目》七卷续编一卷（六册，1917）、《陕西图书馆
　　书目三编》（二册，1922）

张知道、王维斋等《陕西省立西京图书馆图书目录》（1937）

中央图书馆《国立中央图书馆善本书目初稿》第一辑五卷，第二辑五卷（1949）

胡宗武、曹橡梁《江苏第一图书馆覆校善本书目》（四册，1918）

曹允源《［江苏］省立第二图书馆书目续编》六卷并附录（二册，1917）、
　　《省立第二图书馆书目三编》七卷（四册，1921）

柳诒征等编，王焕镛等补编《江苏省国学图书馆图书总目》正、补编五六卷
　　（三十册，1933、1936）

江苏省立国学图书馆《江苏省立国学图书馆现存书目》正、续编（三册）

4．佚名《江苏省立镇江民众教育馆革命文库普通图书书目》（一册）

夏清贻《江苏会馆收藏目录》一卷（1935）

欧阳瑞骈《南京市立图书馆图书目录》（一册，1934）

苏州图书馆《苏州图书馆书目》（一册，1929）

南通图书馆《南通图书馆第一次目录》（五册，1914）

瞿启甲《常熟县图书馆藏书目录》（二册，1919）

陈文熙《常熟图书馆藏书目录》（二册，1929）、《常熟县立图书馆续增旧
　　书目录》（一册，1929）、《常熟县立图书馆新书目》（二册，1929）

严懋功《无锡私立大公图书馆藏书目录》十二卷，附补遗、续补（四册，1921）

严毓芬等《无锡县立图书馆书目》十六卷（五册，1926）

秦毓钧《无锡县立图书馆善本书目》二卷（一册，1929）

陈然等《无锡县图书馆图书目录》（五册，1932）

无锡县图书馆《无锡县图书馆第二次目录》（四册）

侯鸿《无锡图书馆书目》（五册）

徐福埔等《太仓县立图书馆藏书目录》八卷，附补遗（二册，1923）

泰县图书馆《泰县图书馆书目》（一册，1925）

佚名《孟芳图书馆目录》（二册，1923）

丽则图书馆《同里丽则图书馆书目》（一册）

佚名《嘉定县教育会图书馆图书目录》（一册）

上海图书馆《上海图书馆善本书目》（1957）

上海市历史文献图书馆《上海市历史文献图书馆藏书目录》五卷（1956）

上海市文物保管委员会《上海市文物保管委员会善本书目及续编》（1956）

应修人《上海通信图书馆书目》（1926）

佚名《上海市第一区党部图书馆图书目录》（一册）

佚名《上海市商会商业图书馆图书目录》（一册）

张元济原藏，上海合众图书馆编《海盐张氏涉园藏书目录》

5. 浙江图书馆《浙江图书馆保存类书目》四卷，附录一卷、《观览类书目》附
   补遗，补编（九册，1915）

   章箎《浙江公立图书馆保存类图书目录》（后改名为《浙江公立图书馆善本
   书目》）四卷（二册，1921）

   章箎《浙江公立图书馆通常类图书目录》五卷，附《保存类图书目录补遗》
   一卷（八册，1925）

   浙江省立图书馆《浙江省立图书馆善本书目续编》（一册，1931）

   陆祖谷《浙江省立图书馆善本书目题识》四卷（一册，1932）

   毛春翔《浙江省立图书馆善本书目甲编》四卷（1936）

   金涛《浙江省立图书馆书目提要》（一册，1931）

   浙江省立图书馆《浙江省立图书馆图书总目》（二册，1935）

   楼藜然《诸暨图书馆目录初编》八卷（四册，1919）

   杨铁夫《鄞县县立图书馆书目》（一册，1930）

默然居士《黄岩九峰图书馆书目》五卷并续编、三编（三册，1930）

吴兴图书馆《陆氏守先阁捐助书目》（一册）、《凌氏鸿术堂捐助书目》
（一册）

董明道等《安徽省立图书馆中文书目》（六册，1930、1932）

湖北省立图书馆《湖北省立图书馆图书目录》八卷，附《巡帅萧公捐置图书
目录》四卷（十三册，1924）

冯汉骥等《湖北省立图书馆图书目录》第一期，附类目索引党义书籍（一
册，1929）

傅熊湘等《湖南省立中山图书馆图书分类目录》十卷（二册，1929）

由云龙《云南图书馆书目初编》（一册，1923）

张继祖、刘干《甘肃省立图书馆书目初编》六卷（六册，1924）

6. 商务印书馆《涵芬楼藏书目录》（二册，1911）、《涵芬楼旧书分类总
目》并续编、再续编、三续编（三册）、《涵芬楼藏善本录目》（三册，
国图钞本）、《涵芬楼志书目录》（一册）、《涵芬楼中外新书目录》
（一册）

商务印书馆《涵芬楼烬余书录》（商务，1951）

叶景葵撰，顾廷龙编《卷庵书跋》（古典文学，1957）

马瀛撰，潘景郑校订《吟香仙馆书目》（古典文学，1958）

罗振常遗著，周子美编订《善本书所见录》（商务，1958）

林钧《篋书剩影录》二卷，总目一卷（1962，油印本）

沈曾植《寐叟题跋》一、二集（四册，1926）

邓邦述《群碧楼书目初编》十卷（四册，1911）、《邓氏所藏善本书目》
（一册，钞本，藏国学图书馆）、《群碧楼善本书录》六卷、《寒瘦山房
鬻存善本书目》七卷（二册，1929）

张乃熊《菦圃善本书目》

张均衡《适园藏书志》十六卷（六册，1961）

徐世昌藏，徐允中编《东海藏书楼书目》（六册，1915、1924）

徐世昌《书髓楼藏书目》八卷附录一卷（1935）

叶德辉《观古堂藏书目》四卷（1916）、《郋园读书志》十六卷（十六册，
1928）

罗振玉《大云书库藏书题识》四卷、《松翁近稿》（一册，1925）、《丙寅

　　稿》（一册，1927）、《辽居乙稿》（1931）

　　王国维《庚辛之间读书记》一卷

7. 杨嘉《曝书随笔》一卷（1922）

　　杨嘉《瑞安黄氏蒡绥阁旧本书目初编》一卷

　　赵诒琛《赵氏图书馆藏书目录》五卷，《补遗》一卷，《新钞书目》一卷，
　　　　《峭帆楼善本书目》一卷（1923）

　　沈德寿《抱经楼藏书志》六四卷（1924）

　　蒋汝藻《传书堂藏书目》十二卷（钞本四册，藏国学图书馆）、《传书堂善
　　　　本书目》十六卷（传钞本，藏南京图书馆？）

　　上海东方图书馆《涵芬楼所收蒋氏密韵楼藏书目录》

　　冯氏景堂图书馆《景堂图书馆目录》（一册，1928）

　　刘声木《苌楚斋书目》二二卷（1929）

8. 傅增湘《双鉴楼善本书目》四卷（二册，1929）、《双鉴楼藏书续记》二
　　卷（二册，1930）、《藏园群书题记》十四卷（1931—32）

　　王修《诒庄楼书目》八卷（四册，1930）

　　陆祖谷《善本书目题识》（一册，1932）

　　宋焜《静思轩藏书记甲篇》一卷（钞本，藏国学图书馆）

　　袁克文《寒云手写所藏宋本题要廿九种》（一册）

　　顾麟士《宋元旧本书目》一卷（钞本，藏北大）

　　朱希祖《读书题识》一卷（钞本，藏国图）

　　沈知芳《粹芬阁珍藏善本书目》（一册，1934）

　　甘鹏云《崇雅堂书录》二四卷（1935）

　　周学熙藏，俞寿沧编《周氏师古堂书目提要》四卷（一册，1936）

　　曹元忠《笺经室所见宋元书题跋》一卷

　　许博明《怀莘斋书目》

　　李庆城《萱荫楼藏书目录》

　　叶启勋《拾经楼紬书》

　　潘宗周《宝礼堂宋本书录》（四册，1939）

　　刘承幹《嘉业堂明善本书目》（一册，1940）

　　王文进《文禄堂访书记》五卷（1942）

莫伯骥《五十万卷楼藏书目录初编》二二卷、《五十万卷楼群书跋文》（七册，1947）

叶恭绰藏，顾廷龙编《番禺叶氏遐庵藏书目录》

佚名《颐情馆宋元明旧本书目》（一册，钞本，藏南开？）

佚名《书目丛钞初编》四卷（国图钞本）

孙殿起《贩书偶记》（中华，1959）

陈殿起录，雷梦水编《贩书偶记续编》（上海古籍，1980）

第六辑　专科与专门书目（一）

1. 初学书目

清李颙口授，清李士琰手录《读书次第》一卷

清李颙口授，清张珥手录《体用全学》一卷

清龙启瑞撰，清袁昶增订《经籍举要》二卷

清张之洞原编，范希曾补正《书目答问补正》（中华，1963）

清江人度《书目答问笺补》四卷

叶德辉《书目答问斠补》

来新夏等《书目答问汇补》（稿本）

其他后人零补

清黄庆澄《中西普通书目表》（又名《训蒙捷径》、《普通学书录》）二卷附《家塾读书入门要诀》

梁启超《国学入门书要目及其读法》、《要籍解题及其读法》

胡适《一个最低限度的国学书目》

李笠《三订国学用书撰要》

杨济沧《治国学门径》

吕思勉《经子解题》

支伟成《国学用书类述》

曹功济《国学用书举要》

佚名《古今书目》（十六册，国图钞本）

张柟《读新学书法》

徐嗣同《社会科学名著解题》

（日）长泽规矩也《支那学入门书略解》（新订版）（日文）

邓衍林《中文参考书举要》

何多源《中文参考书指南》

蔡尚思《中国文化史要论（修订版）》（湖南人民，1980）

张志公《蒙学书目稿》（附于《传统语文教育初探》中，上海教育，1962）

2．经籍小学书目（上）

清朱彝尊《经义存亡考》十卷（稿本，有清冯登府跋，藏国图）

清朱彝尊《经义考》三百卷

罗振玉《经义考目录》八卷，校记一卷

清翁方纲《经义考补正》十二卷

清沈廷芳《续经义考》（见《隐拙斋诗文集》，又《东湖丛记》云其未成
书，稿本散佚，曾见其副）

清钱东垣《补经义考》（稿本，《标注》著录）

3．经籍小学书目（下）

明朱睦㮮《授经图》二十卷

清全祖望《读易别录》三卷

清翁方纲《通志堂经解目录》一卷

陶湘辑《钦定校正补刻通志堂经解目录》一卷

清佚名《通志堂经解目录》（四册，清清德堂钞本书目四种本，藏国图）

关文瑛《通志堂经解提要》四卷附录一卷

清阮元编，清佚名重编《皇清经解目录重编》（残存首二册，清清德堂钞本
书目四种本，藏国图）

清陶治元《皇清经解敬修堂编目》十六卷（四册，石印本，原藏天津延古堂）

清沈豫《皇清经解提要》二卷，《续编》一卷、《皇清经解渊源录》一卷，
外编一卷

清吴翌凤《古欢堂经籍举要》一卷

清陈鳣《缀文》六卷、《经籍跋文》一卷（国图有王国维批语本）

清孙葆田《汉人经解辑存序目》一卷

陶湘辑《五经萃室藏宋版五经目录》一卷、《钦定石经目录》一卷

日本研经会《四书现存书目》（一册）

（日）池田四郎次郎《经解要目》（一册）

（日）况斋冈孝《经籍考》（一册，国图钞本）

清谢启昆《小学考》五〇卷

罗福颐《小学考补目》一卷

王振声《小学考目录》二卷

清尹彭涛《国朝治说文家书目》一卷

清叶铭《说文书目》三卷

王时润《研究说文书目》（一册）

丁福保《说文目录》一卷

马叙伦《清人所著说文之郭书目初编草稿》（一册）

黎经诰《许学考》二六卷

龙璋《小学蒐佚叙录》一卷

简博贤《今存南北朝经学遗籍考》（台湾黎明文化事业公司，1957）

中国文字改革委员会图书资料室《语言文字学书目》第一、二辑（1955、1957）

4. 史籍档册书目

宋高似孙《史略》六卷

清章学诚《论修史籍考要略》（见《章氏遗书》卷十三）、《史籍考总目》（见《章氏遗书·补遗》）、《史考释例》

清许瀚《增订史籍考例目》（见《攀古学庐文集》）、《史籍考校例》（见《印林存稿》，转自赵孝孟《许印林先生与史籍考》，载1934年11月《华北日报图书周刊》一、四期）

清丁宝书《读书识余（史部）》（残一册，原稿誊清本，藏国图）

清洪饴孙撰，清江标、清王仁俊、钱恂、王钟麒补订《史目表》

中国社会科学院历史研究所资料室《七十六年史学书目（1900—1975）》（中国社会科学，1981）

安志敏《中国史前考古学书目》（燕京大学，1951）

中国社会科学院考古研究所图书资料室《中国考古学文献目录（1949—1966）》（书目部分）（文物出版社，1978）

乐君《二十四史注补表谱考证书籍简目（初稿）》（《古籍整理出版情况简报》抽印本，1962）

郝建梁、班书阁《中国历史要籍介绍及选读》（高等教育，1957）

孙昌荫《中国历史要籍介绍及选读》（中华，1958）

张舜徽《中国古代史籍举要》（原名《中国历史要籍介绍》湖北人民，1980）

　　附：《研究中国历史的常用书、参考书和工具书简目》

复旦大学图书馆、历史系合编《中国古代史参考书目（1949—1973）》（1973）

中国历史博物馆通史图书资料室《中国农民起义参考书目（第一编）》（1980）

邝利安《魏晋南北朝史研究论文书目引得》（台湾中华书局，1971）

宋晞《宋史研究论文与书籍目录》（台湾联合出版中心，1967）

朱希祖《明季史料题跋》（中华，1961）

谢国桢《增订晚明史籍考》（上海古籍，1981）

中国社科院历史研究所明史研究室《中国近八十年明史论著目录》（江苏人民，1981）

郑鹤声《正史汇目》

范文澜《正史考略》

北平研究院史学研究会《史部书目稿》

柳亚子《还忆劫灰中的南明史料》（一册，钞本，南开大学图书馆有）

谢国桢《清开国史料考》七卷

马奉琛辑《清代行政制度研究参考书目》

清易顺鼎《国朝学案目录》

张国瑞《故宫博物院文献馆现存清代实录总目》

清佚名《内阁大库档册》一卷

方苏《内阁大库书档旧目》、《内阁大库书档旧目补》

伪满州国库籍整理处《大库史料目录》

罗福颐《大库旧档整理处史料汇目》十一卷

故宫博物院文献馆《内阁大库现存清代汉文黄册目录》、《清内阁旧藏汉文黄册联合目录》、《雍正朱批谕旨不录奏摺总目》、《清军机处档案目录》

北京大学明清史料整理会《清九朝京省报销册目录》

故宫博物院文献馆《清季各国照会目录》

王婆楞《历代征倭文献考》

民族出版社《古籍草目（关于民族历史部分）》（1958）

阿英《中英鸦片战争书录》（载《中国近代出版史料》初编，中华，1957）

齐思和《鸦片战争书目解题》（附于中国近代史资料丛刊《鸦片战争》之后，上海人民，1962）

张秀民等《太平天国资料目录》（附于中国近代史资料丛刊《太平天国》之后，上海人民，1957）

中国史学会《捻军资料丛刊征引书目》（附于中国近代史资料丛刊《捻军》之后，上海人民，1957）

中国史学会《洋务运动书目解题》（附于中国近代史资料丛刊《洋务运动》之后，上海人民，1961）

中国史学会《中法战争书目解题》（载于中国近代史资料丛刊《中法战争》书前，上海人民，1957）

阿英《甲午中日战争书录》（载《中国近代出版史料》初编，中华，1957）

中国史学会《中日战争资料书目解题》（附于中国近代史资料丛刊《中日战争》之后，上海人民，1957）

中国史学会《戊戌变法书目解题》（附于中国近代史资料丛刊《戊戌变法》之后，上海人民，1961）

阿英《庚子八国联军战争书录》（载《中国近代出版史料》初编，中华，1957）

中国史学会《义和团书目解题》（附于中国近代史资料丛刊《义和团》之后，上海人民，1957）

魏如晦《近代国难史籍录》（载《中国近代出版史料》二编）

张于英《辛亥革命书征》（载《中国近代出版史料》初编，中华，1957）

柴德赓等《辛亥革命征引书目》（附于中国近代史资料丛刊《辛亥革命》后，上海人民，1961）

华东师范大学历史系资料室《中国近代史参考书目初编》（1962）

复旦大学历史系资料室《中国近代史论著目录（1949—1979）》

台北文海出版社编辑部《近代中国史料丛刊（1–100辑）书名及编著者索引》（1974）

上海鸿英图书馆《中国近代史书目初编》

清张澍《姓氏书总目》（又名《古今姓氏书目考证》，一册，钞本，原藏清

华大学图书馆，国图有传钞本）

王宝先《历代名人年谱总目》（香港龙门书店、台中东海大学图书馆，1965）

李士涛《中国历代名人年谱目录》

杨殿恂《中国历代年谱总录》（书目文献，1980）

上海图书馆《上海图书馆馆藏年谱目》（1957）

杭州大学图书馆《中国历代人物年谱集目》（1962）

来新夏《近三百年人物年谱知见录》（上海人民出版社，1983年4月）

黄史文《中国年谱辞典》（百家出版社，1997年5月）

谢巍《中国历代人物年谱考录》（1992年11月）

5. 地理书目

清顾栋高《古今方舆书目》

清周广业《两浙地志录》（一册，钞本，藏国图）

萨士武《台湾史料书目提要》（原名《台湾方志考略》）

杜定友《东西南沙群岛资料目录》（四册）

国立中央图书馆《西南问题联合书目》

王树枬《新疆图志·艺文志》一卷（见《图志》卷九十）

钱亚新《中文新疆书目》

张维《陇右方志录》

王文萱《西北问题图书目录》

金毓黻《辽东文献经略》八卷、《东北文献零拾·典籍类》二卷

黑白学会《研究中国东北参考书目》

瞿宣颖《方志考稿甲集》六编

陶传尧编、杨宪成校《斠本志书目录》

张政烺《方志目》（一册）

朱士嘉《中国地方志统计表》、《中国地方志备经目》

清缪荃孙《清学部图书馆方志目》（二册）

故宫博物院图书馆《故宫方志目》一卷，附录一卷，索引一卷、《故宫方志
目续编》

谭其骧《国立北平图书馆方志目录》（四册）、《国立北平图书馆方志目录
二编》（二册）

国立北京大学图书馆《国立北京大学图书馆方志目》（一册）

万国鼎等《金陵大学图书馆中文地理书目》、《金陵大学图书馆方志目》附
　补遗

天津日本图书馆《河北省方志展览会目录》、《山东省方志展览会目录》

任凤苞《天春园方志目》（四册）

朱士嘉《中国地方志综录》（上海商务，1958）

张国淦《中国地方志考》（上海中华，1962）

来新夏主编《中国地方志综览》（黄山书社，1988）

邓衍林《中国边疆图籍录》（上海商务，1958）

王庸《中国地理图籍丛考》（修订本）（商务，1964）
　　　甲编：《明代总舆图汇考》
　　　　　　《明代北方边防图籍录》
　　　　　　《明代海防图籍录》
　　　　　　（乙编部分非书目）
　　　附：《明代倭寇史籍志目》

中央民族学院研究室《东北地区民族历史地理文献目录》（内部资料）（1973）

张兴唐《蒙古参考书目》（台北中华丛书委员会，1958）

中国科学院内蒙古分院历史研究所等《蒙古史研究图书目录（汉籍部分）》
　（1961）

甘肃省图书馆等《兰州各图书馆馆藏西北文献联合书目（内部参考）》（1957）

中国科学院民族研究所等《新疆研究参考书目（中文之部）》（1962）

中国科学院民族研究所等《有关西藏的图书目录》（1959）

方国瑜《云南民族史史料目录解题》（云南大学，1957）

北京图书馆参考研究组《有关北京资料目录》（1954）

张次溪《辛亥以来纪述北京历史风物书录》（载《中国现代出版史料》乙编）

张次溪《纪述北京历史风物书录补遗》（载《中国现代出版史料》丁编）

北京图书馆、首都图书馆主编《北京地方文献联合目录（初编）》（全国图
　书联合目录编辑组，1959）

汪阊《前江苏省立国学图书馆馆藏南京文献目录》（南京博物院，1957）

王焕镳《首都志南京掌故书目》（同上）

上海师院图书馆《上海方志资料考录》（1963）

上海图书馆《上海地方资料中文书名目录》（1964）

洪焕椿《浙江地方志考录》（科学，1958）

杭州图书馆、杭州古籍书店编印《杭州地方文献资料目录（初编）》（1963）

台北图书馆《台湾文献资料目录》（台湾省文献委员会，1958）

王世庆主编《台湾研究中文书目（史地之部）》（台北环球书社，1976）

福建省图书馆《台湾、琉球资料联合目录》（1972）

福建省图书馆《我国南海诸岛资料联合目录》（1973）

福建师范大学《东西南沙群岛目录及重要资料选辑》（1974）

杨诗浩、韩荣芳《国外出版中国近现代史书目（1949—1978）》（上海人民，1980）

6. 地方与学校藏书目录（上）

清潘衍桐《灵隐书藏纪事》一卷

清阮元《焦山书藏书目》

清梁鼎芬、清丁丙《焦山书藏目录》六卷、《丁氏焦山书藏目录》一卷（一册，国学图书馆藏钞本）

清桂桓书局《广西存书目录》

元胡师安（一说黄裳）《元西湖书院重整书目》一卷

明佚名《南雍书目》一卷

明梅鷟《南雍志经籍考》残二卷

明郭磐《明太学经籍志》一卷

清乾隆敕撰《钦定国子监志·经籍、艺文》四卷（在本志内）

清佚名《国子监经籍存目》一卷、《国子监南学存书目》一卷、《国子监南学第二次存书目》一卷

清白鹿书院藏书目录（见《白鹿书院志》卷九）

清敬胜书院藏书目录（见《光绪永平府志》卷三七）

清学古堂藏书目录（见《光绪畿辅通志》卷一一四）

清敬敷书院藏书目录（见《光绪安徽通志》卷九二）

清五华书院藏书目录（见《光绪续云南通志稿》卷六三）

清经正书院藏书目录（同上）

清黄彭年《万卷楼藏书总目》四卷（一册，万卷楼为莲池书院藏书楼）

清谢崧岱《南学书目札记》八卷

清袁昶《尊经阁募捐藏书章程》一卷《祀典录》一卷

中江书院尊经阁《中江尊经阁藏书目》（又名《安徽于湖中江书院藏书目》，一册）

清刘光蕡《陕甘昧经书院藏书目录》一卷

清顾璜《大梁书院藏书总目》

清谢元洪《兴化文正书院藏书目》

廖廷相《广雅书院藏书目录》

佚名《上海格致书院藏书楼书目》

马征庆《仙源书院藏书目录初编》

王诵熙《大学堂图书馆汉文图书草目》（四册）

7. 地方与学校藏书目录（中）

中央大学图书馆《国立中央大学图书馆目录》（四册）

孙心磐《国立中央大学商学院图书馆图书目录》（一册）

汪荫祖《中央政治学校图书馆中日文图书书名目录初编》（一册）

北京大学图书馆《北京大学图书馆藏善本书目》（1958）

李盛铎藏，北京大学图书馆编《北京大学图书馆藏李氏书目》（1956）

北京大学图书馆《北京大学图书馆书目》二卷（二册，油印本，藏国图）

黄文弼《北京大学图书馆贵重书目》附《北京大学图书馆书目钞本一览表》（一册）

北京大学图书馆《国立北京大学图书馆善本书目》四卷、《北京大学图书馆善本书录》、《国立北京大学图书部所藏政府出版总目录》

佚名《北京大学图书目录稿》（八册，钞本，藏北大）

俄文法政学院图书课《国立北平大学俄文法政学院图书目录》（一册）

邓嗣禹《燕京大学图书馆目录初编》

章钰原藏，顾廷龙编《章氏四当斋藏书目》三卷（五册）（民国二十七年五月燕京大学图书馆印本）（北京图书馆出版社2007年5月影印燕大本）

清华学校图书室《清华学校华文书籍目录》（一册）

查修《清华学校图书馆中文书籍目录》（一册）

清华大学图书馆《清华大学图书馆中文书目甲编》一卷、《国立清华大学图

书馆新编中文书目》、《国立清华大学图书馆新编中文书日二期》、《国
立清华大学图书馆新编西文书目》

中国人民大学图书馆《中文图书目录》（1956）

北京师范大学图书馆《北京师范大学图书馆中文古籍书目》（1960—1962）

上海第一师院图书馆《上海第一师范学院图书目录》第一辑（1957）

华东师范大学图书馆《华东师范大学古籍书目》第一种（1957）

复旦大学图书馆《复旦大学图书馆古籍简目初稿》（1956—1959）、《补
编》（1960）

复旦大学图书馆《复旦大学图书馆善本书目》（1959）

南京大学图书馆《南京大学图书馆藏古籍善本书目录》（1980）

南京大学图书馆《南京大学图书馆中文旧籍分类目录初稿》（内部参考，
1958）

武汉大学图书馆《武汉大学图书馆善本书目》（1963）

武汉大学图书馆《国立武汉大学中文图书目录》四卷、《国立武汉大学中文
图书目录增刊》（一册）、《国立武汉大学图书馆中文图书目录》卷一

陕西师范大学图书馆《陕西师范大学美术书目》（1981）

黄永年《西安交通大学古籍目录》（油印，1974—1975）

8. 地方与学校藏书目录（下）

中山大学图书馆《国立中山大学图书馆新编中文书目》（五册）

南开大学图书馆《南开大学图书馆藏书目》（一册）

南开大学木斋图书馆《天津延吉堂李氏旧藏书目》（二册）

张文照《河北大学图书馆经史子集书目》四卷

顾宝埏等《交通大学北平铁道管理学院图书馆中西文图书总目录》（一册）

陈久野《全国水利局河海工科大学图书馆中文图书目录初编》（一册）

曹祖彬《金陵女子大学图书馆图书目录初编》（一册）

大同大学图书馆《大同大学图书目录》附补遗（一册）

杨希章《厦门大学中文图书目录》附补遗（一册）

萨士武《福建学院图书馆图书目录》第一期、《乌山图书馆图书目录》第二
期（乌山图书馆即原福建学院图书馆，后独立）

岭南大学图书馆《岭南大学图书馆中籍目录》（一册）

岭南大学图书馆《岭南大学图书馆藏善本书目》（1951）

台湾大学图书馆《台湾大学图书馆善本书目、台湾省立台北图书馆、国防研
　　究院图书馆、台湾师范大学、私立东海大学图书馆善本书目》（1968）

江苏省立第八中学校图书馆《江苏省立第八中学校图书目录》（一册）

澄衷中学图书馆《澄衷中学图书馆图书目录》（一册）

毛道愚《鄞县私立效实中学图书馆图书分类目录》（一册）

陈乃乾《南洋中学校藏书目》（一册）

朱正色《无锡县立第一高等小学校图书馆目录甲编》附补遗（一册）

第七辑　专科与专门书目（二）

1. 地方著述书目（1）

扬家骆《中国各省著述目录汇编》第一辑1-2（台湾宏业书局）

李濂锽《方志艺文志汇目》

二至五划

八旗　震钧《八旗人著述存目》一卷

　　　恩华《八旗艺文编目》

广东　清江藩等《广东通志·艺文略》十卷（见本《通志》卷一八九至
　　　一九八）

　　　温庭敬《潮州艺文志》八卷（稿本）

　　　饶锷编，饶宗颐校补《潮州艺文志》十七卷，外篇一卷

　　　饶锷《潮州志·艺文志》卷四

　　　清查慎行《西江志·经籍志》三卷（见《西江志》卷一一四至一一六）

　　　冼玉清《广东女子艺文考》

广西　清谢启昆等《广西通志·艺文略》十卷（见本《通志》卷二〇五至
　　　二一四）

　　　广西统计局《广西省述作目录》

　　　蒙启鹏《广西近代经籍志》七卷

山东　孙葆田、马步元等《山东通志·艺文志》二三卷（见本《通志》卷
　　　一二四至一四六）

陈准《山左先哲遗书提要》一卷

佚名《济宁直隶州志艺文志书目》一卷

孔祥霖《曲阜清儒著述记》二卷

青岛市图书馆《青岛市图书馆藏明清两代山东人著作书目（初稿）》（1956）

山西　王保譿《太原艺文目录》一卷

云南　清岑毓英等《云南通志·滇人著述书目》四卷（见本《通志》卷二〇八至二一一）

清唐炯等《续云南通志稿·书目》三卷

方树梅《明清滇人著述书目》

天津　高彤皆《天津县新志艺文》三卷

辽宁　金毓黻《辽海书经》六卷

甘肃　郭汉儒《陇右文献录》二四卷（原稿本，甘肃省图书馆藏）

四川　明曹学佺《蜀中著作记》十卷（明刊本，清华大学图书馆藏，有傅增湘题跋）

清杨芳灿等《四川通志·艺文志》六卷（见本《通志》卷一八三至一八八）

2．地方著述书目（2）

六划

江西　清赵之谦《江西通志·艺文略》十四卷（见本《通志》卷九九至一一二）

豫章丛书编刻局《四库著录江西先哲遗书钞目》四卷

江苏　金钺《江苏艺文志》（国学图书馆藏铅印本及史部传钞本，十册）

张惟骧《清代毗陵书目》八卷

清卢文弨《常郡艺文志》十二卷

清薛子衡《常州经籍叙录》存三卷

清洪诒孙《毗陵经籍志》四卷

清高镕泉《锡山历朝名人著述书目考》十二卷，杂录一卷

刘书勋《无锡县立图书馆乡贤部书目》

孙祖基《无锡先哲遗书书目》

清姚福均《海虞艺文志》六卷

丁祖荫《常熟艺文志》一卷

清王琛《淮安艺文志》十卷

清金武祥《江阴艺文志》二卷，校补一卷

陈诒绂《金陵艺文志》

清许乔林《海州文献录·艺文录》一卷（见《文献录》卷十三）

安徽　清何绍基等《安徽通志·艺文志》十二卷（见本《通志》卷三三五至三四六）

胡止澄等《安徽通志艺文考稿》经部十四卷，史部十八卷（子部十八卷印入《安徽通志稿》）

潘田《安徽艺文志稿（集部）》

安徽省图书馆《安徽文献书目》（1961）

安徽通志馆《安徽通志艺文考》

刘世珩《贵池先哲遗书待访目》一卷

吉林　清高佳英浩《长白艺文志》四卷（稿本，藏国图）

3. 地方著述书目（3）

八至九划

河北　清黄彭年等《畿辅通志·艺文志》五卷（见本《通志》卷一三三至一三七）

王树枏等《河北通志稿·艺文》七卷

徐世昌《大清畿辅书征》四一卷，附勘误表一卷

清佚名《畿辅丛书目录》一卷

河南　清张宗泰《中州集略》六卷

佚名《中州艺文录》四二卷

陕西　明马理等《陕西通志·经籍志》一卷（见本《通志》卷十五）

清沈青厓等《陕西通志·经籍志》二卷（见本《通志》卷七四至七五）

郭毓璋《陕西艺文志》七卷

清邢澍《关右经籍考》十一卷（清原刊本，藏国图）

贵州　朱启钤《存素堂入藏图书黔籍之部目录》

4. 地方著述书目（4）

十划

浙江　明薛应旂等《浙江通志·艺文志》四卷（见本《通志》卷五三至五六）

清傅玉露等《浙江通志·经籍志》十四卷

清吴庆坻《杭州艺文志》十卷

清管庭芬《海昌经籍志》四卷（稿本，原藏邓氏群碧楼）

清管庭芬原编，清蒋学坚续编，管元耀、费寅校补《海昌艺文志》
二四卷，附《海昌艺文志姓氏韵编》

清吴骞《海宁经籍志备考》一卷（旧钞本，《贩书》著录）

陆惟鎏《平湖经籍志》八卷

清郑元庆《湖录经籍考》六卷

胡宗懋《金华经籍志》二四卷，外编一卷，存疑一卷，辨误一卷

清胡凤丹《金华文萃书目提要》八卷（原名《金华丛书书目提要》）

清孙诒让《温州经籍志》三三卷，外编二卷，辨误一卷

杨晨编，徐兆章参校《台州艺文略》一卷

项元勋《台州经籍志》四十卷

金嗣献《鸿远楼所藏台州书目》四卷

陈谧《瑞安经籍志》

张崟《浙江郡邑丛书简表》

5. 地方著述书目（5）

十二划

湖北　杨承禧等《湖北通志·艺文志》十六卷（见本《通志》卷七七至九二）

卢弼纂，卢靖辑《四库湖北先正遗书提要》四卷，存目四卷，札记一卷

清吴庆焘《襄阳艺文略》五卷，附录一卷

李权《钟祥艺文考》四卷

甘鹏云《潜江书经》四卷，附录一卷

湖南　清王煦等《湖南通志·艺文志》七卷（见《通志》卷一九三至一九九）

清曾国荃等《湖南通志·艺文志》四四卷（见《通志》卷二四五至
二八八）

6. 地方著述书目（6）

十三划

福建　清郑开极等《福建通志·艺文》一卷（见《通志》卷六二）

清谢道承等《福建通志·艺文》一卷（见《通志》卷六八）

清陈寿祺纂、清魏敬中续纂《重纂福建通志·经籍》十六卷（见《通志》卷六七至八二）

陈衍《福建通志·艺文志》七六卷附录四卷

金云铭《福建协和大学陈氏书库福建人集部著述解题》

康爵《耕冰寄庐乡贤书目》（一册，1929年蒲田原稿誊清本）

7. 氏族与个人著述书目［按姓氏笔划为序］

清马征庆《思古堂撰述叙目》一卷

王其康《王氏艺文目》一卷

佚名《归氏著述略》一卷（北大有叶氏批注本）

清江赓辑《兰陵王氏著述考》一卷

清陈熙晋《河间刘氏书目考》一卷

朱羲胄《春觉斋著述记》三卷

张焘镛《慈湖［宋杨简？］著述考》一卷

佚名《杨升庵著述目录》一卷（附于钞本《传是楼书目》后，见邵目）

清严可均《四录堂类集》（在《铁桥漫稿》卷三）

清吴荫培《新安吴氏艺文志略》（一册）

清佚名《张少南先生乔梓著述目录》一卷

冯贞群《张约园遗书目录》（一册）

陈立树《天台妙山陈氏书目》一卷

清王昶《郑氏书目考》一卷

清郑珍《郑学书目》一卷

俞寿沧、孙雄《周悫慎公［周馥］全集提要》（二册）

罗振玉《松翁著书目上》一卷（写本，藏北大）

清胡培系《绩溪金紫胡氏所著书目》二卷

清俞樾《春在堂全书录要》一卷

唐鼎元《唐氏先世著述考》一卷

唐鼎元等《唐荆川公著述考》一卷

康有为《万木草堂丛书目录》一卷

陆乃翔、陆敦骙《南海先生［康有为］所著书目》（附在《南海先生传》正
　　编后）

清袁昶、袁渭渔合编《袁氏艺文金石录》二卷

清钱师璟《嘉定钱氏艺文志略》二卷

清钱大昭《可庐著述十种叙例》（道光间刊）、《钱晦之著述序例》一卷
　　（钞本，有批注，藏北大）

清钱东垣《既勤著述七种叙例》（道光间刊）、《既勤著述叙例》一卷（钞
　　本，有批注，藏北大）

清王仁俊《金楼子［梁元帝萧绎］著书考》一卷

清曹骧《上海曹氏书存目录》

黄立猷《毅侯辑译书目》（附于《金石书目》后）

汪宗衍《天然和尚［明曾起莘］著述考》一卷（附于《天然和尚年谱》后）

廖师慎《家学树坊》一卷

樊镇《历朝樊氏艺文志》一卷（稿本，又《拜魁纪公丛书》第42册）

胡韫玉《戴先生所著书考》一卷

张寿镛《南山（？）著作考》一卷

上海市历史文献图书馆《司马迁著作及其研究资料书目》（1956）

北京图书馆《北京图书馆藏李白著作及其参考书简目》（1955）

北京图书馆参考研究组《北京图书馆藏杜甫诗集书目》（1954）

浙江图书馆《浙江图书馆藏杜诗书目》（1956）

沈鹏年《鲁迅研究资料目录》（上海文艺，1958）

8. 辨伪与金石书目

清崔述《考信录题要》二卷

江侠庵编译《先秦经籍考》

清万斯同《群书疑辨》十二卷

程大璋《古今伪书考书后》

马念祖《伪书举例》四卷

清凌霞《癖好堂收藏金石书目》一卷（刊本，南开大学有秦高年朱笔批注

钞本）

杨宝镛《龙渊炉斋金石书目》一卷

叶铭《金石书目》一卷

林钧《石庐金石书志》二二卷，附石庐所辑金石书目

田士懿《金石名著汇目》一卷，续汇目一卷并补遗

黄立猷《金石书目》十卷附《陆墨庵金石丛书目》

王继朴《诸城王氏金石丛书提要》一卷

容媛《金石书录目》十卷，附录二卷

陈振东《殷契书录》二卷

邵子风《甲骨学书录解题》五卷并附录

叶铭《印谱目》一卷，《叶氏印谱存目》二卷

罗福颐《印谱考》四卷

王敦化《印谱知见传本书目》一卷

清夏荃《历代钱谱考》一卷

宗惟恭《癖泉书室所藏泉币书目》

明宋濂撰，顾颉刚校点《诸子辨》（一名《龙门子》）一卷（《古籍考辨丛
　　刊》第一集，中华，1955）

明胡应麟撰，顾颉刚校点《四部正伪》三卷（同上）

清姚际恒撰，顾颉刚校点《古今伪书考》一卷（同上）

黄云眉《古今伪书考补证》（山东人民，1959）

梁启超宣讲，吴其昌等笔记《古书真伪及其年代》（中华，1955）

张心澂《伪书通考》（上海商务，1957）

张西堂辑点《唐人辨伪集语》（中华，1955，香港太平书局，1963）

白寿彝《朱熹辨伪书语》（中华，1955）

杜信孚《同书异名通检》（江苏人民，1962）

张雪庵《古书同名异称举要》（《中学教师进修丛书》之一，山东人民，
　　1980）

胡厚宣《五十年甲骨学论著目》（上海中华，1952）

陈梦家《甲骨文论著简目》（附于《殷虚卜辞综述》后，科学，1956）

第八辑　专科与专门书目（三）

1. 诸子百科书目

宋高似孙《子略》四卷，目录一卷

清黄以周《子叙》一卷

清王仁俊《周秦诸子叙录》（一册，国图钞本）

胡韫玉《周秦诸子书目》一卷

陈钟凡《诸子书目》

王敦化《明版书经眼录·子部》（一册）

清黄式三《读子集》四卷

陆达节《历代兵书目录》

谢冠生《历代刑法书存亡考》

华世芳《近代畴人著述记》

清王景沂《科学书目提要初编》

交通大学图书馆《三十年来中国科学书目稿》（一册，藏国学图书馆）

国立中央研究院评议会《中国科学著作目录》

（英）傅兰雅口译，清王树善笔述《农务要书简明目录》（一册）

毛雍《中国农书目录汇编》

清朱启钤《存素堂入藏图书河渠之部目录》

清梅文鼎《勿庵历算书目》一卷

刘铎《古今算学书录》七卷，附录一卷

丁福保《算学书目提要》三卷

邓初林《中国算学书联合目录》

佚名《古生物学书目》（一册，藏国学图书馆）

清凌奂《医学薪传》一卷

清曹禾《医学读书志》二卷，附录一卷

丁福保《四库全书提要医学类》（一册）、《历代医学书目提要》

董氏《古今医籍备考》六卷

曹炳章《中国医学大成总目提要》

（日）柽荫生尚真《医籍汇刻目录》（一册，国图景钞本），《医籍著录》

二卷（二册，北图景钞本）

（日）仙鹤堂《医籍考》二卷（一册，北图景钞本）

何多源《战时经济参考书目》（一册）

傅宏镇《中外茶叶艺文志》

何维凝《中国盐书目录》（一册）

王贻非《三民主义书目》

吕绍虞《中国教育书目汇编》

庄泽宣《一个教育书目》

北平图书馆协会《儿童书目汇编》

平心《全国儿童少年书目》

于震寰《中国体育图书目录》

严灵峰《老列庄三子知见书目》（台湾，1966）

严灵峰《周秦汉魏诸子知见书目（1）》（台湾正中书局，1975）

麦仲贵《宋元理学家著述生卒年表》（香港新亚研究所，1968）

国务院法制局《中国法制史参考书目简介》（法律，1957）

孙祖基《中国历代法家著述考》（台湾进学书局，1970）

中央民族学院图书馆《历代法家和进步思想家著作、传记及其研究资料目录》附引用书目及勘误、补遗（五册，1975—1976.9）

文化部出版事业管理局版本图书馆《哲学书籍目录（1949.10—1957.12）》（1958）

清曹禾《医学读书志》二卷（中医古籍出版社，1981）

（日）丹波元胤《中国医籍考》（人民卫生，1956）

（日）冈西为人《宋以前医籍考》（人民卫生，1958）

丁福保、周云青《四部总录·医药编》（商务，1955）

人民卫生出版社《十年书目（1953—1963）》（1964）

丁福保、周云青《四部总录·天文编》（商务，1956）

清华世芳《近代畴人著述记》（附于《畴人传》后，三联书店，1955）

丁福保、周云青《四部总录·算法编》（商务，1957）

北图主编《中国古农书联合目录》（全国图书联合目录编辑组，1959）

王毓瑚《中国农学书录》（修订本）（农业，1964）

赵继生《科学技术参考书提要》（商务，1958）

来瑜编译《社会学书目类编》

孙本文《社会学用书举要》

言荣彰《社会调查及社会统计书目》（原藏国学图书馆）

辽宁省立图书馆《现代国际参考书目》

2. 文学艺术书目

吴虞《中国文学选读书目》

王梦曾《中国文学史参考书》

明张溥《汉魏六朝百三家集题辞》一卷（国图有钞本）

黄允中《宋遗民类集序例总目》一卷

清曹溶《静惕堂藏宋元人集目》一卷

清朱彝尊《潜采堂宋人集目录》一卷、《元人集目录》一卷

清鲍廷博《知不足斋宋元人集目》（一册，江阴缪氏藏鲍氏手钞本）

明祁承爜《澹生堂明人集部目录》

陈田《贵阳陈氏听诗斋所藏明人集》一卷（钞本，藏北大）

清蒋凤藻《铁华馆藏集部善本书目》一卷

刘声木《桐城文学撰述考》四卷，《补遗》四卷、《桐城文学渊源考》十三
　　卷，《引用书目》一卷，《名氏目录》一卷，《补遗》十三卷

徐世昌《晚晴簃所藏清人别集目录》（四册，传钞本，藏国图）

佚名编《晚晴簃诗集目》一卷、《晚晴簃已选诗集目录》一卷、《晚晴簃未
　　选诗集目录》一卷（皆藏北大）

章钰《辛壬癸甲借阅诗集目》一卷（写本，藏北大）

浙江图书馆《别集索引》

唐圭璋《全宋词草目》、《全宋词跋尾》

吴昌绶《宋金元词集现存卷目》一卷

陶湘《景刊宋金元明本词叙录》一卷

缪荃孙《词小说谱录目》一卷（钞本，藏北大）

明徐渭《南词叙录》一卷

明孟称舜评点、刘启胤订正《新镌古今名剧酹江集》三十卷（明刊本，藏
　　国图）

王季烈《孤本元明杂剧提要》一卷

清黄育楩《破邪详辨》三卷，续刻一卷，又续一卷，三续一卷

清支丰宜《曲目表》一卷

吴梅《霜厓曲跋》三卷

董康《曲目韵编》二卷

清姚燮《今乐考证》十二卷

佚名《传奇汇考》八卷

王国维《曲录》六卷

刘复、李家瑞《中国俗曲总目稿》（二册）

故宫文献馆《昆弋剧本目录》、《乱弹剧本目录》（合订一册）

北平图书馆《北平图书馆戏曲音乐展览会目录》

傅惜华《北平国剧学会图书馆书目》三卷

齐如山《北平国剧学会陈列馆目录》二卷

宋春舫《褐木庐藏剧目附录》（一册）

郑振铎《西谛所藏善本戏曲目录》一卷，补遗一卷

舒畅《现代戏剧图书目录》

周庆云《琴书存目》六卷，《别录》二卷

王利器《历代已佚或未收笑话集书目》（一册）

孙楷第《大连图书馆所见中国小说书目提要》

郑振铎《巴黎图书馆中之中国小说与戏曲》

余绍宋《书画书录解题》十二卷

吴辟疆《书画书录解题补编》一卷，《书画书录解题补乙编》一卷，《有美草堂画学书目》一卷

黄立猷《美术类书目》（附于《金石书目》后）

山西大学中文系古典文学研究班编印《中国古代文学要籍介绍》（1979）

中国青年出版社《中国古典文学名著解题》（1980）

饶宗颐《楚辞书录》五卷，别录二卷，外编附文六篇（香港，1956）

姜亮夫《楚辞书目五种》（中华，1961）

　即：《楚辞书目提要》

　　　《楚辞图谱提要》

　　　《离骚隅录》

　　　《楚辞札记目录》

《楚辞论文目录》

明张溥撰，殷孟伦注《汉魏六朝百三家集题辞注》（人民文学，1981）

云南大学图书馆《唐诗书目索引》（1959）

万曼《唐集叙录》（中华，1980）

罗联添《唐代文学论著集目》

台湾政大中国文学研究所《明代文集总目甲编》第一、二册（1966，油印）

谢国桢《明清笔记谈丛》（上海古籍，1981）

清张应昌《清代诗人名氏爵里著作目》（在《国朝诗铎》卷首，中华，1961）

王重民《清代文集提要》（在《清代文集篇目分类索引》卷首，中华，1965）

陈乃乾《清人文集经眼录》（附于《清代碑传文通检》后，中华，1959）

张舜徽《清人文集别录》二四卷（中华，1963）

徐州师范学院《中国近代作家传记暨著述要目（初稿）》（1964）

湖北省图书馆等《中国现代文学作家著作联合目录（1918—1963.12）》
（武汉地区中心图书馆委员会，1964）

复旦大学中文系一九五五级文学组《中国现代文学史资料编目》（1960）

中华全国文学工作者协会资料室《全国文学作品目录调查（1949.7—1953.9）》
（1953）

北图《我国十年来文学艺术书籍选目（1949—1959）》（1960）

山东师范学院中文系《中国现代作家著作目录》（大众日报社，1962）

上海师院图书馆资料组、中文系资料室《当代文学新人作品及其研究资料目
录》（中国现代文学家资料丛辑第三种，1962）

图书提要卡片联合编辑组《建国以来文艺作品专题书目》（1961）

首都图书馆《首都图书馆藏宋词辑目》（1958）

云南大学图书馆《宋词书目索引》（1960）

饶宗颐《词籍考》（香港大学出版社，1963）

华东师范大学图书馆《潮州俗曲目录、长沙俗曲目录》（1960）

关德栋《聊斋俗曲简目》（见《曲艺论集》，中华，1958）

傅惜华《子弟书总目》（上海文艺联合社，1954）

胡士莹《弹词宝卷书目》（古典文学，1957）

关德栋《胡氏编著"弹词目"订补》（见《曲艺论集》，中华，1958）

中国科学院文学研究所图书室《弹词宝卷目录》（1959）

谭正璧、谭寻《弹词叙录》（上海古籍，1981）

郑振铎《佛曲叙录》（见《中国文学研究》，作家，1957）

傅惜华《宝卷总录》（巴黎大学北京汉学研究所，1951）

李世瑜《宝卷综录》（上海中华，1961）

刘永济《宋代歌舞剧曲录要》（古典文学，1957）

元钟嗣成《录鬼簿》二卷（古典文学，1957）

佚名《录鬼簿续编》一卷（同上）

徐调孚《现存元人杂剧书录》（上海文艺联合社，1955）

傅惜华《元代杂剧全目》（作家，1957）

明吕天成《曲品》二卷（古典文学，1957）

明祁彪佳撰，黄裳校录《远山堂明曲品剧品校录》（古典文学，1957）

傅惜华《明代杂剧全目》（作家，1958）

傅惜华《明代传奇全目》（人民文学，1959）

　　　附：《引用书籍解题》

清高奕《传奇品》二卷（古典文学，1957）

孙楷第《也是园古今杂剧考》（上海上杂出版社，1953）

傅惜华《清代杂剧全目》（人民文学，1981）

清黄文旸原撰，董康校订《曲海总目提要》四六卷（人民文学，1959）

北婴《曲海总目提要补编》（上下卷）（人民文学，1959）

（日）青木正儿《曲学书目举要》（附于《中国近世戏曲史》后，作家，
　　1958）

王古鲁《曲学书目举要补》（同上）

舒畅《抗战初期内地出版戏剧目（1937—1939）》（载《中国现代出版史
　　料》丙编）

钱璎、小晦《华中根据地戏剧书录（1940—1944）》（同上）

田进《抗战八年来的戏剧创作——一个统计资料》（载《中国现代出版史
　　料》丁编）

中国戏曲研究院图书馆《中国戏曲研究院藏书目录（中国戏曲之部）》（1958）

首都图书馆《首都图书馆藏中国戏曲书刊目录（初稿）》（1959）

江苏省举办话剧运动五十年纪念工作委员会、南京图书馆《南京图书馆藏话
　　剧书籍选目（中国话剧运动五十年纪念）》（1957）

中央戏剧学院图书馆戏剧文学资料室《歌剧（中国歌剧）剧本目录》（1957）

陶君起《京剧剧目初探》（上海文化，1957；增订本，中国戏剧，1963）

傅惜华《北京传统曲艺总录》十六卷（中华，1962）

安徽省文化局《黄梅戏传统剧目》（安徽人民，1961）

苏州市戏曲研究室《昆曲剧目索引汇编》

蒋瑞藻《小说考证》（古典文学，1957）

鲁迅《小说旧闻钞》

孔另境《中国小说史料》

孙楷第《中国通俗小说书目》十二卷，附补遗补正（作家，1957）

黎宏塞《中国古代小说戏曲举要》（湖南人民，1982）

阿英《晚清戏曲小说目》（中华，1956）

首都图书馆《首都图书馆藏中国小说书目初编（"五四"以前部分）》（1960）

陈汝衡《说苑珍闻》（上海古籍，1981）

程毅中《古小说简目》（中华，1981）

孙楷第《日本东京所见中国小说书目提要》六卷（人民文学，1981）

柳存仁《伦敦所见中国小说书目提要》

徐波等《中外文学名著简介》（吉林人民，1980）

国家出版事业管理局版本图书馆《翻译出版外国古典文学著作目录（1949—1979）》（中华，1980）

丁福保、周云青《四部总录·艺术编》（商务，1957）

虞复《历代中国画学著述录目》（朝华美术出版社，1958）

香港中美图书公司《书画书录解题附刊四种》（香港中美图书馆，1969）

中央音乐学院中国音乐研究所《中国古代音乐书目（初稿）》（音乐，1962）

3. 丛书目录（1）

清顾修《汇刻书目》十卷

（日）松泽老泉《汇刻书目外集》六卷，补一卷

清傅云龙、胡俊章《续汇刻书目》十二卷，补遗一卷

清朱记荣《行素堂目睹书录》十卷

清朱学勤增补、王懿荣重编《汇刻书目》二十卷

周毓邠《汇刻书目二编》十卷

罗振玉《续汇刻书目》十卷、《续汇刻书目闰集》（一册）

上海图书馆《中国丛书综录》（上海中华，1959.12—1962.12）

上海图书馆《中国近代现代丛书目录》（1979）

4. 丛书目录（2）

杨守敬、李之鼎《增订丛书举要》八十卷

杜联喆《丛书书目续编初集》

孙殿起《丛书目录拾遗》十二卷

5. 丛书目录（3）

刘声木《续补汇刻书目》三十卷、《再续补汇刻书目》十六卷、《三续补汇刻书目》十五卷

6. 丛书目录（4）

沈乾一《丛书书目汇编》附补遗

金步瀛《丛书子目索引》

中央民族学院图书馆《中央民族学院图书馆馆藏丛书目录》

王宝先《台湾各图书馆现存丛书子目索引》（台北市亚洲学会中文研究资料中心，1969）

7. 丛书目录（5）

施廷镛《丛书子目书名索引》

曹祖彬《丛书子目备检·著者之部》

8. 丛书目录（6）

杨家骆《丛书大辞典》

第九辑　专科与专门书目（四）

1. 专书引书与书目汇编书目

清胡元玉撰，周祖谟编拟目《雅学考》一卷，附《续雅学考拟目》一卷

王重民《老子考》七卷，附录九卷

陈启天《韩非子参考书辑要》

明姚广孝等《永乐大典目录》六十卷

清四库馆辑《永乐大典书籍散篇目》一卷

郝庆柏《永乐大典书目考》四卷

刘承幹《永乐大典残卷目录》

袁同礼《永乐大典现存卷目表》

郭伯恭《永乐大典内辑出佚书目一览表》（附在《永乐大典考》后）

杨家骆《永乐大典辑本书目表》（见《四库全书学典》附录）

明陶宗仪《说郛目》（一册，钞本，藏国学图书馆）

清陈师曾《说郛书目考》残三卷（稿本，有费寅题跋，藏国图。按《海昌艺
　　文志》卷十载有陈氏《说郛书目注》十卷）

清杨复吉《昭代丛书五编题跋》

清管廷芬《花近楼丛书序跋记》二卷（北大图书馆藏有吴昌绶批注本）

金梁《瓜圃丛刊叙录》（一册）、《瓜圃丛刊叙录续编》

佚名《饮虹簃丛书提要》（一册，藏南开大学）

孙毓修《四部丛刊书录》（一册）

中华书局《四部备要书目提要总目》（四册）

金武祥《后汉书李贤注引书目》一卷、《续汉志刘昭注引书目》一卷（合一
　　册，藏北大）

日本佚名《后汉书引书目录》（一册，日本钞本，藏国图）

沈家本《续汉书志注所引书目》三卷

清赵翼《三国志注引用书目》（在《廿二史劄记》卷六）

沈家本《三国志注所引书目》二卷

宋高似孙《世说注引书目》（在《纬略》卷九）

清杨守敬《世说新语引用书目》（稿本，原存李氏宜秋馆）

叶德辉《世说新语引用书目》一卷

沈家本《世说注所引书目》三卷

清杨守敬《水经注引用书目》（稿本，原存李氏宜秋馆）

马念祖《水经注引书考》四卷

清汪师韩《文选李注引用书目》（在《文选理学权舆》内）

沈家本《文选李善注书目》六卷

清杨守敬《齐民要术引用书目》（稿本，原存李氏宜秋馆）

清杨守敬《初学记引用书目》（稿本，原存李氏宜秋馆）

宋李昉等《太平御览经史图书纲目》（在《御览》卷首）

北大研究所《太平御览引用书目补遗》一卷（未刊）

洪业等《太平御览引得》（书名引得部分）

宋李昉等《太平广记引用书目》（在《广记》卷首）

北大研究所《太平广记引用书增订目录》一卷（未刊）

邓嗣禹《太平广记篇目及引书引得》（引书引得部分）

北大研究所《艺文类聚引用书目》一卷（未刊）

宋夏竦《古文四声韵引用书目》（在本书卷首）

佚名《永乐大典征引书目》（残钞本，一册，藏国图）

明李时珍《本草纲目引书目》（在本书卷首）

清朱彝尊《全唐诗未备书目》一卷

清沈嘉辙等《南宋纪事诗引用书目》（在本书卷首）

清朱彝尊《明诗综采摭书目》一卷

清朱彝尊《词综选录词家集目》（在本书凡例内）

清朱彝尊《两淮盐筴书引证群书目录》一卷

清朱彝尊《日下旧闻考引用书目》（在本书卷首）

清徐乾学《读礼通考引用书目》（在本书卷首）

清魏茂林《骈雅训纂引用书目》（在本书卷首）

清方中德《古事比引用书目》（在本书卷首）

清吴任臣《十国春秋引用书目》（在本书凡例内）

李之鼎《建炎以来系年要录所引书目》（稿本，存宜秋馆）

周贞亮、李之鼎《书目举要》（国图藏有无名氏批语本）、《书目举要补》
  瑞彭、阎树善等《书目长编》二卷附补遗补校（国图藏有梁启超批评
  本）、《书目二编》一卷

洪范五、施廷镛《国立清华大学图书馆中文书目申编目录类》（一册）

萧璋《国立北平图书馆书目目录类》

北京图书馆参考研究组《北京图书馆藏史记书目》（1956）

中科院历史研究所第一、二所《史记研究的资料和论文索引》（科学，1957）

贺次君《史记书录》（商务，1958）

金德建《司马迁所见书考》（上海人民，1963）

陈恩惠《北京图书馆藏永乐大典卷目考》（北京图书馆，1960）

南京图书馆《馆藏红楼梦刊本及参考资料简目》（1954）

一粟《红楼梦书录》（上海中华，1959）

南京师范学院中文系资料室《红楼梦新编书录》（1975）

南京大学图书馆、中文系古典文学教研组《红楼梦研究资料书目索引》（1974）

胡文彬《红楼梦叙录》（吉林人民，1980）

诸家骏《四部备要索引》（台北中华，1971）

上海古籍书店《丛书集成初编目录》（1960）

台北艺文印书馆《四部分类丛书集成续编三编目录索引》

段书安《史记三家注引书索引》（中华，1982）

马念祖《水经注等八种古籍引用书目汇编》（中华，1959）

（另七种为：三国志注、世说注、文选注、艺文类聚、一切经音义、太平御
　览、太平广记）

康成懿《〈农政全书〉征引文献探原》（农业，1960）

乔衍琯《书目续编叙录》（台北广文书局，1968）

梁子涵《中国历代书目总录》（台北市宁华文化出版事业委员会，1953）

冯秉文《全国图书馆书目汇编（图书馆学参考资料）》（中华，1958）

2. 未刊与征访书目

涛音《宋元以来写本丛书记》（稿本，一册，藏南开大学）

陶湘《内府写本书目》一卷

清朱记荣《国朝未刊遗书志略》一卷

清郑文焯《国朝著述未刊书目》（又名《南献遗征》）一卷

清郑文焯编，范希曾笺《南献遗征笺》一卷

清黄虞稷、清周在浚编，叶德辉考证《征刻唐宋秘本书目》一卷，附考证一
　卷，征刻书启五先生事略一卷

刘世瑗《征访明季遗书目》

清黄体芳《江苏采访书目》（一册）

清黄体芳《江南征书文牍》一卷，附司铎箴言一卷

刘声木《直介堂征访书目》一卷

清杨守敬《日本访书志》十七卷；清杨守敬撰，王重民辑《日本访书志补》

董康《书舶庸谭》（又名《董康东游日记》四卷

王文进《明毛氏写本书目》（《周叔弢先生六十生日纪念论文集》抽印本，
1950）

3. 出版书目（上）

清严可均《见存汉魏六朝文集版刻本目录》（在《全上古三代秦汉三国六朝
文》卷首）

王国维《五代两宋监本考》三卷

清江标撰，刘肇隅编校《宋元本行格表》（封面题《宋元本书目行格表》）
二卷，附录一卷（国图有无名氏增益并补注本）

罗振玉《宋元释藏刊本考》一卷（国图有王国维批语本）

蒋唯心《金藏雕印始末考》附经目

明周弘祖《古今书刻》二卷（北大有章钰手校本）

明朱权《宁藩书目》（一名《宁献王书目》）一卷

明徐图等《行人司书目》（一册）、《行人司重刻书目》

明刘若愚《内板经书纪略》一卷

佚名《经厂书目》一卷

陶湘《明代内府经厂本书目》一卷

明毛晋原本，清顾湘校《汲古阁校刻书目》一卷

清郑德懋编，清顾湘校《汲古阁校刻书目补遗》一卷，《汲古阁刻版存亡
考》一卷

清姚振宗《汲古阁刊书目》

陶湘《明毛氏汲古阁刻书目录》一卷

陶湘《明吴兴闵板书目》一卷

陶湘《清代殿板书目》一卷、《武英殿聚珍板书目》一卷附价单一卷、《武
英殿袖珍板书目》一卷

佚名《武英殿聚珍版丛书目录》（一册，藏国学图书馆）

陶湘《武英殿造办处写刻刷印工价并颜料纸张定例》一卷、《清代殿板书始
末记》一卷

故宫博物馆图书馆《故宫所藏殿本书目》

陶湘《故宫殿本书库现存目》三卷

朱士嘉《官书局书目汇编》

清佚名《三省书局书目》（钞刊合订一册，藏国学图书馆）

清天津海防支应局《直隶津局运售各省书籍总目》（一册）

佚名《广雅书局拟刻史学丛书目录》一卷（写本，藏北大，有批注）

马浮《复性书院拟先刻诸书简目》（一册）

清李文藻《琉璃厂书肆记》一卷

佚名《成都云南刻书目》一卷（钞本，藏北大）

佚名《福建版本志》八卷

王国维《两浙古刊本考》一卷

浙江省立图书馆《浙江省立图书馆附设印行所木印部书目》（一册）

上海扫叶山房《扫叶山房发行石印精本书籍目录》（附于扫叶山房印《邵亭
　　知见传本书目》后）

清钱培荪《金山钱氏家刻书目》十卷

清佚名《三家书目》（藏国学图书馆）

清佚名《抱芳阁书目》一卷

罗振玉《雪堂校刊群书叙录》二卷

刘承幹《嘉业堂刊行书籍目》一卷（写本，藏北大）

4. 出版书目（中）

邮政总局供应处《邮局代购书籍目录》正续

中央研究院《国立中央研究院出版书目》（一册）

中国国民经济研究所《中国公私经济研究机关及其出版物要览》（一册）

佚名《全国出版物目录汇编》（一册，藏国学图书馆）

平心《（生活）全国总书目》（1936）

开明书店《全国书版物总目录》（1935）、《全国总书目》（1939）

现代书局《现代书局图书总目》（1934）、《全国总书目》（1939）

教育部《抗战以来图书选目》（一册）

5. 出版书目（下）

杨家骆《图书年鉴》（二册）、《图书年鉴》第二回第一册

杨家骆《民国以来出版新书总目提要》（二册）

北京图书馆《中国印本书籍展览目录》（中央文化部社会文化局，1952）

国家出版局版本图书馆《古籍目录（1949.10—1976.12）》（中华，1981）

古籍整理出版规划小组《古籍整理编目（1949—1981）》（中华，1981）

重庆市图书馆《一九三七年至一九四五年抗战时期出版图书书目（初稿）》（1957—1958）

中国人民大学图书馆《抗日战争时期、第三次国内革命战争时期解放区、根据地图书目录（1937.7—1949.10）》（1961）

北京图书馆《北京图书馆藏解放区文艺作品书目》（1958）

中央人民政府出版总署图书馆《全国新书目》（1950—1955）

文化部出版事业管理局版本图书馆《全国新书目》（1956—1966.7）

国家出版事业管理局版本图书馆《全国新书目》（1972.6—现在）

新华书店总店《全国总书目》（1949—1955）

文化部出版事业管理局版本图书馆《全国总书目》（中华，1956—1965）

北京图书馆版本书库《全国总书目》（中华，1970）

国家出版事业管理局版本图书馆《全国总书目》（中华，1973—现在）

6. 书影目录

清杨守敬《留真谱初编》十二卷、《留真谱二编》八卷

清缪荃孙《宋元书影》（一册）

有正书局《宋元书影》（又名《宋元书式》）（四册）

瞿启甲《铁琴铜剑楼宋金元本书影》，附《识语》四卷（九册）

刘承幹《嘉业堂善本书影》五卷

袁克文《寒云书影》一卷

王文进《文禄堂书影》（一册）

陶湘《涉园书影》（一册）、《涉园所见宋版书影》（二册）

佚名《南宋六十家集样本》（一册）

江苏国学图书馆《盔山书影宋本第一辑》、《盔山书影元本第二辑》

佚名《宋元明书本零篇》（一册）

潘承弼、顾廷龙《明代版本图录初编》十二卷

张允亮等《故宫善本书影》（样本，一册）、《故宫善本书影初编》（一册）

故宫博物院文献馆《重整内阁七库残本书影》（一册）

清佚名《湖北先正遗书样本》（一册）

佚名《续古逸丛书样本》（二册）

周云青《四部书目总录样本》（一册）

佚名《影印〈别下斋丛书〉〈涉闻梓旧〉样本》（一册）

佚名《影印佚存丛书样本》（一册）

北京图书馆《中国版刻图录》（1960）

上海图书馆《善本书影》（1978）

日本大屋德城《宁乐古经选》（三册）

日本大坂府立图书馆《论语善本书影》（一册）

日本苏峰先生古稀祝贺纪念刊行会《成篑堂善本书影七十种》（一套）

日本川濑一马《旧刊影谱》附各书解题（日文）（一册）

日本长则规矩也《善本影谱》附解说（日文）（十套）、《善本影谱》附解说（日文）癸酉第一至五辑（五套）、《宋本书影》（一册）

7. 朝鲜与日本汉籍书目（上）

日本释尾春芿《朝鲜古书目录》（一册）

朝鲜总督府藏编《朝鲜总督府古图书目录》（一册）

佚名《东国艺文略》（一册，钞本，藏国图）

日本藤原佐世《日本国见在书目录》一卷

日本藤原佐世原编，日本无名氏考证《日本国见在书目录考证》（五册，钞本，藏国图）

日本佚名《广益书籍目录大全》五卷、《增益书籍目录大全》六卷

日本文照轩柴桥《书籍大目录》四卷（一册）

日本文昌轩柴桥《合类书籍目录大全》（十二册）

日本堤朝风原《近代著述目录》八卷

日本佚名《近代著述目录续编》（二册，钞本，藏国图）

日本岛田翰《古文旧书考》四卷附《访余录》一卷

日本村山德淳《博物馆书目解题略》存五卷（日文）

日本澁江全善、森立之《经籍访古志》七卷

日本中根肃治《庆长以来汉学家著述目录》二卷

日本牧野善兵卫《德川幕府时代书籍考》（一册）

日本吉泽义则《日本古刊目》，附《日本古刊书目年表》、《日本古刊书

文献年表》、《日本古刊书目索引》（一册）

日本垂水延秀《日本丛书年表》（一册）

日本市岛谦吉《国书刊行会出版目录》附日本古刻书史三卷

日本和田维四郎《访书余录》六编

8. 朝鲜与日本汉籍书目（下）

日本大坂府立图书馆《大坂府立图书馆和汉图书目录》（一册）、《坂府立
　　图书馆增加和汉图书目录》（一册）

日本内阁书记官室记录课《内阁文库图书第二部汉书目录》（一册）

日本岩松堂书店古典部《古书籍在库目录日本志篇》（日文）

日本宫内省图书馆《图书寮汉籍善本书目》四卷附录一卷

日本九州帝国大学附属图书馆《九州帝国大学图书目录》第一卷

南满洲铁道株式会社大连图书馆《大连图书馆和汉图书分类目录》（八
　　编）、《大连图书馆增加图书分类目录》（五册）

日本天理图书馆《天理图书馆稀书目录》附《大东亚文学者大会纪念展观书
　　目》（一册）

日本北支经济调查所《北支经济调查所藏书目录秘籍之部》（日文）

第十辑　专科与专门书目（五）

1. 敦煌书目（上）

罗振玉《敦煌石室书目》一卷，《鸣沙山石室秘录》二卷，《莫高窟石室秘
　　录》一卷

清王仁俊《敦煌石室真迹录》五卷

曹元忠《沙州石室文字记》一卷

刘师培《敦煌新出唐写本提要》一卷

王重民《巴黎敦煌残卷叙录》第一、二辑

王重民《敦煌古籍叙录》（中华，1979）

商务印书馆《敦煌遗书总目索引》（商务，1962）

敦煌文物研究所《敦煌文物展览目录》（文化部文物局，1951）

2. 敦煌书目（中）

　　陈垣《敦煌劫余录》（十四帙）

3. 敦煌书目（下）

　　罗福苌《古写经尾题录存》并补遗附录

　　许国霖《敦煌石室写经题记与敦煌杂录》

4. 佛经目录（1）

　　佚名《众经目录》残本（敦煌残卷，原本藏巴黎国家图书馆）

　　梁释僧佑《出三藏记集》十五卷

　　隋释法经等《大隋众经录目》七卷

　　隋费长房等《历代三宝记》（一名《开皇三宝录》）十五卷

　　隋释彦琮等《众经目录》（一名《隋仁寿年内典录》）五卷

　　唐释道宣《大唐内典录》十卷，续一卷

　　唐释静泰《大唐东京大敬爱寺一切经论目》五卷

　　唐释靖迈《古今译经图记》四卷

　　唐释智升《续古今译经图记》一卷

　　唐释明佺等《大周刊定众经目录》十四卷、《大周刊定伪经目录》一卷

　　唐释智升《开元释教》二十卷、《开元释教录略出》四卷

　　唐释圆照《大唐贞元续开元释教录》三卷、《贞元所定释教目录》三十卷

　　南唐释恒安《续贞元释教录》一卷

5. 佛经目录（2）

　　宋释帷白《大藏经纲目指要录》十三卷

　　宋释慧显编，日本释戒月改录《行事钞诸家记标目》一卷

　　宋王古《大藏圣教法宝标目》十卷

　　佚名《安吉州思溪法宝资福禅寺大藏经目录》二卷

　　佚名《平江府碛砂延圣院新雕藏经律论等目录》二卷

　　元释庆吉祥等《至元法宝勘同总录》十卷，《至元法宝略出》一卷

　　元释如莹《杭州路余杭县白云宗南山大普宁寺大藏经目录》四卷

　　明新乐间敕撰《明释藏目录》（一册，钞本，藏国学图书馆）

　　明佚名《大明三藏圣教目录》四卷

明释道开《大明重刊三藏圣教目录》三卷、《大明三藏圣教南藏目录》一
卷、《藏逸经书》一卷

明释佛闲《南藏目录略记》六卷

明释智旭《阅藏知津》四卷总目四卷

明佚名《嘉兴藏目录》（一册，即楞严寺经值画一目录）、《明嘉兴寺藏北
藏目录》（一册，国图钞本）、《大明重刊三藏圣教目录》（又名《藏版
经值画一目录》）一卷

清释元度撰，清释太穆节解《阅藏随笔》二卷，附音释

清福全《如来大藏经总目录》一卷

清高宗《御译大藏经目录》一卷

清佚名《大清三藏圣教目录》五卷

清乾隆元年敕撰《龙藏汇记》一卷

清佚名《大清重刻龙藏汇记》（一册）

清王昶《大藏圣教题解》残六卷（三册，钞本，藏国学图书馆）

李翊灼《敦煌石室经卷中未入藏经论著述目录》一卷，附《疑伪外道目录》

刘复《西天大小乘经解论并及见在大国内都数目录》（一册）

陈垣《中国佛教史籍概论》（中华，1962）

吕澂《新编汉文大藏经目录》（齐鲁书社，1980）

6. 佛经目录（3）

宋高丽僧庆《大藏目录》三卷

宋高丽释守其等校编《高丽国新雕大藏校正别录》三十卷

高丽释义天《新编诸宗教藏总录》三卷

日本释永超《东域传灯目录》一卷

日本释源空《诸宗经疏目录》一卷

日本释谦顺《诸宗章疏录》三卷

日本释兴隆《佛典疏钞目录》二卷

日本释藏俊《敕撰法相宗章疏目录》（又名《注进法相宗章疏》）一卷

日本释随天《缘山三大藏总目录》三卷

日本释凤潭《扶桑藏外现存目录》一卷

日本释凝然《花严宗经论章疏目录》一卷

日本释义谛《禅籍志》二卷

日本释长西《净土依凭经论章疏目录》一卷

日本释文雄编，彻定补《莲门类聚经籍录》二卷

日本释先启《净土真宗圣教目录》一卷

日本释玄智《净土真宗教典志》三卷

日本释慧琳《真宗假名圣教目录》

日本三浦屋平八《法华宗门著述目录》一卷

日本释最澄《传教大师将来台州录》一卷、《传教大师将来越州录》一卷

日本释最澄、义真等《御经藏宝物圣教等目录》

日本释义真《叡根本大师御撰述目录》一卷

日本释可透《传教大师撰集录》一卷

日本释快道《六合释章疏标目》一卷

日本释空海《御请来目录》一卷、《真言宗所学经解论目录》一卷

日本释常晓《常晓和尚请来目录》一卷

日本释圆行《灵严寺和尚请来法门道具等目录》一卷

日本释圆仁《日本国承和五年入唐求法目录》一卷、《慈觉大师在唐送进录》一卷、《入唐新求圣教目录》

日本释惠运《惠运禅师将来教法目录》一卷、《惠运律师书目录》一卷

日本释圆珍《开元寺求得经疏记等目录》一卷、《福州温州台州求得经解论疏记外书等目录》一卷、《青龙寺求法目录》一卷、《日本比丘圆珍入唐求法目录》一卷、《智证大师请来目录》一卷

日本释宗叡《新书写请来法门等目录》一卷、《书写请来法门等目录》一卷

日本释安然《请阿阇梨真言密教部类总录》二卷

日本释圆超《华严宗章疏并因明录》一卷

日本释玄日《天台宗章疏》一卷

日本释安远《三论宗章疏》一卷

日本释平祚《法相宗章疏》一卷

日本释荣稳《解宗章疏》一卷

日本释浑严《诸仪轨传授目录》一卷

日本释显证《悉昙八家请来并本朝诸制作见定目录》一卷

日本释真源《悉昙目录》一卷

日本释龙堂《山家祖德撰述篇目集》二卷

日本法三亲王《三家撰集目录》

7. 佛经目录（4）

日本释良猷《章疏录》一卷

日本释慧光《灵云寺相承安流圣教目录》二卷

日本释慧任《传法院传授目录》一卷

日本佚名《三论宗经论章疏目录》一卷

日本佚名《大唐国法华宗章疏目录》一卷

日本佚名《日本国天台宗章疏目录》一卷

日本佚名《扶桑禅林书目》一卷

日本佚名《日本禅林撰述书目》一卷

日本佚名《比叡山最澄和尚法门道具等目录》一卷

日本佚名《根本大和尚真迹策子等目录》一卷

日本佚名《禅林寺宗叡僧正目录》一卷

日本佚名《录外经等目录》一卷

日本佚名《佛说秘密仪轨众法经总目》一卷

日本佚名《秘密仪轨目录》一卷

日本佚名《悉昙具书目录》一卷

日本佚名《本朝台祖撰述密部书目》一卷，附同显部书目

日本佚名《延历寺密乘略目录》一卷

日本佚名《密乘撰述目录》一卷

日本佚名《山门穴太流受法次第》一卷

日本佚名《三昧流圣教目录》一卷

日本佚名《台密诸流圣教书目》一卷

日本佚名《诸师制作目录》一卷

日本佚名《释教诸师制作目录》三卷

日本佚名《密宗书籍目录》一卷

日本佚名《三宝院圣教目录》一卷

日本佚名《小野方》（三宝院流分一卷）

日本佚名《中院流传授目录》一卷

日本佚名《幸心传授之目录》一卷

日本佚名《金刚王院流圣教目录》一卷

日本佚名《小野安祥寺流传受目录》三卷

日本佚名《秘部最秘部目录》一卷

日本佚名《西大寺流总目录》一卷

日本佚名《当流传授次第目录》（西大寺流一卷）

日本佚名《西大寺流传授次第目录》一卷

日本佚名《松桥流传授目录》（西大寺号莫心流一卷）

日本佚名《当流传授次第》（亲玄方一卷）

日本佚名《传法院方并广泽通用圣教等目录》一卷

日本佚名《传流圣教目录》一卷

日本佚名《传流传受日记》一卷

日本佚名《传流圣教目录》（私一卷）

日本佚名《ウ一山传流箱目录》一卷

日本佚名《西院流》一卷

日本佚名《相承尊法等目录》一卷

日本佚名《撰目类聚》一卷

日本佚名《宫内省图书寮一切经目录》一卷

日本佚名《东寺经藏一切经目录》一卷

日本佚名《南禅寺经藏一切经目录》一卷

日本佚名《上醍醐寺藏一切经目录》二卷

日本佚名《知恩院一切经目录》一卷

日本佚名《正仓院御物圣语藏一切经目录》二卷

日本佚名《石山寺一切经目录》二卷

日本佚名《东寺一切经目录》二卷

日本佚名《神护寺五大堂一切经目录》一卷

日本佚名《敦煌本古逸经论章疏并古写经目录》一卷

日本佚名《日本奈良时代古写经目录》一卷

日本佚名《唐本一切经目录》三卷

日本佚名《三缘山轮藏目录》二卷

日本佚名《日本武州江户东叡山宽永寺一切经新刊印升目录》五卷

日本佚名《大日本校订缩刻大藏经目录》一卷

日本佚名《大日本校订藏经目录》一卷

日本米田无净等《日本校订大藏经目录》一卷、《日本校订大藏经部类目
　　录》、《日本校订大藏经索引目录》

日本高田仪光《禅籍目录》附补遗（日文）

日本橘瑞超《日本橘氏敦煌将来藏经目录》一卷

日本大村西崖、中野义照《佛书解题》二卷（日文），《日本大藏经解题》
　　二卷

日本前田慧云原编，中野达慧增订《大日本续藏经目录》四卷

日本佚名《大正新修大藏经总目录》

日本佚名《大正新修大藏经一览》

日本佚名《大正新修大藏经勘同目录》

日本佚名《大正新修大藏经著译目录》附印度诸论师著作目录

日本佚名《大正新修大藏经索引目录》

日本高楠顺次郎《大正新修大藏经总目录》并附录

日本大谷大学图书馆《西藏大藏经甘殊尔勘同目录》并附录

8. 道藏目录

唐马总《意林书目》六卷

清严可均《意林阙目》（在《铁桥漫稿》卷六）

元佚名《道藏阙经目录》二卷

佚名《道藏经目录》四卷

明白云霁《续道藏经目录》一卷、《道藏目录详注》四卷，附《大明续道藏目录》

明李杰《道藏目录详注》四卷

清蒋元庭《道藏辑要目录》一卷

清贺龙骧《重刊道藏辑要总目》一卷、《重刊道藏辑要子目》初编四卷，续
　　编一卷、《道门一切经总目》四卷

陈国符《道藏源流考》（中华，1963）

原载于《中国典籍与文化论丛》第十辑　全国高等院校古籍整理研究工作委
员会《中国典籍与文化》编辑部编　北京大学出版社2008年版

两晋南北朝佛典目录的突起*

佛典传译大约始于东汉后期。随着佛典的大量传译与传抄，为记录译经人、地的佛典目录异军突起而成魏晋南北朝时期古典目录学著述领域中的奇葩。其数量约占我国佛典目130余部总数中的四分之一左右。我国可以定为最早一部佛录的《众经目录》（已佚）和现存的《众经别录》残本、《出三藏记集》等著名佛典目录都出现于这一时期。

一、晋的佛典目录

西晋后期月支侨民竺法护曾先后译经210部、394卷①。他为记录自己的译经而编制成《众经目录》（一称《竺法护录》、《竺法护经目》）。这是我国可以考定为最早的一部佛典目录，可惜久佚。据后世记载，可约略知道这类早期佛录基本上以记录译经为主，是为便于了解译者与译地而编。有的甚至只记经名，译者、译地均不记。加以当时译者尚未了解佛教经典的全部体系，难以按内容予以分类，只能采取记录一经、记录一人一地的译经，然后按译出经的先后写录。竺法护的《众经目录》可能就是这样一种形式。而改变这一现状的则是东晋孝武帝宁康二年（公元374年）释道安所撰《综理众经目录》一卷。

释道安（312—385），常山扶柳人（今河北冀县）。十八岁出家②。曾师事佛图澄，晚年在长安除说经、译经外，还编制了《综理众经目录》一卷。《综理

---

* 本文发表时署名来新夏、徐建华。

① 费长房：《历代三宝记》卷六。

② 此据《名僧传抄》；《高僧传》作"年十二出家"。

众经目录》（一称《安录》）是一部著录佛经译经者和译经时间的目录，此书虽久佚，但从一些佛录所引用的资料中可知其体制是"始述名录，诠品译才，标列岁月，妙典可征，实钤斯人"①和"总集名目，表时其人，铨品新旧，定其制作"，说明此书是着重评论译书水平的目录书，产生了"众经有据，自此而明；在后群录，资而广之"②的影响。《安录》不仅著录译经，还进行了初步的整理分类。道安从传译现状分为八类，即有译经论，失译经论、古异经、凉土异经、关中异经、疑经、注经及杂经。从这一分类看，《安录》不仅仅收录已知译者的佛典，还收录不知译者的佛典；不仅收录了不同地区、不同时代的多种译本，还附载了似是而非的佛典。这说明《安录》既扩大了收录范围，也进行了分类鉴别工作，奠定了佛典目录的良好基础，成为佛典目录的划时代著述，所以梁启超曾给以极高的评价说：

> 其体裁足称者盖数端：一曰纯以年代为次，令读者得知斯学发展之迹及诸家派别；二曰失译者别自为篇；三曰摘译者别自为篇，皆以书之性质为分别，使眉目犁然；四曰严真伪之辨，精神最为忠实；五曰注解之书别自为部，不与本经混，主从分明。凡此诸义，皋牢后此经录，殆莫之能易。③

当然它也存在一些缺点，如以外在形式来分类而不了解佛典有经、律、论之分。当时对佛典统名为经，佛录则称《众经录》、《众经目录》等，固然含有佛徒为抬高佛经地位，企图与儒家经典相颉颃的原因，但也反映了对佛典三藏分类的认识不够。

二、南朝的佛典目录

南朝除《七志》、《七录》附有佛录外，还有一些单行佛录，如《众经别录》、《出三藏记集》等，均颇有声名。

（一）《众经别录》，南齐佚名撰，共二卷，已残佚。残卷存于伯希和所劫敦煌写经之中，编号为伯3747④。此目共收佛典1089部、2593卷，分为十类。

---

① 释僧祐：《出三藏记集》卷二。
② 释道宣：《大唐内典录》卷十。
③ 《佛家经典在中国的目录学之位置》，《图书馆学季刊》一卷一期（1926年）。
④ 残卷现存巴黎国家图书馆，从《历代三宝记》、《大唐内典录》、《开元释教录》、《贞元新定释教目录》等书中可得《众经别录》的大要。

上卷三录　大乘经录第一、三乘通教录第二、三乘中大乘录第三。

下卷七录　小乘经录第四、篇目阙本录第五、大小乘不判录第六、疑经录第七、律录第八、数录第九、论录第十。

这种分类法改变了以往单纯依译经形式分类的陈规而采用以内容分类为主、形式分类为辅的双重分类体系，如篇目阙本录和疑经录是按译经的存、阙、真、伪等形式分类，而其他八类则据佛典教义和内容性质而定。它既揭示了佛典的内容特征（佛教中的三乘、大乘、小乘、经、律、论、数等概念均反映在目录分类上）；又记录了佛典的流传现状。这一分类体系的建立标志着中国僧人对佛教理解的深入和汉传佛教的趋向成熟。

残本现存部分为《大乘经录》第一的十五部、《三乘通教经录》第二的五十一部和《三乘中大乘录》第三的开端十四部。残存的这八十部佛经的著录看，都有简略的解题，记载译人和译时，而且还扼要地介绍该经宗旨，指明译文的"文"、"质"或"文质均"等不同水平。说明当时对译经水平的要求不止是忠实原著的"质"，还应有优美流畅的"文"。这种评论对佛典翻译事业的发展起到促进的作用。

这部残本《众经别录》"是我国现存第一部最古佛经目录，也是仅次于《汉书艺文志》的第二部最古目录"①。有的目录学著作甚至对它加以"空前精善"②的美称。

与此同时，南齐尚有释王宗撰《众经目录》，这是一部通录古今，按大小乘分类的佛录。释道慧撰《宋齐录》专记晋末及宋齐二代的佛经目录。

（二）《出三藏记集》，南梁释僧祐撰，十五卷③，是现存最早的完整佛录，也是我国翻译佛家经律论三藏各书的目录，计录书2162部、4328卷。

释僧祐生于宋元嘉二十二年，卒于梁天监十七年，年七十四岁（445—518），俗姓俞氏，原籍彭城下邳（今江苏邳县），生于建业（今南京市）。幼年出家，精研律学，成为南朝的名僧。他曾和著名文学批评家、《文心雕龙》作者刘勰共同居处十余年，所著除完成于齐明帝建武年间的《出三藏记集》这部专门目录外，还纂集《弘明集》保存了南朝佛与反佛斗争的重要资料。他自称"私淑安公"，而撰《出三藏记集》也是"遥续安录"，表明自己与释道安及《综理众经目录》的继承关系。

---

① 王重民：姚名达《中国目录学史》后记。
② 姚名达：《中国目录学史》。
③ 明南藏作十五卷，北藏无卷六，以卷六为卷七，又分卷十二为两卷，而成十七卷，嘉兴藏因之。

《出三藏记集》是对《安录》进行考订补充而有所发展，僧祐在《自序》中明确地说：

> 敢以末学，响附前规，率其管见，接为新录，兼广访别录，括正异同。

僧祐径以"三藏"冠诸书名反映了中国僧侣对印度佛教体系已有所了解。它开辟了目录学编纂的新体制，即在总序外，又分缘起、名录、经序和列传四部分，并在名录下又分十二类，为佛典目录开创二级类目的设置。他对四部分的编纂曾有过简括的说明，即：

> 缘起撰则原始之本克昭，名录铨则年代之目不坠，经序总则胜集之时足征，列传述则伊人之风可见。

这一编纂宗旨说明僧祐是从译经史和佛典流传角度着手的。撰缘起叙述佛经结藏情况及译经起源。铨名录四卷主要在《安录》基础上增加律部佛典，是叙次历代出经名目，等同于《艺文志》，但以时代撰人分类。总经序七卷辑录各经的前序后记，不仅可使人直接接触原始资料了解译经经过及内容，起到了解题、提要作用。而且还为专门目录创立辑录体制，清代学者朱彝尊的《经义考》即仿此而录各经序跋。其各经又多出六朝名人学者之手，故清代严可均《全南北朝文》即将此书卷七全部采入。述列传三卷记译经人生平，前二卷外国二十二人，后一卷中国十人，其中多有涉及与世俗交往的资料，可备魏晋史传的参证。

《出三藏记集》所著录的佛经为后世补作史志目录所取资。陈垣师的《中国佛教史籍概论》论此书证史作用甚备，并置《祐录》于全书之首。此书诚为对后世具有重要影响与作用的一部目录学名著。

在《出三藏记集》之后，南梁尚有著名佛录释僧绍所撰《华林佛殿众经目经》和释宝唱所撰《梁世众经目录》。前者仅对《祐录》略事增减，梁武帝对此并不满意而命宝唱重撰。后世在僧绍录基础上"注述离合"，进行详细分类为二十，成书四卷"雅惬时望"，显然比之前有较大改进。可惜二录均佚，仅能从《历代三宝记》等书中得其梗概。

三、北朝的佛典目

南北朝时期由于来中土传法和向西土求经回来的僧侣，大多羁留北方，所以北朝较南朝得经稍易，并有机会直接了解佛教教义真髓，因而其佛典目录的编纂多注重于宗乘性质和佛典内容特色，较南朝佛录之限于佛典本身及流传情况，更有裨佛教教义研究之参考。其著名目录有《元魏众经目录》和《齐世众经目录》等。

（一）《元魏众经目录》四卷，北魏李廓撰。"廓学通玄素，条贯经论，雅有标拟"①，于北魏宣武帝永平年间奉命撰录，而成书于东魏孝静帝天平年间。共收书427部、2053卷，它虽收书量因北方战乱频仍聚书困难而不如南朝，但其分类法却独具特点。全目分十一类，即：

（1）大乘经目录

（2）大乘论目录

（3）大乘经子注目录

（4）大乘未译经论目录

（5）小乘经律目录

（6）小乘论目录

（7）有目未得经目录

（8）非真经目录

（9）非真论目录

（10）全非经愚人妄称目录

这一部分虽较粗略，但确具特色，如《大乘经子注目录》便是对大部头佛典的处理办法。佛典中一些大部头书如《大般若波罗密多经》600卷，是由很多佛典所组成，《子注目录》就是对这些组成部分列为子目逐条著录、分析以利读者，颇似丛书子目索引。又如《大乘未译经论目录》系将输入佛经尚未翻译者列目，使从事译经者避免译重。这是一部能对后世有所影响的目录，可惜已佚而难知其具体著录与编排的情况。

（二）《齐世众经目录》，北齐释法上撰，收书687部、233卷。书成于北齐后主武平年间，分杂藏录、修多罗录、昙尼录、阿毗昙录、别录、众经抄书、集录、人作录等八类。这一分类比较接近印度佛教习用的分类体系，隋代诸录多引为依据，奠定了此后一千多年佛录的基石。

原载于《津图学刊》1989年第2期

---

① 道宣：《大唐内典录》卷一。

魏晋南北朝目录学成就概述

魏晋南北朝是一个战争频繁、政局动荡的时代，但它在目录学方面还是取得了一定的成就。本文只就主要的目录学著作和目录学家作一概述。

魏郑默的《中经》

魏在夺取了东汉政权后，曾对图书"采掇遗亡，藏在秘书、中、外三阁"，并命"秘书郎郑默始制《中经》"。①

《中经》是国家内部藏书目录的意思。撰者郑默，字思元，开封人。仕魏为秘书郎、司徒左长史。入晋后官至东郡太守、光禄勋。他在任魏秘书郎时，主管图书工作，"考核旧文，删省浮秽"，撰成《中经》。这部目录久佚，并且由于缺乏具体记载，很难评论它的内容和成就，但从极简略的只言片语中还可以略知一二。郑默本传中曾记载魏中书令虞翻评价郑默整理图书的成绩是："而今而后，朱紫别矣。"②所谓"朱紫别矣"，就是用区分两种相近颜色的意思来说明郑默已进行了比较细致的图书分类工作。郑默所撰的《中经》，推测可能是一部以四部分类的国家目录，那它对图书分类学就已作出了开创四分法的贡献。

---

① 《隋书经籍志》序。
② 《晋书》卷四四《郑袤传》附。

西晋荀勖的《中经新簿》

西晋统一，社会经济得到初步稳定，文化也随之得到恢复和发展。图书的征集和典藏工作逐渐展开，图书数量日益增多。这些都为荀勖编制目录工作准备了良好的条件。

荀勖字公曾，颍川颍阴人（今河南许昌），是西晋著名的世家。初仕魏为从事中郎。入晋后，历官中书监、秘书监至尚书令。他在文学、音乐、目录学等方面都有较高的造诣，为时人所推重。他的目录编辑工作主要有：

（1）晋武帝泰始十年（274年），荀勖领秘书监时，和西晋的著名学者、中书令张华合作，"依刘向别录，整理记籍。"[1]这次整理图书的规模很大，据荀勖自称："复校错误十万余卷"[2]，其繁重程度可与刘向相比。

（2）晋武帝太康二年（281年），河南汲郡古墓发现一批古代竹简，即后世所谓的汲冢竹书，保存了古代的重要史料。当时就"诏勖撰次之，以为中经，列在秘书。"[3]对于这一记载，我以为是专指汲冢书的整理编目而言。这里所说的"中经"是泛称国家目录，而不是指荀勖的《中经新簿》。本传中这三句话的意思，是说荀勖奉命整理编次汲冢书，专为汲冢书编制一份国家目录，并把汲冢书收列为国家藏书。

（3）荀勖还以郑默《中经》作主要依据，编制了一部综合性的国家藏书目录，即《中经新簿》。梁阮孝绪的《七录》序说它是四部分类。《古今书最》说它收四部书1885部、29035卷[4]，而《隋志》序则较详细地记述了各部所收的图书内容和体制。

根据上述记载，《新簿》的情况是：

（1）荀勖《新簿》系据郑默《中经》而作。它既据《中经》所录之书，也不可免地参考了《中经》的分类。它既标《新簿》，就包含有改编的意义。二者相因关系，诸书所载俱同。所以郑默《中经》对荀勖《新簿》的分类是有贡献的。

（2）《新簿》共分四部，由于有《七录》序和《隋志》序的记载，可略知

---

① 《晋书》卷三九《荀勖传》。

② 荀勖：《让乐事表》（见《北堂书钞》卷一〇一引）。

③ 《晋书》卷三九《荀勖传》。

④ 道宣：《广弘明集》卷三。

其每部内容，虽史籍已独成部类，但其甲乙丙丁的次序为经子史集，与后来经史子集的次序略异。

（3）《新簿》的体制是登录书名、卷数和撰人，并有简略的说明，可是没有很好地继承刘向写书录的传统，缺乏对图书内容的评述和论辨。但其可取之处在于记录图书的存亡，这对后来查考图书存佚流传和借此进行图书真伪的考辨，都起了提供资料依据的作用，而且也开后来目录书著存亡的先例。

（4）《新簿》所收图书的部、卷数当以《古今书最》所记1885部、29035卷为准。《隋志》序作29945卷，但《隋志》序所记载数字时有不确，仍应以《古今书最》卷数为是。

（5）《新簿》，隋唐各志皆作14卷，实为16卷。《古今书最》所说："其中十六卷，佛经书簿少二卷，不详所载多少"之语，语意不明。如理解为"其十六卷书簿，少佛经二卷，不详所载多少"，则词意较明显易晓。

总之，荀勗《新簿》在分类、解题等方面虽有不足之处，但它对目录学的发展增加了一些新的内容，起了一定的推动作用。

东晋李充确立四部顺序

西晋末年的战乱给图书事业造成了"渠阁文籍，靡有孑遗"的严重后果。元帝建立东晋政权之后就开始征集图书，直到李充整理编目时，其现存图书只有3014卷，比西晋荀勗编目时的存书数减少了一半以上。①

李充字弘度，江夏人（今湖北安陆），东晋的文学家、书法家和目录学家。历官至中书侍郎。他曾主持整理图书和编制《晋元帝四部书目》的工作。李充编纂这部目录书究在何时，过去若干著作多不明确。根据本传的记载，可以大致确定李充的编目时间，当在晋穆帝永和二年以后的若干年内。这时上距晋元

---

① 关于东晋比西晋图书究竟减少了多少，过去许多著作往往以3014卷和西晋的二万多卷相比，得出了减少很多的结论，甚至说"才得原十分之一多一点"。这种说法是不确切的。应该注意李充是用《新簿》来核对当时藏书，结果是"其见存者，但有三千一十四卷"，这是指存书的卷数，而《新簿》著录的1885部、20935卷是包括西晋时存、亡书在内的总数，其中亡书1119部，存书只有766部，卷数虽无记载，假如以平均每部有十一二卷书算，那么西晋的现存书不过八九千卷，东晋的现存书应是西晋的三分之一而不是十分之一多一点。

帝（317—323）时已有二十余年。那末，李充所编目录为什么名《晋元帝四部书目》呢？这是因为编目所据者乃元帝时所"鸠聚"的图书。

李充所编的目录，由于图书数量较少，"遂总没众篇之名，但以甲乙为次"①，这就是说，只有四部，而不立各书的类名。它的四部分类虽和荀勖相同，但次序有所变更。清代学者钱大昕曾说："至李充为著作郎，重分四部：五经为甲部，史记为乙部，诸子为丙部，诗赋为丁部。而经史子集之次始定。"②

李充的四部分类编次方法，一直被后世沿用，所谓"自尔因循，无所变革"③，正说明它在目录学发展史上的贡献。

南朝的目录事业

南朝历经宋齐梁陈四朝，虽政权迭变，社会动荡，图书屡遭散失，但各朝尚能重视文化，建立政权后，不断进行搜集、整理，而目录事业也在迂回曲折地发展。

一、宋的目录事业与王俭《七志》

宋承东晋之后，除接管原有的国家藏书外，又加以搜集，藏书遂日渐丰富。它的主要目录工作是在宋文帝元嘉和后废帝元徽时期。

据后来的记载，宋文帝时曾编制过三部目录书，即：

（1）《晋义熙已来新集目录》三卷。撰者邱渊之，字思玄，乌程人。宋文帝时历官侍中、吴郡太守。④此目在《隋志》、《唐志》中都著录，《旧唐志》作《杂集目录》。其书已佚，所以体例内容均不可知。似为晋安帝义熙以来的新书目录。

（2）《四部书大目》四十卷。撰者殷淳，字粹远。《宋书》本传记其编目之事说："（淳）少帝景平初为秘书郎、衡阳王文学、秘书丞、中书黄门侍

① 《隋书·经籍志》序。
② 钱大昕：《元史艺文志》序。
③ 《隋书·经籍志》序。
④ 参《宋书》及《南史》的《顾琛传》。

郎。……在秘书阁撰四部书目，凡四十卷，行于世。元嘉十一年卒。"①宋少帝景平仅一年（423年），其景平二年就改为宋文帝元嘉元年。那么殷淳参与图书工作实在元嘉时。殷淳任秘书丞，可能正是谢灵运任秘书监时。殷淳的大目或可解释为大要之目，也就是草目的意思。所以，我很怀疑殷淳目与后来著名的元嘉目是一种初、定稿的关系，此目《南史》本传作《四部书大目》，《宋书》本传作《四部书目》，均作四十卷。梁阮孝绪《七录序》作《大四部目》，无卷数。而《唐志》则作《四部书序录》三十九卷。其书久佚，难晓其详。

（3）《元嘉八年秘阁四部目录》。这是刘宋时著称于后世的一部国家目录。《隋书经籍志》序记其事说："宋元嘉八年，秘书监谢灵运造四部目录，大凡六万四千五百八十二卷。"这段记事并不确切，已有前人指出。《隋志》序以此目乃谢灵运撰成于元嘉八年。考《宋书》谢灵运本传：谢系文帝元嘉三年诛徐羡之后，始"征为秘书监，使整理秘阁书，补足阙文"；但不久即迁官侍中。元嘉五年又托疾东归，不再到建业。所以，谢灵运主管图书工作的时间很短，而且在主管期间仅仅做了整理、补订图书的工作。至于编目一事，本传并未涉及，论赞中也仅论文学成就，于图书编目不著一字。元嘉目是当时重要的国家目录，如谢灵运有其事，沈约不能不入其事于传文，而今谢传缺载。所以元嘉八年谢灵运造四部目录之说是值得怀疑的。那么，元嘉目的撰者究竟是谁呢？我认为殷淳的可能性很大，至少殷淳是主要编撰者之一。其理由是：

①殷淳任秘书丞在元嘉时，与谢灵运同时，只是职任上有主次之分。实际工作由殷淳承担，而谢灵运是主官，可能在谢任秘书监时经始，所以署官衔较高的谢灵运。

②谢灵运从元嘉五年离建业后再也没有回来，而此目多称元嘉八年撰成，则谢灵运实际未底于成，而殷淳似始终其事。殷淳可能在元嘉八年完成此目后，才迁官中书黄门侍郎。直至元嘉十一年卒，一直没有离开建业。

③《南史》和《宋书》的殷淳本传，对他的编四部目工作都有较详的记载，后来的目录书也多记及。而谢灵运不仅本传未记，即其他目录书也记载不明。

《隋志》序又说元嘉目收书"大凡六万四千五百八十二卷"也误。《古今书最》记元嘉目收书"一千五百六十四帙（音至，书套），一万四千五百八十二卷。五十五帙，四百三十八卷，佛经"，其说近理。东晋李充于穆帝永和五年

---

①　《宋书》卷五九《殷淳传》。

（349年）编《元帝书目》时，四部不过三百零五帙，三千零一十四卷。至此元嘉五年（428年），前后不过八十余年，又经东晋末年的变乱，若依《隋志》序六万余卷计，则增加达二十余倍，似不可能。若以《古今书最》一万余卷计，刚增加三倍，似尚可信。《隋志》序的数字多有误，此"六万"应以作"一万"为是。

元嘉目虽以四部分类，但另有佛经为附录。其四部之下是否有类，以及各书是否有解题等等体制问题，则以缺乏资料而难晓。

后废帝元徽年间是刘宋目录事业有重要成就的另一时期。元徽元年，著名目录学家王俭主持撰成《宋元徽元年四部书目》和《七志》二部目录书。前者是国家目录，后者是私人撰目。

元徽书目，据清人章宗源《隋书经籍志考证》说有四卷。全目按四部分类编次，共收书2020帙、15074卷①，与元嘉目收书相差不多。

《七志》的成就远远超过元徽书目，它不仅开私人编目之端，而且还为目录事业增添了新内容。《隋志》序虽有比较详细记载；但尚欠完备，有些地方尚待商榷订正。

《七志》的体制，在分类上改变了李充的四部分类法，参考了荀勖的《中经新簿》，而主要依照向、歆父子的分类法，只是略改《七略》部名。《七志》仿效《七略》在卷首写列九篇条例作为各部小序。《隋志》序评论这九篇条例"文义浅近，未为典则"。由于本书已佚，难定是非。尽管如此，王俭恢复向、歆父子辨章学术这一优良传统的贡献是应予肯定的。但是，他却没有很好地继承书录的良规，所谓"不述作者之意"正是其不足之处。不过，他尚能"于书名之下，每立一传"②，开创了书目解题体制中的传录体，仍不失为有所创新。

《七志》的卷数，各书记载不同。《南齐书》本传作四十卷。《宋书·后废帝纪》作三十卷。《隋书经籍志》题《今书七志》作七十卷。《新唐志》作七十卷，有梁贺纵补注。因原书已佚，无从确定准数，当以本传为据。

总之，《七志》虽有类例不明、论辨不足等缺点，但是，它的私人编目、著录今书、创立传录等等都是前人所无。这是王俭在目录学研究上的一大成就。

齐继宋后，立国日浅。目录事业未见兴盛。虽《七录》序有"更撰目录"之说，《古今书最》也著录《齐永明元年秘阁四部目录》，但是，核之史传，尚缺

---

① 阮孝绪：《古今书最》（见《广弘明集》）卷三。又《隋志》序作15704卷。

② 《隋书·经籍志》序。

明证，所以也难多加论述。

二、梁的目录事业与阮孝绪《七录》

梁是南朝文化最发达的时期，图书目录事业有显著的发展与成就。齐梁之交，图书损失比较严重。《隋志》序称这次的散失情况是："齐末兵火延烧秘阁，经籍遗散。"梁武帝建国后，特别重视图书的搜集、典藏和整理。他不仅在文德殿列藏众书23106卷，还在华林园集中了佛教经典，由著名学者任昉亲自主持整理工作，并广征异本校订藏书。经过任的"手自雠校"，于是原来"篇卷纷杂"的混乱状况，一变而为"由是篇目定焉"。①这为编制目录提供了良好的基础。

梁的目录事业在南朝中也是颇为繁盛的。它不仅有国家目录、私家目录，而且还有专门目录。

梁的国家目录，根据后来的记载有三部：

（1）《天监四年四部书目》。《两唐志》著录作四卷，丘宾卿撰。余嘉锡先生考证，丘宾卿在《梁书》及《南史》中均无传，不知为何人。此目"实即《隋志》之刘孝标梁文德殿四部目录"，而丘宾卿"亦校书学士之一人"②，也即《古今书最》中所列的"《梁天监四年文德正御四部及术数书目录》，合二千九百六十八帙，二万三千一百六卷"。这部目录的编撰者刘孝标，本名法武，后改名峻，平原人。梁天监中与学士贺纵"典校秘书"。

（2）《梁天监六年四部书目录》四卷。《隋志》簿录类著录，题梁殷钧撰。《古今书最》也著录说："（梁）秘书丞殷钧撰《秘阁四部目录》，书少于文德殿书，故不录其数也。"而《隋志》序却说："梁有秘书监任昉、殷钧四部目录"，似以此目为任、殷合撰。考《梁书》任传仅言其"手自雠校"，有可能编一目，但史文未载。而《南史》殷钧本传则有编目的明确记载。殷钧不仅编有图书的综合目录，而且还编有艺术品专门目录。《隋志》序并言任昉，或因任名高位崇，遂首列其名。

此目不知收书若干，仅知少于文德目。

---

① 《梁书·任昉传》。案任昉既编定篇目，则编制目录书的可能性很大。汪辟疆的《目录学研究》中曾说："刘孝标文德殿四部目以前似尚有任昉躬自部集之秘阁目录矣。"是颇有见地的。

② 余嘉锡：《目录学发微》。

（3）《梁东宫四部目录》四卷，刘遵撰。《隋志》簿录类著录。撰者刘遵，字少陵，官太子中庶子。《南史》有传，但传中并未载编目事。按其题名，似为太子藏书所编之目。

私人目录至梁时似已较普遍，凡有藏书者即有目。阮孝绪撰《七录》多据诸家私目。

梁时最早的私人目录是任昉目。任昉是梁初著名学者。他藏书万余卷，"率多异本"。死后，梁武帝派沈约、贺纵来"勘其书目"，把国家藏书所没有的一部分图书取走。这部被沈、贺查对的书目，显然就是任昉的私人藏书目，可惜未获流传。而在后世能略知概况并有重要影响的著名私人目录，则推阮孝绪的《七录》。

阮孝绪字士宗，尉氏人。生于刘宋末年，卒于梁大同二年（479—536），他从事目录事业主要在梁普通年间。他和过去的目录学家有很大的不同。从向、歆父子起到王俭止，几乎都有比较显要的政治地位，不仅能尽窥国家藏书，私人藏书也富，又有助手共理，成目较易。而阮孝绪则是一个被称为"文贞处士"，并没有政治地位的普通学者，缺乏必要的物质条件，所以他必需尽量利用前人的成果，加以总括继承。他在《七录》序中，曾自述其辛勤治学和成书经过。

《七录》的体制和撰者意旨，虽然由于原书久佚，不能全部了解，但所幸《广弘明集》卷三保存了《七录》序和所附的《古今书最》，使后人不仅得知《七录》的基本概况，而且还对梁以前的目录事业能略得轮廓，成为古典目录学研究中的重要参考文献。阮孝绪编撰《七录》，对古代目录事业和古典目录学的研究，作出了极大的贡献。根据《七录》序可以知道该书的基本体制和成书缘由。

（1）《七录》的体制主要参酌刘歆《七略》和王俭《七志》而自定新例。

（2）《七录》分为内外篇。内篇有《经典录》、《记传录》、《子兵录》、《文集录》和《术技录》等五录；外篇有《佛法录》和《仙道录》等二类。全目共为十二卷。

（3）《七录》共收书55部，6288种，8547帙，44526卷。

（4）《七录》编于梁普通四年仲春。在编撰过程中，曾得到友人刘杳的无私帮助。

《七录》的特色和主要成就是：

（1）《七录》的编目条件和过去不同。前此的目录书多是就国家藏书而编撰，即使如王俭的《七志》虽属私人目录，但也是在编《元徽书目》时进行的，又有主管图书的职权便利，所以使用图书方便；而阮孝绪不具备这些条件，他只能根据一些私人藏书家目录和官目来整理编目。经过官私目的对校，发现官目多所遗漏，遂总集众家，更为新录"。这说明《七录》是继承和总括了前人的目录成果，是比较完备的一个综合目录，开启了研究前人目录之端，摆脱了单纯登录藏书的局限。

（2）《七录》在分类上有所创新。它从图书数量的现实出发，又把史籍从附属地位提到独立部类上来，专立《记传录》。同时，在部类之下又分细类，推动了分类学的发展，对于后世的分类也有重要影响。即如《纪传录》下所分十二细类，虽以后有分合易名的不同，但它是史部划分细类的开始，有重要的参考价值。《隋志》序也肯定它的分类是"其分部题目，颇有次序"。

（3）《七录》"总括群书四万余，皆讨论研核，标判宗旨"，介绍了作者事迹和图书的流传情况。虽然《隋志》总序中批评它"剖析辞义，浅薄不经"，簿录类序中又说它"大体虽准向、歆，而远不逮也"；但是，不能不看到阮孝绪是在"内寡卷帙"、"旁无启沃"，即既少藏书，又无助手的条件下，力争恢复向、歆父子书录传统所作的努力，其精神是可贵的，其成就是值得肯定的。

（4）《七录》的七分和类名是经过一定研究而确定的，这在序中有较详说明。它不像王俭名为《七志》，实则九分那样牵强。它把根据文德殿五部目录体例的图书分作五录列为内篇，而以佛法、仙道作为二录列为外篇，既表明列佛道于附录的含义，又确为七分，名实取得一致。

（5）阮绪孝自称《七录》收书之广，已使"天下之遗书秘记，庶几穷于是矣。"以其所收四万四千余卷较之文德殿书目所收二万三千余卷，增加二万一千余卷，几近于一倍。阮氏之语，确非自诩。在南北朝这样一个动乱时期，阮孝绪能在比较差的条件下，独力完成这样一部搜罗比较完备的图书目录，确是古代目录事业中的一项重大成就。

在肯定阮孝绪及其《七录》的贡献与成就的同时，我认为不能忽略刘杳在这一事业中的功绩。《梁书·文学传》记刘杳的生平说："刘杳，字士深，平原人也。少好学，博综群书。沈约、任昉以下，每有遗忘，皆访问焉。自少至长，多所著述，撰《古今四部书目》五卷行世。"刘杳的这部《古今四部书目》，篇帙少，后来也未见著录，可能是一部在收集资料过程中的草稿而被传抄行世。这应算作是梁时私人目录的一种。当刘杳获知友人阮孝绪已着手编撰《七录》时，就毫不犹豫地把自己抄集的资料草稿全部赠与阮孝绪以助成《七录》。阮孝绪也不没友人之劳而在序中记称："通人平原刘杳从余游，因说其事，杳有志积久，未获操笔，闻余已先著鞭，欣然会意，凡所抄集，尽以相与，广其闻见，实有力焉。斯亦康成之于传释，尽归子慎之书也。"刘杳这种不隐秘所得，成人之美的情操，表现了学者的胸襟。凡论及《七录》，定当表述及此，可惜某些有关著作对刘杳的这一功绩却没有给以应有的评价。

梁对目录事业的另一重要贡献，是专门目录，如佛录的编撰。佛录的编撰始于魏晋，其中有名的如东晋释道安所编撰的《综理众经目录》，但都已佚失。现存的最早佛经目录是梁释僧祐所撰的《出三藏记集》。释僧祐生于宋元嘉二十二年，卒于梁天监十七年，年七十四岁。他是南朝的名僧。曾和著名文学批评家刘勰共同居处十余年。所著《弘明集》保存了南朝佛与反佛斗争的重要资料，而《出三藏记集》则是一部著名的释家专门目录。

《出三藏记集》十五卷，是中国翻译佛家经律论三藏各书的目录。它开辟了目录学编纂体制的新方式，即在总序外，又分撰缘起、铨名录、总经序、述列传四部与记述，其中总经序部分辑录各经的前序后记，不仅可使人借知译经经过及内容，起到了解题、提要的作用。而且还为专门目录创立体制（清朱彝尊的《经义考》就仿此而录各经序跋）。述列传部分记译经人生平，多有涉及与世俗交往的资料，可备魏晋以来史传的参证。

《出三藏记集》还起到保存一部分魏晋以来学者著作资料的作用。如释道安的《综理众经目录》由于释僧祐的引用，使后人能够知道这部亡佚的佛录的体制是"始述名录，诠品译才，标列岁月"，是着重评论译书水平的目录书。又如各经序多出自六朝名人学者之手，清代严可均辑《全南北朝文》即将此书卷七全部采入。它所著录的佛经也为后来补作史志目录所取资。所以，它成为对后世具有重要影响与作用的一部目录学名著。

梁末图书毁损严重，陈初虽经搜集，但质量都差。据《隋志》著录，陈有国家目录四种：《陈秘阁图书法书目录》一卷、《陈天嘉六年寿安殿四部目录》四卷、《陈德教殿四部目录》四卷及《陈承香殿五经史记目录》二卷。这些目录都未获流传。

北朝的目录事业

北魏是北朝汉文化程度较高的朝代。道武帝曾采纳博士李先的建议："唯有经书三皇五帝治化之典，可以补王者神智"，下令征集图书[①]。孝文于迁都洛阳后，曾派人检查图书缺少的情况，编定《魏阙书目录》一卷，到南齐去按目借书。南齐藏书本不繁富，而北魏尚向它求缺书，则北魏藏书之少可想而知。魏阙书目是北魏惟一见于著录的一部目录。宣武帝时秘书丞孙惠蔚在请求征集整理图书疏中曾说："臣请依前丞臣卢昶所撰《甲乙新录》……"[②]一语。可见孙惠蔚还见过一部北魏的国家目录《甲乙新录》。卢昶附见其曾祖《卢玄传》中，并无一字道及编目事，仅记在孝文时任秘书丞。卢昶编《甲乙新录》可能即在此时。孝文时编《阙书目录》向齐借书，则其事先必当先编已有书目录，方可知所阙书，其意甚明，所以《甲乙新录》一目或当确有其事。至所谓甲乙当即荀勖所谓甲乙，因北魏与东晋隔绝，所以甲乙也绝非李充经史之次，而是荀勖经子之次。《甲乙新录》可能就是经子目录，或者由于卢昶迁官，四部目录未能完成，《甲乙新录》仅为未完稿，所以未能传世，也就无从见诸著录了。

北齐在文宣帝天保七年时曾命樊逊等十一人"校定群书"[③]，但史传不载编目之事。隋代学者牛弘在《请开献书之路表》中曾说："高氏据有山东，初亦采访，验其本目，残缺犹多"[④]。既说"验其本目"，则牛弘尚得亲见高齐所编国家目录而复按其残缺。唐刘知幾在《史通》中提到北齐时，有宋孝王曾撰《关东风俗传》，记北齐邺下之事，书中有《坟籍志》，记载当代著作，开后世地方目录的先声。

北周明帝时，也曾"集公卿以下有文学者八十余人于麟趾殿，刊校经史。"[⑤]但未闻有编目之事。唐封演的《封氏见闻记》卷二曾记："后周定目，书止八千"，似北周也曾有目。

原载于《群众论丛》1981年第6期

---

① 《魏书》卷33《李先传》。
② 《魏书·儒林传》孙惠蔚传。
③ 《北齐书·文苑传》。
④ 《隋书·牛弘传》。
⑤ 《周书·明帝纪》。

隋唐五代时期官修目录与史志目录的发展*

一、隋初对国家藏书的登录　许善心的编制《七林》《大业正御书目录》的纂辑

隋的统一，结束了南北朝分立动乱的局面，为文化的发展扫清了道路。隋文帝建国后，接受了当时著名学者牛弘的建议："分遣使人，搜访异本，每书一卷，赏绢一匹，校写既定，本即归主。"① 鼓励了民间的献书。平陈以后，见于陈的图书有不少"纸墨不精，书亦拙恶"，又召集工书之士补续补缺，缮写正副二本加以典藏。由于采取了这些积极措施，所以"一二年间，篇籍稍备"②，藏书量达到三万余卷，为目录事业的开展奠定了重要的物质条件。隋文帝之世，曾多次编制国家目录，史书中多有记载。

《开皇四年四部目录》四卷，《隋志》、两《唐志》均著录此目，但不著撰人。《旧唐书经籍志》后序中说："隋氏平陈，南北一统，秘书监牛弘奏请搜访遗佚，著定书目，凡三万余卷。"核以当时牛弘所居秘书监官位，编目正其所司，那么，开皇四年目当为牛弘所主持编撰。牛弘字里仁，安定鹑觚人（故城在今甘肃灵台县东北），隋初任散骑常侍秘书监，是当时著名学者，曾上《请开献书之路表》，历叙图书聚散的历史，分析了图书散失的原因。这就是后世著称的《五厄论》。他要求动用政权力量，悬定赏格，征求图书。隋文帝接受这一建议

---

* 此文系《古典目录学浅说》之一节，题目系编者所加。

① 《隋志》序。

② 《北史》卷72《牛弘传》。

并付之实施，取得了成效，牛弘因之进爵奇章郡公。牛弘在收集、保护、整理图书等方面作出了应有的历史贡献，为隋的目录事业增添了光辉。明代学者胡应麟评论说："隋之书籍，所以盛绝古今者，奇章力也。"[①]牛弘后官至上大将军，大业六年十一月卒，年六十六岁。[②]牛弘的《请开献书之路表》后来成为《隋志》序的主要依据之一。

四年以后，可能由于图书增加和重新整理，又有《开皇八年四部目录》四卷，《隋志》著录，也不著撰人，当是一种官簿，史文阙记，所以具体情况无从了解。

两《唐志》著录有《开皇二十年书目》四卷，题王劭撰。劭字君懋，晋阳人，北齐时任太子舍人，很得当时著名学者魏收、杨休之等的器重，入隋后，先后任著作佐郎、员外散骑常侍、秘书少监等官，主管国史编撰工作近二十年，著书多种，本传记录颇详，但此目本传及《隋志》均失载。在《隋志》中还著录了《香厨四部目录》四卷，也不著撰人；但是，关于它的记载更缺，连所谓香厨何所指也不可考。隋文帝时的这几种目录书，从资料缺乏看，可能当时由于内容一般并未引起很大的重视，影响不大；从各目卷数相合看，有很大可能都是源于开皇四年目，在某一时期，据目查核库藏，稍有损益，重写一目，即以该年标目，而香厨书目则似为专门藏书之目。史文缺载，只能臆测一些可能。

隋文帝时虽有多目，但主要只是国家藏书的登录簿，是目录事业中的例行工作，成就贡献甚难论述。但是，开皇十七年许善心所撰《七林》，虽属私人撰目，却是隋目录事业中值得重视的一项成就。《隋书·许善心传》记其撰《七林》事较详说：

> 许善心，字务本，高阳北新城人也。家有藏书万余卷。"（开皇）十七年，除秘书丞。于时秘藏图谱，尚多淆乱。善心放阮孝绪《七录》，更制《七林》，各为总叙，冠于篇首。又于部录之下，明作者之意，区分其类例焉。又奏追李文博、陆从典等学者十许人，正定经史错谬。"

这是关于《七林》的唯一记述。从中看到许善心不仅编撰了《七林》，还主持了整理图书的工作。就此寥寥数行记载，可知《七林》可能在每一部类前都有一篇总叙，而所谓"部录之下，明作者之意"，则似每种著录图书又有阐明作者

① 明胡应麟：《经籍会通》。

② 牛弘生平参《隋书》、《北史》本传。

意旨的题解或提要，然后按照学术源流再区分细类。如果我对原记载的这种理解恰当的话，那么，《七林》可以说是一部体制比较完备的私人目录，超越了《七志》、《七录》的成就。可惜原目佚而不传，而《隋志》及序又失于记载，致使后人难以得到更多的了解，但它是隋目录事业中的重要成就，则应毋庸置疑的。

炀帝继位以后，图书事业得到很大的发展，不仅在数量上有所增加，而且还在装帧、典藏各方面都采取了前所未有的积极措施，如按书的质量分为上中下三品、装上不同颜色质料的卷轴以示区分，增建书库分类藏书，并派学者柳晉（顾言）对国家藏书三十七万卷进行整理，"除其重复猥杂，得正御本三万七千余卷。"①所谓正御本就是经过校定后进奏给皇帝的正本，也就是选后送东都收藏的国家正式藏书，并编成《隋大业正御书目录》九卷。唐初平王世充后，把东都藏书载回长安时，遇水漂没，图书损失十之八九，藏书目录也有残缺。据此残目尚载图书一四四六六部，八九六六六卷②，较之大业目三万七千余卷，增加近一倍半，这部残目未见明文著录，但或是大业目后续补的官簿。隋炀帝时除四部目录外，还把集聚在内道场的道佛经，"别撰目录"，而据《隋志》著录尚有《法书目录》六卷和《杂仪注目录》四卷，似乎是一些专门目录。炀帝在位十数年，聚书数十万卷，编目数种，目录事业可谓比较兴盛。而《大业正御书目录》尤著成就。它不仅总括了前此的图书概貌，而且为唐初编撰《隋书经籍志》提供了重要依据。可惜其目久佚，《隋志》也未见著录。

二、唐初的编撰《隋书经籍志》

唐继隋后，出现了统一稳定的局面，社会经济有所恢复，文化事业得到相应的发展，对于图书的搜求也有所注意，建国之初，除得隋旧藏八万余卷外，又接受令狐德棻建议，"购募遗书"，"数年间，群书略备"。③太宗以后各朝都有比较正规的校书活动。而唐初是否有编制目录之事则不见记载。所以明代学者胡应麟认为唐初"诸臣亦绝无目录之修"④，后人也多沿此说。但唐初无目录之说

---

① 《北史》（《玉海卷五二引》）。
② 《隋志》序。
③ 《旧唐书》卷73《令狐德棻传》。
④ 明胡应麟；《经籍会通》。

似不确切。一则魏征于受命校书时已着手编目工作，写有各书序录，此在毋煚《古今书录》序中指斥开元《群书四录》未惬之处五点时所说："书序取魏文贞"①一语可为明证。二则唐初修《隋书》时，综述五代行事撰成各志，其《经籍志》为史志目录中的巨作，何得谓为"无目录之修"。所以说唐初贞观时期目录事业实已开始，而《隋书经籍志》之作，在目录事业发展史上，又是一绝大贡献。

《隋书经籍志》是唐初编纂的一部目录书，是继《汉书艺文志》以后的一部重要史志目录。它主要依据隋唐时国家藏书，并参考它以前的有关目录书而编成的。

《隋志》虽列于《隋书》，但它包括了梁、陈、齐、周、隋五代官私书目所载的现存图书。

《隋志》的撰著，旧题魏征，实际上还有李延寿和敬播二人，据《旧唐书·李延寿传》载称：

> 贞观中，（延寿）累补太子典膳丞、崇贤馆学士。尝受诏与著作佐郎敬播同修《五代史志》。

《旧唐书·经籍志》中记开元时校书事也说：

> 开元三年，整比内库书籍，所用书序或取魏文贞，所分书类皆据《隋经籍志》。

所以，清人姚振宗便对《隋志》的撰者作了如下的结论说：

> 大抵是志初修于李延寿、敬播，有网罗汇聚之功；删订于魏郑公（徵），有披荆剪棘之实。撰人可考者凡三人。②

《隋志》的材料依据，它在《总序》中曾概括地说："远览马史班书，近观王阮志录。"从全书看来，确是如此。它远受《汉志》影响，近承《七录》绪余，又参考前代目录，对唐以前的图书状况进行了一次总结。这种承受关系，可以从《隋志》的本身清楚地看到：

《隋志》在各部、类之末都仿《汉志》例写序，简要地说明诸家学术源流及

---

① 唐毋煚：《古今书录序》（《旧唐志》）。

② 清姚振宗：《隋书经籍志考证》。

其演变。各部小序中都分别说明与《汉志》的继承关系：如经部序说："班固列六艺为九种，或以纬书解经，合为十种。"史部序说："班固以《史记》附《春秋》，今开其事，凡十三种，别为史部。"子部序说："《汉书》有诸子、兵书、数术、方技之略，今合而叙之为十四种，谓之子部。"集部序说："班固有诗赋略，凡五种，今引而伸之，合为三种，谓之集部。"这些可证其与《汉志》的相承关系。

《隋志》和《七录》的关系尤为明显。《隋志·总序》是目录学文献中的重要篇什，但它的主要内容即据《七录》叙目和隋牛弘的《五厄论》。《隋志》除史部中正史、古史、杂史、起居注四篇不用《七录》体例外，其余"或合并篇目，或移易次弟，大略相同"。[①]《四库提要》中更明确地指出《隋志》与《七录》的关系，在《目录类·崇文总目》条："《隋书经籍志》参考《七录》，互注存佚。"在《释家类小序》中又说；"梁阮孝绪作《七录》，以二氏之文别录于末，《隋书》遵用其例，亦附于志末，有部数、卷数而无书名。"

《隋志》对前此诸目，如隋国家目录《大业正御书目录》和其他诸目均搜集整理加以著录，列为《史部·簿录类》，它的小序就说："先代目录，亦多散亡。今总其见存，总为簿录类"，并将前此诸目的见存书汇为一编，正如《隋书·经籍志总序》中所说：

> 今考见存，分为四部，合条为一万四千四百六十六部，有八万九千六百六十六卷。

这是《隋志》会聚旧目的部、卷数。撰者对这些又删去了"文义浅俗，无益教益者"，附入了"辞义可采，有所弘益者"。[②]通计亡书实收了六五一八部，五六八八一卷，并明记其数于志末。

《隋志》的收录以撰人卒年为断。凡隋义宁二年（即大业十四年，公元618年）以前者收录，唐初始卒者一概不录。所以"唐初诸人如陈叔达、萧瑀、虞世南、魏征之流皆卒于显庆元年以前，并有文集，而《经籍志》绝不阑入。他如陆德明、孔颖达、颜师古等注释经史之书俱用此例，足以见其界限之严矣"。[③]

《隋志》按经史子集四部分类。四部分类，虽然始于魏晋，但现存以四部分

---

① 清姚振宗：《隋书经籍志考证》。
② 《隋书经籍志》序。
③ 清刘毓崧：《千金方考上篇》（见《通义堂文集》卷11）。

类的目录书,则当以《隋志》为最古。但是,细察《隋志》的分类,它并非是严格的四分,因为它后面还附有道、佛二录,实际上是六大部类。在部下分类:计经十类、史十三类、子十四类、集三类,道四种,佛十一种。类下著书,佛、道只计部数,不著书名。在四部中值得注意的是史部。史部不仅有了独立的部类,而且还有了部类的名称,这是史学发达、史籍增多的必然结果。史部分十三细类,通计亡书有八七四部、一六五五八卷,比《汉志》的二十三部、九四八篇增加了几十倍,也可见我国图书事业的发展概况。

《隋志》的书序,据《总序》说有五十五篇,实际只有四十八篇,即卷首总序一篇,四部后序四篇,分类小序四十篇,道佛录二篇,又后序一篇。书序本《汉志》之旧而接述后事,记典籍聚散及学术源流,为唐以前学术文化史的重要参考文献。

《隋志》值得注意的一个特点是记存佚,如称梁有、宋有或亡、并以夹注方式依类附入亡佚书目。小计除子部外,又通计亡书。佛道二录则计残而未计亡书。小注中尚计残缺,但有遗漏未计者,余嘉锡先生在《目录学发微》一书中曾抉一例说:

> 荀勖《中经》,隋唐志皆十四卷,然《七录》序云:"晋《中经簿》少二卷,不详所载多少",则勖原书当有十六卷。盖四部各得四卷,正是因书之多寡,分合之以使之匀称。自梁时亡其二卷,《隋志》不注明残缺,而后世多不晓其意矣。

《隋志》的著录体例是列书名及卷数为项目,而以撰人为注,对撰人不评介而只叙其时代官衔,间或注明书的内容真伪及存亡残缺,其著录也有错误处,清季沈涛所著《铜熨斗斋随笔》中有考证多则,如卷五《晋诸公赞》、《氏字误衔》、《杨承庆》、《孔老谶》,卷七《李文博理道集》及《历代三宝记》等则皆为对《隋志》著录的正误。此引《历代三宝记》一则以见其误:

> 《隋书经籍志》子杂家类,《历代三宝记》三卷,费长房撰。此非汉之费长房。今释藏中有其书,题隋翻经博士成都费长房撰。藏本分十五卷,则《隋志》作三卷者误。……是书本名《开皇三宝录》,今藏本亦题《历代三宝记》者,据《隋志》而云然也。[①]

---

① 清沈涛:《铜熨斗斋随笔》卷7。

历代学者对《隋志》评论不一，毁誉相参。唐代史学家刘知幾在《史通·书志篇》中采取了完全排斥的态度说：

> 艺文一体，古今是同，详求厥义，未见其可。愚谓凡撰志者宜除此篇。

这是一种极端化的偏激之见。清初学者朱彝尊在《经义考·著录篇》中即加驳论说：

> 经典藉是略存，而刘知幾《史通》反讪之，谓骋其繁富，凡撰志者，宜除此篇，抑何见之褊乎？

《四库提要》《史通》条也以刘知幾此说"尤乖古法"。

明焦竑《隋经籍志纠缪》（《国史经籍志》附）、清钱大昕《隋书考异》、《十驾斋养新录》都对《隋志》有正误、补缺；至如宋郑樵《通志·校雠略》及清《四库提要》对《隋志》则有抑有扬；而持论公允，无如清季姚振宗《隋书经籍志考证》。姚书于后序论及《隋志》注文重复、取录失据、类例不纯诸失，而于叙录序例中则肯定《隋志》是"自周秦六国、汉魏六朝迄于隋唐之际，上下千余年，网罗十几代，古人制作之遗，胥在乎是。"

《隋志》至清方为学者重视，加以研究，其专门著述，主要有三种，即：

（一）《隋书经籍志考证》十三卷　章宗源撰

章宗源是清代乾嘉时期目录学家，生平辑佚书甚多。此书虽名为全志考证，实则止有史部。章氏的族后学章小雅曾说："此书本名《史籍考》，今题《经籍志考证》者，好事者为之也。"全书按《隋志·史部》十三类分卷而次序有所变动。全书体制是注明今存、变迁及历代著录状况；辨明部类分属中之错误和补充缺漏。清代学者对此书评论甚高，道光时学者朱绪曾在《开有益斋读书志》中盛推此书说："《隋志》所载今佚者，必详载体例及诸家评论"，"隋以前乙部殆无遗珠矣。"

（二）《隋书经籍志考证》五十二卷　姚振宗撰

姚振宗是清季著名目录学家，著述闳富，曾汇所著目录学专著多种为《快阁师石山房丛书》。此书虽为补苴章氏残缺，但体裁不同，规模宏大，博搜广征，对全志详加考证，将有关资料汇于一编，校正刊误，补充不足，历时四年，数易其稿而成，实为整理《隋志》最有成绩之作，而撰者也颇以此自负，称"此书多心得之言，为前人所未发，亦有驳前人旧说之未安者。"卷首有序录，论四部源流、本志撰人、本志体制、诸家评论及章氏考证，为研究《隋志》之重要参考文献。近人范行准撰《两汉三国南北朝隋唐医方简录》[①]曾引用丁国钧《补晋书艺文志》之误说：

> 振宗卒于一九〇六年，而丁志刊于一九二七年，振宗安得见之，故姚书所引丁志当属后人剿入。

范说似有待商榷，我认为：

（1）姚书自写后序之末特著一条："陶国崇守次又以常熟丁君国钧《晋书艺文志》二册见示。……其书亦各有心得之语，因复剌取若干条子各类中。"可见姚氏曾见丁志。而范文未及此事。

（2）丁氏补志1927年印本并非初印本，初刻本为光绪二十年无锡文苑阁木活字本，姚氏成书予光绪二十三年，当能获见初刻丁氏补志。

（3）姚氏成书于光绪二十三年，卒于光绪三十二年，稿藏于家，其子曾录副以赠浙馆，无后人剿入明证。

（三）《隋书经籍志补》四卷　张鹏一撰

此书自《魏书》、南北《齐书》、《周书》、《隋书》、《北史》列传以及《唐志》、《律历志》等，搜辑《隋志》所未载者，依《隋志》分类补撰。

章、姚、张三书均见开明《二十五史补编》（四）。

三、唐中叶以来的官修目录　毋煚的编制《古今书录》

唐的目录事业显著开展的第二阶段是唐玄宗开元年间。开元三年，唐玄宗在一次和侍读马怀素等的谈话中，谈到内库藏书"篇卷错乱，难于检阅"，要求马怀素等进行整理。[②]马怀素受命以后，又上疏建议续编王俭《七志》以后的目录，他在疏中说：

> 南齐以前坟籍，旧编王俭《七志》，以后著述，其数盈多。《隋志》所书，亦未详悉。或古书近出，前志阙而未编；或近人相传，浮词鄙而犹记。

---

① 《中华文史论丛》第6辑。
② 《旧唐志》序。

若无编录，难辨淄渑。望括检近书篇目，并前志所遗者，续王俭《七志》，藏之秘府。①

玄宗接受这一建议，就任命马怀素为秘书监，并派国子博士尹知章等分部编次。由于马怀素不通目录之学，直到辞世时，尚无头绪。于是又任秘书官为修书学士继续进行，因无人总领，毫无所成，开元七年，始由元行冲总领其事。元行冲名儋，以字行，官弘文殿学士。他受命以后，改变续编《七志》的原计划，请求"通撰古今书目"。经过一年多的努力，终于在开皇九年撰成《群书四录》二百卷。如此多的篇卷，说明其内容的繁富，可能是有各书书录的一种体制。在短短一年多的时间，编制这样一部巨著，应该说是有成就的。当然，也必然存在一些缺点。曾经参加编撰工作的唐代目录学家毋煚曾在所著《古今书录》序中批评过《群书四录》"体有未惬"的地方有五点：

秘书多阙，而诸司坟籍不眼讨论，一也；永徽已来，新集不取，神龙已来，近书未录，二也；书阅不遍，或不详名氏，未知部伍，三也；书多阙目，空张篇弟，四也；书序取魏文贞，书类据《隋经籍志》，理有允未，五也。②

这些不足之处，可能存在，但衡之于一般官修书目，这些缺点都在所难免。书成众手，往往如此。毋煚参与其事，或个人见解未获采用，"常有遗恨"，不免有过事吹求的地方。可惜原书久佚，无从评论。不过，《群书四录》一书在以往久而无功的情况下，能在短时间内完成一部收书二千部四万卷之多的目录书，这在清《四库全书总目》以前是唯一有这样多篇卷的一种。即此一端，不能不使它在目录事业的发展史上得到应有的历史地位。

对《群书四录》提出批评的毋煚是唐玄宗时洛阳人（一说是吴人），是一位不尚空论而有实学的目录学家，开元时任右补阙，后参加《群书四录》的编撰工作，任修书学士。他对《群书四录》的体制有不同的看法，提出了"体有未惬"的地方五点，感到自己没有能纠正而"追怨良深"，所以便自著《古今书录》四十卷。毋煚对《群书四录》的批评或者过苛，但他的认真求实的精神是值得钦

① 《旧唐志》卷102《马怀素传》。
② 唐毋煚：《古今书录序》（见《旧唐志》）。此处引文系据余嘉锡《目录学发微》中的概括。

敬的。他自撰的《古今书录》根据著录可能宋以前已亡佚，所幸它的书序被《旧唐志》所抄录而保存下来，使后人能借此了解它的概貌。这篇书录内容很丰富，是研究古典目录学的一篇重要参考文献。《古今书录》序的主要内容有：

（1）阐述了目录学的作用。序中认为对以往浩瀚的载籍，如果不进行"剖判条源，甄明科部"的工作，其结果是："先贤遗事，有卒代而不闻，大国经书，遂终年而空泯。使学者孤舟泳海，弱羽凭天，衔石填溟，倚仗追日，莫闻名目，岂详家代？"所以"闻名目"——即掌握目录成为了解过去遗事、典籍的首要条件。如果有了目录，那么就"将使书千帙于掌眸，披万函于年祀。览录而知旨，观目而悉洞。经坟之精术尽探，资哲之睿思咸识，不见古人之面，而见古人之心。以传后来，不其愈也！"这一见解至今仍有其一定的意义。

（2）对《群书四录》提出两方面的批评：

A.对编纂体制提出了五点不足之处。（具体内容前已引录，此略。）

B.对成书仓促提出了指责。序中说："昔马谈作《史记》，班彪作《汉书》，皆两叶而仅成。刘歆作《七略》，王俭作《七志》，逾二纪而方就。孰有四万卷目，二千部书名，首尾三年，便令终竟。欲求精悉，不其难乎？"

（3）较详细地陈述了他所撰《古今书录》的体制和大致情况。毋煚结合一部分意旨相合的助手，经过深入反复地考虑，审正了原有的疑点，详细地制定了新体制。把唐高宗永徽年间搜集的图书和唐中宗神龙年间的旧藏都加以说明而附入。把不明作者情况不知归类的都加以论述而补充进去。空列的书目，又查对原书增入。对原有小序如有不妥者都另行改写。把错谬和混杂的地方都加以改正，大约有三百多条。这部目录增加新书目录六千余卷。这样看来，毋煚的《古今书录》是每部有小序，每书有撰人名氏，并有解题和论述。全目共四十五家，三千六十部，五万一千八百五十二卷，成目四十卷。

（4）序中还提到毋煚还编有《元开内外经录》十卷，著录释氏经律论疏和道家经戒符箓，每种书也都注明译者，撰有题解，共收书二千五百余部，九千五百余卷。

仅从这篇序文看，毋煚既参加了国家目录的编撰工作，又私撰了综合目录和专门目录各一种，并对目录学发挥了个人独到的见解，不仅对唐代，而且对整个目录事业都作出了很大的贡献。他无愧是一个终生从事目录事业并取得成就的目录学家。可惜，这些目录著作都佚而不存，使目录事业失去了一份重要遗产。

唐代除去毋煚这部已佚的《开元内外经录》外，开元时尚有一部流传至今的佛录，就是唐释智升所撰《开元释教录》二十卷，为开元十八年所撰。此目体制有总录与别录。总录十卷以译人为主，以朝代为次，自汉魏至唐共十九朝，收一百七十六人，按人记其所出经和本传，末附各家目录。别录也是十卷，以经为主，分为七类，末为入藏录，其内容是：

一、有译有本录。分为三项，就是菩萨藏（大乘教）、声闻藏（小乘教）和圣贤传记。

二、有译无本录。译经名存而书阙者。

三、支派别行录。大部头译经中抄出单行者。

四、删略繁重录。同本异名或略本，都加以删除。

五、拾遗补阙录。旧有目录中漏列或新翻译未能收录的译经。

六、疑惑再详录。对有疑问的译经进一步论述订正。

七、伪妄乱真录。大乘入藏录，小乘入藏录。

这部佛录的别录，在体制上虽比过去各录有所更新，但仍是一部图书目录。它的主要特色在于总录。它对所列汉魏至唐的十九个朝代都记其国姓、都城、几帝几年、译者几人、所出经几部几卷、见存几部、亡几部等等。其记历朝史事可供考史之用，如记前凉张氏遵用两晋年号，表明前凉与晋的从属关系，其记译经情况，加以所记译者本传，是我国早期翻译史的重要资料。目录书利用这一体制来保存史料，确是智升的卓识，也是唐代目录事业中的一项重要贡献。但忽略中土释家著述，不能不使人感到缺失。①

玄宗开元时官修目录除《群书四录》外，据《崇文总目》著录，尚有《开元四库书目》十四卷②，此当为国家藏书的登录簿，宋初似尚存。余嘉锡先生认为"欧阳修《唐书艺文志》，当即此书"③，则此目对宋代史志目录的编撰也有所贡献了。

玄宗天宝三年，由于开元十年以来继续搜集图书，数量有所增加，旧目已不符实际。于是在六月间，又重新编制《见在库书目》，共登录经库七千七百七十六卷，史库一万四千八百五十九卷，予库一万六千二百八十七卷，集库一万五千七百二十卷。库存书共有五万四千六百四十二卷。以后陆续入藏、陆续登录，到天宝十四年又续写了一万六千八百四十三卷。与前综计国家藏书已

---

① 主要依据陈垣：《中国佛教史籍概论》卷1。

② 《崇文总目》原本卷23。

③ 余嘉锡：《目录学发微》九《目录学源流考》下。

达七一四八五卷。①这部书目，当是一部藏书登录簿。

玄宗一代，编目多种，可称唐朝目录事业的鼎盛时期，但是到了末年，由于"安史之乱"，图书"亡散殆尽"。经过肃宗、代宗的"屡诏购募"，稍有鸠集，但未闻编目。德宗贞元二、三年间曾详校九经，添写史书，后又从秘书少监陈京的奏请，把增缮各书，编成艺文新志，题名为《贞元御府群书新录》。②文宗时，又"诏令秘阁搜访遗文，日令添写"。并为便于搜求，可能编有《四库搜访图书目》一卷。③经过努力搜访，开成初年，国家所藏四部书已达五万六千四百七十六卷。④"于是四库之书复完，分藏于十二库"。⑤这些藏书，由于唐末农民起义势力的冲击，统治阶级内部的宗室、宦官、藩镇等的趁火打劫和交讧动乱，制造社会动荡，致使图书"焚荡殆尽"、"尺简无存"，至昭宗时，藏书仅存一万八千余卷。⑥在这种情况下，目录事业也就无从开展了。

唐朝的目录事业除了为国家藏书进行公私编目外，还有私人藏书的目录。唐朝由于经济比较繁荣，文化比较发达，私人藏书比较方便，所以藏书万卷以上的不乏其人。吴兢、李泌、柳公绰、韦述等人都是唐代著名的藏书家。⑦有些还编有藏书目，不过均已亡佚。仅从著录中略知情况，如据《新唐志》、《郡斋读书志》及两《唐书·吴兢传》知道吴兢曾为其所藏一三四六八卷书编有《西斋书目》一卷，另如《通志·艺文略》著录的蒋彧《新集书目》一卷（《宋志》著录作《蒋彧书目》）和杜信的《东斋集籍》二十卷等。这些书目虽已亡佚而不知其体制如何，但它是为私人藏书编目的开端成为唐朝目录事业中的一项成就。

<hr>

① 《唐会要》卷35。

② 《柳柳州集·陈京行状》。

③ 此目《宋志》著录，不著撰人及时代。余嘉锡先生考证说："其搜访目，证以旧志所言，盖在文宗也。"（见《目录学发微》九）。

④ 《旧唐志》序。

⑤ 《新唐志》序。

⑥ 《旧唐志》序。

⑦ 友人涂宗涛曾撰《杜甫的藏书》短文（1962年4月3日《天津晚报》）引杜甫《陪郑广文游何将军山林》诗中"尽捻书籍卖，来问尔东家"句和明人王嗣奭的《杜臆》所说"公献赋不售，故欲卖书买宅"，以证杜甫有数量不少的藏书。此又可为唐代增一藏书家。

四、五代目录工作的衰落

五代是指公元十世纪先后在淮河以北黄河流域一带建立政权的五个朝代，就是后梁（907—923）、后唐（923—936）、后晋（936—946）、后汉（947—950）和后周（951—960）。它们立国多则十数年，少则几年，政权更迭频繁，整个社会不够稳定。和五代大约同时，在淮水以南还有九个割据政权——吴、南唐、吴越、楚、南汉、闽、前蜀、后蜀、荆南，再加上在山西割据的北汉，统称十国。南方各国由于战争较少，政权持续较长，比较安定，社会经济有所发展，文化状况似比北方为胜。五代十国对于图书，后唐、汉、周虽求书民间，而见效甚微；南唐藏书较富，"宫中图籍万卷"；然无论南北，目录事业不甚兴旺。十国有目录者，据《通志·艺文略》著录仅有《蜀王建书目》一卷，已佚。五代由后唐至周曾历时二十三年雕印九经，成为图书事业的大事，也未闻编撰目录。后晋一代虽国势文化均不足道，但刘昫所撰史志目录《旧唐志》为五代的目录事业生色不少。《旧唐志》是《旧唐书·经籍志》的简称，它主要取材毋煚《古今书录》，体制规仿《隋志》。它撰目目的为表唐代"艺文之盛"，而开元为目录鼎盛时期，所以所录为"开元盛时四部之书"，开元之后著述则未收入，有关资料多见本传。这部目录是正史目录中的一种，在保存目录学资料方面著有功绩，如毋煚《古今书录》是一部目录学重要著述，可惜亡佚，由于序文保存在《唐志》中，使后人得知《古今书录》的大概。

原载于《目录学论文选》　李万健等主编　书目文献出版社1985年版

清代目录学成就浅述

目录学在我国有悠久的历史。从汉武帝时"纪奏《兵录》"的杨仆和成、哀时奉命校书，终于编成《别录》、《七略》的刘向、歆父子算起，已有二千多年漫长的历程。它虽然直到北宋初年才有了"目录之学"（宋苏象先：《苏魏公谭训》卷四）的专称；但它一开始就随着各个时代不同的具体状况，或快或慢地在专门之学的道路上向前发展，成为我国文化学术史上的一个重要组成方面。到了清代，由于清初以来的恢复和发展，学术、文化各方面都在前人基础上取得了新的成就。为了配合这种发展，目录学也获得较快的相应发展；与此同时，又由于清朝日益加强其文化专制主义，文网日密，文字狱迭兴，钳制益严，忌讳益多，于是目录学又成为可以直接避免论世知人的避风港，这也使目录学从另一方面获得了推动。再加以印刷、造纸各种工艺发达、改进，图书的出版与典藏更为便利，也从物质条件上大有裨于目录学的发展。这就使清代的目录学达到了兴盛、发达的阶段，取得了出色的成就。这种成就表现在目录学著作的丰硕成果、目录学学术领域的广阔开拓、目录学所发挥的时代作用以及致力于目录学的人才辈出等方面。本文只从这几方面略加论述。

一

根据前人的约略统计，从汉魏到明末，官修目录六〇种，私家目录七七种，史志目录十四种，共计一五一种（汪辟疆：《目录学研究》）；而有清一代却有一一八种（孙殿起：《贩书偶记》），是前此各朝总和的三分之二强。这只是数字上的超越，更重要的还应从清代目录学著作在质量上比前朝究竟如何去衡量。

从清代目录学著作收录图书、编制体例、体裁多样和内容价值各方面看，都显示出一种总结前代，开启后来的特色。这里姑且从官修、史志和私家三类目录学著作来看一下：

官修目录自《兵录》、《别录》开创以来，代有所作。清代虽《古今图书集成》中有《经籍典》汇总历代主要典籍，但仍以《四库全书总目》为其突出的代表作。《总目》二百卷。在它以前只有唐代的《群书四部录》是二百卷，可惜此书早佚，无从比较，而后此亦尚未出现篇幅如此巨大的著作。所以《总目》从篇帙上说当是独一无二的一部目录学巨著。它著录古籍三四六一种、七九三〇九卷，存目六七九三种、九三五五一卷，有四〇一部无卷数，收录图书可称繁富。它具备总序、小序和提要等完备的传统编制体例。它的提要不仅"叙作者之爵里，详典籍之源流"，而且还"旁通曲证"，"剖析条流"，"辨章学术"（余嘉锡：《四库提要辨证》序录），对十八世纪以前的学术进行了一次总结。因此可以说，这是一部篇帙巨大、体例较备、内容丰富和具有一定学术价值而为前代所未有的目录学名著。这不能不承认它是清代目录学上的一大成就。由于《总目》篇幅过大，所以又简编了《四库全书简明目录》二十卷。它虽然精简了总序和小序，但有些子目仍附有简按，颇便翻检。官修目录同时编制繁简二本，也是一种创举。鲁迅先生在指出简目是"钦定"的同时，也肯定了这是"现有的较好的书籍之批评"（许寿裳：《亡灰鲁迅印象记》二三）。这部简目和清季的《书目答问》并成为目录学初学者的重要的入门读物。这是前代目录学家没有注意到的方面。

与此同时，在乾隆、嘉庆两朝还相继完成了《天禄琳琅书目》的正续篇。它是为版本目录学奠定基础的重要著作。这项工作虽然宋代尤袤的《遂初堂书目》和清初钱曾的《读书敏求记》已开其端，但是，记版刻年代、刊印、流传、庋藏，鉴赏、采择如此详备，仍应以《天禄琳琅书目》为集大成之作。

史志目录原来只有汉、隋、两唐、宋、明六部正史中有，缺者甚多。清代学者针对《明志》之失，开启了补修史志的工作，乃从补辽金元三代入手而蔚为一时风气，补成了后汉、三国、两晋、五代和辽金元等朝的史志目录达二十余种之多（《二十五史补编》已基本上收印，可参用），成为有清一代对古典目录学的特殊贡献。这些正补史志目录联结一起就构成了一部完整相连的我国封建社会的图书总目。不仅如此，还有许多学者对原有史志目录进行了拾遗补阙、条理考证的工作，纠正错谬，增订缺漏，使旧有的史志目录更加完备。清末目录学家姚振宗的《隋书经籍志考证》五十二卷是这项工作中的佳构。

清代目录学著作最突出的成就表现在私家目录的撰著上，它具有前此所没有的若干特点，如：

（1）有些学者不仅为个人私藏编目，而且还为其他私家藏书编目，如著名学者孙星衍既为私藏编《平津馆藏书记》，又为其宗祠藏书编《孙氏祠堂书目》——这是私家目录突破四库分类法的一种尝试，在目录学发展史上具有重要的意义。

（2）在传统的目录体裁外，出现了其他形式体裁的目录书。如有些学者并非从登录藏书入手编制目录，而是从致力学术研究入手，随读书、研究，随写成读书记以表述个人的心得与见解。这样经过一定岁月的积累便成为有相当学术水平的目录学专著，如周中孚的《郑堂读书记》、朱绪曾的《开有益斋读书记》等都是。而《郑堂读书记》尤蜚声仕林，被誉为《四库总目》的续编。有的学者生前散录读书心得于日记中，后人从中辑录为专著，如李慈铭的《越缦堂读书记》，也是一部很有参考价值的目录学著作。题跋是另一种目录体裁。乾嘉时的著名藏书家、校勘学家黄丕烈在这方面作出了较大的贡献。他通过鉴赏和研究后，便以题跋、题识的形式写出了《士礼居藏书题跋记》这样具有学术参考价值的目录学专著，在一定程度上推动了目录、校勘和版本等专学的发展。他的散记题跋也被后人辑为《荛圃藏书题识》和《续录》等目录学专著。十九世纪后期，由于报刊的必起，于是新书介绍、遗书介绍、书刊广告、书评等等不同的目录体裁纷兴，为目录学领域增添了不少新体裁。

（3）专科目录的显著发展。随着学术的发展，专科目录必然兴起与发展，而清代的专科目录成就尤为显著。它主要表现为三种类型：一种是藏书家从不同角度编制专业性目录来反映其藏书情况，其典型代表是清初的钱曾。钱曾是一个"见闻既博，辨别尤精"（《四库全书总目·读书敏求记提要》）的版本专家，他曾据其丰富藏书编制了《也是园藏书目》、《述古堂书目》和《读书敏求记》等三种书目。三目虽详略、体例各异，但又各有所长，各得其用。《也是园藏书目》收书三千八百余种，与四库著录相侔尚略胜，仅记书名、卷数，为簿录甲乙的登录簿，便于稽查藏书。《述古堂书目》收书二千二百余种，在书名、卷数外，有的还载有册数和版本，便于求书。《读书敏求记》收藏书中精华部分六三四种，专记宋元精刻，对书的次第完缺、古今异同都加标明和考订，不仅是一部有很高学术水平的版本目录学专著，也开启了后来编纂善本书目之端。

从此以后，善本书目层出不穷，甚至远及域外搜求。它反了清代目录学家注重图书版本的学术潮流。至于嘉庆时顾修首创的《汇刻书目初编》则是第一部丛书子目的专门目录，它和后起的几种续编开拓了目录学的新领域。另一种类型是学者编制特定学术领域的目录。朱彝尊的《经义考》与章学诚的《史籍考》当称巨擘。《经义考》三百卷，历时五十年，先后三次方补刻齐备，是经部的专科目录。它不仅注明图书的存、佚、阙或未见，又按书汇辑有关序跋、传记及评论等参考资料，成为辑录体提要目录中的巨著，得到同时学者"非博极群书，不能有此"和"微竹垞博学深思，其孰克为之"（《经义考》毛奇龄、陈廷敬序语）等等赞誉。它的影响及于海内外学术界，而以章学诚的《史籍考》最著声名。《史籍考》虽毁于火而未克流传，但就所存序论及类目看，它的破史部为史籍，自立十二分类，详注版刻，采择逸篇等等主张和见解都很有新意。日本丹波元胤所撰《医籍考》八十卷也是在《经义考》影响下所撰成的专科目录。谢启昆的《小学考》也是这一类型的有影响著作。专科目录的第三种类型是随着维新思潮的兴起，西学的被介绍而出现的东、西学书目，如康有为的《日本书目志》、梁启超的《西学书目表》和徐维则的《东西学书录》等等，虽图书内容是综合性的，但从以专门介绍东西方译著角度看也是一种新形式的专科目录。另外，如开编纂丛书书目之端的顾修《汇刻书目》，也是前代所无而具有专科目录性质的书目。

二

从目录学二千多年的发展历史看，它涉及分类、校勘、版本、考证各个领域。这些学科和目录学的关系应该如何摆法至今国内仍有争论。但至少应该承认这是一些彼此不可或缺的相关学科[①]。从目录书的著录项目中可以清楚地看到这些学科间紧密相连的关系。这些学科的特异发展正助成清代目录学取得超越前代的成就。

以分类学为例。分类思想虽从战国以来就在诸子著作中有了明确的表述，但用来整理图书，却始于公元前后《七略》的六分法。这是世界上最早的图书分类

---

① 如有人认为"版本学是目录学的一部分"，有人则主张版本学"应该可以成为一门专门的科学"，又有人认为目录学不能成学，而应以校雠学的名称来总括。但无论如何，把这些专学作为目录学的相关学科似可毋庸争辩。

法。以后有过四分、五分、九分、七分等等改易，但长时间来，四部分类法占有绝对的优势。虽然，宋人郑樵的《通志·艺文略》有十二类百家四百三十二种的三级类目体系，但并未得到响应与推广。清代《四库提要》仍用四分法，但改革分类已为人们所关心。孙星衍的《祠堂书目》所分的十二类，虽然没有摆脱经史子集排列的痕迹，但勇于去掉千年来沿用的四大类名也是一种值得肯定的尝试。至于梁启超的《西学书目表》则是把科学分类与实际运用相结合的一种创新见解。他不像康有为《日本书目志》那样仅仅改变一下分类的类目，而是在《序例》中提出了一套西学书籍分类的原则和方法，《序例》说：

> 西学各书，分类最难。凡一切政皆出于学，则政与学不能分，非通群学不能成一学，非合庶政不能举一政，则某学某政之各门不能分。今取便学者，强为区别，其有一书可归两类者，则因其所重。
>
> 门类之先后，西学之属，先虚而后实，盖有形有质之学，皆从无形无质而生也。……西政之属，以通知四国为第一义，故史志居首；官制、学校，政所自出，故次之；法律所以治天下，故次之，能富而后能强，故农矿工商次之，而兵居末焉。（中国近代史资料丛刊《戊戌变法》一，页448—449）

梁启超将各西书分为西政、西学和杂类三大类，解决了介绍政治、经济图书的分类和难以归属等实际问题。这在杜威十进分类法输入前，它是有革新意义并有一定影响的一次改革成就。而清末的《古越藏书楼书目》又在梁启超的西书分类基础上进而搜寻中西书混编的途径。撰者希图制订一个新旧中西图书都能适用的统一分类表编制法，从根本上打破旧的四库分类法。这对近代图书分类学有着重要的启示和借鉴作用，是清代目录学在分类法研究上的重要成就。

再以版本学为例。"广搜异本"一直是我国传统目录学中的重要工序。图书的书有多写，版有多刻是天然具有的特点。刘向所称中书、外书、太常书、太史书、臣某书等；宋人尤袤《遂初堂书目》的专录多本；清人邵懿辰、莫友芝的录知见传本，无一不是以版本学入目录学。杨守敬所撰《日本访书志》，注意到海外版本，尤具新意。清代版本学之大兴，使目录学著作的内容大为丰富。

再以校勘学为例。广列异本固为目录增一著录项目。如果对异本有所评论，述其异同，则目录的价值当更高。然而要获得这些著录资料确非校勘学不奏功。试以《增订四库简明目录标注》的著录为例，如：

（1）《史记集解》一百三十卷条小字附注：

> 汲古阁刊本，毛刻单集解系翻北宋本，正文与各本多异。

（2）《新唐书纠谬》二十卷条称：

> 世所引本多佚脱倒乱，今以南宋椠本校补。

这里所谓"与各本多异"、"多佚脱倒乱"等等著录资料，都是经过比勘异本的艰苦劳动所得的校勘成果。

又如《四库全书总目》有许多提要通篇就是记录校勘成果，如卷四五《史记正义》条、卷五一韦昭注《国语》条等皆是。

这些校勘成果被著录使目录学著作的质量有了很大的提高。

至于考证学更不待言，书录所叙书名、篇次、撰者、著书背景、学术源流、版本异同，无一不需有所考证而后入录。

清代目录学之所以能取得成就，正由于它把许多相关学科紧密联结而以目录学著作来集中反映各方面的成果。这种联结已经被学者们所自觉地意识到了，正如清末著名的目录学家姚振宗所指出的那样：

> 目录之学，言其粗则胪列书名，略次时代，亦不失其体裁；言其精则六经传注之得失，诸史记载之异同，子集之支分派别，各具渊源；版椠之古刻今雕，显有美恶，与夫纸墨优劣，字画精粗，古之人亦不废抉奥提纲，溯源散委。盖实有校勘之学寓乎其中，而考证之学且递推递密至无穷尽也。（陶存煦：《姚海槎先生年谱》）

这一段精辟的重要议论正反映清代的目录学的学术研究在过去"校书"的基础上，其广度和深度都有很大的进展，学术领域更加开阔了。

清代目录学在学术研究上的另一成就是对目录学理论的研究。我国目录学事业创始较早，但比较正规地对其进行理论上的概括和探讨却是从宋朝的郑樵开始，而清代的章学诚则是与郑樵后先辉映的大家。章学诚虽然不同意目录学的专名而标举校雠学，并以之命名自己的专著为《校雠通义》，实际上他所研究的问题仍然是目录学中的问题。他标举宗刘（向）、补郑（樵）、正俗（说）的著述主旨。他评价了郑樵部次条例、疏通伦类、考其得失的成就，也对郑樵的缺误提出了自己的见解，加以订正和批评。章学诚对于目录学研究的指导思想是"辨章学术，考镜源流"，也就是从揭示图书内容着眼。他把神圣不可侵犯的"六经"也看作是古代典章制度的记录，按图书资料提供使用。同时，他把具体的目录工作也提到学术高度来对待。如写类序是为"著录部次，辨章流别，将以折衷六艺，宣明大道，不徒为甲乙纪数之需。"（章学诚：《校雠通义》内篇一《原道》）写提要是为了能"推论其要旨，以见古人之所言有物而行有恒者，则一切无实之华言，牵率之文集，亦可因是而治之，庶几辨章学术之一端矣。"（《校雠通义》内篇一《宗刘》）他又第一次正式规定了"互著"、"别裁"的编制方法，并加以系统的阐述，使宣传图书、指导阅读可以基本上达到全备的要求（《校雠通义》内篇《互著》、《别裁》）。章学诚的主张和见解为清代目录学取得理论研究的成就作出了应有的贡献。

三

古典目录学一直是为封建政府的校书和其他政治需要而服务的。汉武帝时杨仆所"纪奏"的《兵录》就是因为政府连年用兵、急需参读兵书而优先编纂的一部专科目录。汉成帝时的刘向父子为了整理国家新旧藏书而编撰了《别录》和《七略》。清代在这方面表现得更为明显，《四库全书总目》在宣传封建文化，推行文化专制主义等方面都发挥了重要作用。但是与此同时，还应注意到清代的目录学又开始从另一方面来发挥其积极作用。这种积极作用表现在两个方面。

一是以章学诚为代表的一些学者，比较明确地主张目录学要发挥为学术研究服务的作用。章学诚把图书、目录和学术研究连成一串不可分割的环形关系，而中心围绕着学术研究。他主张在"辨章学术，考镜源流"的思想指导下进行各项具体的目录工作。他认为图书资料是为学术研究作"聚粮"、"转饷"（章学诚：《文史通义》内篇四《答客问》下及外篇三《答黄大俞先生》）的后勤工作。因此为了更有效地为学术服务，他主张编制专科目录。《史籍考》正是这种思想主张的具体体现。他要求改革传统的图书目录，使一轨于学术之正，在他的名著《校雠通义》的《宗刘》篇中就反复申述此义。即使传统成法难以变动，也应附述学术流变。他说：

> 《七略》之古法终不可复，而四部之体质又不可改，则四部之中，附以辨章流别之义，以见文字之必有源委，亦治书之要法。（章学诚：《校雠通义》《宗刘》二之一）

　　这种主观上强调目录学应该以为学术研究服务为主要任务的观点，和过去只是在客观上起了为学术研究服务的作用相比，确是有了新的突破。我们不能不承认这种突破是清代发挥目录学作用方面的一项成就。

　　目录学的另一重大成就是在清代后期被用作鼓吹维新思想，推动变法，宣传资产阶级革命的重要武器。这是过去所绝无的一种变化。它使传统的目录学开始向新的发展阶段过渡。在这方面作出贡献的应说是康有为、梁启超、章太炎和清代后期国内外发行的一些报刊。

　　清朝后期，中国进入半殖民地半封建社会的近代。随着中国遭受列强侵略和西方文明的传播，在地主阶级知识分子中逐渐分化出一批有维新思想倾向的人。他们通过写作和翻译介绍西方的著述以探求新知，这就为维新思想运动准备了客观条件。当维新运动兴起后，目录学即被用作宣传工具，康有为的《新学伪经考》就是他利用刘向、郑樵等人在目录学工作中采用的"考论"方法写成的。他利用目录学大作文章以推翻古文经，树立今文经，为维新运动奠定思想基础。从该书叙录的篇名如《秦焚六经未尝亡缺考》、《汉书艺文志辨伪》（上、下）、《经典释文纠谬》、《隋书经籍志纠谬》、《书序辨伪》和《刘向经说足证伪经考》等看，其目的是要对"一切古书，皆须重新检查估价"，要对二千年来的古典目录学进行清查，重新建立一套。当然康有为这种做法的真意并不在于学术。他的弟子梁启超直揭其事说，这是"借经术以文饰其政论"（梁启超《清代学术概论》二三）。这充分证明他是利用目录学来推动资产阶级的维新变法运动。康有为更进一步利用编撰《日本书目志》这一目录书来择优介绍日本明治维新时的出版物，他自称用这个简明之目"以待忧国者求焉"，书目分为十五大类以介绍社会科学、自然科学和应用科学。它对目录学本身只是做了打破四库法的分类改革，而更重要的是政治目的——康有为借书目宣传明治维新，实际上是宣传变法，并对变法"志士"提供了可资借鉴的科学技术知识和政治经验。梁启超在康有为的基础上更自觉地利用了目录学这一武器，他撰写了《西学书目表》四卷，并附《读西学书法》一卷，对甲午战争前我国所译西书基本上进行了一次总结。他除按一般目录书体例著录书名、译者、刊者、本数和价值项目外，特别值得注意的是有揭示图书内容用途，评论推荐图书的识语，并且还在书名右上角附加小圈，以圈的多少表示书的重要与否，发挥了推荐书目的作用。不仅如此，他还为指导人们如何读这些书而附录其所撰的《读西学书法》。这就更加有力地鼓吹了新思潮，推动了变法运动。当然封建顽固势力也在利用目录学来反击：1893年袁昶增订龙启瑞的《经籍举要》，公然声言，其目的是使学子"不为邪说诐行，俗学异经所惑"（袁昶：《再跋经籍举要》）。1898年，黄庆澄所编的《中西普通书目表》就分列中学入门、西学入门和中西普通书目以体现"中学为体，西学为用"的封建守旧观点。这种利用目录学进行政治性斗争的工具，是前所未有的一种特色。

不仅资产阶级改良派利用目录学鼓吹维新，推动变法，资产阶级革命派也利用目录学宣传革命，批判改良。他们为了适应战斗的需要，采用了在报刊上发表书评和新书介绍等目录形式。如光绪二十九年五月十四日上海苏报所刊《介绍革命军》一文，即以新书评介的目录形式，宣传革命纲领，鼓舞革命斗志。这篇书评中说：

> 《革命（军）》凡七章，首绪论，次革命之原因，次革命之教育，次革命必剖清人种，次革命必先去奴隶之根性，次革命独立之大义，次结论，约二万言。章炳麟为之序。其宗旨专在驱除满族、光复中国。笔极犀利，文极沈痛。稍有种族思想者读之，当无不拔剑起舞，发冲（眉）竖。若能以此书普及四万万人，中国当兴也勃焉，是所望读《革命军》者。（张篁溪：《苏报案实录》，中国近代史资料丛刊《辛亥革命》一，页374）

这篇书评后来成为清政府指控革命党人的"罪证"之一，其影响之大可见。

在革命派的刊物《民报》上还刊登如香港《中国日报》、《汉帜》杂志及《荡虏丛书》等革命书刊的广告以宣传革命思想，在《国粹学报》上专辟《绍介遗书栏》介绍与民族革命有关的重刻和新著的国学图书，名为推荐书目，实则宣传革命。

资产阶级改良派与革命派对目录学的利用，不仅是清代目录学的一项重大成就，而且对中国接受西方图书分类，发挥图书的社会作用，使藏书楼逐步走向近代图书馆都有一定的影响。

四

目录学的地位到清代可以说已达到相当的高度，许多著名的学者都极其鲜明地肯定了目录学在学术上的首要地位。乾嘉著名学者王鸣盛在其名著《十七史商権》开宗明义第一条目下就说：

> 目录之学，学中第一紧要事，必从此问途，方能得其门而入。

卷七又有一条目说：

> 凡读书最切要者，目录之学。目录明，方可读书，不明，终是乱读。

另一个著名学者金榜更推崇目录书的重要地位说：

> 不通汉艺文志，不可以读天下书。艺文志者，学问之眉目，著述之门户也。（王鸣盛：《十七史商榷》卷二《汉艺文志考证》条引语）

这些见解未免偏激夸大，有点绝对化，应该批判其肆意夸大的一面；但是，它也反映了当时学术界对目录学地位的一种流行看法。

正因为如此，清代致力于目录学的人才也必然朋兴辈出，出现了空前的盛况。

许多著名的学者多兼通目录之学，自清初的黄宗羲、全祖望，乾嘉时的钱大昕、王鸣盛、赵翼和章学诚，到清季的朱一新、孙诒让和杨守敬等都对目录学有所研究和撰述。我们从翻检过的若干清朝著名学者文集中都可以发现多少不等的有关目录学的论文。从这点也可证明清代目录学几乎可称是"显学"了。

许多藏书家几乎都不满足于收藏和鉴赏。他们从各方面对图书进行深入细致的研究，写出具有学术水平的目录学著述，清初的钱曾前已述及，固不待言。中叶的张金吾是一位富于藏书而藏书质量又较高的藏书家。他曾自称：

> 藏书而不知读书，犹弗藏也。读书而不知研精覃思，随性分所近，成专门绝业，犹弗读也。（张金吾：《爱日精庐藏书志》序）

因此，他把收藏书中的"金元旧椠及钞帙之有关实学而世鲜传本者"，著其版式，录其叙跋，对出书在四库之后或未经采入四库者，则"略附解题，以识流别"，撰成版本目录学要籍《爱日精庐藏书志》，为学林所重。至若清季四大藏书家也都分别就各自藏书撰成传世之作。①

---

① 指山东聊城海源阁杨绍和撰《楹书隅录》正续编、浙江归安皕宋楼陆心源撰《皕宋楼藏书志》、江苏常熟铁琴铜剑楼瞿镛撰《铁琴铜剑楼藏书目录》和浙江钱塘八千卷楼丁丙撰《善本书室藏书志》。

清代学者以一生精力专门从事目录学及其相关学科研究者为数甚多。人才之盛前所未有。即以校勘学而论，自顾炎武《九经误字》开其风气，戴震、段玉裁继起，先后提出具体要求与方法，如戴震说：

> 搜考异文，以为订经之助，又广览汉儒笺注之存者以为综考故训之助。（戴震：《古经解钩沉序》，《戴东原集》卷十）

段玉裁则主张定底本与立说之是非，他说：

> 不先正底本，则多诬古人；不断其说是非，则多误今人。（段玉裁：《与诸同志论校书之难》，《经韵楼集》卷七）

校勘学至此可称大盛，李兆洛曾概括其事说：

> 乾隆中极盛矣，上自巨卿名儒，下逮博士学究，无不通知此义。（李兆洛：《涧蘉顾君墓志铭》，《养一斋文集》卷十一）

在这一大批校勘学家中，卢文弨、顾千里尤称魁杰。卢文弨“自通籍以至归田，铅椠未尝一日去手。……家藏图籍数万卷，皆手自校勘，精审无误。”（钱大昕：《卢氏群书拾补序》，《潜研堂文集》卷二五）终于撰成《群书拾补》三十九卷。顾千里不仅在国内“以精校雠名”，而书经其校刊者“艺林辄宝之”（冯桂芬：《思适斋文集序》，《显志堂稿》卷二），即日本学人亦誉之为“清代校勘学第一人”（神田喜一郎：《顾千里年谱》）。这些学者的校勘成果，无一不是目录学著作的著录参考资料，对提高目录学著作质量之功实不可泯。

其他如精于版本之黄丕烈，精于考证之钱大昕都是各种专学中的佼佼者。而能熔铸各种相关学科于一炉而终身致力于编制撰述目录学著作者，当推清季的姚振宗。他富藏书，私藏有六万卷之多，又有精湛的学识，甘倾一身精力，专治目录学。他从光绪六年（1880年）重编《汲古阁刊书目》始，先后完成《师石山房书录》、《百宋一廛书录》和《湖北艺文志》等目录学专著，加深了功力，提高了学识，为清理和总结传统目录学作了准备。他终于在光绪十五年至二十五年间，尽十年之力，著“自七略之辑佚，汉志之疏补，后汉、三国之补志，隋志之考证，先后勒成专书”（陈训慈：《山阴姚海槎先生小传》，《师石山房丛书》附），隔了两年，他又将这些专著亲自编定为《快阁师石山房丛书》，收专著七种[1]，七十四卷，二百余万言。一个不甚知名，又缺乏依靠的学者，能独立完成如此繁富的著述，足征其学识之博，功力之深。也实前此学者所罕至。至专著的价值，姚氏年谱的作者曾总评说："每种各书叙录，掇拾群言，折中己意，叙原委，考撰人，条流变，沦浃周至。"（陶存煦：《姚海槎先生年谱》）其中后汉、三国补志及隋志考证三书最著声誉。后汉三国皆不称"补"，因他"不自以为补阙史之缺"，这一方面表示撰者自视所作为创作而非补阙，同时似无视前此钱大昭、侯康、顾櫰三诸家的补志，而自成一家。梁启超于时人多所臧否，独于此二书论其特色五点，并誉之为"清代补志之业此其最精勤足称者也"（梁启超：《图书大辞典簿录之部》，《饮冰室合集》专集第十八册）。至于《隋书经籍志考证》，功力尤深，姚氏也颇自负其所作说："吾于此书，多心得之言，为前人所不发，亦有驳前人旧说之未安者。……取裁安处之间，几经审慎而始定，订正疑异之处，数易稿草而后成。"（姚振宗：《隋书经籍志考证》后序）因之《快阁师石山房丛书》不仅代表姚氏自己的目录学成就，也为清代目录学的成就增加了夺人的光彩。他在史志目录工作中的补志、补注、考证等方面的优异成绩在我国目录学史上也是不可多得的瑰宝。

集一时著名学者于一书之纂辑最能表现某一时代学术成就的水平。《四库全书总目》正是这样。它集中各部类第一流专门人才从事撰述，如戴震、邵晋涵、周永年各负部类专责，而以博闻强记的纪昀总其成，完成了一部足以代表清代目录学成就水平的巨著。这些学者都为清代自录学的成就作出了巨大贡献。但后人评论中颇有欠公允者，如清季的李慈铭对总纂纪昀的贡献就未能给以公正的评论，他说："总目虽纪文达、陆耳山总其成，然经部属之戴东原，史部属之邵南江，子部属之周书仓，皆各集所长。……今官四库者，尽归功于文达，然文达名博览，而于经史之学实疏，集部尤非当家。"（李慈铭：《越缦堂读书记》页一一一九）

这是李慈铭的一偏之见，难称允洽，耳山后入馆而先没，所以始终其事，出力最大者当为纪昀。纪昀同年同馆事之朱珪与纪昀可说是相知较深的。他在纪身后曾对此有所论定，朱珪在为纪所写的《墓志》中说：

---

① 七种专著是《七略别录佚文》一卷《七略佚文》一卷，《汉书艺文志条理》八卷，《汉书艺文志拾补》四卷，《隋书经籍志考证》五十二卷，《后汉艺文志》四卷，《三国艺文志》四卷。

昀馆书局，笔削考核，一手删定，为全书总目，褭然巨观。朱珪：《知足斋文集》卷五）

又在所写祭文中说：

生入玉关，总持四库，万卷提纲，一手编注。（朱珪：《知足斋文集》卷六）

而纪氏也屡屡自言亲与其事的情况，说：

余于癸巳（乾隆三十八年）受诏校秘书，殚十年之力始勒为总目二百卷，进呈乙览。（纪昀：《诗序补义序》，《纪文达公遗集》卷八）

余向纂《四库全书》，作经部诗类小序。（纪昀：《周易义象合纂序》，《纪文达公遗集》卷八）

余校录《四库全书》子部，凡分十四家。（纪昀：《济众新编序》，《纪文达公遣集》卷八）

诗日变而日新，余校定四库，所见不下数千家。（纪昀：《四百三十二峰草堂诗钞序》，《纪文达公遗集》卷九）

即此数证，纪氏戮力总目之劳已可见。即使纪氏未亲撰提要，然其统揽全局，斟酌体例，综合平衡，润饰文字，也足以有功于学术，其目录学上之成就也已超越前代学人。前有纪昀，后有姚振宗，为清代目录学成就所建树者甚大，称纪、姚为清代目录学家之巨擘，似也未为不可。

上面只是提出一些比较突出的例子，来略作说明。实际上，清代的目录学领域中聚集了一大批在各方面都有成就的专门人才，他们或独立、或集体完成前所未有的著述。他们或兼通、或专攻分别对目录学作出些前人没做过的贡献。在一个学术领域中能出现这样多的有成就的人才是十分难能可贵的，而人才的成就无疑应是一项事业中各种成就里的最重要成就。

原载于《历史研究》1981年第2期

论《四库全书总目》

一、编撰《四库全书总目》的条件

在清代前期的各种官修目录中，对当时和后世都产生了很大影响的是乾隆中期编修的《四库全书》时的相连产物——《四库全书总目》。

《四库全书总目》有二百卷。在它以前，只有唐代的《群书四部录》是二百卷，可惜此书早佚，无从两相衡量，而后此亦尚未出现篇幅如此巨大的著作。所以《总目》从篇幅上说当是独一无二的一部目录学巨作。

乾隆以前，随着社会藏书的日渐丰富，反映社会藏书情况的目录学著作也大量涌现，目录之学成为一时的显学。乾隆三十七年正月，乾隆皇帝下诏征求民间遗书，不久，又决定编纂一部企图囊括古今一切主要著述的《四库全书》，并将征求民间遗书的活动在全国普遍展开，使国家藏书量在很短的时间里急遽上升，因此，由政府主持编撰一部反映当时国家藏书情况的目录的时机也就成熟了。

《四库全书总目》虽是编修《四库全书》的相连产物，但是编撰该书的准备工作，却在清政府决定编修《四库全书》之前已开始。为了对社会全部现存文献进行摸底，早在乾隆三十七年正月乾隆皇帝的求书谕旨中便指令各省督抚"先将求到各书叙列目录，注系某朝某人所著，书中要旨何在，简明开载，具折奏闻"。（《四库全书总目》卷首）而后不久，安徽学政朱筠在上给皇帝的奏折中也要求清政府"先定中书目录，宣示外廷，然后令各举所未备者以献。"在同一奏折中，他还建议乾隆皇帝仿效汉朝以来各朝校书旧例"诏下儒臣，分任校书之选，或以《七略》，或准四部，每一书上，必校其大旨，叙于本书首卷，并以进呈"。后由军机大臣讨论通过，经乾隆皇帝批准，决定将所征集之全部图书"详细校定，依经、史、子、集四部名目，分类汇列，另编目录一书，具载部分、卷、数、撰人姓名，垂示永久"。（《办理四库全书档案》）所有这些，都为《四库全书总目》的编撰作了必要的准备并为之制定了大致的编撰原则。

乾隆三十八年二月，"四库全书馆"于翰林院正式成立，于是这部决定编修的国家目录便随即纳入了编纂《四库全书》的轨道，由"四库全书馆"统一领导。在各纂修官之间的分工上，也不再划分《全书》编纂和提要编写的此疆彼界，而是采取了分片包干、一人负责到底的工作方法，对于各书之校勘、考证、提要之撰写以及根据该书内容价值而预拟的应刊、应抄、应存目三种意见等项工作，统由一人专负其责。这种两书结合编修的方法，不但有着节约人力、财力的好处，而且对于一些专门人才才能的发挥和两书质量的提高，也都起到很大作用。

二、纪昀与《总目》的编撰

《四库全书总目》虽然和《四库全书》一样由乾隆皇帝第六子永瑢等领衔修撰，但实际上的负责人是当时四库全书馆的总纂官纪昀。纪昀（1724—1805）字晓岚，一字春帆，晚号石云，河北献县人，乾隆十九年进士，历任翰林院编修、侍读、侍读学士、兵部侍郎、礼部侍郎、左都御史、兵部尚书、礼部尚书、协办大学士等职。纪氏学识渊博，"于书无所不通"。（江藩《国朝汉学师承记》）为乾、嘉期间之著名学者。乾隆中期以后，曾多次主持各种官修书籍的纂修工作并积累了丰富的修书经验。四库馆初开，乾隆皇帝特简其为总纂官，主持《四库全书》及《四库全书总目》的纂修工作。纪昀之外，不少参加提要编写工作的纂修人员也都是当时的著名学者。如戴震为当时著名的经学家，皖派领袖；邵晋涵精于史学；周永年对子部书籍很有研究，并且精于校勘之学。由于《四库全书总目》在编写过程中集中了各方面的专门人才并由总纂官纪昀对之作统一的体例划一和文字润色工作，故四库馆开以后，各书提要的编撰工作不但进展极快，而且在质量上也"粲然可观"。至乾隆三十九年七月，编撰就绪之各书提要已在万种以上。皆将"各书原委，撮举大凡，并详著书人世次爵里，可以一览了然"。（《办理四库全书档案》乾隆三十九年七月二十五日谕旨）为了进一步提高该书质量和方便士子治学，根据乾隆皇帝指示，乾隆三十九年七月以后，提要纂修人员又进行了在收入《总目》各书之下加注版本来源和编撰《四库全书简明目录》的工作。乾隆四十六年二月，《四库全书总目》初稿竣工。因为其中一些类目排列次序不符合乾隆皇帝的想法，遂又发下改订。在改订中，由于《四库全书》收书范围的变化，《四库全书总目》著录的内容亦有所变动。

在《四库全书》于乾隆五十四年完成时，《总目》也经较大的修改和补充而写定付梓。乾隆五十八年由武英殿刊出，并开七阁收贮使用。五十九年，浙江省布、按二司因该书初印，份数甚少，无法满足读者需要，乃与士绅合作集资，根据文渊阁所藏殿刊本翻刻，六十年刻成。从此，《四库全书总目》遂在全国范围流传。由于南北七阁书并非一次抄成，各书部卷数不全相同，《总目》后出其部卷数与七阁所藏亦有小异。这部目录学著作是集中各方面的专才所撰成，如戴震、邵晋涵、周永年都分别承担了经史子各部类的提要撰写工作，而以博闻强记的纪昀总其成。这些学者都为清代目录学的成就作出了巨大的贡献；但后人评论中颇有公允欠者，如清季的李慈铭曾述其事说：

> 总目虽纪文达、陆耳山总其成，然经部属之戴东原、史部属之邵南江、子部属之周书仓，皆各集所长。……今言四库者，尽归功于文达，然文达名博览，而于经史之学实疏，集部尤非当家。（李慈铭《越缦堂读书记》）

这是李慈铭的一偏之见，难称允洽。耳山后入馆而先没，固不待言，即纪昀对总目的综合平衡、润饰文字之功实不可泯。这里不妨先引述纪氏的同年友和四库馆同僚朱珪的论断。朱珪在为纪昀所写的墓志中写道：

> 昀馆书局，笔削考核，一手删定，为全书总目，衰然巨观。（朱珪《知足斋文集》卷五）

又在祭文中写道：

> 生入玉关，总持四库，万卷提纲，一手编注。"（朱珪《知足斋文集》卷六）

而纪昀也屡屡自言亲与总目之事的情况说：

> 余于癸巳（乾隆三十八年）受诏校秘书，殚十年之力始勒为总目二百

类，进呈乙览。（纪昀《诗序补义序》，《纪文达公遗集》卷八）

余向纂《四库全书》，作经部诗类小序。（《周易义象合纂序》同上）

余校录《四库全书》子部，凡分十四家。（《济众新编序》同上）

诗日变而日新，余校定四库，所见不下数千家。（《四百三十二峰草堂钞序》同上）

即此数证，纪氏戮力总目之劳已可概见。即使纪氏未亲撰提要，其综览全局、斟酌体例、综合平衡、润饰文字也足以有功于学术，为清代目录事业作出了较大的贡献。但与此同时，他特别在检查明清之际著述的违碍方面则起了维护封建统治的恶劣作用。

根据乾隆皇帝历次对四库馆臣编撰提要所作的指示，这部为数二百卷的《四库全书总目》在刊行时被分成了两大部分：第一部分是乾隆皇帝规定编入《四库全书》中的各书即历次谕旨中提到的应刊、应钞各书的提要，这两类提要作为著录内容列于《总目》各类之前；第二部分是提要的撰写者根据乾隆皇帝规定而判为应存目录诸书，这一部分书籍因未被收入《四库全书》，故而其提要也只以存目的形式列于《四库全书总目》各类之末。据统计：《四库全书总目》著录之书为三四六一种，七九三零九卷；存目收录之书为六九七三种，九三五五一卷，（有四〇一部无卷数），共计收书一零二五四种，一七二八六零卷（此据《四库全书总目·出版说明》，中华书局1965年版）。王重民据周中孚《郑堂读书记》卷三二《钦定四库全书总目》下，依文渊阁著录的数目统计，凡著录图书一零二三一种，一七一零零三卷（内《四库全书》著录三三四八种，七八七二六卷，《存目》著录六七八三种，九二二四一卷。）

基本上将乾隆以前尤其是元代以前的各种主要著作都一一作了介绍，因而，该书是中国古代各种官修目录中收书最多的一部目录书。

三、《四库全书总目》的编纂体例

《四库全书总目》的编纂体例具载卷首凡例中，其有功学术，有重要参考价值者在于序、录。全书按四部分类，计经部十类、史部十五类、子部十四类、集部五类。共计四部，四十四类，其具体分类如下：

经部：易、书、诗、礼、春秋、孝经、五经总义、四书、乐、小学。

史部：正史、编年、纪事本末、别史、杂史、诏令奏议、传记、史钞、载记、时令、地理、职官、政书、目录、史评。

子部：儒家、兵家、法家、农家、医家、天文算法、术数、艺术、谱录、杂家、类书、小说家、释家、道家。

集部：楚辞、别集、总集、诗文评、词曲。

在一些收书较多内容又比较复杂的类目之下，又细分若干子目，如礼类下分周礼、仪礼、礼记、三礼总义、通礼、杂礼书；地理类下又分总志、都会郡县、河渠、边防、山川、古迹、杂记、游记、外记；谱录下分器物、食谱、草木鸟兽虫鱼。形成一个条理分明的三级分类体系。

《四库全书总目》的分类在传统四部分类基础上，根据图书事业发展的实际情况，对其中的细类划分进行了必要的损益和更动，从而使其更加合理和完善化。

首先，《四库全书总目》在编修过程中，考虑到唐代以后尤其是宋代以后图书事业发展的实际情况，从而增设了一些新的细类。如唐朝刘知几所著之《史通》，是一部著名的历史编纂学的史籍。但直至宋初，此类著作甚少，难以另立细类，故《新唐书·艺文志》著录在集部文史类。而宋代以后，此类书籍日渐增多，已经具备独立立类的条件，因而《四库全书总目》于史部增设史评一类，收录了《史通》及与之相关的著作。又如唐杜佑所撰《通典》是一部研究典章制度的重要图书，但在《新唐书》中著录在子部类书类，直到《四库全书总目》始归入政书类。又如南宋袁枢的《通鉴纪事本末》，是当时史学发展中出现的新体裁。元修《宋史》时，因此类书籍甚少，无法独立立类，而强著于史部编年类。但自明朝以后，继起之作甚多，成为史书编修中的一种主要体裁。《四库全书总目》特于史部正史、编年之后增设纪事本末一类，所有这些，都使图书馆分类进一步完善化了。

其次，《四库全书总目》在编修过程中，在对旧有目录中的有关细类及其所收书籍进行了普遍考察的基础上，也在部、类的安排上作了必要的调整。以该书之细类划分而言，如诏令、奏议，原分为二，《新唐书·艺文志》以诏令入于史部，《文献通考》以奏议附于集部。四库馆臣却考虑到其事关国政，史料价值较高，因将两者加以合并，入于史；又如子部之名家、墨家、纵横家，书籍甚少，各自立类，过于琐碎。四库馆臣因仿黄氏《千顷堂书目》例，将其合为杂家一门。以具体书籍而言，如《笔阵图》、《羯鼓录》皆分别由经部小学、乐两类改隶子部艺术类；《孝经集灵》、《穆天子传》、《山海经》、《十洲记》、《汉武帝内传》、《飞燕外传》等书，旧皆分入经类和史部起居注、地理、传记等类；《四库全书总目》却以其事涉荒诞，史料价值不高，而均改隶子部小说类。其他各书根据内容而改隶部、类者更是所在多有。经过对旧有目录的这样一番改造，使得该书在细类安排以及在细类之下的具体书目的安排都更加合理化了。

再次，《四库全书总目》在编修过程中，对于各部类之下的细类排列次序，也经过了慎重的思考。以子部各类排列为例，历来的目录学家对于农家、医家，多不加以重视而"退之以末简"。而《四库全书总目》却以"农者，民命之所关；医虽一技，亦民命之所关。"（纪昀：《济公新编》序，《纪文达公遗集》九卷）故于儒、兵、法三家之后，升农家居第四，医家居第五，从而使其不但在细类划分和书籍安排上更为完善和合理，而且也使各细类之间的内部联系更加紧密和系统。全书四部四十四类，类目清晰，繁简得体，使学者览一类而知一类之源流，读全书而穷古今著述之大端，显示了图书分类对学术研究的巨大指导作用。

明代以后，图书分类很不统一，尤其是国家目录没有起到应起的指导作用，而《四库全书总目》以四部分类，很快统一了当时的图书分类，如范氏后人编制《天一阁书目》、著名藏书家张金吾的《爱日精庐藏书志》等目录基本上依四部分类。清代后期的著名目录如丁丙的《八千卷楼书目》和瞿镛的《铁琴铜剑楼书目》等也是亦步亦趋，不敢稍越。直到张之洞编《书目答问》始立丛书大类而为五分，但仅附丛书类于四部之末，四部体系依然保存。及至梁启超《西学书目表》则置四分于不顾而径行新分类，四部分类法被打破，但其余响一直未泯。

《四库全书总目》具备部有总序、类有小序和各书有提要等完备的传统编目体制。它的提要不仅"叙作者之爵里，详典籍之源流，别白是非，旁通曲证，使瑕瑜不掩，淄渑以别"，而且还"剖析条流，斟酌今古，辨章学术，高挹群言"。（余嘉锡：《四库提要辨证》序录）清末一些目录学也多对提要给以肯定，如缪荃孙说："考撰人之仕履，释作书之宗旨，显征正史，僻采稗官，扬其所长，纠其不逮，四库提要实集古今之大成。"（《丁氏善本书室藏书志序》）对十八世纪以前的学术进行了一次总结。有的在提要后还加有案评，主要说明分类归属的异动理由，是研究图书分类的资料。因此，《四库全书总目》可以说是一部篇帙巨大、体例较备、内容丰富和具有一定学术价值而为前代所未有的目录学名著。这是清代目录事业上的一大成就。

由于《总目》篇幅过大，乾隆三十九年又命纪昀另撰简编了的《四库全书简明目录》二十卷，款目以文渊阁《四库全书》为据。乾隆四十六年前后全书修成。乾隆五十年馆臣赵怀玉回乡省亲，私录一份在杭州刻行，《简明目录》先于《总目》四年问世。《四库全书简明目录》虽然精简了总序和小序，但有些子目仍附有简短的按语，颇便翻检。国家目录同时编制繁简二本，也是前此各代所没有的创举。

四、关于《四库全书总目》的评论

《总目》由于是清朝的官书，所以清人著作多偏重揄扬，周中孚的《郑堂读书记》可为代表。周记说：

> 窃谓自汉以后，簿录之书，无论官撰私著，凡卷第之繁富，门类之允当，考证之精审，议论之公平，莫有过于是编矣。

《四库全书纂修考》的作者郭伯恭则称赞《总目》"多至万余种，评骘精审"。

这些评论对其不足之处涉及似少，余嘉锡先生在精研提要的基础上对《总目》作出了超越前人的评论。他既从总的方面肯定《总目》的成就说：

> 就其大体言之，可谓自刘向《别录》以来，才有此书也。

> 汉唐目录尽亡，《提要》之作，前所未有，足为读书之门径，学者舍此，莫由问津。

同时，他又具体指明《总目》的缺点说：

（1）时日急迫，未能从容研究，仓猝成篇。取材范围不广，如经部多取之《经义考》、史子集部多取之《通考·经籍考》。

（2）许多重要的目录家著作未能善加征引，如"隋唐两志，常忽不加察；《通志》、《玉海》仅偶一引用；至宋、明志及《千顷堂书目》，已惮于检阅矣。

（3）撰写提要时由于"绌于时日，往往读未终篇，拈得一义，便率尔操觚"，以致立论多有纰谬。

（4）各书仅记某官采进，不著板刻，以致同一书因全书与总目所据版本不同，而所言互不相应。（余嘉锡：《四库提要辨证》序录）

这里，必须指出《总目》在加强封建文化专制主义方面是发挥了它的功能。如对经世学与考据学即持鲜明不同的态度，《日知录》是清初思想家顾炎武讲求经世致用之学的名著，考证精详乃其余事，所以其弟子潘耒写序时特加指明说：

> 如弟以考据之精详，文辞之博辨叹服而称述焉，则非先生所以精此书之意也。

《总目》对《日知录》的全面评价则是"引据浩繁而抵牾者少"，并指斥潘序说：

> 炎武生于明末，喜谈经世之务，激于时事，慨然以复古为志。其说或迂而难行，或愤而过锐。……潘耒作是书序乃盛称其经济而以考据精详为末务，殆非笃论矣。

即此一例，可见其余。

五、与《四库全书总目》有关著述

后来与《四库全书总目》有关的著述，大体不外二类。

一类是补其不足的，有：

（1）《四库撤毁书提要》，乾隆五十二年发现李清、周亮工、吴其贞、潘柽章等人所撰《南北史合注》、《闽小记》等十一种书中有诋毁清朝字句，于是就从全书中撤除，但官中尚留存副本，有九种书书前仍有提要。1965年中华书局印行《总目》时就把发现的九种书提要附印书后，题为《四库撤毁书提要》。

（2）《四库未收书提要》（《研经室外集》）五卷，嘉庆中浙江巡抚阮元组织人员编写。《四库全书》修成之后，在整个社会上层整理文献热潮的推动下的一些世所罕见的善本、孤本又陆续问世，阮元在抚浙期间，提倡汉学，留意文献，因而先后征集到四库未收之书一百七十三种，并仿《四库全书总目》的体例，每一书都撰有提要，进呈给嘉庆皇帝。为此，嘉庆皇帝特于养心殿之宛委别藏储存这部分书籍。在组织学者编写各书提要时，皆先从采访之处查清版本来源并邀请当时知名学者鲍廷博、何无锡等鉴定，然后再由阮元修改。故这部分书籍的提要价值不在《四库全书总目》各提要之下。道光二年，阮元的儿子阮福将这部分提要编为五卷，题为《研经室外集》，收在《研经室集》后面并刊印行世。1965年，中华书局据以影印，并附于《四库全书总目》之后。

（3）《清代禁毁书目》附《补遗》，姚觐元编。此目所录图书三千余种，数量几乎和四库所录的书相等。此可补四库所不足，也可见当时摧毁文化之烈。

（4）《清代禁书知见录》，孙殿起编。此目记被清代查禁未入四库而后来仍能见到的图书。

（5）《增订四库简明目录标注》二零卷，邵懿辰编、邵章续订。此目系据简目逐书"分别本之存佚与刻之善否"。邵章又附各家眉批，成为版本目录的重要著作。

另一类是正其谬误的，有：

（1）《四库提要辨证》二四卷，余嘉锡撰。此书为撰者毕生精力所萃之作，征引繁富，考证精详，为读总目的重要参考书，可惜仅得四九一篇，有待后人的续作。

（2）《四库全书总目提要补正》，胡玉缙撰、王欣夫辑。此书辑录清人至近人校订《四库提要》错误阙漏之处，凡订正书籍二千三百余种。

一九八八年八月重写稿

原载于《河南图书馆学刊》1988年第4期

清张宗泰古典目录学成就初探

古典目录学发展到清代已臻鼎盛时期，卓有成就的古典目录学家辈出，古典目录学专著也相继问世，以至古典目录学成为清学构成的四大支柱之一；但是，这并不等于说名家与名作都已得到应有的研究，还有某些隐而不彰的古典目录学家尚待发掘。偶检清人文集，得《鲁岩所学集》，其诸篇所论率多古典目录学之作，乃知其撰者张宗泰为乾嘉时一位隐而不彰的古典目录学家。

张宗泰字鲁岩，先世河南偃师人，后徙居鲁山而著籍。清乾隆四十年（1775年）生，卒年不详。其《鲁岩所学集》自序之末署曰："道光庚戌十一月年七十六岁"，庚戌为道光三十年。据此，不仅生年可推求而得，亦可知道光之末其人犹健在，则其卒年似在咸丰时。宗泰嘉庆十二年举于乡，道光二年春授河南修武县教谕，历二十年始于道光二十三年循资推升河南府学教授。一生以治学著述为业，有《鲁岩所学集》十五卷、《中州集略》六卷等行世。

一、以四库提要为宗主

张宗泰生活在乾嘉汉学兴盛的年代，终生致力于古典目录学，他在文集自序中叙其成集缘由时，曾自述其治学的专攻所在说：

> 道光二年春，选授修武县儒学教谕，官闲事简，始得肆其力于学问。朱墨点勘，靡间寒暑，率以日尽一卷为度，积二十年如一日。每读一书已，辄旁通交推，而以他所读书为之证佐。又平日尝究心《四库全书提要》。窃仿其义例，或品评其得失，或纠正其舛误，或增补其未备，约得文字若干篇，

藏之箧笥，未及细为铨次也。

光绪时有孙葆田其人，得《鲁岩所学集》于张宗泰之从孙，读其书而为撰《后序》，亦论及张宗泰学术之专攻所在说：

> 于四部书目手披目览，昕夕不厌，每读一书，必钩稽其得失，校正其异同，字栉而句剔之，而一以《四库全书提要》为宗主，可谓好学者矣。

据此，张宗泰之专攻古典目录学而以《四库全书提要》义例为依归之旨趣，开宗明义，言之甚明。

张氏于实际论述中亦多继轨四库，其于分类以四分为无可争议之法，而反对有所变易者说："盖编录书目，惟经史子集分类为无可增易，或欲别矜新裁，自起义例，其牵率不合，固事理之所必至。"[①]时或进而发挥《提要》成说，如云："《瓮牖闲评》八卷，提要论之详矣。而谓其书征引既繁，不无小有讹误。今窃即其说而求之。"[②]此则于《提要》复有所补益矣。所以，当时执学术牛耳之阮元也称赞他是"于四部之书目，无不览记。"[③]阮元甚至以邀请其参与续作四库提要之任相期许说："国家肇开四库全书馆，每种有提要一首，以悉其原委，已历数十年矣。欲荟萃续出之书各补作提要一篇以附其后，惜无帮办之人。倘得足下长留此地，岂不大妙。"[④]

张宗泰还时以《四库全书提要》所著录以校核他书之误，如论杭世骏《道古堂集》所载："又《古文百篇序》云：吕成公之《关键》不满百篇。楼迂斋之《文诀》，书止五卷。谢叠山之《轨范》仅存五十九篇。按《四库全书提要》：《古文关键》二卷，文仅六十余篇。《崇文古诀》三十五卷，文二百余篇。《文章规范》七卷，文六十九篇。此所述卷数篇数俱不甚合。"[⑤]此亦可见其瓣香于四库矣。

---

① 《鲁岩所学集》（以下凡引此书，书名从略）卷六《跋孙氏祠堂书目外编》。
② 卷七《书袁文〈瓮牖闲评〉后》。
③ 卷首《阮芸台先生书》。
④ 《交游记·阮芸台先生》。
⑤ 卷十三《再跋〈道古堂集〉》。

二、以博涉群籍为基础

治古典目录学当植根于博，非博涉群籍，又何所据而考镜辨章，清代之古典目录学家无一不为淹贯古今之学者，而欲成一代通儒者又无一不通流略之学。二者相辅相成，始有成就。即以张宗泰而言，于文集发其目录之学外，"尚有读《太平寰宇记》、《苕溪渔隐丛话》、《瀛奎律髓刊误》、《经义考》诸校本。"而检其文集，除经部外，史子集三部涉猎颇遍，其于正史有《史记》、《汉书》、《后汉书》、《三国志》、《唐书》、《新五代史》、《宋史》等；其于编年有《资治通鉴》、《续资治通鉴》、《宋元通鉴》等；其于纪事本末有《宋史纪事本末》、《元史纪事本末》等；其于书目有《郡斋读书志》、《直斋书录解题》、《孙氏祠堂书目》等；其于笔记说部有洪迈、王应麟、陶宗仪、王士禛诸作；其于别集有吕祖谦、元好问、唐顺之、归有光、吴伟业、朱彝尊、顾炎武、施闰章、厉鹗、方苞、杭世骏、全祖望、钱大昕诸名家集；他如总集、别史、杂史、诗文评、传记等类著作皆有所涉及。其披览之广如此。

张宗泰读书求学，不徒接受知识而已，更能发挥才识，有所议论。如因后儒之议《通鉴》而论《通鉴》之难通读云："夫温公著《通鉴》，自言惟王胜之借一读。近代通儒如顾亭林先生，谓《通鉴》不载文人，余逐卷检阅，所载文学之士，殆不下数十人，疑其亦未暇逐卷细读也。"其议《通鉴》之以魏为正统，因其作者为北宋臣子，而"北宋建邦中土，其国势类乎魏"，所以"以魏为正统"；朱熹作《纲目》，因其为南宋臣子，而"南宋建邦江左，勘国势类乎蜀"，所以"以蜀为正统"。张氏不以为然，而自出新解说："其实亦未尽然也。魏受汉禅，晋受魏禅。世代相承，此而以正统归之，谁曰不宜？"至于以蜀为正统，"亦天理人心之不容泯没者，而何可厚非也"。总之，帝蜀帝魏均可存一说，所以"亦不必右朱子而左温公也"[①]。可谓有学有识，通达明理。

钱大昕为乾嘉三大史家之一，以治学谨严精审名世，所著《养新录》为其考辨专著，时人多以其肩随《日知录》。张宗泰曾三跋其书，并成正讹一篇，或称其书为"全书似此精审者不一而足，信其为卓然可传之书也。"或为之纠谬补正，或正其刊本讹字，皆足为竹汀之功臣。设合此四篇为《养新录》撰一提要，

---

① 卷一《读司马温公〈资治通鉴〉》、《〈通鉴〉论正统闰统》。

当可入提要目录佳品之列。①

其为全祖望《鲒埼亭集》作跋记四篇，认为"谢山先生学博而后才雄，凡所订正，其见解常超出前贤之上，然其以不检失之者，亦间有之"；对全祖望《鲒埼亭集》中占半数的碑铭曾加以评论说："谢山先生力以表扬义烈为己任，广搜博访，不遗余力，要必使当代怀奇负异之士，咸有所借以自见于后，而先生之心始慰矣。先生之心慰，而先生之心血遂枯矣。"②

张宗泰于别集颇多涉览，曾检读自汉至元河南籍作者别集445家，并按四部体例，将各家别集按时代先后排列，"先列集名、卷数，无集名者即以其人历官姓名名之"。书名下据正史叙作者籍里、生卒及事迹，并引《郡斋读书志》、《直斋书录解题》及《四库总目提要》等目录著作以考证版本真伪、著录异同等，成《中州集略》六卷。此书虽为地方文献目录，但于别集作者生平事迹、文学成就等论述，可资参考者颇多。生前未刊，1939年，曾孙张钫为之铅印问世。

张宗泰之治古典目录学必以对学者学术作全面了解为基础，故其所撰诸篇目录之作，不同流俗，而颇得向歆父子之遗意。

三、以遍览群目为进阶

梁阮孝绪之撰《七录》，"凡自宋齐已来，王公缙绅之馆，苟能蓄积坟籍，必思致其名簿。凡在所遇，若见若闻，校之官目，多所遗漏，遂总及各家，更为新录。"张宗泰心识阮氏之作意，遂以遍览群目为进阶，自承"翻阅官私书殆遍"，而于私家目录尤多所注意。

《郡斋读书志》，宋晁公武撰，除正编外，另有《后志》、《附志》。这是古典目录学领域中具有重大价值的专著，为后世所取法。张宗泰曾三跋正志、二跋后志、二跋附志。张宗泰之寝馈于此书，盖始于儿时，曾于跋语中自述其事说："《郡斋读书志》为予幼所诵习，每一披阅，辄往复不能去手，所附遗闻佚事，尤足为辨章旧闻之资，然亦不无失之者。"张宗泰之崇尚晁氏由此可见，而对其所失，亦不为讳，于诸跋中或辨其立意，或纠其失考，或补其缺漏．或正其讹字，不失为晁氏净友，而张氏学殖所自，亦以得见，宜乎其所撰之书后与题跋

---

① 卷十《跋钱辛楣〈养新录〉》、《再跋》、《三跋》。

② 卷十三《跋〈鲒埼亭集〉》。

皆可当提要目录之篇什。

《直斋书录解题》，宋陈振孙撰，是一部与《郡斋读书志》并享盛名于后世的古典目录学专著。张宗泰为之写跋五篇，亦以见其对《直斋书录解题》之重视。他既对《直斋书录解题》给以充分肯定说：“书录解题，叙述诸书源流，州分部居，议论明确，为藏书家著录之准。”但也评论解题“当审正之处，正复不少”，“有歧出未能划一者”，“失考者亦复不一而足”，“镌刻颇精，而别风淮雨亦所时有”，“有案语数条，尚待商酌者”①，并各举多例，于此可见张宗泰之读《直斋书录解题》非若一般之浏览涉猎，而是反复钻研，独得我心。

孙星衍为乾嘉时著名学者，深于经学，明于目录版本之学，除为其私藏编《平津馆藏记》外，复为其宗祠藏书编《孙氏祠堂书目》，以直分十二类突破《四库提要》的传统四分法，而成为有创新意义之名作。张宗泰不拘于传统，盛赞孙氏此目之优长说：

> 孙氏祠堂书目外编三卷，内编四卷。其搜罗之勤，储藏之富，多溢出《四库全书总目》之外。其体例最善者，一书备载三、四家本至七、八本不等。一以不没诸家刊刻之勤，一以示后学知某书有几家版片，可以按目寻访。其有功于艺苑，良非浅鲜也。其于宋元诸家说经之书，多退入外编，此自其学术渊源使然。②

不仅作此总评，更超越对晁陈二目之评论，而为《孙氏祠堂书目》作分类书跋，表达个人的目录学见解。他虽盛赞孙氏之学术，而于十二分法仍持异议。他认为：“盖编录书目，惟经史子集分类为无可增易，或欲别矜新裁，自起义例，其牵率不合，故事理所必至耳！”③他除金石、类书二类未作评论外，对经学、小学、诸子、地理、天文、医律、史学、词赋、书画、说部等十部均分类撰有专篇评论，而于词赋大类下之词集与诗文评二小类也写有专篇评论。他在各跋中，或纠其失考，或予以补正，或责其失于详审。张氏之于祠堂书目用力不谓不勤。

他如《文献通考·经籍考》、《谈生堂藏书约》等有关簿籍也撰写专跋论其得失。甚至还到寺院翻读佛经目录，写有《会善寺读藏经目录》记其事云：“蓝

---

① 卷六《五跋〈书录解题〉》、《再跋〈书录解题〉》、《三跋〈书录解题〉》、《四跋〈书录解题〉》、《五跋〈书录解题〉》。

② 卷六《跋〈孙氏祠堂书目〉》。

③ 卷六《跋〈孙氏祠堂书目外编〉》。

宫浏览藏经日，多少异书得未曾，所惜匆匆行色里，僧窗不暇读传灯。"①于此亦可见张氏之于古典目录学专著研读既广，乃以此为治目录学之进阶，亦势所必然。

四、以书后题跋为形式

清代目录除继承刘向遗规撰写传统目录外，还运用读书记（或作书后）和题跋形式以发挥目录之作用。有的学者立足于所致力的专攻学科，在读书过程中写成读书记或书后，岁月积累遂成专著，如周中孚《郑堂读书记》与朱绪曾《开有益斋读书记》等皆是，而《郑堂读书记》七十一卷尤斐声学林，有《四库提要》续编之誉。张宗泰之撰提要即以读后（或书后）为形式。如《读齐语》一则称："《齐语》一卷，叙管仲定民居，成民事，作内政，寄军令及桓公南征北伐。于创霸情事，特为详备，足补内传所未及，然其铺张扬厉之处，意在盛称桓公之功烈，遂不免有溢美之词。"②

又读荀悦《汉纪》后写道："荀悦易《汉书》纪传而为编年，论者谓其书辞约事丰，论辨多美"，然亦指出其"叙次不明之失"者多例，又说："荀氏汉纪，以汉书纪传为根据，而十志八表，各择取其切要者，依世代编入，所附论断，亦洞达政体，昭析物情，非苟作也。"其第三跋称"余于道光丁未之春，以五旬之功力，读荀悦《汉纪》一再过。其中有传刻之久而误者，有荀氏失于检点而误者，为纠其舛错二百六十余条，而尚有未尽者。"至其标题混用读后与跋，亦以见二者名异而实际运用形式则一也。张宗泰以五十日之功读《汉纪》两遍而摘其"失于审定者"③，其用功程度可谓深且厚矣。

张宗泰复以书后为形式，以《书马贵与经籍考仪注后》为题，畅论目录学分类之例证说：

春秋三礼皆经也。《汉书·艺文志》以《太史公书》无类可归，取其近似者，用附《春秋》之后。《隋书·经籍志》特创正史之目，分门别类，而

① 《余事稿》下。

② 卷四。

③ 卷四《三跋荀悦〈汉纪〉》、《再读荀悦〈汉纪〉》、《三读荀悦〈汉纪〉》。

史遂列为一大支派。历代编书目者，遵守之而不变。汉之旧议，晋之新定仪注，虽亦礼类，而所述者为后代之典章文物，势不得与圣人所手定者同科。《隋志》归并史部，为创子目曰仪注，厥义为允。自是晁公武、陈振孙咸奉为著录之准。马贵与《经籍考》以晁、陈二家为主，乃举唐开元礼、宋政和《五礼新仪》等书，仍改归经部。事不师古，非所闻矣。①

史部仪注类之沿革归属，于兹皎然。

题跋是能起目录作用之另一目录编写形式，清人黄丕烈《士礼居藏书题跋记》、顾千里《思适斋书跋》，虽名为题跋，实为古典目录学之专著，均在一定程度上推动清代目录、校勘、版本等专学的发展，开拓提要目录之内涵。张氏亦好以题跋形式撰提要目录。如为金履祥《通鉴前编》曾作四跋。始称："《通鉴前编》于古事多所考订，亦多所发明，远非《通鉴外纪》所可及。"后三跋则指明其不足，或称其记事前后失于对照，或评其记事之下失录本事，或指其守旧说而未安者②。设合此四跋于一篇，则可为《通鉴前编》撰一较完整提要。

又其跋《孟县志》一文足可称张氏所撰提要目录之典型，文曰：

> 冯农部鱼山撰《孟县志》十卷，殚四年之精力，其搜辑之富，考订之勤，可谓竭情尽致矣！闻诸孟之父老言，鱼山修志时，于山川道里、废城遗墟有未信心者，辄顶笠携仆，跨马往访。至者徘徊往来其下，参以地志之书，证以耳目所经，兼询之居人，蕲于得其至是而后快，用能信今传后，为近今志乘之翘楚。然智者千虑亦有不无一失者，如宋之王随为河南人，《东都事略》则作何阳人。厉鹗《宋诗纪事》："范雍世居河东，父德隆葬河阳，因家焉。"旧志编二人于宋人物，本有依据，特以秉笔之人陋习相沿，于所征引入事迹率不著出某书，类于游谈无根。鱼山未加深考，或得其一而未知其二，辄以为非是而削之，则所谓以不误者为误。此以见著书无误者之难也。③

此跋仅二百五十余字，但对孟志的优点与不足却作了深入的分析，成为评论《孟县志》得其窍要的一篇提要目录。

---

① 卷五。
② 卷五。
③ 《汉书·艺文志序》。

五、以分卷考辨树新意

古人撰述为竹木载体所囿，率多单篇别行，每篇自有立意。及刘向作《别录》，始"条其篇目，撮其旨意，录而奏之"。张宗泰以一生精力专攻目录学，乃以"睹古今载籍之备"，"悉各家源流之别"为根本，以求达到"以学问文章名当世而传来世"的目的。

张宗泰博及四部，但可贵者在于不遗小志杂著；他不仅统评全书，更分析篇章，以分卷考辨树提要目录之新意。宋洪迈有容斋五笔为笔记中之佼佼者，张宗泰即对各笔分卷选评，如评《随笔》卷八、九、十之某些记事"于情事亦未尽合也"，评《四笔》卷八所记有遗漏而需补入者，评《五笔》卷九有"率意之笔"，类此皆可为读《容斋随笔》之助。①元人陶宗仪撰《辍耕录》，乃说部中为后来所喜读者。张宗泰读其书而总评云："其中多猥亵之谈，诚有如前人所呵者；然上而国典朝章，下及忠臣、志士、节妇之奇行，亦多错出迭见于其间。其足以增益见闻者，良非一二可竟。"并评论陶氏之名节有亏。其分卷评介，有"不讲古音通转假借"之误，有"笔墨之小疏"，有"搜罗颇为详备，而舛错亦所不免"而当增补者②，对读此书者当有所裨益。

王士禛为清初诗派宗师，杂著丛考虽其余事，而数量较多，蔚为笔记说部之一大家，所撰有《居易录》、《香祖笔记》、《池北偶谈》、《古夫于亭杂录》、《分甘余话》等。张氏于其文集卷九中分卷评介渔洋各书，可谓别开提要之生面。其评《居易录》卷一渔洋自序云："庄列诸书为《洞冥》、《搜神》之祖，亦史之属也"为"疑亦未允"之说，而所记事又失考于四库之著录；评卷二记元朝文士未备而为之补益；评《居易录》所记顾嗣立选元诗凡百家为"不得其详"，因王所据仅初集，而顾选有三集共三百家③。其于《居易录》除少数卷外，所评几遍全书，或评其记述不当、或讥其论理不允、或所记先后失序、或记事有混讹等等。宗泰于《池北偶谈》之谈故、谈献、谈艺、谈异诸篇，皆评论其

① 卷七《书〈容斋随笔〉卷八、九、十》、《书〈容斋四笔〉卷八后》。《书〈容斋五笔〉卷九后》。

② 卷八《跋〈辍耕录〉》、《跋〈辍耕录〉卷六》、《跋〈辍耕录〉卷十七、十八》、《跋〈辍耕录〉卷二十四》。

③ 卷九《书王士禛〈居易录〉卷一后》、《书〈居易录〉卷二后》、《书〈居易录〉卷三、四后》。

考之未审，所论失实，疏忽误谬，抑扬不当等不足。至总论全书则云：

> 新城说部诸书，事多互见，文有彼此详略之分，亦有一字不易者，然犹各自为书也。而偶谈第十二卷尔雅翼序体下与十九卷罗鄂州下，大致相同，然字句尚微有出入也。至秦罗子孙一条既收入第十卷，官衔一条既收入第十八卷，而二十三卷中全然复出此二条，并标目亦一字不异。①

张宗泰于此既曲谅"此盖刊版之时，无人为之精心核对，故有是繁复之失"。又加以"非矜慎之道"的责求，固不失其公允之论。于《香祖笔记》亦分卷评其笔误、缺载、阑入及失检者多处。于《分甘余话》亦举有失考与疏讹之误②。总之，张宗泰所正王书各卷失检之处，颇有益于后学，有启引蹊径之效。

张宗泰对说部外著述也多有分卷评述者，如于胡道南所编《甬上耆旧集》卷二曾分写两篇补其所收宋代甬上诗人诗作之不足，于卷三则一面推重胡氏于元人"能网罗放佚，以存乡邦文献，其有功于先民，非浅鲜也。"同时又以之与顾嗣立元诗选相比，而感到"尚不免遗贤之叹"③。有些分卷评论中不仅为原撰者正讹订误，更借此发挥个人学术见解，如对《日知录》谓《通鉴》不载文人一事则说："予按顾氏此论，似有特见，而实未为确当，谓《通鉴》不以文人为重则可，谓《通鉴》不载文人则非也。"并举若干实例论定"不得谓《通鉴》不载文人也"④。

六、以评骘人物为要指

知人论世为著述之要务，张宗泰所著各篇也多以评论人物为要旨，而对清代人物之评论尤具卓识。顾炎武为清初古学大师，倡经世致用之说，为后世所宗。张宗泰于评介亭林文集时，揭示亭林经世之学的真谛说：

> 国朝诸儒，有讲性理之学，有讲地理之学，有讲律算之学，又有贪多务得，好以博辨纵横见长者。亭林先生挺生其间，独喜讲开物成务之学。文集

---

① 卷九《总跋〈池北偶谈〉》。
② 卷九。
③ 卷十四《书〈甬上耆旧集〉卷三后》。
④ 卷八《书〈日知录〉卷二十六后》。

六卷，其论学宗旨则始之博学于文以植其基，继之行己有耻以严其范，举凡文之不关于六经之旨，当世之务者，则一切不为。[①]

朱彝尊为清初博学多识之学者，著述丰富，为张宗泰所钦敬，而重视其著述说："予生平钦佩秀水朱氏之学，因而竹垞《经义考》、《日下旧闻》、《诗综》、《词综》诸编，无一不当乎人心。"[②]

阎若璩为考据学名家，自命"一事不知，儒者之耻"，惜晚节不终，为人所讥，张宗泰于评论其考据名作《潜邱札记》时，进而品题其为人云：

> 潜邱阎氏，记诵之博，考订之勤，一时鲜出其右者。虽以读书种子推顾亭林、黄黎洲诸人，亦未尝不时纠其失，而要未若其诋诃汪氏钝翁者，为不留余地也。一则曰汪氏文秘造典礼，一则曰汪氏文一指摘粉碎矣。一则曰汪氏何曾梦见？其苛薄之词，屡见不已，殊非友朋全交之道。夫汪氏于所指驳之处，辄改己从人，则亦非护前自是而不可与言学者，而何事逼人太甚也。窃以潜邱著《古文尚书疏证》，西河毛氏即为冤词以攻致之，昌言排击，不遗余力。使移其诋汪师者以御毛氏，岂不足以伸其旗鼓相当之气。且毛氏自恃其学殖之富，才力之雄，其强词夺理之处，当必不一而足，乃何以遇大敌则瑟缩不进，遇小敌则鼓勇直前也。记所谓临深为高者，得勿为是欤？[③]

龚自珍为近代社会大变动前夕独具一格之思想家，当时不容于俗士，碑传罕见，张宗泰乃于所著《交游记》中列《龚定庵巩祚》专条以示尊信，并予以确论称：

> 定庵承借先人之业，早官中书，学博而才雄，年未满五旬，而文集已编定至百卷之富。生平崇尚实学，厌薄虚谈，尤不乐与俗子为将迎。长卿慢世，正平善骂，殆兼有之。……近世讲著录之学，无出其右者。

这段评论虽文字不多，但对龚自珍的学术性格作出较全面之刻画，也可见张氏之善于着笔。

张宗泰结合学术、性格而品评人物尚不止于定庵。其于奇行独立之士往往如

---

① 卷十二《读〈亭林先生文集〉》。

② 《交游记·朱椒堂漕台》。

③ 卷八《跋〈潜邱札记〉》。

此，如其评论汪中即云：

> 容甫于周秦两汉之书，无所不读，亦无所不通。凡所持议，率能于空曲
> 交合之际，别出见解，而以生平所读之书，为之反复辩证，以明其说之确凿
> 可据。乾隆年间，为征实不诬之学者，此其卓然矣。惟是容甫少罹艰苦，依
> 人作生活计，其为当代名公巨卿刮目相待者固自不乏，而其为不相知者厌
> 薄，亦复不一其人。故词气之间，有所抑扬。①

张氏于著书人之动机更能出人意料有所揭示。阮亨为谀其兄阮元之生平行事
而撰《瀛舟笔谈》，张宗泰则指称："统观是书，大致为表扬其兄芸台先生起
见。"一语破的，非深有学识者不能。且阮元时享盛誉，又与己有较深交谊，
《鲁岩所学集》卷首即载有《阮芸台先生书》一件，嘉称："足下为人所不为，
读人所不读之书，真所谓天机清妙者。凡所论著，皆不急之务也。此等能得几
人？"不阿世以媚权要，亦以见张宗泰之风骨。

张宗泰际清乾嘉学术盛世，古典目录学家辈出之时，虽其名不显，而能秉向
歆遗规，承诸家目录余绪，博涉群籍，撰成提要目录若干篇，合其考订议论之
作，为《鲁岩所学集》十五卷，补遗一卷，附《交游记》一卷，《余事稿》二
卷，始刻于道光时，民国二十年模宪堂重刊。孙殿起《贩书偶记》卷十七著录其
书，并注称："考订之文，题跋居多"，益可证明其学术专长之所在。惜学殖深
厚而隐没不显，我通读其《鲁岩所学集》，深感斯人之所遇，故条析其所著，述
其要略，庶后之治古典目录学者，得所采择，进而广事搜掘以充实古典目录学之
内容。

原载于《南开学报》（哲学社会科学版）1996年第4期

---

① 卷十三《书汪容甫〈述学〉后》。

王重民先生的目录学成就

——为王重民先生百年诞辰而作

流略之学是中国有悠久传统的专学，远自商周时期已见端倪。前汉之季，刘向父子整理国家图书，编撰《别录》、《七略》，为古典目录学不祧之祖。历世相沿，代有名家名著：东汉有班固《汉书·艺文志》之撰，为史志目录之始。魏晋以来，有魏郑默《中经》、晋荀勖《中经新簿》，部居类次，为古典目录学确立体系。东晋李充，定四部次序，树千余年古籍分类不易之成规。王俭《七志》、阮孝绪《七录》，别树新帜。下至有宋，郑樵有《校雠略》之作，为古典目录学建立理论。晁公武《郡斋读书志》与陈振孙《直斋书录解题》，并称私家目录双璧。于是古典目录学之体系大备而目录学之名也于此时确定。至清，古典目录学大兴，不仅名家辈出，版本、校勘、考证诸学，也已成型，为古典目录学之羽翼而共构清学基础。纪昀总持四库成《总目》、《简目》，为古典目录学之重大实践；章学诚撰《校雠通义》以"宗刘（向），补郑（樵），正俗（说）"为主旨，引导古典目录学进入"辨章学术，考镜源流"之途。名家专著，难以屈指。洎乎近代，虽稍逊于乾嘉，而姚振宗《隋书经籍志考证》，各家史志目录补编以及余嘉锡先生《目录学发微》、汪辟疆《目录学研究》，足称一时之盛，而余先生《四库提要辨证》更为精深缜密，不愧为四库功臣。姚明达、王重民二氏继其后，名噪一时，为后学崇仰。惜姚氏英年捐躯，自上世纪四五十年代以来，王重民先生一枝挺秀，堪称古典目录字领域之重镇焉。

王重民先生（1903—1975），原名鉴，字有三。河北高阳人。青年时期思想进步，曾为北洋军阀所通缉，而改现名。后考入北京高等师范学校，受业于陈垣、杨树达、高步瀛诸先生。1928年毕业后，先后任教于河北大学、北京大学，并奉献一生精力于图书馆事业，曾任北京图书馆代馆长，北京大学图书馆学系系主任。上世纪三四十年代之交，王重民先生奉派，遍历法、德、英、美、意及教廷，不辞辛劳，穷搜博采祖国散佚文献（尤以太平天国文献与敦煌文献），回归祖国，更著勋绩，为各该学科开启学术风气，奠定研究基础。王重民先生一生笔耕不辍，著述宏富。于敦煌学、方志学、文献学诸方面，均留有大量著作，据一种统计，王重民先生一生共发表专著论文共160余部（篇），而于古典目录学领域所作贡献与成就尤大，嘉惠后学，令人仰慕。

我与重民先生同出陈垣老师之门，若以年资班辈而论，则重民先生当为师辈，且少读重民先生著述，又以郑毅生先生之介，曾有一面之雅。今值重民先生百年纪念，身为后学，不揣固陋，重读王重民先生古典目录学方面著作，乃就重民先生目录学领域之成就，略作阐述以祭。

一、古典目录学的学术研究工作

古典目录学虽然在清代后期已从过去发展昌盛高峰中开始中落，而且由于西书目录的编制和西方图书分类法的东渐而逐渐失去原有的"独尊"地位，但其余波仍在不断掀动，而王重民先生在这方面的学术研究，则以中流砥柱态势，推动古典目录学之中兴。他的研究约略可分两方面：一是对目录学这一学科本身的研究，《中国目录学史论丛》就是这方面的代表作。这是一部未完稿，身后由其弟子朱天俊教授整理补订成书，于1984年由中华书局正式出版。全书条贯详明，多有创意，成为研究中国目录学史的重要著作。另有《历史书籍目录学》提纲讲义，虽为待刊稿，而其标举史籍目录学以别于史部目录学之创意，实为专科目录开辟新路，为后学提供引据。二是对古典目录学名家名著之研究，较之前者更显硕果累累。王重民先生对汉刘歆《七略》、刘宋王俭《七志》、梁阮孝绪《七录》、宋晁公武《郡斋读书志》、陈振孙《直斋书录解题》、清章学诚《校雠通义》等名家专著以及《汉书·艺文志》、《隋书·经籍志》、《明史·艺文志》、《四库全书总目》等目录，无不逐一认真研究，撰写专门论文，真知卓识，时有可见。《七略》素为治古典目录学者所推崇，而往往仅就《七略》本身价值而言，王重民先生特为此撰《论〈七略〉在我国目录学史上的成就和影响》

（《历史研究》1963年第4期）一文，畅论《七略》对目录学、流通图书和书评学、学术思想史以及史志目录诸方面的影响，抉隐发覆，颇多新意，极大地提高了《七略》的历史地位，为诸多学人所叹服。《校雠通义》一直被公认为章学诚之目录学专著，其价值主要在于将神圣不可侵犯之六经，视作古代典章制度之记录，提出"六经皆史"之说。而王重民先生对章氏此专著给以深切关注，特为此著《校雠通义通解》一书，他自陈著书目的，"就是想为图书目录工作者和学习古典目录学的人，提供一部通解式的读本，极力用现在的语言，解说章学诚在《校雠通义》中所讨论的目录学方法、理论。"他除了对章书进行一般性校勘、注释外，还对其主旨有所发挥，提出了"六经是图书资料"的论点，强化了该书在目录学史上的地位。所以王重民先生的挚友、已故学者傅振伦先生，特为撰《王重民〈校雠通义通解〉评介》（《图书情报工作》1988年第6期）一文论其事说："章学诚打破了封建经典的偶像，王重民则提高了图书资料的价值，给予'六经'在学术思想研究中以正确的地位。"

二、编制古典目录书的实践工作

吸收古典目录学中的优点和方法，编制各类图籍目录，是近几十年来古典目录学者默默无闻工作的重要领域，如《史记书录》、《曲海总目提要补编》、《浙江地方志考录》、《中国边疆图籍录》以及《中国善本书总目》等，都对学术研究有所裨助。王重民先生则是这一方面长期身体力行，获有丰硕成果的目录学家。他并以此实践工作贯通于他所涉及的各学科。他是较早研究敦煌文书的学者之一。上世纪三十年代，他在访问英法等国图书馆搜求祖国散佚文献时就运用古典目录学的知识，就经眼的敦煌卷子撰写叙录，于1936、1941年先后发表了《巴黎敦煌残卷叙录》第1、2辑。1958年，他为应当时敦煌学研究日益为学术界重视之需，乃将巴黎敦煌残卷叙录1、2辑，加上未发表的一些叙录，编成《敦煌古籍叙录》。这是敦煌学研究非常受人重视的一部学术性工具书，王重民先生亦以此奠定了他在敦煌学研究领域中一位著名学者的地位。在医籍方面，他以古典目录学理论为指导，撰写了《善本医籍经眼录》和《本草经眼录》等目录书。而最能代表王重民先生编撰古典目录书的实践精神的，则为《中国善本书提要》遗稿。这部巨著是王重民先生尽十年之功，收中外图书馆善藏4000余种，积稿近

200万字的呕心沥血之作，可惜生前未获整理出版，幸经夫人刘修业女士竭尽心力，为之成书。书前有生前好友、著名学者傅振伦、杨殿珣、谢国桢三人为之序，叙成书始末，评论该书价值，深称恳至。傅序叙其成书缘由称：

> 重民同志于1939年至1949年写成宋、元、明刻本及校抄本等善本书提要四千余篇，包括有六朝唐写本、宋刻本六十余种，金、元刻本一百余种，又有影钞宋、元刻本，明钞本一百五十余种，明朱墨印本一百余种，可谓洋洋大观矣。卷末附有书名索引及人名（作者、编集者、校者、刻工、刊刻铺号等）索引以便参考检寻。

傅氏更综论《中国善本书提要》之特点有六云：

> 第一，收录之书，凡《四库全书总目》已有提要者，即不再编写。惟于所缺略者补充之，错误者厘正之。此书提要还侧重于著录图书版刻或文字增删的学术价值。第二，每书详其卷数、册数，每半叶的行数，每行字数，版框的高下大小。第三，书卷首叶详记作者姓名、籍贯、别号、编者、校者以及子孙、友好与刊印主人的姓名、籍贯、字号、堂名之牌记、牌记之剜改者亦记之；书口刻工姓名亦详列。第四，每书经一次再印或翻刻，则历详其编者、校者、刊印主人及刻工。第五，详记收藏家的印章及校语。第六，历次版本必详作者、编校者、翻刻者的序跋、题识，重要者则录其全文或摘要。

傅序所作评论，使人对全书有明确认识。而杨序更正面肯定其书"不惟其数量之多超越前人，即其在质量方面与编写方法上，亦独有特见，发人所未言"，并约论为四端，即"第一，备著备书序跋，以考刊刻源流。详核作者事迹，用作读者探讨本书之助"。"第二，参校诸本，考其异同，求得接近本书之原来面目"。"第三，传本不多之书，为述其书之原委。内容特殊之书，则举其要点"。"第四，正前人著录之失，补前人著录之缺"。四端所论，堪称简要，二氏所序足以当该书导读之用。

《中国善本书提要》成稿数十年后，而有《全国善本总书目》。二者虽相继出版问世，而经历各异。王著系撰者亲临其事，积十年一剑之功，一手成稿，为历经浩劫而幸存之作。《全国善本总书目》则启动于改革开放之秋，倾全国藏书单位之力，人力物力之条件具备，书成众手，众擎易举。二者相衡，固可收相互补益之功，而王著之备著艰辛，当无容赞论矣！

三、培养人才的教育工作

王重民先生除任职图书馆进行访求文献工作外，还以大量时间从事著述与教学工作。他自1928年完成大学学业后，即任教于河北大学，1947年回国后，在繁忙的国家图书馆领导工作之余，又兼任北京大学教授。鉴于建国之初缺乏图书馆方面管理人员，他在北大创建图书馆学专修科，苦心孤诣，惨淡经营，奠定了日后北京大学图书馆学系之始基。1952年，院系调整后，王重民先生为了培养目录文献领域人才，毅然辞去国家图书馆领导职务，专任北京大学图书馆学系系主任，一心一意，致力于崇高的教育事业。以国家图书馆馆长与大学教授相比，无论在社会声誉和物质待遇等方面看，都难持平。这一选择亦以见王重民先生敝屣荣华，甘于澹泊的品格。

王重民先生自上世纪五十年代至七十年代蒙冤逝世的二十余年间，兢兢业业，事必躬亲，多方奔走呼号，为北京大学图书馆学系的建设和发展做出了重大贡献。他一直亲临教学第一线，进行教材建设和人才培养。据他的学生回忆，他曾讲授过《中国工具书使用法》、《普通目录学》和《中国目录学史》等课程，并编写有《历史书籍目录学》、《中国目录史料》、《近代目录史料》和《中国书史》等讲义。除了面聆教益的学生得其教诲外，在当时古典目录学知识尚未普及之际，有些渴望求知的初学者，亦私淑受益，并循此入门。

王重民先生在其十余年的教学生涯中，勤恳敬业，培养了一批批学生，遍布海内外图书馆界，成绩卓著。他循循善诱，启迪后学的精神，深深感召于人，而为古典目录学领域众望之所仰慕，正所谓"桃李不语，下自成蹊"。其及门弟子之佼佼者如周文骏、朱天俊、王锦贵等人，皆已驰誉学坛，声名卓著，并继续完成王重民先生之遗业。如朱天俊教授受业王门多年，于1982年受师母刘修业女士委托，整理《中国目录学史》遗著。原书写至宋末元初，明清两代，未遑着手。朱天俊教授谦抑自持，受命整理，未敢妄加纂定，而慎选有关明清目录学论文六篇，补续其后，力求全书贯串，其用心之苦，由此可见。以视今之妄窃师说，以涂饰个人者，诚为难能。周文骏教授于耄耋之年，撰文缅怀师恩，其情可敬。陈秉才、王锦贵二教授合撰《中国历史书籍目录学》，坦陈其自王重民先生所著《历史书籍目录学》讲义中汲取养料。类此诸端，均为当前浮躁窃名者流所愧对。诸教授之行事，足以见王重民先生治学、立品之深远影响。

王重民先生之于古典目录学，既有深邃学术研究之成果，又有艰苦奋斗之实践精神，更倾心为国育才，推动古典目录学学科之延续发展，厥功至伟。今值先生百年诞辰，为文以祭，并自励将以余年奋进，为古典目录学事业略尽绵薄，先生有知，幸加鉴察！

原载于《王重民先生百年诞辰纪念文集》 北京大学信息资源管理系编 北京图书馆出版社2003年版

顾廷龙先生与版本目录学

【编者按】 20015年11月13日至15日，由北京大学中国古文献研究中心、复旦大学古籍研究所、华东师范大学古籍研究所联合主办的"中国古典文献学及中国学术的总体发展国际学术研讨会——暨纪念顾廷龙先生诞辰101周年"在上海华东师范大学举行。来自我国海峡两岸以及日本的众多大学、图书馆、出版社的60余位古文献学专家学者，围绕中国古文献学及中国学术的宏观与个案研究、20世纪中国古文献学发展历程、海外中国古文献收藏，以及顾廷龙先生的古文献学成就和贡献等议题，报告了各自的最新研究成果，并展开充分、热烈的交流和讨论。本刊特发表部分专家学者的发言稿，供大家参考。为公开发表的需要，有的论文又经修改，特此说明。

顾廷龙先生（1904—1998年）是上世纪的学术耆宿，是一位驰誉海内外的版本目录学家、书法家、金石学家……他涉及的学术领域极广，在版本目录学、金石学、谱牒学及书法学诸方面，都有突出的学术贡献。他是一位将职业与事业完善结合而极有所建树的楷模。他一生以敬业精神为图书馆收书、编书、印书，直至做领导管理工作，而为图书馆界所敬仰。他在具体实践工作的基础上，始终以学术态度，将一般图书馆业务工作提高到有丰富学术内涵的层次，并身体力行，进行高水平的学术研究工作，学术成果累累，培养了一批有学术造诣的图书馆人，为世人树立图书馆学术性形象付出了极大的精力。

顾廷龙先生涉及的学术领域极广，几难望其涯涘，我因业务专攻所及，在版本目录学方面，早年于上世纪四十年代曾受教于余嘉锡先生之门，略窥版本目录学的门径，其后因时代变异，版本目录学几等于废弃。直至八十年代，学术重光，我重理旧业，开设"古典目录学"一课，但能就此学沟通交流者几希，幸于1982年得识顾廷龙先生于太原，当面请益，多获指点，而喜得良师；后又多次相遇于学术会议，乃在先生鼓励下，始撰《古典目录学》。1987年，《古典目录学》油印初稿完成，送请先生审阅，先生给予切实的指导，经修改后于1989年定稿问世，又蒙赐序。我于古典目录学之略有所知，皆出于二师之耳提面命。余嘉锡先生，受业师也；顾廷龙先生，则私淑师也。

顾廷龙先生之从事目录版本之学起步甚早，1927年初，先生方二十四岁。即在外叔祖王同愈先生家习金石目录学，获见朱学勤氏批注之《四库简明目录》抄本，与莫友芝氏之《邵亭知见传本书目》所批有异。次年购得《邵亭知见传本书目》，以过录朱氏批注，作日后校补之基，而先生自称"此是我从事目录版本之始，安知竟成我古籍整理终身之业"。其后，版本目录学渐成晦学，先生则乐此而不疲。于1932年6月果以攻读《邵亭知见传本书目》受知于洪业先生，而于次年七月间正式就任燕京大学图书馆任中文采访主任，并兼任美国哈佛大学汉和图书馆驻平采访处主任，其后，在沪参与创建私立合众图书馆，并相继担任历史文献图书馆、上海图书馆馆长，历经六十余年，献其终身于图书馆事业。

顾廷龙先生之治版本目录之学，植根于二端：一则经眼大量书目。先生自从业燕京图书馆之始，即注重广事搜求各类书目，所积几已充栋，每在收书编书之际，必以书目相校，对各类图书之存佚流传，了然于心。久之，自在脑海中成一图书数据库。二则亲手校读编制书目。先生自供职图书馆始，即不断校读藏书家已成书目，并择要写出具有参考价值的题跋，如在1935年所撰《跋赵定宇书目》即言其目之流传情况云："是目原本藏余妇弟潘君景郑处。册首有'栋亭藏印'、'玉雨堂藏印'，知从曹氏、韩氏辗转而出。余见《栋亭书目》尝载之，他家藏目尚均未有，想犹未经传抄者耳。吾馆力搜目录之部，余遂乞景郑借钞，以广其传。"当时先生尚不知藏者姓氏而云"赵氏身世不可详"，但记取其事，直至三年后，因读清王渔洋《香祖笔记》等书而获知"赵定宇乃万历中吏部侍郎赵用贤之别署也。乃又写《再跋》而自我检讨云："后世谫陋初竟，不详愧恧何如？"前辈谦逊谨严若此，对后来者也是一种身教。1938年2月，先生更为藏书家章钰所赠藏书编制《章氏四当斋藏书目》，发箧陈书遍加翻检类次成目并为之跋云：

> 综其遗籍，可类别为三：一、经丹铅者十之二：凡治一书必贯首尾点勘，多至六七周不倦，即数百卷之巨帙，不止一种，而亦校不一次，益为难

能。拾遗补阙，阐扬数百年来未发之复，功在学术，不可没也。按程日课，新知创见，伤时感事，随书卷末，所作题识，可以越缦、缘督《日记》视之。至若蝇头细字，琳琅五色，妍舞行间，尤为校本生色，世难其俦，人间至宝。一、可珍秘者十之一：宋元旧椠，明清精刻，虽不称富，足备一格。前哲遗稿，家传希籍，蓄之箧衍，有待流布。茗圃、渌饮，校勘名家。同叔、泖生，文行君子，剩墨遗翰，当同球璧。他如朋好之所评题，赏奇析疑，羽翼元书，皆一时名流之手笔，不尤可贵乎？一、为通行者十之七：有清中叶之书，叠经沧桑，昔为寻常，今已难得。近时名家所刻，则插架甚备，又多出先生所校雠者，一代刊书之盛，实与有倡助之功。至四方故旧所贻赠先集自著，皆试印新本，为晚清、国初驰誉艺林者，几毕萃于此。卷册繁多，自非征集所易也。先生家世儒素，求书匪易，节衣缩食以得之，卒业乃已。历数十年，积数万卷，虽不足与名藏家相颉颃，若撷其精而噬其蔵，岂他人区区以多藏为富者哉！观其经丹铅者，一字未尝放过，即略加批点，亦复纸敝墨渝，浏览洽熟，读之精且博如此，为吾家涧宾而后一人也……（《顾廷龙文集》页136）

这段跋文，言简意赅，不仅较全面反映章氏四当斋藏书之概貌，亦示后学以治版本目录学之蹊径。是年十一月下旬先生于致叶景葵信中复自谦其编目之事称："《四当斋书目》承许能表彰式老劬学之里面。龙编纂时，确曾刻意于是，惟目录体裁所限，无发挥之地，今邀洞鉴，快幸何如。此目编印匆遽，尚欠详核，必多讹误"。（《顾廷龙文集》页744）足见先生治学之谦抑。

《四库简明目录标注》为治目录学者所必读，先生于1939年春在燕馆时，有书贾持此书求售，即为之写跋云："见板格镌'算鹤量鲸室'五字，书衣又有端陶斋题字，知为章式之先生所钞赠者，惟阙失四卷，殊为可惜。余以此本眉上增注多于刊本，曾录示邵伯絅先生，而章氏原本及此板格均即寄在馆中，钞补甚易，可为璧合，岂不善哉！"（《顾廷龙文集》页155）邵氏为《标注》辑者，前辈学人互通有无之风格，远胜今人，弥足钦敬。十余年后即1955年元旦，先生复为朱学勤手批《四库简明目录》写跋而论及版本目录学之重要性及"标注"之做法云：

治学而不习目录版本之业，犹访胜境而徘徊于门墙之外也。……从事目录之学四库总目搜集较富，犹堪津逮。当清咸同之际，学者奉为圭臬，钻研称盛。仁和邵懿辰位西首以《简明目录》创为标注之业，一书数本，详加罗列，以资考稽。踵起者，以独山莫友芝郘亭、朱学勤修伯为最著。三人者各注见闻相互交流展转传钞多所增益，壹皆以邵氏为蓝本耳。……"标注"之业，见闻所牖，永无止境，必赖来学之踵事增华，不能成于一手者也。三家之著，聊作备忘，初皆未必有成书之意，故俱未能及身写定。邵本得章汇录各家所订补，遂最详备。惟以雕板印数不多，售价既昂，且禁翻印流传，以致甚稀。莫本经绳孙辑成后，任人复印，几为治目录者人手一编，书林相沿，知莫多于知邵。朱本仅有传钞，知者益鲜矣。（《顾廷龙文集》页156）

顾廷龙先生于1940年初曾应约撰《目录学》，旋以版本图说较有精彩，拟改撰《版本图说》，并即筹划进行，于是年五月间在致顾颉刚信中陈述其编撰计划说："《版本图说》已属草大纲，宋元部分已成，现拟明清部分，全无依旁，较为万难，亦较能最有精彩，将来分出，即可先出明清部分，尊意如何？"（《顾廷龙文集》页773）并言自排列刊版纪年着手，"将明刻本刊板纪年者，分别开列，即以年为经，以目为纬。藩府所刻另列，以便查考。考究明本，尚无人及之"。（《日记》，见《顾廷龙年谱》页119）七月间又在致顾颉刚信中论及其事称："《版本图说》因明本向少人留意，故先从事于此，以便人之参考，叙例、目录，业已拟好……"。（《顾廷龙文集》页773）次年二月，为难得之明洪熙本《欧阳修撰集》作跋，特志其得书之喜悦云："比岁，潘君景郑与余有《明代版本图说》之纂，历朝以次，惟仁宗在位仅一年，洪熙刻本，尤为难得，久访竟无一遇。施君韵秋主南浔刘氏嘉业藏书楼事，承以楼中有洪熙本《欧阳修撰集》见告，并荷商假，于是难得之刻，难得之集，竟获展卷览读。"八月间，先生与潘景郑氏，历尽编校、摄制、著文之劳，《明代版本图录初编》大致编就，先生亲为作序，言其始末云：

襄时藏家书目，多不著版本，虽载及明人著述而不能考其刻年。范氏天一阁藏明本最富，阮元为编目录，始称稍详。近惟陈氏听诗斋之《明人别集目录》，蒋氏传书堂之《善本书目补遗》，陶氏涉园之《鉴藏明板书目》，是皆专于明本者，而刻年亦未能详识。若叶德辉、莫伯骥两家读书志，摭录较多，原委分明，而惜非专著。故今人欲研究明代版本，无所取证，每感参考无资之苦。余夙有纂辑目录学一书之志，拟分三编，曰流略、曰图录、曰校雠，断代为章，复各析以时、地、公、私之作，俾有系统可寻，条理可睹。前年之春，曾欲以清代刻本为始，时与妇弟潘君景郑邮简商榷……旋邀景郑来共编摩，接席商兑，重订体例……首辑《图录》，以重雕版之源流，风气之趋尚，又先由明代入手者。盖宋元本书景及景印之本，流传已广，不难访致。明本则汗漫无归，按索无图而求之弥难。兹就吾二人研说所得，先为初编，虽不能备，聊补所乏。丁时丧乱，搜辑不易，幸得杭县叶氏、海盐张氏、吴兴刘氏、天津华氏诸家及涵芬楼，慨然相示，至可感篆。摄影撰说，历时两年，景郑之力居多……（《明代版本图录初编叙》，见《顾廷龙文集》页158）

此序记《明代版本图录》纂辑缘由、体例等甚备，足为检读之导引，虽为先生版本目录学领域之合作，而擘画周详，图文并茂，前可补先贤之不足，若用以比照图籍，鉴定版刻，更嘉惠后学甚巨，无怪《图录》合作者潘景郑先生于书跋中极推其书曰：

诸家书影之辑，于版本有先河之功。惟专录宋元，未有类次，荟萃之业，屠门大嚼，祗足快意，以诒来学，抑且未具。叶氏《书林清话》论版本详矣，罗陈虽宏，实征攸待，可备掌故，靡以考镜，此吾《版本图录》之作所由。梦寐向往，不惮矻矻，穷年会隶分举，勒为初编，以资讨理者也。先之以明代者，以宋元书影有传，而清刻传布綦广，胪举非易，绩以用缓。惟朱明承先启后，继往昭来，传递之迹，有所踪寻，而其精粗高下，尤足以觇文献之盛衰。是用分别部居，粗陈纲要，类别十二，影逾丽叶。时值板荡，瓻借惟艰，责全求备，以俟后贤。是役也，吾姐夫顾君起潜实综大纲，发凡起例，君力居多……（《明代版本图录初编》跋）

顾廷龙先生之于版本目录学诸识见，除见于《图录》外，多散见于各文。有直抒其有关版本目录学之见解者。

1961年底，先生撰《版本学与图书馆》一文，涉及广阔，资料丰富，畅论版本之定义及其与图书馆之关系云：

依我看，版本的含义，实为一种书的各种不同的本子，古今中外的图书，普遍存在这种现象，并不仅仅限于宋元古籍。在九世纪以前，经过不断的传写，在印刷术发明以后，经过不断的刻印，因而产生了各种不同的本子。有了许多不同的本子，就出现了文字、印刷、装帧等各方面的许多差异。研究这些差异，并从错综复杂的现象中，找出其规律，这就形成了版本之学。所以版本学的内容实在是相当丰富的，如关于图书版本的发生和发展，各个本子的异同优劣，制版和印刷的技术，版本的鉴别，装订的演变，以及研究版本学的历史等等，应该可以成为一门专门的科学。……中国讲版本之学，起源很早，逐步的发展，研究对象很明确，内容很丰富。过去藏书为私人所有，非有特殊交情看不到的，而且也看不到很多的。名流学者尚且如此，劳动人民和一般知识分子更无法见到了，以致这门学问难以发展。还有自命不凡的人，往往鄙视版本，以为版本仅仅是讲宋元旧刻，几行几字，边栏尾口等等。讥讽地说，版本学就是那么一些罢了。……只有更好地从事版本学的研究，与整理古籍和其他研究工作，分工合作，相互配合，更好地为科学研究服务。不要为版本而版本是很必要的。（《顾廷龙文集》页454）

顾廷龙先生于晚年虽自谦其版本目录学居于个人致力之学术领域之第三位（一小学，二书法），但在上世纪七八十年代先生年逾古稀时，不仅积极投身于主编《中国古籍善本书目》的版本实践工作，编写《古籍版本概述》和《唐宋蜀刻本简述》等教材，以普及版本知识，培训版本人才。而且还在不同场合，和不同人沟通商榷，发表较多的有关版本学见解。如对王绍曾氏所编《古籍目录版本校勘文选》之选目建议（1980年），对研究生发表"讲版本不能局限于宋元本"和"版本为专用名词，不仅宋、元本，而应包括各时代的抄本、校本、稿本"等论点（1981年）。在一次整理古籍会议上先生呼吁"整理古籍要懂得古籍目录学"，在与沈津君函商编美洲地区善本书目问题时，曾论及善本标准问题说："善本标准，我最近又仔细考虑了一下，觉得三性是不错的，是可行的。但是'善本'的这个名称，应该与张之洞的说法要有区别。张之洞《书目答问》的标准，是对当时的士子（仿佛现在的中学生），自修用书善不善的标准。现在我们的善本，是从文物角度出发的，所以不能以张之洞的说法，与版本目录学角度不同。"（1986年）在为纪念张元济百二十年诞辰的文章中，先生语重心长地说："目录版本是一门实学，非空谈者所得知"（1987年）。在为《中国历代图书著录文选》所作序中说："在我国古代典籍中，有关目录学、校雠学、文献学、版本学等方面的学术资料，至为丰富，学习之，研究之，借鉴之，有助于进一步充实现代图书馆学的内容，并使其具有中国的特色"。在为严佐之先生所著《近三百年古籍目录举要》序中重申目录之学与治学之重要性说："书目为治学之津逮，否则，摘埴索途，事倍功半。年来研究目录者众，凡治学者，必先熟悉目录，是为入门之径。至于研究编纂目录之体例，著录之方法，分类的详略，简目与书志之异同，是可谓之目录之学。"（1990年）而1989年2月为拙作《古典目录学》所撰叙文，不仅对拙作予以公正评论以资激励，更为古典目录学作较全面论述。先生于叙中论古典目录学之产生、发展及功能，极为详审。首论目录学之源流云："中国目录之学，源远流长，自刘氏父子创为《别录》、《七略》以来，代有发展。在封建社会长期形成的经史子集四部分类成为传统目录学的主流。"次论目录学的发展称："古典目录学从其发展过程来看大体上与中国封建社会相始终，新夏先生谓'中国封建社会的目录工作，从一开始就不是单纯技术性的图书登录工作，而是从学术研究的角度着眼'，我很赞成先生的看法"。再论目录学的功能称："学者若从事我国古典文献的整理研究，更有必要掌握其基本理论与方法，以及这门学科的历史"，"章学诚所谓'辨章学术，考镜源流'，确实道出了古典目录学的主要功能。我认为这是古典目录学的优良传统，值得借鉴"；并结合当时正主编之《中国古籍善本书目》的实践而论二者之联系说："关于此目的著录要求与分类方法，经过广泛征求意见和讨论研究，在许多方面采取了古典目录学的基本做法，而有所变通和发展。"先生还对拙作给以肯定说："在总结前人研究成果的基础上，独抒己见，撰为专著，名曰《古典目录学》是一桩极有意义的事"，"窃惟此作广征博引，深入浅出，叙述简要，议论平实，颇多创见，足为研究古典文献及传统目录学者入门之阶梯"。（《顾廷龙文集》页115）奖掖后学之情，溢于言表，令人感动。

顾廷龙先生有关版本目录学的论述，虽多散见于各文，然钩稽荟萃，已得版本目录学之精要。这些宝贵遗产对后来学人，尤其是从事版本目录学研究者，更应继承发扬。今值先生101岁冥诞，缅怀先生音容笑貌，不禁黯然，重温说论，益当砥砺，敬撰此文以祭。设有不洽，尚祈诸贤达指正！

二〇〇五年十月写于南开大学邃谷

原载于《新世纪图书馆》2006年第1期

《史籍考》的遭遇

　　《史籍考》是章学诚以其目录学理论指导实践的成果。他从乾隆五十二年在河南巡抚毕沅的资助下，于河南开封开始创制《史籍考》，参加纂修的人员，除章学诚外，还有洪亮吉、凌廷堪、武亿等。在这一工作开始之初，章学诚撰写了《论修史籍考要略》一文，为全书编写中的收书范围、分类标准、编写方法和有关注意事项等重要问题作了大致的规定。不久，因为毕沅移督湖广，全书修撰工作又移至武昌继续进行。由于章学诚等几位学者坚持不懈地工作，至乾隆五十九年，《史籍考》一书已粗具规模。正在全书即将转入修改阶段的重要时刻，这一工作却因毕沅降授山东巡抚并停止了对该书修撰工作的资助而陷于停顿。为此，章学诚曾先后向当时担任要职的阮元、朱珪、谢启昆等呼吁援助。嘉庆三年（1798年）在浙江巡抚谢启昆的资助下，章学诚携稿至杭，并在钱大昭、胡虔、陈鳣、袁钧、张彦曾等著名学者的资助下，借助于文澜阁的丰富藏书，重新开始了对《史籍考》的修改和增订。经过两年的辛勤努力，全书内容较武昌原稿已增四倍，卷数也由原先之百十来卷增至五百余卷。正在此时，谢启昆调任广西巡抚，章学诚以老病未能从行，这一工作遂又告辍。此后不久，章学诚病逝，这部未完之作也隐晦不闻。直到道光中，该书之武昌原稿和杭州增订稿才辗转流入当时的漕运总督潘锡恩手中。潘以原书"采择未精，颇多复漏"，因又邀当时著名学者吕用贤、许瀚、刘毓崧、包慎言等从道光二十六年（1846年）开始对全书进行了删复、补略、校舛等工作。两年后，这部三百卷的史学目录巨著终于完成并于当年将该书手写本以及章学诚的武昌初稿、杭州修改稿和潘氏全部藏书三万卷一起贮于潘氏泾县故里。但不幸的是，十年之后，潘家藏书失火，《史籍考》清本"与藏书同归一炬，并原稿亦不复存"（清潘骏文：《乾坤正气集跋》）。这部经由十数位学者尽六十年之力编就的目录巨著遭到了亡佚的命运。

《史籍考》亡佚后，保存在《章氏遗书》中的《论修史籍考要略》、《史考释例》和《史籍考总目》等三篇文章就成了探求《史籍考》内容的可贵文献。

原载于《依然集》（当代学者文史丛谈）　来新夏著　山西古籍出版社1998年版

说两部导读目录

开列书目大多是若干学有所成的学者应邀而作，或为指导学生读书、科研之所需，其性质都属于导读目录。梁启超、鲁迅和胡适诸先生都开过这类书目，对后学有引入门径的作用。不过在他们以前就有两部值得注意的导读目录。一部名《书目答问》，是张之洞任四川学政时应诸生要求，在学者缪荃孙的协助下所编，特别注意数量和得书的难易，共收书二千余种，比较切合实际，受到读书人的欢迎，后来江人度、范希曾、叶德辉等人为之笺补，使该书声名鹊起，近代目录学家余嘉锡先生还用此书作为目录学课程的主要教材，更使许多文科大学生都熟知此书，琉璃厂古旧书店的学徒也由老板指定《书目答问》为必读书。

另一种导读目录，不太为人注意，名气远逊《书目答问》，那就是清代音韵学家龙启瑞所撰的《经籍举要》。龙启瑞（1814—1858）字辑五，号翰臣。广西临桂人（今桂林）。道光二十一年状元，照例授官修撰，名重一时。他是最早提出太平军起义前广西危机四伏局势的人，他在《上某公书》中说："窃念粤西近日势情，如人满身疮毒，脓血所至，随即溃烂，非得良药重剂，内扶元气，外拔毒根，则因循敷衍，断难痊愈，终必有溃败不可收拾之一日。"龙氏的观察和分析，果如其言。

道光二十七年，他在任湖北学政时，曾在幕友刘传莹协助下，为应考诸生纂《经籍举要》这样一部推荐目录。《经籍举要》按经史子集编次，每部收书数十种，共收书百余种。在四部编次之后，又按作用分为六类，即约束身心之书、扩充学识之书、博通经济之书、文字音韵之书、诗古文词之书及场屋应试之书，分别收书数种至十数种，共收书七十余种。前后统计达二百余种。龙启瑞在卷末识语中曾申明其著述目的说："右所举各书，皆于诸生有益，所宜置之案头以备观览。其为目多而不繁，简而不漏，由此扩而充之可进于博通淹雅之域。即守此勿失，亦不致为乡曲固陋之士。"

这种自我估计颇嫌过高。撰者的目的是备诸生入门作阶梯，而不是什么专门著作，所以其体例不甚统一，有的仅列书名、撰者，有的则注明版本，有的更写有叙录，颇为读书之助，如经类所著清胡渭所著《禹贡锥指》下即写有叙录说："是书于古今地理，考证详明，援引诸书尤繁富而有断制，乃学人所最宜究心者。"有的类尚附有双行小字，如集类下注称："古人文集，浩如渊海，今就其有益于德业者著之。"不免有道学气。《经籍举要》虽在质与量上都难与《书目答问》相敌，但它终究是较早的一部有导读意义的推荐目录，而且其中还有不少可以参酌的治学观点，为治目录学者不可不一读之书。

原载于《来新夏书话》（文献学丛刊）　来新夏著　台湾学生书局2000年版

图书馆学

我与图书馆

【编者按】 每当图书馆大门打开的时候，人们川流不息地涌进图书馆。其中，有白发苍苍的老专家、老学者，有年富力强的中年科技工作者，也有朝气蓬勃的青年。他们为攀登精神文明和科学技术高峰刻苦学习。看到这种情景，作为图书工作者是何等的振奋啊！

提起图书馆，许多名人、学者都热情地给予高度评价，把它誉为培养人才的摇篮，孕育科学成果的沃土，开掘知识的"宝山"。广大青年读者更称赞它是知识的源泉，是良师益友，自学深造的学府，攻克科学堡垒的战场。由此可以看出，图书馆以它丰富的藏书所起的巨大作用，已为越来越多的人所认识和重视。人们迫切需要图书馆，渴望利用图书馆。

宣传图书馆，引导读者利用图书馆，是每一个图书馆工作者义不容辞的职责。然而，如何启发读者善于利用图书馆？这一课题对不少青年图书馆工作者还是陌生的。为此，本刊从这一期开始开辟"我与图书馆"专栏，约请全国知名的专家、学者，老一辈图书馆工作者和关心图书馆事业的各界人士，畅谈自己利用图书馆读书治学、从事科研活动，以及从事图书馆工作的经验和体会。本期先予发表南开大学图书馆学系主任来新夏教授的文章。期望海内专家、学者和图书馆界同行们支持我们把这一栏目办好。

在人生旅程中不知不觉地过去了一个花甲。回顾往事，萦绕于怀的是要检视自己的学术道路。在那悠悠岁月中，是谁伴随着我行进在这条既艰苦而又充满乐趣的道路上？这首先不得不使我想到作为知识供应站的图书馆和那些终年默默地输送知识的哨兵——图书馆员。我是图书馆的受惠者，而又是希望献身于它的志愿兵。我与图书馆的因缘也反映着我对图书馆的认识。

一、一颗种子

大约在五十年前，我正在南京一所小学读书，第一次接触到图书与图书馆的概念。这所小学有一间看来十分简陋的图书室，但我却感到它是豁然开朗的新天地。这间图书室虽然只有几架图书，但它却包含有科学知识、历史故事和文艺作品，而最能吸引我则是那套图文并茂的彩色儿童文库。这间图书室虽然只由一位劳作美术老师兼在课余开放二小时，但我却如探宝者之入宝山，从中知道了许多课外知识，朦胧地意识到知识还另有天地。那位老师不仅谆谆地介绍哪本书有趣、哪本书有用，还告诉我们要多求知识，回答我们一些疑难不懂的问题。这种实际上的参考咨询工作对我的幼小心灵确是起到了启动知识的作用。它像在我心里播下了一颗珍贵的种子，铸造了一种信念——要多知道事物就要到图书室去找，不懂的事可以去问管图书室的老师。这种原始式的对图书馆的朴素认识对我日后从事学术性工作起到了重要的启蒙作用。这种状态在中学时代仍然继续着。

二、三点一线

四十年前，我考入北平辅仁大学。大学图书馆与中小学图书室相比的确面目一新，迥然不同。进馆以后，恍若置身于书山学海之中，满目琳琅，任加翻检。一个个木匣中的卡片能指引我找到所需求的图书，然后请借阅台老师从图书库中得到输供。在这里可以利用更多的图书来加深和巩固课堂知识，也可以为自己的思想见解寻求到佐证，还可以为小露锋芒的撰述提供材料，更可以逐日补充知识结构中的缺陷。图书馆对我来说无疑是取之不尽、用之不竭的知识宝藏，是寻求知识的洞天福地。如果校馆不能满足自己的需求时，馆员老师还可以指引到北京图书馆和其他学校图书馆去借阅；或者通过馆际互借来满足自己的要求。我特别敬重那些终年掌管着知识宝库锁钥的馆员老师。他们总是沉静而有节奏地、恬适而不厌其烦地向后学输送知识，偶尔也会用一种舒缓的轻声解答疑难和指引门径。他们像长期深埋在地下而易为人所漠视的树根一样，一刻不停地在为地上那株枝叶参天的知识大树输送大地所给予的养料。我浸身于图书馆愈久愈感到自身知识的贫乏，愈感到自己知识结构的苍白无力。图书馆不断地逗引着自己对知识的贪欲。这种追求使自己的四年大学生活不自觉地形成了教室、寝室、图书馆三点一线的日常生活形式。三者缺一不可：寝室是恢复和补充精力的所在；教室是得到系统知识、获取门径的据点；而图书馆则是大量地不断输送知识的库藏，是进入学术大门、进窥堂奥的阶梯。一个大学生，特别是文史系科的大学生，如果只是满足于课堂知识，他只能是一个"好学生"和知识复述者。而图书馆则会培养造就更多具备基础知识的学子走向发展学科、推动学术的道路。我最初的几篇学术习作都是运用校图书馆的藏书，并在图书馆老师热情帮助下才勉强完成的。这种学步正是千里之行的起点。我的大学生活估算总有三分之一强是在图书馆中度过的。这对我后来能置身于学术工作起到了重要的奠基作用。

三、十分之八

三十年前，我正式迈上学术道路，先后在中国科学院和南开大学从事教学与科研工作。不管是日常的教学工作，还是长年的学术研究工作；不管是编写讲稿，还是撰作专著，都无一不与图书馆密切关联。三十多年的学术生涯使我和图书馆结成一种不可须臾分离的休戚关系。每当我写作一篇文章时，真正提笔为文的时间并不很长，而翻读群籍、搜集资料的时间却相对要多；文成后的拾遗补缺、校核订正更不能不隐身于图书馆；甚至当手写文稿变成铅字清样时还要到图书馆核订引文，考实论点。如果把一篇论文、一本专著的完成流程计算一下，成文时间相对少，所谓"十月怀胎，一朝分娩"正形象地说明这一点。过去陈援庵老师曾说过："论文必须有新发现或新解释。第一，搜集材料，第二，考证及整理材料，第三，则联缀成文。第一步须有长时间，第二步亦须有十分三时间，第三则十分二可矣。"那就是说成文以前占十分之八时间，这是老辈学者的甘苦之言。这十分之八的功夫主要花在图书馆，也只有图书馆才能提供这十分之八的用武之地。我的著述生活使我确有同感。即以我所写的几本专著中的《近三百年人物年谱知见录》而论，固然有自己的勤韧劳作，但不可否认地也浸润着图书馆人员的智慧与汗水。《知见录》的创意就是已故南开大学图书馆馆长冯文潜教授的建议。那是近三十年前的往事，当时我正担负中国近代史的教学工作，不时翻检些近代人年谱。冯老发现后就向我这个年轻后辈建议：为什么不把翻读过的年谱写成提要供人利用、为人节劳呢？我接受了这个建议，几经寒暑、多遭困厄，数写其稿，终于完成了这部五十余万字的目录学著述。在这期间，馆员殷礼训同志为我联系线索、馆际借书，费尽了心计。还有更多的同志为我检书核订，减去了许多繁复的麻烦，为我增添了无形岁月。如果说，我能从学术上向社会作些微薄的贡献，那是离不开图书馆和馆员朋友们不计功利的帮助的。我应该感谢这种真挚的友情。如果忽视，甚至轻视这一点，那是对真挚友情的背弃，是对文化输送渠道的重要意义缺乏足够的认识。愿从事学术工作的人们首先来爱护图书馆，敬重图书馆员，努力转变社会偏见，公允地评价图书资料工作吧！

四、十年树人

"人间重晚晴"，这是诗人借景喻情的善良愿望。我不是诗人，但我理解它的诗意。我不单要珍视人生晚晴的豁朗，我更要珍爱对图书馆事业的"晚情"。我是图书馆事业的受惠者，也有志做一个图书馆事业的效力者。从目前花甲到未来古稀的十年应该是我对图书馆事业涌泉相报的十年，我要把垂暮之年奉献给图书事业。四年以前，党和国家满足了我的心愿，分配我兼办新的图书馆学专业。我虽然感到许多问题比较生疏，不如原专业那样熟练而易于见功。但为酬夙愿，毅然肩负起"树人"的职责，招录了一百三十余名学生，为天津市培养了第一批专业人员。流光如逝，瞬息四年。在这些学生从对图书无知、少知到略有所知，乐此不疲而即将走向社会、投入新的生活之际，我思绪万端，莫能自已。四年来的烦劳与若干困扰，换来了欢乐与希望。我希望这些新蕊，绽露新颜，热爱图书专业，像几十年前培育我们的那些老一辈图书专业人员一样，把知识输送给人们，增添人们的生活乐趣，树立人们的事业理想，使号称文明古国的祖国更加文明，而我呢？要像诗人所说那样："莫笑老圃秋容淡，犹有黄花晚节香。"我要不歇脚地再干它五年、十年、十五年……直至生命的最后一息，为图书馆事业更多地"树人"。

一九八三年五月一日

原载于《山东图书馆季刊》1983年第2期

喜迎图书馆事业的春天

1979年7月9日是中国图书事业史上值得纪念的日子。这一天，中国图书馆学会正式成立，同时举行了图书馆学的第一次科学讨论会。这一天，祖国各地近二百位代表聚集晋祠，共商事业的大计，旧雨新识，无不喜形于色。我也有幸躬逢其盛。经过为期不长的八天时间，使我深深感到这是一次空前的盛会，更是一次吹响进军号角的动员大会。

所谓空前是说图书馆学能有自己的专门性学术团体确是中国图书事业史上前所未有的创举。它不仅解放前没有；解放后虽然早在二十三年前就已创议筹办，但中间历经曲折，直至二十三年后的今天才得正式成立。这不正是空前吗！所谓盛会是指出席这次大会的既有参加革命多年的老干部和一生从事图书馆事业的老专家；也有成年累月勤勤恳恳，埋头苦干，为图书馆事业和图书馆学理论作出应有贡献的基层干部和学术上的后起之秀。既有年近八旬、志在千里的前辈；也有风华正茂、如日方中的继起者。少长咸集，济济一堂，各抒己见，畅所欲言，推诚相见，互为补益。各地提交大会的论文达一百七十余篇，会上宣读交流的也有五十三篇，它们涉及的内容既有我国优秀文化的传统科目，又有反映先进科技水平与"四化"密切关联的广阔领域，真是百花绚丽，沁人心脾。所有这些，难道还不可以说是漪欤盛哉吗！

空前的盛会只不过是这次大会的一个方面，更重要的是人们在歌颂盛会的激情中，清楚地听到了向新征途进军的雄伟号角声。人们都把自己的毕生事业和学术生命与祖国宏伟远大的战斗目标紧紧地联系在一起。在大会的报告讲话和学术论文交流中，既详尽地阐发了在安定团结的大好形势下确已具有了顺利进军的良好条件，从而坚定了信心，鼓足了干劲；又认真地分析了前进道路上的种种矛盾关系，从而认识到任重道远，必须下定决心去英勇奋战。既启示了遥远的美好前景，吸引我们前进；又落实了近期的工作计划要点，使人人心中有数。这是一组音色润美、音调和谐的号角声。它号召人们、催促人们从四面八方奔向一个共同目标——解放思想、开动机器，为推进社会主义图书馆事业和图书馆学的大发展而作出应有贡献以适应社会主义现代化建设的需要。

空前的盛会和进军的号角说明了我国的图书馆事业和图书馆学的学术研究已不只是散发着春天的气息，而是春意盎然、春色满园的大好春光。每一个热爱祖国、热爱社会主义事业的人，又怎能不心怀喜悦来迎接这明媚骀荡的春天呢？

我一直从事文史工作，对于图书馆学还是一个新兵；但我不自居于"业余"，而愿以热爱我文史工作的本业那样，把图书馆学作为我的第二本业。我虽然已是望六之年，但仍然决心以"花甲少年"的精神在图书馆学的领域中，加快步伐，不惜精力地去从事中国古代图书事业史和目录学等科目的学习和探讨，为我国的图书事业和图书馆学的发展竭尽绵薄之力，做一个添砖加瓦的小卒。

原载于《图书馆学通讯》1979年第2期

试论图书馆学教育的发展与改革

【编者按】 本文系作者于1983年4月在武汉教育部召开的"图书馆学情报学教育工作座谈会"上所提交的论文。其中"三层楼制"的建议部分曾在全体大会上作过口头发言，后为《大学图书馆通讯》第五期所发表。现为保持全文完整依旧收入。

一、问题的提出

为了加快四化速度，开创社会主义建设的新局面；掌握科学技术和开发亿万人民的智力，将成为日益迫切的任务，而开发图书资料资源恰恰正是实现上述任务的一条重要渠道。因此，当代许多国家都把图书资料同能源、材料并列为现代社会中的三大支柱，称它为"第二资源"或"无形财富"。但是随着科学技术发展速度的愈来愈快，图书资料更以惊人的速度增长着。从我国图书不大快的增长量来看：1911年以前有目可查的图书为181755种；1911年至1949年的三十八年中约为十万种；1949年至1979年的三十年中约为504781种（新书335185种）。那就是说解放后三十年出版的新书已是辛亥革命至解放前三十八年出版图书的3.35倍，是清以前历代图书总和的1.8倍。世界上图书增长率则更为迅速，如1950年至1970年，平均每年增长4%。这就形成人们常说的"知识爆炸"现象。面临这种"知识爆炸"的形势，就必然要求图书事业加速发展。而决定能否实现这一事业加速发展的最主要的基因则是需要有大量具备图书专业知识的人才。但是，环顾我国图书事业的现状则又明显地使人感到两者存在着较大的差距。根据1981年的不完全统计，全国各类型图书馆、室有二十五万多个，专职工作人员有十四万三千多人，其中受过专业训练的有三千多人，占2%左右。又根据最近对天津市28所高校图书馆人才结构初步调查，共有工作人员704人，其中业务人员571人，而受过专业训练的只有21人，占全部业务人员的3.6%强，这就迫切需要一定数量的专业人员来补充；可是，若考察人员的输送来源，则不免使人感到问题的严重性。我国现有由部、省、市批准建立的图书馆学系或专修班的在校生一千五百人左右，加上函授和业余教育的学生方有三千多人。假设以目前这些教育机构的规模，并在现有图书馆业务人员不增的情况下，要使专业人才能达到占全部业务人员的20%（人才结构的更新每年最多七八百人），那么最少需要四十多年，而这四十多年间的社会发展、知识膨胀、机构增设、人员扩编等等变化又是多么令人难以估量！这种局面将使专业教育与专业需用永远处于你追我赶而赶不上的窘境。要摆脱这一窘境，只有加速图书馆学教育的发展。这就是我的第一点结论。

那么，图书馆学专业教育究竟应该如何发展呢？是不是仍然按照几十年来习惯了的旧模式按部就班地来兴办专业呢？这从数量上、类型上、速度上的要求看，似乎都难以适应。因之，必须从体制上有所改革，必须在现有基础上进行多类型、多层次的改革，以满足各类型图书馆的不同需要。图书馆学教育必须改革，便是我的第二点结论。

一兴一革，这是历史赋予当代的要求与使命，对于这种兴革可以允许多种设想，可以走不同的道路。殊途同归，万流归海。我只是想提出一些不成熟的臆念作为万流中的一支细流，为图书馆学教育事业的汪洋大海倾入一勺水。

二、兴办新专业首要解决的问题

发展图书馆学专业教育的主要途径就是改变目前我国专业教育机构不足的情况。根据最近的资料，美国的图书馆学院、系星罗棋布于全国，在四十六个州中都创立了为数不等的图书馆学教育机构，其中加利福尼亚和伊利诺宜斯两州各有二十多个这类机构。而我国全国只有十七所高等院校有这类系科或专修班，有些地区如西南、西北尚为空白。因之，每当论及发展问题时，往往提出"合理布局"的说法。"合理布局"之说是无可非议的，但它决不应只理解为地区布局问题，而应考虑到类型的布局、任务的布局等等。比如有些空白地区应该增设；有些重点学校已具备办专业条件（指师资、教材等）也应该兴办；有些历史久、条件好的老专业便应该承担提高专业水平的任务；有些地方所办专业除本科外还应全面承担地区的培训、函授等业余教育任务；各地专业不要搞清一色模式，而应分别赋予特色，使它各有侧重。所有这些都应理解为是"合理布局"。"合理布局"应作为兴办新专业的指导思想。

但是，当具体着手兴办一个新专业时，还有些等待解决的问题。根据近几年创办新专业的体会，我认为必须首先解决计划、师资、教材和教学方法等方面的问题。

（一）制定教学计划

制定教学计划是开办新专业的重要环节，它关系到培养目标和课程设置。为了制定出既适合社会需要，又符合教学实际的教学计划，必须采取集思广益，谨慎从事的态度，经过借鉴征询、反复推敲、多次修改，最后拟定草案。

南开大学分校在初办专业拟定计划时，一面搜集已办专业的各校计划，一面邀请图书馆学界人士提方案，然后对这些计划进行分析、比较与综合，提出了初步意见。在培养目标问题上，认为培养出来的人才不仅能处理当前图书馆的日常工作，同时还能够承担学术研究与参考咨询工作，并有志于实现图书事业现代化的历史任务。在课程设置上，当时是有过争论的，主要有两种设想，一种设想认为既是图书馆学专业，就要专在图书馆学上，学生以学本专业为主，其他课程尽量减少，达到图书馆学本身的专精。第二种设想是一部分同志根据自己多年的实际工作经验提出来的。他们认为：图书馆工作涉及的知识范围广，技术性强，作为一名图书馆专业人员必须具备广博的知识和必要的语言工具。在雄厚的学科知识的基础上，然后再求得专业知识的专精。同时也只有在广博的学科知识的基础上才能求得专精。又认为，图书馆学的专业课都是实践性较强的学科。日后，通过实际工作的锻炼，在理论同实际紧密结合的过程中，专业知识会提高得更快。经过讨论，大家认为从实际工作需要考虑，后一种设想比较切实可行，有利于学生的培养，便决定采用这种设想——即在较广博的学科知识基础上，安排必要的专业课。具体安排是，四年共开设三十六门课，二千五百七十四学时，分为三类：

（1）基础课——共二十一门。包括语言课和学科课，共一千八百学时。

（2）专业基础课——共七门。包括中外文工具书使用法、图书馆学基础等课程，共三百六十学时。

（3）专业课——共八门，包括分类、编目、情报、文献等课程，共四百一十四学时。

另外还举办一些不定期讲座，如文学讲座、基础科学讲座以及邀请国内外专家的特约讲座等，借以丰富知识、开阔眼界、活跃教学方式。

当然，教学计划的制定是一个不断充实、不断完善的过程。它的主要依据是国家的需要和教育的本身规律；它的制定方法是集思广益，进行分析、比较与综合，并根据教学实践的发展不断进行调整，以求达到更好的效果。

（二）多种方式，组建师资队伍

教师是保证教学的首要条件，没有教学就谈不上办学，其他各项工作也无法开展。我们清楚地认识到，能否建设一支专业师资队伍，不仅是能否保证教学工作正常进行的重大问题，而且是关系到专业存亡的重大问题，因此组建教师队伍成为新建专业的头等大事，也是所遇到的最大困难之一。鉴于我国图书馆教育事业的落后，这方面的人才是难以迅速找到的。于是我们采取了用多种方式，组建师资队伍的方法。从不同的渠道挖掘人才的潜力，采用不同的形式服务于本专业的教学工作。

①培养后备力量。

青年教师是教师队伍中的后备军，他们精力充沛、刻苦好学、较少保守思想。培养他们发挥作用，使他们尽快成材，是新办专业当前需要，也是一项长期的任务。因此，给他们进修和实践的机会，大胆使用。具体做法，一是明确任务，提出要求，定期检查，即安排每人独立承担一门主课，规定上课的时间，提出备课和上课的要求，定期检查备课情况，这样使青年教师身有压力，干有目标，调动了青年教师的积极性。二是业务进修，系统学习。进修中的提高与在实践中提高相结合，以较快地胜任教学工作。

②调入专职人员。

我国图书馆学专业人员本来不多，十年动乱中也有一些人的专长得不到发挥。他们的专业方向问题长期得不到解决。如能通过社会调查，及时发现专业人员，经过原所在单位的同意后，使他们归队，这不仅充实了教师队伍，也发挥了他们的专长。

③调动社会闲散人员的积极性。

目前社会上有一部分图书馆界、教育界的同志年老退休，他们多数具有丰富的工作经验和知识才能，其中大多数人精力充沛，愿意把自己的有生之年和自己的知识才能贡献给社会，也可以把他们请来，作为招聘教师补充到教师队伍中去。

④挖掘在职专业人员的潜力。

有一些在职专业人员和教师，在完成本单位工作的同时，还有精力，也有时间再承担一部分教学工作，他们经验比较丰富，业务水平较高，有一定的教学能力，如把他们作为兼职教师，不仅能解决师资缺乏的困难，还可以保证教学质量。

⑤经常邀请各地、各单位专家学者做报告。

（三）多种方式进行教材建设

教材是学生学习和教师教学的主要依据，是进行教学工作的重要条件，因此教材建设是专业建设的另一个重要组成部分。由于图书馆学长期得不到应有的重视，图书馆学教材和参考资料很缺乏，对初办专业的单位，尤其感到困难。因此加强教材建设必须引起相当的重视。为了解决教材问题，我们采取了两条腿走路的办法。

一是自力更生，自编自印：几年来南开大学分校图书馆学系坚持自力更生，自编自印的教材有以下各种：

①《中国图书文献选读》，②《中文工具书使用法》，③《西文工具书》，④《图书馆目录》，⑤《古典目录学浅说》，⑥《藏书建设》，⑦《科技史》，⑧《图书馆学专业英语》，⑨《中国古代图书事业史讲授提纲》等。

二是进行外购和资料交换：新建专业虽尽力自编教材，但由于主客观条件限制，远远不能满足教学的实际需要。因此，必须与兄弟院校专业和有关专业单位联系购买，或通过资料交换等形式解决。

二者并行基本上可以满足教学需要。

（四）教学方法

①强调基础学科的教学。

我们的培养目标是为各种类型的图书馆培养研究图书馆学理论和从事图书馆实际工作的人才，培养出来的这些学生，既要适应图书馆工作的当前需要，又要适应图书馆工作的长远需要。因此应使学生有较强的适应性，而加强基础学科的教学是增强学生适应性的基础。同时，当前科学发展的趋势是学科越分越细，综合科学、边缘科学越来越多，作为知识宝库的图书馆应该遵循这一科学发展的客观规律，充分发挥图书资料的作用。而图书馆的分类编目、咨询等一系列工作正是使图书资料最大限度地发挥作用的重要手段，作为一个图书馆工作者要完成这些工作没有广博的知识是不行的，因此必须加强对学生的基础学科的教学，使之广泛地掌握各门基础学科的知识。

②基础学科的教学要突出专业特点。

在教学方式上，我们没有按照一般传统的做法那样，把学生安排到其他系科去学基础课，而是保留了本专业学生的建制。请有关学科课教师到本专业来讲课，要求在教学内容上突出本专业的特点。如在讲授历史课时，我们要求任课教师，在讲课过程中，要对文化事业、图书事业的发展史有所侧重。如在古汉语的教学中，我们要求教师编写适合于图书馆学专业使用的讲义，讲授的内容主要是关于中国古代图书事业的历史记载。这样既学到了学科基础知识，又了解了有关图书方面的知识。

③培养学生的基本技能。

图书馆学专业同其他一般学科的区别之一是实践性较强。它要求学生不仅要懂得理论。而且要具有在图书馆工作的实际能力，掌握一定的技能。这一问题在我们办学过程中得到了应有的重视。由于图书馆工作技能的掌握，是需要长时间的训练才能奏效的，于是我们进行基础课教学的同时，就组织学生搞了一些力所能及，而又能引起兴趣的活动。如打字是图书馆员的基本功，我们就买了几台旧打字机，每班发一台，又找了一些有打字经验的同志给学生辅导，学生利用课间、午休就可以练上一阵。这样，既丰富了学生的业余活动，又学到了本领。

三、图书馆学专业教育改革的两种设想

上面所述的是指目前发展新专业时首先应加注意并须妥予解决的几个问题，它可以应图书事业的发展而输送一部分专业人才；但从改变人才结构、提高人才素质，争取提前解决更新换代等问题来看，那么旧的教育体制就有进行改革的必要。探讨改革问题首要先立足在两点上：一是急四化之所急；二是从实际出发，不生搬外国体制。从这两点出发，我认为可以作两种设想：

（一）在新办专业试行双学位制①

图书馆学专业人才是掌握知识宝库，指引人们走向书山学海的人。他们需要博涉旁通，有广博的学科知识，善于为人解疑祛惑。因此，要求他们除了具有图书馆学专业知识外，还应具备较丰富而坚实的各种学科知识。过去图书馆事业的落后和图书馆专业人员未受到应有的重视，都与忽视这方面问题有关。因为人们误解图书馆工作人员是单纯地技术操作，而不认识它是在广泛学术基础上为教学科研承担参考咨询工作的学术服务工作。为了提高我国图书馆工作的水平，改变社会上长期存在的偏见，高等院校应主动承担起培养既有较深学科知识，又有图书馆学专业知识的人才的任务。而完成这项任务的最佳途径莫如采用双学位制。这是根据我国国情，并参考国外研究生院制而设想的一种专业体制。

双学位制的意思是图书馆学专业的招生来源不再是高中毕业生而是已取得其他学科学士学位的大学本科毕业生。学制二年，在这二年中主要学习语言工具及图书馆学专业课。可开设以下课程：

①外语（英、德、日、俄）选学二种

②图书馆学基础

③分类与主题

④图书馆目录

⑤工具书使用法（包括中外文的自然科学与社会科学工具书）

⑥情报学概论

⑦中国图书事业史

⑧科技文献概论

⑨国外图书馆与图书馆学

⑩选修课

⑪实习

⑫论文

经过二年专业训练后，通过论文答辩，可授予图书馆学学士学位。他们的去处是三大系统大中型图书馆的中层骨干人员和大专院校教学科研人员。他们经过几年工作实践，就可以独立承担指导与解决本单位业务问题，成为中层负责人或

---

① 参见李纪有：《举办双学位图书馆学专业的设想》，《大学图书馆通讯》1983年第5期。

学术带头人。

关于双学位生与硕士生是否可以折算，也可能有人认为硕士是向高深发展，而双学位则是横面铺开，在学识造诣上有差别。我们可以承认这一差别，但在工作上应是同等要求与待遇，即经过实习期后都将转为助研与讲师。双学位生经过两年工作实践可以报考硕士研究生，其在学时间应比本科报考生缩短，但至少有一年，通过论文答辩可授予硕士学位。或者采用在职研究生制。

这种双学位制在已有专业中推行困难较多，因为改变多年固定模式需要冲破若干障碍与阻力，而在新设专业推行则比较容易：一是不论采用什么体制，新专业都是从头做起，没有任何阻力；二是可以相对地节省人力物力；三是提高图书事业人才结构的成分，加速图书馆学专业人才的培养的周转率。

这种双学位制不仅可在图书馆学领域推行，而且在管理学、外语和教育学（旧大学教育院系有所谓副系之说）等学科领域都可试行，这将对我国文化教育事业的发展与提高有重要意义。

（二）在已有专业试行高、中、初三层楼制

如果说双学位制适用于新办专业，那么在已有专业中，为了稳步进行可以设想试行一种多层次培养方式，即所谓"三层楼制"。

三层楼制是对应图书事业需要不同类型人员而设想的。它可以不过多地牵动原有的本科四年制，而只是把四年划为二二制，再加上研究生制，即构成三层楼的结构型式。它的来源仍旧是高中毕业生或同等学力者通过统考招收，在招生时务必明确宣布图书馆学专业本科生实行二二制，中间要经过一次筛选。全学程分为二阶段。

第一阶段两年。这一阶段的培养要求是能担当各类型图书馆的具体业务工作，即要求学生具备图书馆学方面的基本知识与基本技能。因此，课程内容分三类，一是学科知识，二是语言工具，三是专业知识。这一阶段的教学侧重于技能操作训练。（具体课程设置见附表）

经过两年学习，进行过关考试（外语、综合业务知识），根据社会需要及学生水平确定2/3或1/2比例，截取前列名次部分升入第二阶段，其余部分按大专毕业生的学历安排工作，作为初级图书专业人员，主要去向是图书馆，承担各类型馆的具体业务工作。这部分人员经过至少两年的工作实践，通过自修图书专业理论性课程而确具一定业务水平者，即可以作为中级图书业务人员使用；应允许他

们以本科毕业生同等学力报考双学士生和硕士生。更应该鼓励他们坚守岗位，通过国家自学考试，累积成绩，取得本科大学生学历，并据学位法规定授予学士学位。

第二阶段也是两年。升入第二阶段的学生应在已有基础上向理论阶段发展，要扩大知识面，掌握多种技能。这一阶段的课程内容也分三类：一是语言训练，二是专业理论课，三是选修课（课程设置见附表）。这一阶段的最后一学期进行全流程的实习，并撰写论文或毕业设计。凡成绩及格，可按照学位法和有关具体规定授予学士学位或准予毕业。他们的去向主要是图书情报单位，作为中级图书专业人员，独立承担各单位的部门工作，应具备指导和解决本单位实际工作中问题的能力。经过两年的工作实践可允许他们报考硕士研究生。

附："三层楼制"课程设置规划草案

（一）前两年课程设置

学年学期	公共课	专业课	学科课
第一学年 第一学期 （周学时26）	政治（2） 外语（6） 古汉语（4） 体育（2）	图书馆学基础（4）	高等数学（4） 中国通史（4）
第二学期 （周学时26）	政治（2） 外语（6） 古汉语（4） 体育（2）	普通目录学（4） 图书馆目录（4） （实习二周） 藏书建设（2）	中国近代史（2）
第二学年 第一学期 （周学时26）	政治（2） 外语（4） 写作（4） 体育（2）	图书分类（6） （实习二周） 中国图书事业史（3）	社科基础知识（3） 心理学（2）
第二学期 （周学时23）	政治（2） 外语（4） 体育（2）	读者工作（2） 工具书使用（4） 现代化技术（2）	自然科学基础知识（3） 逻辑学（2） 物理概论（2）

（二）后两年课程设置

学年学期	公共课	专业课	学科课
第三学年 第一学期 （周学时24）	政治（2） 外语（4） 二外（2）	情报学概论（4） 西文编目（4） 专科目录学（4）	计算机基础（4）
第二学期 （周学时24）	政治（2） 外语（4） 二外（2）	情报检索语言（4） 西文工具书（4） 古籍整理（4） 国外图书馆（2）	统计学（2）
第四学年 第一学期 （周学时16）	政治（2） 二外（2）	科技文献检索（4） 选修课（2） （大学图书馆学、儿童图书馆学……）	科技史（4） 选修课（2） （中国文学史、中国史学史、西方文学史、书画鉴赏）
第二学期 （周学时10）	政治（2） 二外（2）	论文（6）	实习（一个月）

在本科四年制中推行划分两阶段的二二制有其一定的优越性：

一是打破大学生的大锅饭思想，消除学习吃力者的负担。原来凡考入大学就是平稳的四年，最后以所谓合格水平的本科学士生毕业，其结果虽同是学士生，但彼此差距甚大。个别人还可能优游轻取，致使在四年学习过程中，无法体现奖勤惩懒的精神。而二二制则可鼓励学生奋发争先，让他们在入学之初就知道在二年后将面临又一次筛选，而自强不息。这对于选拔人才，鼓舞士气是一种制度上的保证。至于有部分学生由于基础和资质的差异或因其他客观条件的干扰，继续学习确有困难，那么，早日走上工作岗位，发挥作用，比疲惫沉重地拖完四年要有益得多，愉快得多。

二是调动和促进专业课教师的积极性与进取心。每个专业课教师必须对同一课程具有承担初级与中级两种不同类型的能力。这个教师可以避免分担两种不同的课程，而只需积极地就其本身所承担的一种课程去准备两种类型。这样，他既可熟练本身这门专业课程，又可比较好地完成工作量。而教师编制又可相对地精悍。这是一举三得的办法。至于新参加教学的教师可先从基础知识入手，易于见功，而前面又悬有第二阶段理论提高课为目标，尤便于进取。

三是满足社会需要。目前各图书资料单位最感迫切的是需要具有专业基础知识并能实际操作的初级专业人员。二年制的大专生既比中专生更具有系统知识，能提高初级人员的素质；又有培养发展前途，出人才的周转率也高。而各单位更新了这部分结构，就等于奠定了一块稳固的基石。

四是有利于解决在职教育问题。在职教育是改变图书事业人材结构的重要措施之一，但在目前教育点较少、教学力量薄弱的现状下，由某一专业承担解决在职教育问题，在师资设备、教学组织各方面都有困难。尤其对解决较多数需要获得二年制大专学历的在职人员的教育问题，则任务更为艰苦。而"三层楼制"的第一阶段既符合这部分在职人员要求，又可不另行费力，而只需逐年附招一部分在职人员。这是既简便又有效的两利办法，可以取得一石二鸟的效益。

高等院校中的第一、二阶段就是设想中的两层楼结构。第三层楼就是研究生阶段。它可以根据目前研究生招收办法略作变通来加以推行，我想以实行研究生班制为宜，理由是：

（1）研究生的培养应改变那种师徒相承的一脉单传办法，因为这种近血缘的学术关系，好像一桶水倒到另一水桶中一样，纵然倒得十分认真（像导师倾囊相授那样），终究还是要减少一点，这样一桶倒一桶（一代传一代），最后水净桶空，于学术发展何等不利！而实行研究生班，可以由若干教师学者开设一主众辅的各种专门课，那么触类旁通，交错融会，博取众长，绽放新葩，发挥杂交优势。这像从若干细流汇成的大河中去挑水一样，不但不会减少，而且是取之不尽，用之不竭的。

（2）图书事业由于长期受到漠视，关于这一学术领域中的若干重要理论需要广泛开展研究，而且队伍建设需要大量的师资。因此，高级图书专业人才是非常急迫需要的。研究生班一次培养数量可以超过导师制近几十倍，甚至更多些。

研究生培养目标是图书馆学领域中的高级人员，他们的去向主要是三大系统的主要图书馆、高校及科研单位，承担教学、科研与参考咨询工作。他们将在图书馆学领域中的某一专门方面提出创见，对图书事业各方面工作进行理论性的总结概括，并指导与解决一些共同性的疑难问题。

三层楼制的优越性在于：一是在一个专业内培养多类型人员，可节省办学中的人力、物力和财力；二是适应当前我国图书馆界各类型人员均感不足的现实，在大体十年左右可以进行两轮更新；三是在已有专业推行时可以不大牵动原有体制而收移步不变形的效益。

四、简短的结语

图书馆学专业教育的发展与改革确是当前值得探讨的重要课题，我既无丰富的办学经验，又缺乏足够的图书馆学基本理论素养，是没有发言权的。虽然，文中有些提法是根据实践经验感到行之有效而希望得到指正以改进工作的，但是更多内容则是我闭门造车的臆想，尤其是改革部分的设想，更是一种主观上的愿望。它是否符合这一学科的本身规律，是否能付之于实践，到底有多大实际效益，都尚在疑似之间，而更大的可能是一些不切实际、违背客观规律的一孔之见。我衷心希望以此求教于同志们，得到批评与指正。

原载于《津图学刊》1983年第1期

"三层楼"制初议

为了加快四化速度，开创社会主义新局面，掌握科学技术和开发亿万人民的智力将成为日益迫切的任务，而开发图书资料资源恰恰正是实现上述任务的一条重要渠道。要保证这条渠道的畅通，需要有大量具备图书专业知识的人才；但环顾现状，却是专业教育与专业需要处于一种供不应求的窘境。要摆脱这一窘境，只有加速图书馆学教育的发展。不过，如仍然按照几十年来习惯了的旧模式按部就班地发展，那无论从数量上、类型上、速度上看，似乎都难以适应。因之，必须在现有基础上进行多类型、多层次的改革以满足各类型图书馆的不同需要。

改革是历史赋予当代的要求与使命，是全国人民人心之所向。图书馆教育的改革则是关系着改变人才结构、提高人才素质、争取提前解决更新换代问题的要务。探讨这个问题，首先要立足在两点上：一是急四化之所急，二是从实际国情出发，不生搬外国体制。至于方案设想应允许多样，使殊途同归，万流入海。我只是想提出一些不成熟的臆念作为万流中的一支细流，为图书馆学教育事业的汪洋大海倾入一勺水。

为了图书馆学教育改革的稳步进行是否可以设想试行一种多层次的培养方式，即所谓"三层楼"制。"三层楼"制是对应图书事业需要不同类型人员而设想的，它可以不过多地牵动原有的本科四年制，而只是把四年划为二二制，再加上研究生制，即构成"三层楼"的结构型式。它的招生来源仍旧是高中毕业或同等学力者通过统考招收。在招生时务必明确宣布图书馆学专业本科生实行二二制，中间要经过一次筛选。全学程分为二阶段。

第一阶段二年，这一阶段的培养要求是能担当各类型图书馆的具体业务工作，即要求学生具备图书馆学方面的基本知识与基本技能，因此，课程内容确定为三类。

·是学科知识：设《自然科学基础知识》、《社会科学基础知识》等课。

二是语言工具：设《图书馆学专业古汉语》、《现代汉语》、《写作》、《外语》（英、日任定一种）及中外文《工具书使用法》等课。

三是专业知识：设《图书馆学基础》、《普通目录学》、《分类与编目》、《图书馆现代技术》、《科技文献概论》等课。

第一阶段的教学侧重于技能操作训练。

经过两年学习，进行过关考试（外语、综合业务知识），根据社会需求量及学生水平确定大致2/3或1/2的比例，截取前列名次部分升入第二阶段。其余部分给予大专毕业生的学历安排工作，作为初级图书专业人员（中专毕业生应视作图书馆中技术人员系统），主要去向是图书馆，承担各类型图书馆的具体业务工作。这部分人员至少经过两年的工作实践，并通过自修图书专业理论性课程而确具一定业务水平者，可以作为中级图书业务人员使用；也应允许他们以本科毕业生的同等学力报考双学位和硕士生；更应该鼓励他们坚守岗位，通过国家自学考试，累积成绩，取得本科大学生学历，并可据学位法规定授予学士学位。

第二阶段也是两年，升入第二阶段的学生应在已有基础上向理论阶段发展，要扩大知识面，掌握多种技能。这一阶段的课程内容也分三类。

一是语言训练：设《中外图书文献选读》、《外语》（第二、三外语）。

二是专业理论：设《分科目录学》、《分类学》、《主题法》、《中国图书事业史》、《外国图书馆》、《藏书建设》、《读者工作》、《图书馆学理论研讨》、《科技史》等课。

三是选修课：设《古籍整理》、《书画鉴定》、《软件》、《建筑设计与科学管理》、《少年儿童图书馆学》、《视听资料的管理与利用》、《图书保护学》、《文学史》、《史学史》、《心理学》等。

这一阶段的最后一学期进行全流程的实习，并撰写论文或毕业设计。凡成绩及格，可按照学位法和有关具体规定授予学士学位或准予毕业。他们的去向主要是图书情报单位，作为中级图书专业人员，独立承担各单位的部门工作，应具备指导和解决本部门、单位实际工作问题的能力。经过两年的工作实践可允许他们报考硕士研究生。

在本科四年制中推行划分两阶段的二二制有其一定的优越性：

一是打破大学生的大锅饭思想，消除学习吃力的负担。原来凡考入大学，就是平稳的四年大学生活，最后以所谓合格水平的本科学士生毕业，其结果虽同是学士生而彼此差距甚大，个别人还可能优游轻取，致使在四年学习过程中，无法体现奖勤惩懒的精神，而二二制则可鼓励学生奋发争先，让他们在入学之初就知道在两年后还将面临又一次筛选而自强不息。这对于选拔人才、鼓舞士气无疑是一种制度上的保证。至于有部分学生由于基础和资质的差异或其他客观条件的干扰，继续学习确有困难，那么，早日走上工作岗位，发挥应有的作用，比疲惫沉重地拖完四年要有益得多，愉快得多。

二是调动和促进专业课教师的积极性与进取心。每个专业课教师必须对同一课程具有承担初级与中级两种不同类型内容的能力。这样，一个教师在一定阶段内只需积极地就本身所承担的一种课程内容去准备两种讲述类型，可以避免分担两种不同课程，就能比较好地完成教学工作量，而教师编制又可相对地精悍些。这是一举三得的好办法。至于新参加教学的教师可先从第一阶段的基础知识课入手，易于见功，而前面又悬有第二阶段的理论提高课为目标，尤便于进取。

三是满足社会需要。目前各图书资料单位最感迫切的是需要具有专业基础知识并能实际操作的初级专业人员。二年制的大专生既比中专生更具有系统知识，能提高初级人员的素质，又有培养发展前途。对于实际工作，可使人才周转率加快。初级人员的有计划更新就等于为图书事业奠定了一块稳固的基石。

四是有利于解决在职教育问题。在职教育是改变图书事业人才结构的重要措施，但在目前教育点较少、教学力量薄弱的现状下，由某一专业承担解决在职教育问题，无论在师资配备，教学组织各方面都有困难。尤其对解决较多数需要获得二年制大专学历的在职人员教育问题，则任务更为艰苦，而"三层楼"制的第一阶段既符合这部分在职人员的要求，又可不另行费力，而只需逐年附招一部分在职人员。这是既简便又有效的两利办法，可以取得一石二鸟的效益。

高等院校中的第一、二阶段就是设想中的两层楼结构。第三层楼就是研究生阶段。它可以根据目前研究生招收办法略作变通来加以推行，那就是以实行研究生班为宜，理由是：

（1）研究生的培养应改变那种师徒相承的一脉单传办法，因为这种近血缘的学术关系，好像一桶水倒到另一水桶中一样，纵然倒得十分认真仔细（像导师倾囊相授那样），终究还是要减少一点。这样一桶倒一桶（一代传一代），最后水净桶空，对学术发展不利；而实行研究生班，可以由若干教师学者开设一主众辅的各种专门课，那么触类旁通、交错融合，博取众长，定能绽放新范、发挥杂交优势的。这像从若干细流汇成的大河中去挑水一样，不但不会减少，而且是取之不尽、用之不竭的。

（2）图书事业由于长期受到漠视，关于这一学术领域中的若干重要理论需要广泛开展研究，队伍建设需要大量的师资，固此，高级图书专业人才是非常急迫需要的。研究生班一次培养数量可以超过导师制几近十倍，甚至更多些。

研究生这一层楼的培养目标是图书馆学领域中的高级人员，他们的去向主要是三大系统的主要图书馆、高校及科研单位，承担教学、科研与参考咨询工作。他们将在图书馆学领域中的某一专门方面提出创见，对图书事业各方面工作进行理论性的总结概括，并指导与解决一些共同性的疑难问题。

三层楼制的优越性在于：一是在一个专业内培养多类型人员，可节省办学中的人力、物力和财力，至少避免增设多套行政机构及人员；二是适应当前我国图书馆学界各类型人员均感不足的现实，希望在十年左右可以进行两轮更新；三是在已有专业中推行可以不大牵动原有体制而起到移步不变形的妙用。

图书馆学教育的改革是当前值得探讨的重要课题之一。我既无丰富的办学经验，又缺乏足够的图书馆学的基本理论的素养，是没有发言权的；但出于希望图书馆学教育事业能蓬勃发展的主观愿望，而闭门造车地提出一点个人臆想。至于它是否符合这一学科的本身规律，是否能付之于实践，到底有多大实际效益，都尚在疑似之间，而更大的可能是一些不切实际、违背客观规律的一孔之见。我衷心希望以此求教于同志们，得到批评与指正。

一九八三年四月于武汉

原载于《大学图书馆学报》1983年第5期

新时期的新任务

——论高校图书馆的改革

改革是历史发展的必然趋势，是实现现代化的当务之急。图书馆的改革，特别是高校图书馆的改革要与教育改革相适应，因而它的改革方向是面向现代化、面向世界、面向未来。图书馆将以这三个面向作指导进行多方面的改革。

图书馆的改革，既要加强政治思想工作，也要理解八十年代的精神，顺应时代潮流，按经济规律办事。当前改革的潮流就是为实现三个面向而努力，具体说就是要把服务工作面向四化建设，使全馆的水平能跻于世界先进行列，并能够看到未来的发展趋势，以这三个面向作指导思想进行综合治理与建设。要实现综合治理与建设就需要先提高思想认识，如在藏与用的矛盾问题上，就要改变以藏为主的藏书楼思想而为以藏保用、以用保藏的"以用为主、为用而藏"的思想，变知识宝库为知识喷泉，千方百计提供服务；在手工操作的基础工作与现代化手段的应用问题上，要充分考虑到我国的国情与具体馆情。

思想解放了，就是改革的好开端。认识到了改革是必然趋势，树立了信念，又有三个面向的改革方向，再从国情、馆情实际出发，集思广益，群策群力，制定方案，快步前进，那么图书馆的改革工作必将在较坚实的基础上得到顺利的推进，并获得成效。

南开大学图书馆就在这种思想基础上，设想从以下几个方面进行改革。

一、机构改革

新时代决定新任务，新任务便需要相应地调整与改革原有的机构来完成。这种改革要注意两个方面：

一是适应性，即适应新任务而创建或改建机构。为了迎接新的技术革命，重点在于实现现代化。结合国情、馆情，则应先从微机突破入手。这就需要建立一个专门技术部门，研究以现代设备设置为中心的各种现代技术——微机应用、复印、缩微、胶版翻印等等；要研究突破口的合理选择和开展步骤；要研究如何推广技术服务的设施方案。同时，随着新时代的要求，原来熟悉的东西可能被弃置，而某些不熟悉的东西则又急待填补。对于新技术、新知识要扫盲，更要训练基层工作人员，要辅导读者适应新变化、利用新手段。这些都迫使我们不得不增设辅导部来承担宣传、教育的新任务。

二是合理性，即根据客观实际，把机构调整得更为合理些。某些部门的设立从本身工作方便出发多，从学科体系和方便读者考虑少，因而人为地制作了一些障碍和纠葛。如流通方面横跨社会科学与自然科学而按工作便利横切为阅览部与参考部，既不能统管两大类图书，实际上名合实分，各自为政，出现文科借书点与理科借书点；又因流通与参考分割，其结果互争图书，各自担心书量少，不足应付读者，经常发生纠葛。这种不合理性如果按社会科学与自然科学两大科学类分部，从纵的方面把流通与参考拧成一条龙，则上述弊病就能祛除。

二、管理体制改革

这项改革是改革中最为敏感而棘手的问题，是调动群众积极性的最主要环节，也是标识改革成效的标尺。管理制度改革的中心环节是抓好三制的建立。

一是岗位责任制。任何一项工作首先必须明确岗位责任——即这项工作的职责是什么，它如何落实。我们要把工作人员定岗定位，然后按照工作性质作出多种形式的具体规定，或定量、或承包。定量指标应从最高、最低指标测定中取得中偏上的数据。承包不宜落实到个人，从农业承包经验看，大多数是落实到专业户。规定应按工作性质而异，如流通宜于定量，而编目、参考则宜于部组承包。

二是考核制。无考核即难见效益，岗位责任制也将流于形式。考核要有标准——即有科学测定依据并易见诸实行的硬性标准。如定量考核，西编每日人均标准若干种，中编若干册。承包则应有规格要求，如参考室有整洁、清理、开放时间，接待态度等规定。有了硬标准，即可按条计算考核，而不要耗时费事评比。考核要逐级负责，各部人员由部主任考核，部主任由馆长考核。考核不公，可越级申诉。目前的考核单位最好维持小锅饭，既要考核个人，也要统观班组，这样有利于协作团结。

三是奖惩制。有考核而无奖惩，不能体现奖勤罚懒精神，也不能取信于民。实行奖惩制的前提是必须有人权与财权。领导人对所属人员有权调动任免，对称职者可以擢升，对转换部门仍不称职者可以免职。财权可分两方面，一是承包经费，部门浮动；一是广开财源，筹集基金，论功行赏。除目前基本奖金（考勤奖）保留不动外，其他奖金一律实行逐级直发红包制，由馆长面奖部主任，部主任面奖部组人员。既无需评定，彼此也不得与闻，可消除若干不必要的纠葛。

在馆内管理体制基本完成后，还应考虑整体化建设问题。要逐步打破目前校内的"小而全"和分散经管的局面，建立全校性图书资料情报体系，再进而走向地区和全国性网络化的目标。

三、基础工作的改革

目前谈论改革者多集矢于自动化问题，甚至以为这些一实现即可完成改革。这种想法易于导致改革一阵风的弊端，必须加以防范。在着重实现自动化的同时，一定要注意原有基础工作的进一步完善。其所以如此，主要是由于：

（1）自动化的前提需要标准化和规范化，基础工作是做好这种准备的必要保证。

（2）自动化的实现不能全面开花，需要有突破口和延伸地带，而图书馆的工作却是周流不息，不容辍止。在实现自动化的过程中，还将大量使用传统的手工操作手段。因此，我们还要对现有的以手工操作为主的基础工作进行必要的改革。

四、工作手段的改革

传统的手工操作手段固然尚需保留一定时期，但是抱残守缺，墨守成规也不可取。为了适应社会的发展速度，要稳步而有秩序地改革工作手段。这种改革工作要以使用电子计算机等现代技术手段为中心从部门突破。它一方面为起示范作用以取信于民；另一方面进行宣传教育，实现知识更新和扫除科盲。图书馆现代化发展的必然趋势不是某个人或某些人的好恶冲动，乃是由日益增长的信息数量所决定。据一种估计，1985年的信息数量将比以往增加四至七倍，如果还按常规处理，那就会出现信息淹没的危险。知识信息一旦泛滥埋没就等于无用，迟误耽搁也会降低价值。为了人们避免信息灭顶的厄运和缩短信息流程，使知识信息恢复与增加价值，那就不得不使用新技术来改造旧手段，并发展新趋势。其目的为使信息使用者不仅得到信息供应，还可以提供选择。一种新技术的发展往往经过三个阶段，即从不被人注意的角落萌芽，沿着阻力最小的道路成长，接着即以新的手段改造旧的工艺，最后获得自身发展，取而代之。图书馆工作手段的改革正是如此，电子计算机的利用正在以现代化的贮存、传递、检索手段来代替手工操作的查重、索书等旧手段。因此，不能因强调完善基础工作而束缚手脚，不敢涉足于工作手段的改革。

五、人员结构的改革

人员问题是改革的关键。高校图书馆人员结构的总要求应是"有层次，多学科"，是人的年龄、学历和知识等差异的结合，是老中青、高中初和文理工的结合。

老中青结合是在人才结构改革中必须妥加处理的方面。我们对此采取了"老有所安、中有所为、青有所学"的方针。首先，将原任部主任和在某些主要业务岗位上的同志从行政事务的烦杂工作中解脱出来，成立一个由馆长领导的研究室，其任务是接受馆长的委托，结合个人学识、工作专长，承担改革工作的专题审订与考察，提出建议和方案供馆长参考。其次，任命一批中年骨干担任部主任工作，加重中年干部肩上的担子，明确他们的职、权、责，具体帮助，给予支持。对于青年则要求在做好本职工作的基础上，为适应工作需要而补缺填空，举办相应的讲座和培训班，加速他们的成长。老中青年各得其所，各尽其能就有可能把人员结构置于坚实的基础之上。

高中初人员的结合是难度较大而急待解决的问题。目前高校图书馆存在着一种层次不清、分工不明的现象。其所以如此，一方面由于过去视图书馆为"安排"单位，长期不恰当地输送一些人员，另一方面则由于近年较多单位开始重视图书馆，输送了一些大学生，而忽视了中初级人员的补充，这就造成了高中初学历结构上的不平衡性。要改变这种情况，必须多种形式办学。

文理工结合是高校图书馆特点所要求，特别是综合性大学涉及学科范围广，这种要求显得更为突出。图书馆工作固然需要采访、编目、流通、参考等基础工作的技能，但要提高效率、改进服务，更需要广博的学科知识基础。要求一个人全面掌握文理工知识是难以达到的，但至少在一个工作班子内要实现文理工的结合。这对加强基础工作，提供改革条件是极为重要的。

在改革浪潮的冲击下，每个从事图书馆工作的人员都面临着承担为适应新的信息时代所要求的新任务。信息社会的专业人员应该都是信息的掌握者，图书馆员尤其如此。掌握信息的基点是拥有知识。图书馆员必须有丰富的知识才有可能承担创造、处理和分配信息的新任务，否则你就茫然无知而将淹没在无尽量的信息海洋之中。信息时代的图书馆将摆脱单纯的供应性服务，而是一种选择性服务。它要开发信息资源，制造信息（近似现在所说的二次文献），输送信息，分配信息。这样重要的工作岗位如果没有丰富知识是难以胜任的。因而图书馆员的新任务就是如何丰富自己的知识。

新时代的图书馆员要掌握一定的学科知识，掌握传统的和现代化的图书馆专业知识。而要做有知识的图书馆员，首先要立足于勤，只有勤奋才能涉足于书山学海而日有收益。这种勤不能是一时的"立志"，而应坚持不懈地去追求和积累，所以必须有持之以恒的精神。然后把自己的知识基础植根于博，求得量的增长，并在广博基础上，选择某一专业或专门方面力求于精。更重要的尤应不满足于已有的广博知识，而能随着时代的迁移不断更新，成为一个能在信息时代创造、产生和分配信息的权力者，使经我们选择而提供的信息资料能在高频率的时代进程中高速度地获取最高效能，以尽快实现三个面向的总要求。

我们要以三个面向作为改革的方向、奋斗目标，艰苦卓绝、强韧不懈地去完成新时代赋予我们的光荣而艰巨的新任务。

原载于《大学图书馆学报》1984年第5期

试论教育性服务

——把高校图书馆建设成造就"四有"人才的重要基地

图书馆的根本性质是服务，但服务将随着形势的发展而有不同的档次。早些年，高校图书馆的性质属于供应性，这就给社会造成一种图书馆工作只是"借借还还"的错觉。随着信息时代的到来，大量知识蜂拥而至，单纯供应显然难以适应，而不得不提倡选择性服务，即要求馆员从大量知识中向读者选优推荐；但目前趋势又要求高校图书馆工作必须再有所提高，这就是要推行教育性服务，担负起"服务育人"的神圣职责。这种要求不是主观愿望的需求，而是客观实际的需要。

这个客观实际是什么呢？

随着教育体制改革的逐步深化，不能不看到高校在教学、科研工作上所出现的一些新趋势。如由单纯传授知识转向广泛开发智力；知识结构由封闭性的专业固守转向沟通性的多学科交叉渗透；由单一的课堂讲授灌输转向自学、求索和研讨等等。这些新的趋势都日益促进着图书馆作为"第二课堂"的作用。把图书馆作为造就"四有"人才重要基地的要求也日益迫切。但是，要实现这一目标就不能不把服务工作提到教育性的较高境界上来。

一、教育性服务的基点

一切工作需要人去思考、去进行和完成。因此，图书馆人员素质如何将是实现教育性服务的重要关键。高校图书馆人员的素质差和结构不合理是历史的遗留和社会偏见的影响。这种不正常现象如果容其存留，那么其他都将无从谈起。要想有所改变必须首先从提高对图书馆的认识入手。

高校图书馆在学校中的地位和作用，正像树干和树根的关系那样，它是为教育和科研技术储存和输送养料的树根，在地平线下默默无闻地担负着传递知识与输送信息的神圣职责。它不仅有疏导科研渠道、通畅教学脉络的后勤功能，而且还以预见新学科的产生与发展，及时地为教学科研的新需求储草备料，起到推动和指导新兴学科发展的尖兵作用。

有了正确的认识，提高素质才有方向。提高素质的根本问题是提高政治素质。我馆除不断加强坚持四项基本原则和三个面向等方针政策的经常教育外，近二年来着重加强组织建设工作，陆续发展党员十一人，为三中全会前三十年发展总人数的二倍半，并严格党的生活、加强新党员的教育，发挥党的核心堡垒作用。为了使工作人员的行为有所遵循，经过反复讨论研究，制定了《服务规范条例》二十条，并以此为准绳，持续开展三爱一优（爱书、爱馆、爱读者和优质服务）活动，取得较好的效果。

提高业务素质是保证教育性服务的基础，对于图书馆人员的业务要求是什么，过去说法不一，我们认为应具备三个方面：一是要有丰富的学科知识；二是要有贯通的专业知识，包括传统的专业知识、手工操作的技能知识和现代化科技知识，三是要有一定的专精方向，但衡之目前状况尚有较大差距。为了缩小和消除这种差距，可从进修提高和调整结构两方面着手。在进修提高方面，我馆采取了七种途径，即：脱产进修、半脱产进修、在岗进修、专题研究、学术论坛、出国进修和邀请外籍随访来校人员中具有专业知识和技能的家属协助工作等。不论途径如何，都应注意到以下几点：

1. 立足于工作，进修要对口。进修提高是为更好地承担教育性服务工作，只有工作好才能获得进修的优遇。

2. 提倡分层次进修。要普及与提高并重，要从个人实际出发，循序渐进，有人要补习文化，有人可以从事著书立说，不能好高骛远，切忌一刀切。

3. 进修既是人人机会均等，也要竞争选优。

4. 进修要结合人员结构与设岗考虑。

注意人员的进修提高对调动人员的积极性和队伍稳定，特别是提高工作质量，改变社会偏见都有明显的效果，特别在发挥中青年知识分子作用上是一条有效的途径。

进修只是提高队伍素质的一个方面，更重要的还在于调整结构使之最趋合理。目前，综合性高校图书馆以采取三种结合的结构形式为宜，即一是老中青结合，二是高中初结合，三是文理工结合，每个部门有了这三种结合不仅工作有层次、知识少偏缺，而且定岗明确，接班有序。

在提高人员素质问题上，提高青年馆员的素质尤为重要。青年馆员在各馆比重都比较大，他们是事业的未来，把他们培养成知识丰富、才能出众、风度典雅、表里如一、内外皆美的一代新人，无疑是一项具有战略意义的工作。我们对青年馆员的要求是勤、韧、新。勤是办任何事情的立足点，是让有限的生命之灯发挥更大光热的最佳途径；坚韧不拔之志是能在日常平凡工作中取得不平凡成就的民族精神；而新则是要有所追求，不抱残守缺，要"赶时代"而不"赶时髦"。只要立足于勤、持之以韧，不断更新，就能迅速成长、成熟，成为图书馆事业中的骨干和脊梁。

各层次人员的素质有所提高，结构调整比较合理，然后以相对稳定并有文字定型的规章制度为依据，实行层层负责、逐级管理、从严治馆，那就有可能把馆办成"风尚良好、纪律严明、敬业乐业、文明融洽"的教学科研基地，也才有可能较好地开展教育性服务。

二、如何进行教育性服务

图书馆是一种服务性事业，但决不是某些持社会偏见的人所误认为的那种一般性服务性行业。它随着时代的进展赋予自己以特定的内容。当前，它已由"供应性"经过"选择性"而达到寓教育于服务的"教育性服务"阶段。"教育性服务"是一种高层次服务。其重要作用已无需多所论证，而更重要的问题在于如何进行。近年来，我们推行了三种教育性服务：

一是了解图书馆的教育。由于我国中学图书馆事业发展缓慢，多数大学生并不十分了解图书馆，也就无从谈起利用图书馆。初入学的个别大学生还不敢进图书馆，更有出笑话和洋相的，如从卡片盒中拉破穿孔，拿出书卡向借书台借书，甚至极个别的青年教师因不会查目录而几年来都"拜托"系资料员代为借书。这就充分证明使读者了解图书馆的迫切性。了解图书馆教育的主要内容指什么？它包括本馆藏书特点、工作机构和流程、利用手段等等，特别是目录体系的介绍直接关系到发挥图书馆的作用问题。进行这项教育可以通过各种不同的手段：一种是文字宣传，我们专门编印了《读者指南》，散发给新生作为手册，在这本小册子中解决如下四个问题，即：（1）了解图书馆的概况及藏书特点；（2）弄清图书馆的服务设施及书刊借阅办法；（3）熟悉图书馆目录的体系及排检法；（4）掌握常用工具书的查找、利用方法。同时还编制了一套录像，不仅有静态的介绍，而且有动态的指导。一书一像使新生得到图书馆和如何利用它的完整概念。馆长还应学生和团委之邀定时向全校学生讲《如何利用图书馆》。这就引起学生对图书馆的关注，一部分学生曾自动组织"义务图书馆员协会"，帮助图书馆作宣传服务工作。我们还在目录室设目录咨询员，由内部采编各类人员轮值，对现行的书名目、作者目、分类目的使用进行解答，辅导同学爱护目录，听取读者意见。这样既进行了图书馆目录的教育，又密切了与读者的关系。

二是了解书的教育。图书浩如烟海，如果无目的地涉猎，旷日持久，难穷无涯的知识，因此对于如何选读书是教育性服务中很重要的一环，图书有版本异同，内容良窳，用途不一等等。这就需要有比较广阔的书的知识：既要储存书的各种信息，又要能较快捷地从中寻求所需的知识，更需确定读书的最佳方案。我们为此采取了三项相应对策：

（1）揭示馆藏：这是使读者了解究竟有哪些类书可供选择的首要步骤。我们利用"新书通报栏"和"新书展出"的形式尽快将最新书讯通报；并设立有关图书知识的壁报栏，灌输书的基础知识。同时，根据系和教师的要求，互相配合，编制专题性书本目录，如《馆藏西文工具书目录》《馆藏善本书目录》《馆藏美国史参考书目录》等等，用以较完整地揭示馆藏。

（2）跟踪服务：为了更好地满足教学需求，我们的文理科流通阅览部分除比较多量地进行开架外，还加强与教师密切联系，实行跟踪服务，在每学期末要求任课教师提交下学期所任课需陈设在阅览室的课程参考书单，我们即据此结合库藏实际分学科在文理阅览室分别开架阅览（不外借），这样既保证学生有必读参考书，又缓解复本不足、外借紧张的局面。这些书一学期中随着课程进度和教师要求而有所更迭。同时，主管流通阅览人员还不断到各系从资料室和教师处了解对图书的要求，主管借阅人员定期分析读者流量和倾向，适时地调整各开架借书点的上架书，采编人员也根据教学科研的需要缓急调节工作进程，这样可以变被动的供应为主动的跟踪，发挥应有的教育作用。

（3）咨询辅导：这是使读者了解书的重要教育手段，是解决疑难的高层次服务。它教育读者掌握检索知识和工具书使用方法，为读者提供扫除读书障碍的条件。咨询辅导的最根本方式是遵照国家教委规定，由图书馆开设《文献检索与利用》这一课程，进行比较系统的通论性教育，并由有条件的系开设专业性课程如《生物学文献检索与利用》等。这就为读者补充了检索知识。我们又将所订二千七百余种外刊中的经济门类篇目输入微机，接受有关经济学的论文咨询；在文理阅览室设置咨询台；通过书面问答解决疑难。但这种服务不是有问必答、百问不厌的供应性，不是简单地提供成品，而更多地应该给予"金针"，它是一种传授方法，疏导渠道的教育性服务。有的可以直接按需提供书单或答案，有的则不给吃现成饭，而是指明道路，让读者自己去搜寻获取，如提问某名人传记，即不能直接解答其传记在某处，而是答以寻求传记应通过哪些工具书，举一反三，这就使读者可以掌握一种方法。

三是阅读道德的教育：由于某些读者文明素养不足，不断出现缺乏阅读道德的现象，根据近年统计，其恶劣行为有撕、画、卷、藏、拿等情况。如对于自己喜爱的照片插图不顾原书价值撕去；有些书上涂画了个人的所谓见解，有的见解贫乏，语言俚俗，有的更是涂些无聊的字句与画面；有的将平整完好图书一卷塞入书包、裤袋，有的为便于独占，乱架放置使他人无从阅读；有的甚至违章私自带出……这些现象不仅有损馆藏，妨碍教学与科研，也污染这些人的精神生活，养成不良习惯。图书馆对此不能熟视无睹，充耳不闻，必须进行严格的阅读道德教育。订出具体防范和惩罚措施固属重要，但更重要的是对"执法者"的支持作主。有的馆员因制止读者不良行为遭到反唇相讥，甚至辱骂，那就不能迁就因循，而应挺身而出，维护正义，作出果断的决定，这样才能逐步消除歪风而树立正气，很好地完成本身的教育职能。

提倡教育性服务，推行教育性服务，必将有利于提高图书馆的地位，纠正社会上的种种偏见，增强图书馆人员的事业信念，为培养"四有"人才发挥其应有的重要的作用。

原载于《南开教育论丛》1987年第3期"教育改革研究专栏"

图书馆人的再塑造

【编者按】 本文系根据录音整理。这是来新夏教授2007年5月16日上午在河北省高等学校图书馆科学管理研究会第四届理事会第二次会议暨第六次学术研讨会上的主题发言。

首先声明一点，我这个发言不是学术报告，因为我是来祝贺大会的，所以今天的主要目的是祝贺河北省高校图书馆界这次学术研讨会。我年龄比较大，又刚出医院，本来医生是不允许我参加社会活动的，但杨华是老朋友了，是我们创建华北地区高校图协的老战友，二十多年了，他那样的身体还在奔走组织，所以我要向他学习。另一方面，我是天津市高校图工委的顾问，高校图工委希望我参加一下会议，所以在这样的情形下，我只好奉命来祝贺。让我讲几句，就说几句，但不能作为学术报告。

刚才听了各位同志的发言，特别听了杨华同志的呼吁，令人感动。因为我和他同样是做图工委工作的，其中甘苦有一种共识，而他非常触动我的是他对《河北科技图苑》的呼吁，对我来说有切肤之痛。大家知道，天津原来有一个刊物，叫做《津图学刊》，我既是创办人，又是总编辑，跟杨华同志我们是图书馆新闻战线并肩作战的战友，杨华同志虽然对大家提了一些批评意见，但是他终究还是让大家在批评之下屹立不动，令我非常羡慕。我经营《津图学刊》二十年，但是在二十年刚刚过了不久，刊物就被叫停了，我非常痛心这件事情。当然，不是痛心我个人事业的成败，而是痛心大家共同耕耘的一个园地荒芜了、消失了。所以想到这个，我觉得"前事之失，后车之鉴"，大家应该想到《津图学刊》遭人暗算的结局，尽量地支持《图苑》的存在，让她永存。我在笔墨上支持，所以我要响应杨华同志的呼吁。希望河北的各馆，大家应该帮助经费的解决，因为经费是办刊的生命，我们《津图学刊》如果不是经费的问题，也不会夭折的。中国的传统即36岁前死叫"夭"呀！《津图学刊》正好成为一个少年的时候被摧残掉了。所以，我们很多同仁要想发表合理意见感觉少了一个园地，将来很多硕士博士少了一个这样的讲坛来发表他们的意见。所以，我再一次地响应杨华同志的呼吁，他刚才在发言中的说法是一个创办事业人的一种哀鸣，我再一次地呼吁、希望大家支持他，无论从各个方面，精神的、物质的，让《河北科技图苑》这个刊物能够健康地发展下去。这是我要说的第一点，即创办刊物的感想。

第二点，河北省高校图书馆界历年来的工作，都是非常有成绩的。河北省高校图工委和天津市高校图工委是并肩战斗的两个省市的组织单位，在全国的评价都是不相上下的兄弟单位。在这样的情形下，河北省高校图工委工作的开展，在我个人看来，认为是非常深入的。它下属的各个委员会，比如科学管理研究会，都有一定的规模，对于推动图书馆事业的发展是非常有利的，而且最值得我们骄傲的是，在全国地域性的联合中，恐怕我们现在是最有成就的。在二十多年以前，我和杨华同志在北京参加全国图书馆工作会议期间，同住在一个宿舍，那时候才刚到60岁，我今年85岁了，杨华那时还是年轻人呢，我们那会共同商量创办了华北地区高校图协，把华北地区二省一区二市的高校图书馆团结起来，一直延续下来、年年不断地在开会，越开越好。所以，今天我也想以华北地区高校图协的创办人之一，一直领导华北地区高校图协工作向前推进的战斗员之一，祝贺大会圆满成功！那么，今天我来了，既然和大家见一次面，就应该说几句，因为大家很爱惜我，怕我身体受不了，我在80岁以前，不承认这一点，所以别人对我帮一下、扶一下确实非常反感的，但是近年来，确实感觉人不能跟自然规律相抗衡，觉得有点衰老，虽然身体衰老，但是我自信我心理并不衰老，我还要和大家一样为我们的图书馆事业继续奋斗、继续努力。所以，我也想把我的一些即使是陈旧的、过时的看法，我近几年体会到的（因为我到各地去都要考察一下图书馆）以及最近我参加公共图书馆延伸问题讨论的一些看法，总而言之是向大家提供一些老朽之见吧，来和大家比较先进的思想交流，让我也能够与时俱进。

这些年来，在高科技逐渐发展的过程当中。图书馆本身逐渐摆脱了很多陈旧的东西而进入了一种高科技阶段的发展，这些是可喜的现象。但是，往往在这个时候，容易把握得不太平衡。所以，我们在前一段时间，记得是20世纪90年代在石家庄市召开华北地区高校图协年会的时候，我就已经提出了这个问题，就是一些人过分地热衷于自动化、高科技。高科技是应该的，但是如果走偏离了，那就是非科学的。甚至可以这样说，我们国家某些领导人也认为图书馆可以不要了，只要有计算机就可以了。所以，他们就说有了电子阅览室就可以代替图书馆了。实际上是大错特错。李岚清同志在宁夏、天津曾经讲过这个问题，图书馆可以取消了，计算机一拿什么都有了，网络天下嘛！是的，这点应该承认，网络天下确实是一大进步，而且是一个飞跃发展的根基。但是，是不是就可以代替了中国的一些传统的文化呢？我觉得那是一偏之见。近代的图书馆，经过一个多世纪的努力，成了现代的规模是不容易的，有几十万、近百万的从业人员在辛勤地劳动，如果图书馆就变成了计算机电子阅览室的话，这种景象将使社会的安定受到很大的影响。而且许多的高科技是靠人掌握的，所以你把人的问题忽略了。我来参加河北省高校图书馆界的这次会议，事先听到几位馆长和我谈到的一些相关提议，这里面包括了人才管理这样一个重要内容。因为国家提出以人为本。本来嘛，一个政府如果不以人为本，就失去了灵感。为什么有时会出现混乱？就是因为没有注重人的问题。所以在去年，华北地区高校图协开年会的时候我就提出了要关心图书馆员工们的职业生涯，甚至是他们生活的内容。图书馆员工不是工具，他们是人；今天我就想反过来看，我们要求社会、要求我们的馆长，对我们的员工要以人为试点，而不是说他们是给我们做工作的工具，所以我说要关怀员工的职业生涯。对此，我曾组织过一些调查，如二十年前我领导了一次职业生涯调查。经过二十年，大家感觉怎么样，其结果如何？除了房舍有明显的改进、职工的待遇有较好的改善外，对员工的充实、素质的提高，让他们应付新时代的挑战这方面，究竟每位馆长注意到了没有？图书馆每个员工是否享受到了他们职业生涯中的关怀？所以，今天我想讲这样一个事情——我们图书馆人应当怎样塑造自己？即讲一讲图书馆人的再塑造问题。我们一定要塑造自己，我想站在图书馆工作者的立场上讲几个想法。

第一点，我觉得做任何事业，都要有一种理想、有一种理念。理想、理念是人生的信念和希望。所以我说，从事任何一项工作，都应该对所从事的工作有一种清楚的认识，应该认清你所从事的工作是什么性质的，这是我们每一个从业人员的一个基本人生的出发点。图书馆事业究竟是什么事业？简单扼要地说是一种为人的事业，是为别人的事业，是非常艰苦卓绝的事业。我想提三点，即：第一，图书馆事业是一种根的输送事业。图书馆事业像一棵大树的树根那样，树根是埋在地下的，它需要通过自己的须根从土壤中吸取各种成分的养料，然后源源不断地输送到各个枝干和叶脉，从而使这棵大树能够苍翠浓绿，树冠宽大，枝叶茂密，硕果累累。图书馆人正是这棵智慧之树的根根脉脉，他们把悠久的文化积累作为养料,输送给等待哺育的智慧大树,让这棵大树参天而立、枝繁叶茂。而图书馆人就像树根一样长期处在地平线下,默默无闻地辛勤工作着,往往被世俗的一些陋俗偏见所漠视。我们要耐得住寂寞,要树立坚定的根的观念,而不被那种鼠目寸光之流的世俗观念所摇撼。第二,图书馆人是知识供应的后勤。所谓后勤,绝不是简单的后勤保障工作,而是一种带有指导性的服务工作。图书馆人的后勤工作就像一种输导血脉的药品一样,当你的服务对象出现了知识血栓的时候,我们图书馆人就可以通过各种手段来融化血栓,让知识血脉不致梗阻,这样往往会把一个个课题从垂危的边缘上抢救回来。往往一个题目做不通的时候,图书馆员工可以从文献检索中找出一条出路,就是说让栓塞能通出一条路来,让血液能回流;不是动脉疏通就够了,还有一个静脉回流的问题,这样就让我们的课题得到了新的生命。在信息时代,用知识和信息来输导课题的主脉,是非常紧要而迫切的,而这个紧要和迫切是我们每一个图书馆人应有的观念。第三,图书馆人是探索科学的尖兵。所谓尖兵,就是要走在时代的前列。这种人才能够清楚地看到社会潮流,了解到经济建设的重点,见到新学科的产生和发展;这种后勤要能够及时地为新的学科除草备料,要推动和指导某些学科的发展。我认为,上述三点是每个图书馆员工必须具备的。从这些理念看来,图书馆的最根本性质是一种服务性行业。从广义上说,世界上任何行业都是服务性行业。老师为学生传授知识服务,学生为学习知识能贡献社会服务等,每个人都在为别人服务,所以图书馆员工不能有怨艾,认为我是伺候人的,看你伺候的是什么人,你伺候的是智慧之人,他能够进入智慧之门,他能够创造新的学科,你能够疏导他、引导他、推动他、帮助他。同时,图书馆人在不时地给人以帮助,而他自己也接受了别人的帮助。所以,我们应该说,"我为人人,人人为我"是一种人生的信仰。如果一个人不愿意为别人服务,也拒绝别人对他的服务,那这就是缺乏一种"以人为本"的思想基础。

第二点,我想说一下图书馆员工应有的工作态度。今天我不是替图书馆员工说话,去年我是在华北地区高校图协会议上向图书馆馆长呼吁重视图书馆员工,今天我是作为一个老图书馆工作者来说对自身的要求。图书馆员工的工作态度概括起来是三个字:一个是"勤",一个是"韧",一个是"新"。勤,勤劳的勤,勤是办任何事的立足点。每个人的天赋是有差异的,但人的聪明笨拙在一定条件下是可以转化的,这个条件就是勤奋,所以说"天才出于勤奋"就是这个道理。中国有句古话,说"勤能补拙"。一个人如果长期处于懒散之中,无所事事，浪费青春，那就等于缩短了自己的有限生命；而勤奋不息，也就是一种生命的延长，我们应该让有限的生命之灯发挥更大的光和热。这是第一个字"勤"。第二个字，韧。韧性是中华民族的高贵品格，中国人都能忍，特别是知识分子，像是塑料鞋，踩倒了，一抬脚，它又起来了，它能忍，当拖鞋也行，出入高级的地方也行，什么条件它都能处理。中华民族经历过种种的磨难，外敌的入侵，内部的纷争，但是结果仍然能够生存、发展、兴旺，并且屹立于世界，很重要的一个原因就是我们这个伟大的民族具有一种坚韧不拔的精神。在任何艰难磨砺的时候，有时候比在顺境中能得到更多的东西，像我们这辈人，饱受了许多政治上的摧残，饱受了许多经济上的困难，但是我们很坚强，我们能够活下来，闯过了许多难关，许多年轻的朋友不可想象。去年，在中国政法大学讲学，谈人生，我就讲了过去许许多多，在结束的时候，你们想象不到许多年轻人对我表示了什么："哎呀，老师，我真羡慕您啊，您怎么那么丰富多彩？"我说，当初受罪的时候你们还不知道呢。他们说，我们现在谈人生，谈不出什么来。我说你们太脆弱，有的跳楼自杀，不能承担任何苦难。有一个图书馆学专业毕业的学生去应聘图书馆工作，馆长是有意识地说，你到这来，是个硕士毕业生，首先从检书开始。他扭头就走了。那位馆长跟我谈这件事，他说我就是说说，我好容易争取个硕士生，我能让他去检书抬书吗？就这点，他受不了。要是我们那个年代的人，有个工作，能够在图书馆翻翻书、接触书，那真是天大的好事，而现在就接受不了。我们现在的图书馆人，特别是新一代的图书馆人，你们要能够忍，我们在整个的人生当中，会遇到各种挫折和困难，但是这个挫折和困难，每一个人对待的态度不一样，有些人畏缩、退避，甚至于自残。我昨天晚上还接到一个母亲的电话，这个人是个博士，因为他们两口子都是念博士的，所以那孩子呢，独生子，患了忧郁症，总认为自己在人世间不能存在下去，没有价值。这些是社会现象。现在许多家长要让自己的孩子到农村去、到乡下去。看看猪是什么样、牛是什么样，居然要收"磨炼费"，我们那时候叫支农，现在收磨炼费，看起来磨炼对于人还是很有价值的，还是很值钱的。什么是人的失败？是不是借书还书，按着号码拿拿放放？这些事就不屑于做了吗？什么是人的最大失败？人最大的失败是认为自己失败；谁能打倒你？就是你自己能，任何人不能打倒你。我三起三落，但是我起来了，而且我在南开大学当了十年馆长，同时我又是出版社社长、图书馆学系系主任，最后我还是胜利者。我储蓄自己，我读书，我写作著书。我现在著作50种，随笔、杂文20本，我在病床上，我口述，我妻子记录。要奋斗，人活着就是要前进，就是要奋斗，什么时候谁打倒你，不是别人就是你自己，自己没有信心。我的一个同学，原来的时候比我强，各方面素质都比我好，但是在经历挫折以后，他就天天什么事也不干了，当真要起用他时，一个英国牛津大学的毕业生，结果呢，自己什么都忘掉了，什么都不知道了，许多事情都不熟，有机会来了你无能为力。所以，每个年轻的图书馆人，你们要待机而发，你们要经过严寒才能有早春。古人有两句诗说得挺好："宝剑锋从磨砺出，梅花香自苦寒来。"毛泽东主席讲过一句："待到山花烂漫时，她在丛中笑。"我们每个人都要在最后笑，别人一个个败退下去了，你还顶着刀子向前走，这就是你的胜利。这个刀子是无形的刀子，它会摧残人的意志，那么你必须能以韧性来取得，图书馆人最难忍受的是冷漠和偏见，我们不回避冷漠和偏见，我们不怕冷漠和偏见，我们不消沉，我们也不哀叹，我们要迎难而上，用我们知识的行动来反击这种漠视和偏见，如果我们被漠视和偏见所击败，那就是自我葬送。这是谈的第二个要有韧性。第三个我们必须具备的素质是"新"，新旧的新，是追求新时代的新，新的知识，新的东西。有人奇怪我70岁学计算机，这是个新东西，你会我也得会。我至少懂得是怎么回事，要追求新的东西。新，解释一下，就是追求，一个人不能抱残守缺，我理所应当，一个人，七老八十了，守旧，但是不能抱残守缺，如果是这样，那么社会就不需要你了，你就不适应生存在这个社会。社会不会适应你，而只有你去适应社会。任何一个向上的人，任何一个真正的敬业者，他都必须不断地自我更新。如果一个人安于现状、不求进取，势必会失掉你的时代精神和人生色彩。从医生的角度来说，现在是禁止我参加社会活动的，但是我仍然要参加，因为参加活动可以从别人身上吸取一些生命的力量。我身上有伤口，可是伤口只是一隅、一角，总体来说我还能为人们贡献我的一份力量。每个时代都有每个时代的特点，所以我们，特别是我们年轻的图书馆人，要分析和认识时代的特点，要尽力地赶上时代。现在有一句大家经常挂在嘴边的口头禅，叫"与时俱进"，这句话古来就有，是句成语。"赶时代"与"赶时髦"是两个概念，我们现在大多数人在赶时髦，不是赶时代。赶时代要赶时代的那种特点与精神，赶时髦是赶时代所筛选下来的腐朽的物质，这是两个截然不同的概念。时髦是时代一时之风，有很大的盲目性。昨天，我在《今晚报》上发表了一篇文章，讲国学与国学热。我说我反对风，现在一提国学，都说百家姓是国学，这是亵渎，亵渎了我们的传统文化。我们不能赶风。中国人的一个传统毛病，就是好一哄而起，就是一遇到什么事情，大家都来。现在，大家不管知与不知，大家都谈国学。我不反对国学，但是我反对国学热。国学热是一种毛病、是一种弊病。所以，在这种情况，我觉得我们应该去赶时代，我们不能盲目性地随着社会之风而定，不能不明辨是非、人云亦云。时代的特点是社会情况的真实反映。每个人，特别是我们的年轻朋友们，每个人都要摸准时代的脉搏，创造条件，适应时代，赶上时代。这样，才能不被时代所淘汰，而日新月异地前进。总之，对任何一种事业，只有立足于勤，持之以韧，不断更新，才能永远立于不败之地，才能战胜冷漠与偏见，才能创造自己突出的业绩，取得人生应有的价值。

第三个问题，图书馆人应该具备的条件。作为一个图书馆人，应该具备几个基本条件，也就是我们应该努力争取到的。第一个条件，要有丰富的学科知识。图书馆是群书之府，是学科的源头，图书馆荟萃了人类的知识精华。图书馆是一个杂学之地，各种知识都将在这里得到保存与传播。所以，图书馆人应该是杂家。我原来是历史系教授，但是当我到了图书馆当馆长之后，我就开始看各种不同学科的书。我要了解各方面的东西，只有这样才能指导人家的工作，只有这样才能做好自己的工作。所以，无论你是领导者还是被领导者，都应该博览群书。杂，才能有一个集合。孔子讲"和而不同"，也就是说大家谈和谐，和谐是不同的和谐，是不同的东西结合在一起，杂在一起。比如，水和面是两种截然相反的东西，但是水和面和到一起才能成一个整体。才能包饺子，才能做面条，才能和谐。一个家庭、一个团体，都是由不同的见解、不同的人组成的。只有这些不同的见解融合到一起，它才能出现一个和谐的局面。所以，"和谐"是应该这样来理解的。图书馆学是一种"杂学"，各种学科、各种知识都应该在这里得到保存和传播，所以图书馆人是"杂家"，应该具备丰富的各种学科知识。图书馆人要给读者提供各种知识养料，又要解答读者的咨询与质疑。要问，要能够判断，要能够给读者以帮助。我们不仅是借借还还，不是拿拿放放，我们是知识的守卫者，我们是知识的指导者，知识大门的钥匙在我们手里掌握着。奴隶社会、封建社会的统治者，他们掌握什么？他们掌握土地这种生产资料，他们掌握着这个，他们才掌握着人民的命脉。资本主义者掌握着工厂、掌握着机器，他们就掌握着人们的命脉。到了知识信息时代，掌握什么？掌握知识。谁掌握知识？图书馆人掌握知识。我们要做一个掌握知识的、守卫知识的、传播知识的、指导知识的人，这是图书馆人的理想、图书馆人的境界。这是第一点，要有丰富的学科知识。

第二个条件，应该贯通本行业的专业知识。每个行业都有每个行业的专业知识，作为图书馆人，你对图书馆的行业知识要精。图书馆是一个专业性的行业，有它一定的行业知识，这种行业知识面较广，需要融会贯通。哪些是行业知识？我的理解是：

第一，是本行业的传统知识。现在有一个奇怪的说法，就是否定"传统"，就是说我们没有传统，好的都是那些新的东西。这是不对的。对所谓传统，有一个认识的误差。认为传统是停滞的，就是旧的东西。大家不知道，传统是滚筒式的、发展的。它在每个时代都在往前发展，它从盘古开天地以来，由各朝各代传下来，它在每个时代注入每个时代的精华，传承下来，所以我们要传承。图书馆事业的起源很早，中国的图书馆事业至少有两千多年的历史。从汉代以来，特别是从清代以来，可以说是经历过多次大规模的图书搜寻整理工作，所以中国是一个有优良传统和辉煌成就的图书大国。汉朝的刘向父子创造了中国第一个图书综合目录《别录》和《七略》。这个目录是在公元前出现的，比现在大家赞扬的、世界上1945年瑞士人吉斯那创编的《万象图书分类》早了1500多年，就是说中国图书目录的出现比世界上的要早1500年。宋朝毕昇创造泥活字印刷术比德国谷腾堡的铅字印刷早400多年。中国不值得骄傲吗？中国图书馆事业不值得骄傲吗？中国图书馆人不值得骄傲吗？这是我们伟大祖国值得骄傲的历史、光辉的历史，足以使我们自豪的历史。这些是我们民族的骄傲，图书馆事业的光荣。所以，我们如果连这些简单的概况都不了解，这叫做数典忘祖，不能忘掉老祖宗。这是第一个要掌握的知识即专业传统知识。

第二，我们要掌握熟练的手工操作技能。我屡次讲这个事情，很多人都笑我，说你现在还谈手工操作。不然，这件事是容易忽略的，因为一般人以为计算机万能，只要掌握了高科技就一了百了。但是，当前我们还要面对我们的现实。我们的现实是手工操作与高科技技能并存的现状，不能不屑于掌握好手工操作的技能。我到美国去考察图书馆工作的时候，他们的高科技程度显然比我们高，但是我到了一个部门发现，一些老太太在干什么呢？在那刷浆糊，就是书脊上的书标，那个号，贴在书脊上，我们书脊上都有书标，哪个号都得拿手粘。任何计算机都代替不了，她们粘得非常整齐，那些书摆在一起都是一条线。中国传统的典籍比较多，做上书套非常古色古香。但是，上面的字非得手工写不行，如果用计算机打印，就索然无味了，没有书香味道了，图书馆就没有雅趣了。所以，我创办图书馆学系的时候，我开了一门大家反对的课叫作"书法"，我们前几届的毕业生基本上都能把汉字写得横平竖直。现在，我们图书馆人，特别是年轻的一代，你们的字写得究竟如何呢？计算机技术我要向你们学习，写字希望你们向我学习，这是人生的一个生活条件。我们都喜欢穿漂亮的衣服，但是我们为什么不能写一笔让人看得下去的字呢？那也是我们的衣服，是不是？所以这种手工操作的东西，比如说我们用手工应该掌握着库存的分布，要正确地评估图书的采购，如何能够做好新老用户的教育，这都是要用手工来做的。我在国外图书馆看到，虽然大家都用计算机进行检索，但它的木质盒子还得搁在旁边，一些老教授还得查那个东西。如何让他们转变过来用计算机，你得进行培训，这叫用户教育。用户教育不用人行吗？你可以告诉他们，但是要你来教他们，所以我们要开展这些东西。你一定要去了解读者的需求，要解答读者的咨询，要鉴定版本，要修补图书的破坏状况等。同时，只有了解了手工操作的利弊以后，你才能想到如何去改进，如何去利用高科技来代替。这是第二点，应该知道一些我们原来的手工操作的流程以及它的使用范围。

第三，要有现代化的认识。我们现在处在一个新老交替、日新月异的时代。因此，我们不能满足于历史的成就，不能躺在前人的成绩簿上。我们前人是先进的，我们绝不能落后，我们要在前人已有的成绩上，好上加好，至少和周围并驾齐驱，并肩前进。我们每个人在日常生活上，可以进行纵的比较。不是嘛，我们现在比过去的日子过得好了，也富裕、享受了，前人的生活不如我们。的确，清末民初是什么状态？我们现在是什么景象？生活上可以比。但是，在事业上不能做纵的比较，说现在图书馆的发展可比二十年前强多了，这永远不会进步。在事业上进行纵的比较使人落后，你必须进行横的比较。比如，兄弟高校图书馆怎么样？我们国内其他地区的图书馆怎么样？面对世界我们的工作是不是已经和国际接轨了、是不是已经入流了？你要有横的这样的比较，才能有所进取。我们新一代的图书馆人应该有放眼世界的战略眼光，要看看自己的周围，要看看世界的远景，这样才容易找出差距、发现不足、鼓舞斗志、获取成就。所以，这是应该有的本行业的先进专业知识。

第四，每个图书馆人应该有专精的努力方向。事业和职业可以合成一个，也可以分成两个。职业是饭碗，是饭票，是你维持生活的条件。你得有一个固定的职业，但是你这个职业也许和你的事业是合拍的，那是最大的好事，也许你另外有一个职业，但是每个人都应该有一个自己专精的方向。所以我说，我们提出图书馆人要有广阔的基础知识，但是还不够，还应该有专精的努力方向。每个人对自己都要有一个高标准的要求，专精是金字塔式的积累的专精，就是在广阔的基础上慢慢找出自己专精的方向来。前年，我受委托在江浙一带考察公共图书馆，要写报告。我接触了许多五六十岁的老图书馆人，他们长期在图书馆的基层工作，他们对图书馆这套业务非常熟悉，他们保住了职业，他们有了饭碗，他们生活安定，但是他们每个人又都有自己专精的一面，甚至于是跨行业的和出行业的。图书馆界的前辈有一个赵万里先生，是个版本学专家。他就是把职业和事业相结合的一个榜样。他在国家图书馆做版本工作，他从事了版本工作，他就把自己的本职工作和自己深厚的国学基础，用心地结合在一起，终于成为我们前一个时代的首屈一指的第一流的版本学专家。他平常不是把工作做完了就拉倒了，而是积累工作当中发现的问题、探求原因。每个人都可以这样做，你在工作当中要积累，手要勤快一些写下来，都可以成为专家的。我到浙江一个海宁县，现在叫海宁市，有百年的图书馆历史，是中国第一个县级图书馆。我到那个地方去访问，他们的那个馆长姓陆。这个馆长工作非常有成绩，是全省图书馆的标兵，当时他送我一本书，是清代瓷器的研究，我就很奇怪，他说我正职是图书馆的编目，我自己的事业，专精的方向是研究清代的青花瓷，写了一本很厚的书，成为瓷器学的专家。最近，他又给我寄来一本关于瓷器上花纹研究的专著。图书馆是出人才的地方。一天到晚被书包围着，有这种氛围，只要能够好学，去研究这个问题，就能写得出东西。平凡的岗位不是不能够出专家，也不是不可以选择自己专精的方向，只要不违背你自己的职业信仰就可以。主要要看自己的专心、耐心和韧性，你选定一个方向，你专攻它二十年，我保证没有不成功的结果。

第五，讲讲图书馆人的职责。图书馆人的职责主要是四个字，就是"任重道远"。当前，我们是处在一个知识经济时代，知识已经成为一种经济力量，人们追求知识，无知就会被无情的社会所淘汰。对于图书馆人来说，面临着很大的机遇，而机遇就是挑战，所以我们要加重自己的职责。我们现在究竟遇到了什么样的机遇？第一，图书馆已经和即将成为知识流动和传递的重要部门，图书馆将直接进入经济领域，发挥策划、参谋、咨询的作用。第二，图书馆的社会地位将日益提高，图书馆人是知识的管理者、守护者，将承担更重要的职能，对社会作出应有的、更大的贡献。第三，知识经济的发展取决于高科技人才的培养，图书馆对人才的培养将日益起到更大的作用，它会受到社会和政府的重视与支持。第四，图书馆是出人才、出成果的重要保证，很多成才的人都有过依靠图书馆的经历。图书馆人为这些成功者输送知识、提供参考资料和前沿信息，才使他们成功，至少加速地完成了他们的成就。第五，图书馆是我们时代的基础性结构，是知识产业的重要组成部分。知识经济时代，如果没有图书馆之类的知识产业机构，那一切都是空谈。面对这一机遇，也就不可避免地接受严峻的社会考验和挑战。有如下几点：第一，图书馆人要为读者进行文献的搜集、保存和整理，提供有针对性的服务。中国人民大学图书馆施行一种叫作学科馆员的制度（按《普通高等学校图书馆规程（修订）》的提法应是"学科专家"），让图书馆中的工作人员能够深入各系的学科去了解、去给他们提供资料和前沿的信息，这个办法是值得推行的。我去年在华北地区高校图协的会议上讲过，要把我们的高校图书馆办成科研的图书馆，具有科学研究性质的图书馆。高校图书馆和公共图书馆有很大的区别，它不完全是普及信息，公共图书馆工作的重点是知识的共享，高校图书馆不然，它是科研和教学的机构，所以要把工作人员中一部分水平高一点的工作人员放出去，让他们跟各系、各学科联系，让他们去了解科系，去发展前沿，图书馆才能作为前驱，才能当尖兵。所以，它要在开发智力和培养人才上起知识信息的传递和再生的重要作用。因为在使用计算机的时候，就是和知识在一起，我们每个图书馆人如果对输送到机子上的信息没有判断力，那你对其信息只能原样照搬，你没有选择，没有替人筛选的权利，也就根本不能提出很有价值的信息资料。第二，知识经济时代面临着综合国力的一再提高，要求加速培养人才，提高信息质量，必然要求图书馆人既要有较高的学术素养，要有宽阔的知识面，具备全面的信息判断力，又要有相当水平的图书情报知识和高科技的业务技能。第三，我们要善于利用图书馆的设备和管理手段，既能做好读者服务工作，又能妥善推行用户教育、提高读者素质，使每个图书馆人自身更充实、更完美，更无愧于图书馆人的这一光荣称号。

我讲的内容大体如此，这些东西不客气地讲，我准备了三天，我确实是有备而来，讲了我自己的一些观点，即使陈旧，但是也供大家作为愚者一得，希望大家批评指正。

原载于《河北科技图苑》2007年第4期

人与思想

面临新技术革命的冲击与挑战，作为信息产业和图书资料情报中心的高校图书馆将是首当其冲的重要阵地。如何应战，对于作为馆长的人来说，将是一个非常严肃而亟待思考的问题。应战的主要手段是改革。

改革是历史发展的必然趋势，是实现现代化的当务之急，但无论何种改革措施归根结底都要落实到从人员结构上起步。人的问题是改革的关键。高校图书馆人员结构问题的总要求应是"有层次，多学科"，其中包含有人的年龄、学历和知识等差异的结合。它主要指老中青结合、高中初结合和文理工结合。

老中青结合是在机构改革中必须妥加处理的方面。我们对此采取了"老有所安、中有所为、青有所学"的方针。首先，将原任部主任和在某些主要业务岗位上的老同志从行政事务的烦杂工作中解脱出来，成立一个由馆长领导的研究组，其任务是接受馆长的委托，结合个人学识、工作专长，承担改革工作的专题审订与考察，提出建议和方案供馆长参考咨询，采择实施。这项措施决不能视为安抚性的消极对策，而是为使老同志能有时间集中精力总结经验、全面考察专题。这是改革工作中的一项积极措施，使"老有所安"得到落实。其次，任命一批中年骨干担任部主任工作，加重中年干部肩上的担子，"逼上梁山"，使他们充分发挥聪明才智，大有作为。明确他们的职、权、责，具体帮助，给予支持。对于青年则要求在做好本职工作的基础上，为适应工作需要而补缺填空，举办相应的讲座和培训班，加速他们的成长。老中青的各得其所，各尽其能，就有可能把人员结构置于坚实的基础之上。

高中初人员的结合是难度较大而急待解决的问题。目前高校图书馆存在着一种层次不清、分工不明的现象。其所以如此，一方面由于过去视图书馆为"安排"单位，长期不恰当地输进一些人员；另一方面则由于近年较多单位开始重视图书馆,片面地多输送了一些大学生,忽视了中初级人员的补充。这就造成了高中初学历结构上的不平衡。为了试图解决这种不平衡性,去年4月间我在教育部于武汉召开的图书馆学情报学教育座谈会上曾提出过"三层楼"教育制度的创议。希望以此一次性地解决高中初人才多层次配备的问题。由于具体执行中尚有滞碍,至今未能付诸实现。今年4月的西安会议上又有人提到发展图书馆中专教育以调整现有结构的建议,但现在仅湖南有一所图书情报中专学校,显然无法满足这方面的要求。至于举办中专则因各地高校、中教体制不同,尚需协调商办。如果能由各馆筹办夜大学或经批准招收技工班,当可在一定时期内获得较妥善的调整。

文理工结合是高校图书馆特点所要求,特别是综合性大学涉及学科范围广,这种要求显得更为突出。图书馆工作固然需要采访、编目、流通、参考等基础工作的技能,但要提高效率、改进服务更需要广博的学科知识基础。要求一个具体人全面掌握文理工知识是难以达到的,但至少在一个工作班子内要实现文理工的结合。这对加强基础工作,提供改革条件是极为重要的。

只有把这三种结合给以恰当的调整与安排,才能以较快速度推进各项措施。

人是改革的落脚点,但要解决好人的问题,重要的是先解决人的思想问题。在一种新旧交替的改革时期,有着各种不同的思想矛盾,如保守与改革的矛盾,敏锐与迟钝的矛盾,吃太平饭与冒风险的矛盾。具体到图书馆改革工作中,也有种种思想矛盾。最近从一些领导人员口中不断听到"恢复五十年代传统"的说法,这反映人们对五十年代政治思想工作有成效和群众焕发的精神面貌的怀念,但以此作为治馆方针,显然不够准确和完备。我认为不宜提"恢复",而应是尊重和发扬,并且还应加上"适应八十年代潮流"一句才可以概括得比较全面。那就是说,我们图书馆的改革工作,既要加强政治思想工作,也要理解八十年代的精神,顺应时代潮流,按经济规律办事。当前改革的潮流就是为实现三个面向而努力,具体说就是要把服务工作面向四化建设,使全馆的水平能跻于世界先进行列,并能够看到未来的必然趋势,而以这三个面向作指导思想进行综合治理与建设。要实现综合治理与建设就需要先提高思想认识,如在藏与用的矛盾问题上,就要改变以藏为主的藏书楼思想为以藏保用、以用保藏的"以用为主、为用而藏"的思想,树立起变知识宝库为知识喷泉,千方百计提供服务的思想;在加强手工操作的基础工作与开展现代化自动化手段的矛盾问题上,要充分考虑到我国的国情与具体馆情。这二者在相当长时期内是会同时并存的。我们既不能墨守成规，抱残守缺，不肯移步；也不要一哄而起，草率赶风。而是要认真分析，稳步推进，一方面要继续改进和发展传统手工操作技能，以奠定改革基础，坚持日常工作，改而不乱；另一方面要努力创造条件，制订规划，借鉴先进，逐步向现代化自动化迈进，力争短期内实现工作手段的改革。在人员的使用与培训问题上，既不能单纯使用而忽视培训，又不应脱离工作需要盲目进修。因为合理的安排使用是为了改进工作，而各种培训途径又是为了更好地适应工作，这是学与用的关系问题，要强调为用而学、学用一致的原则，把作为改革关键的队伍建设问题从扩大来源、搞好更新、提高素质等方面抓紧抓好。

人与思想的问题解决得好，就是改革的好开端。我们既认识改革是必然趋势，树立了信念，又有三个面向的改革方向，再从国情、馆情实际出发，集思广益，群策群力，制定方案，快步前进，那么图书馆的改革工作必将在较坚实的基础上得到顺利地推进，并获得成效。

原载于《津图学刊》1984年第3期

中国的图书馆学情报学教育及其未来

事业的发展关键在于人才，而合格的人才要归结于良好的教育。

中国的图书馆事业源远流长，但作为其人才基础的图书馆学情报学教育则仅有几十年的发展历程。从1913年开始，中国的图书馆学教育从无到有而逐步发展。1949年以后，中国的图书馆学情报学教育发生了非常大的变化，特别是70年代后开始，出现了具有中国特色的图书馆学情报学教育体系。

一、历史的回顾

（一）专业的发展

中国的图书情报工作大致可以分为两个部分：图书馆事业和情报事业。图书馆事业源远流长。1949年以来，图书馆事业有了显著的发展，取得了很大的成绩。截止到1988年，中国已有各种类型图书馆30多万个，藏书在12亿册以上，从业人员已超过20万（注一）。公共图书馆已达到2479所（均在县以上，含县），藏书达27000万册，工作人员33600人。全国已有80%以上的县（区）建立了图书馆。为了满足城乡人民和距图书馆较远的读者的需要，有24个省、自治区、直辖市发展了汽车图书馆。儿童图书馆也有所发展，1987年已达50多所。高等院校图书馆已有1053所，藏书量达34500万册，工作人员达39000人。专门图书馆在4000所以上。工会图书馆开始只有44所，1987年发展到25万所，藏书达41000多万册。

中国的情报（资讯）事业开始于1956年。1956年5月，在制定科技发展十二年远景规划时，曾把建立科技情报机构，开展科技情报工作列为我国重要科学技术任务之一。根据规划要求，第一个国家科技情报机构——中国科学院科技情报研究所宣告成立。从此，国家有组织的科技情报工作开始了。各省、区、市以及大型科研机构和厂矿企业都有科技情报部门，从而形成一个比较完整的工作体系。

（二）教育的发展

回顾我国的图书馆学情报学教育的历史，大致可以划分为四个阶段：

1. 1913—1953年：虽然我国图书馆学教育起始于1913年（注二）；但影响较大的是武昌文华图书馆专科学校。它创办于1902年3月，1953年并入武汉大学。1947年，北京大学文学院在中文系附设图书馆学专修科，1949年开始招收高中毕业生。

2. 1954—1966年：1954年，西南师范学院开办图书馆与博物馆专修科。1956年，北京大学、武汉大学的两个系由三年制专科改为四年制本科，扩大了招生名额，并开始大范围招收函授生。1958年，北京文化学院设立了图书馆学研究班。1960年，吉林师范大学设立了图书馆学专修科。但这几个专修科未能坚持下来，于1962年前后相继停办。

3. 1967—1977年：1966年夏季开始的"文化大革命"使全国教育事业出现停滞现象，图书馆学专业教育也停止招生六年之久，直到1972年，北京大学、武汉大学又恢复招生，连续招收五届三年制的工农兵学员。

4. 1978年至今：1978年初，全国高校恢复统一招生的考试，并开始招收研究生（包括研究生班、硕士生和博士生），图书馆进入了一个新的阶段。到1983年，全国有十余所院校先后设立了图书馆学系或专业，打破了前几十年只有北京大学和武汉大学两系坚持办学的局面。到1988年，中国高等学校设置的图书馆学情报学专业已达50多个，专业教师人数已达706人。

二、两学的教育体制与学科划分

（一）教育体制

在相当长的时期内，中国的图书馆学在校教育培养出来的学生多是四年制本科和三年制大专毕业生。这种情况并不完全适应我国各图书情报机构的要求。经过几年的发展，目前两学在校教育不但初具规模，而且已经拉开层次、分出等级，初步形成了具有中国特色的在校教育体制。

1. 高等专门教育。它可以分为三个级别：一是博士研究生教育。目前北京大学（图书馆学）和武汉大学（情报科学）两校正开始培养博士研究生。此外，不少院校已选派优秀人才去国外攻读博士学位，其中有些已学成回国。二是硕士研究生教育。目前有北京大学、武汉大学、南开大学、华东师大、南京大学、中山大学、中国科技情报研究所、中国科学院文献情报中心等具有招收硕士生和授予学位的权利。三是研究生班教育。在文、理、工、农、医和外语等专业的本科毕业生中选拔合格者进行两年图书馆学情报学教育。研究生班与硕士研究生的主要区别是不进行学位论文答辩和不授予学位而已。

2. 普通高等教育。这也有三个级别：一是双学士教育，即图书馆学情报学专业的学生在学习本学科课程的同时，选修其他专业的课程；或其他专业的学生选修图书馆学情报学专业的课程，如达到规定学分，毕业时可获得两个学位。双学士学生特别受到图书情报部门的青睐。二是大学本科教育，学制四年，是最普遍采用的形式，学生量也较大。三是大专教育。这是目前最普及的一种形式，学制三年。按其招生、分配和管理体制又大致有四种不同情况：一是经教委批准的国家统一招生、分配的正规大学所办的大专班；二是由地方政府或部门主管批准，只限于某一地区招生并采取定向或推荐办法分配，有些是从职业岗位上被选派来进修，已取得高一层的学历再回原工作单位去承担更重要的工作。三是不包分配的社会大学、夜大学或自费走读大学，进行岗前教育以增加谋求职业的条件。四是由教委指定某些设有图书馆学情报学专业的大学承办进修班，学制一年，由各图书情报部门选送大专以上学历而非图书馆学情报学专业毕业的中青年工作人员，离岗学习一年图书情报专业课程，期满仍回原单位工作，目前南开大学和大连工业大学分别承办文理两个班。

3. 中等专业教育。初级人才在图书馆和情报部门中约占全部从业人员的40%—60%；但是这种初级人才的培植过去没有受到足够的重视。近几年来，全国陆续开办了中等专业学校25所，学制二年。中专教育的兴起为中国图书情报事业培养了一批中等专业技术人才。

（二）学科（专业）划分

图书馆学情报学是关于信息的搜集、处理、分析、提供与利用的科学知识体系。它在《专业目录》中属于图书情报档案学类别，下设七个专业或学科（注三）。

图书馆学 在图书馆学专业里分别开设图书馆学概论、图书分类、文献编目、文献标引、目录学、图书与图书馆事业史、图书馆管理、图书馆藏书建设、中文工具书、西文工具书、读者服务与研究、图书馆自动化系统、科技文献检索、自然科学概要和图书馆业务实习等。

情报学 情报科学系要开设的课程有：情报科学导论、科技文献管理、情报系统管理、情报分析与研究、科技文献检索、情报检索系统、情报技术、计算机应用、文献计量学、自然科学概要、联机情报检索和情报业务实习等。

档案学 档案学专业的主要课程有：档案学概论、文书学、档案管理学、科技档案管理学、档案文献编纂学、档案保护技术学、中国档案事业史、外国档案工作概况、档案文献复制技术、计算机辅助档案管理、中国政治制度史、历史文书和档案业务实习等。

科技档案 它包括的主要课程有：档案学概论、科技档案文件材料学、科技档案管理学、科技档案编研学、档案保护技术、档案文件复制技术、科学技术发展史、科技情报学概论、计算机辅助科技档案管理、科学技术管理学概论、数据处理概论、经济技术法、制图学、机械基础、建筑学基础、电子学概论和科技档案业务实习等。

社会科学情报学 主要专业课程有：情报学概论、社会科学概要、文献管理学、社会科学目录学、社科情报分析与研究、社科文献检索、计算机情报检索、社科情报管理自动化、自然科学概要和文献计量学等。

图书发行管理学 主要专业课程有：图书发行学概论、图书进销学、图书与图书发行事业史、图书发行信息概论、图书发行管理自动化、世界出版发行概论、出版概论、版权法、读者研究、图书贸易经济学、图书评论基础、出版发行目录学、社会科学文献检索与利用、社会科学概要、自然科学概要等。

档案保护 主要专业课程有：档案学概论、档案文献保护环境与技术、档案文献有害生物防治、档案文献保护化学、档案文献修复技术、档案文献复制技术、计算机辅助档案管理、普通生物学、普通化学、普通物理学、静电复印、有机化学、电工学和档案保护业务实习等。

（三）传统技巧与现代技术结合的思考

中国图书馆的服务手段历来采用手工操作，技术相对比较落后。近年来，缩微、复制和声像技术在图书馆中已经普遍使用。特别是从70年代开始，经过十余年的探索，自动化已逐步从实验走向实用。其中1987年应是一个转折点，其标志是一批实用系统开发成功。目前，全国已有50多个图书情报部门设置了终端，与国外9个系统进行联机检索。有100多个图书馆安装了不同型号的计算机，用于馆内的业务管理。其中最有影响的是北京图书馆的M-150H电子计算机系统、武汉大学图书情报学院的SDI-EC10226计算机情报检索软件、北京大学图书馆的西文图书联合目录系统、中国科学院的西文连续出版物联合目录系统、深圳大学图书馆的计算机管理集成系统、东北电力学院图书馆的整体化图书情报计算机管理系统、深圳图书馆的实时多用户计算机光笔流通管理系统和上海交通大学图书馆的SJTUCS光笔输入多用户实用图书流通系统。

现代技术正逐渐改变着图书馆和情报机构内部管理和服务效果，对社会起到了非常良好的作用；但是怎样才能实现传统技术与现代技术的结合，并最终卓有成效地使用新技术呢？我们的回答是：教育。只有在教育中体现新的技术，才能使受到这种教育的人在图书情报工作中利用新技术。正是由于这一点的重要性，我们将在下个问题中着重阐明今后两学教育中将如何设计其课程的安排。

三、为下一代人的课程设计

图书馆学家和情报学家的任务之一就是对社会信息进行加工处理，使其有序化。未来的图书情报工作需要的知识是综合的、多方面的。因此，对学生的教育要有预见，要超越现实的要求，使他们毕业后能利用所学知识完成他们的职业任务。在中国，加强现代技术的教育，以使学生能从事未来具有多重挑战性的信息职业，并能适应现实的具体情况，这是我们教育者应该关心的重要课题。此外，中国有着悠久文化，历史遗产至为丰富，如何发掘整理古文献以利于现代化事业，也是我们应该加以注意的。

课程是教育的具体措施，它直接关系到学生的未来。从向学生传授知识和技能的角度来考察，两学课程所包含的主要内容应直接与下列主要培养目标有关。

（一）了解图书情报领域的历史以及未来的可能趋势。

（二）了解信息技术及其实现手段以及适合于应用这些技术的条件。

（三）懂得图书、情报管理的理论和实践。

（四）设计并建造书目、文摘、索引或数据库。

（五）懂得利用现代技术来提供各种情报服务，并将这些服务组织到图书馆和情报中心里去。

（六）了解情报流从生产者到用户的全过程中的所有问题。

（七）懂得适用于情报服务领域的研究方法。

基于上述内容，并参阅一些文献，我们认为，两学教育的课程设置应涉及下列诸方面：

（一）历史与未来

1. 图书、图书馆之历史与展望

2. 信息时代与未来社会

3. 图书馆学简史与展望

4. 情报科学简史与展望

（二）情报用户与情报的使用

1. 影响情报需求的因素

　　文化程度　文化差异

2. 潜在用户

　　特定的读者　非情报用户

3. 情报需求的类型

4. 交流渠道

5. 情报流现象

6. 研究情报用户及其需求的方法

　　调查表　面谈　特尔斐法　引文分析　观察

7. 情报服务的类型及其所满足的需求

　　图书馆　档案馆　情报中心　情报分析中心　情报源咨询中心

　　各种类型的网络　情报检索服务

8. 情报专业人员对用户的责任

（三）情报的生产与传播

1. 作者

2. 出版者

3. 文献计量学

4. 文献传递的形式和过程

5. 国际传播

6. 经济方面

7. 情报生产者的职责

（四）情报源的收集与存贮

1. 选择

2. 采购

3. 馆藏管理的原则与步骤

4. 馆藏评价

5. 图书情报专家的职责

（五）情报的记录与描述

1. 描述

　　物理形式的描述

　　目录　编目

　　内容上的描述

　　分类的原则与理论　排架分类法　主题标引的步骤　控制词表　叙词表的构造

2. 组织

　　文档组织　记录结构与形式

3. 职责

（六）情报检索

1. 分析用户提出的要求

2. 检索策略

3. 情报源

4. 情报检索服务的评价

　　评价标准　评价方法

5. 职责

（七）情报传递

1. 道德、法律和哲理上的思考

2. 情报的传递

　　类型　形式

3. 文献的传递

4. 从外部的情报源提供文献

5. 向特殊读者传递情报

6. 情报传送服务的衡量与评价

7. 职责

（八）情报处理与加工

1. 形式的转换

2. 内容的转换

3. 情报分析

　　过程　产品

4. 关于特定形式的特殊考虑

5. 情报转换服务的衡量与评价

6. 职责

（九）通讯技术

1. 通讯的历史

2. 现代通讯技术

3. 通讯技术展望

4. 通讯技术与图书情报网络

（十）管理

1. 管理的基本问题

2. 图书馆的管理

3. 机构内的情报中心

4. 情报中心的管理

　　管理的责任　人事管理　设施规划与管理　评价

5. 职责

（十一）研究方法

1. 研究

目的　定义　价值

2. 研究计划的组成部分

序言与背景　问题的确定　文献调查　假设与验证　技术与设计　抽样总体

3. 取得对研究的援助

4. 研究经费

5. 结果的传播

6. 职责

四、结语

回顾过去是为了未来。中国图书馆学情报学教育经过几十年从无到有，并有所发展的历程。目前基本上已显现出具有本身特色的体系。本文从中国图书馆事业、情报事业的简略介绍开始，回顾了两学教育的历史，讨论了中国的图书情报教育体系与专业划分，并阐述了我们关于如何处理传统操作与现代技术相结合的观点，从而引发出有关课程的设想。因为教育主要落实点之一在于课程的设置，为此，我们在文章的最后部分提出了为培养新一代图书情报人才而设想的课程设计。

现在，我们的两学教育正在改革之中，我们认为改革与完善两学教育将集中于下面四个方面，即：一是深化课程设置改革，提高教学质量；二是稳定办学规模，调整办学单位；三是建立监督检查和评估制度；四是加强教学各层次的专业教材建设。而要做好这些事最关键的要务在于提高现有师资的素质，扩大优秀的师资队伍。大匠陶冶，良材自出。

这篇文章，特别是课程设计部分仅仅是一些思考悬念的排比，可能肤浅或缺乏完整性，并在很大程度上具有不切实际的理念。我们希望能以这些想法与海内外学人进行学术上的切磋与探讨，以求取教益，对拙文加以修订。

参考文献

注一　黄宗忠，《八十年代的中国图书馆事业》，《武汉大学学报（社会科学版）》，1989年第5期。

注二　萧东发，《中国图书馆学情报学教育四十年（1949—1989）》，《图书馆学通讯》，1989年第1期。

注三　国家教委，《专业目录》，湖北：武汉大学出版社，1987年。

注四　F.W.Lancaster，《情报学的课程内容》，情报学报，1988年第5期。

原载于〔台〕《教育资料与图书馆学》第29卷1992年第2期

要注意改革中的新问题

改革的春风已吹遍于各个领域，图书馆这个古老而又有新貌的地方也无例外地受到了吹拂。那种遭到漠视、冷遇和半沉睡的状态似乎也悄悄地溜走了。许多地方都使人们幸福地感受到春天的清新气息在沁人心脾，事业振兴的前景在召唤自己，若干热心于改革事业的仁人志士投袂而起。改革势将冲决阻拦而成为不可遏止的潮流。但是，在这长江万里的形势下也不可免地会有一些始料所不及或者是新形势下冒出来的新问题。因此，我们还要能清醒地看到改革中的新问题，并予以妥善解决。

我们南开大学图书馆的改革工作从6月份在社科部试行后，9月份即全面展开。三个月来，陆续出现了形形色色的大小问题。经过检查各种记录资料及实际工作，并听取了部室主任汇报，由馆长们和研究室同志共同分析研究后，归纳出四个值得注意和探讨的新问题：

一是提高服务质量和多创收入的关系问题。图书馆改革的总目的应当是打破大锅饭，调动各类人员积极性以达到高质量高水平地为读者服务。但是他们尽管开馆时间长、劳动强度大，却很少有创收可言，左邻右舍的多创收高奖金不可避免地冲击和影响着他们。而我们的奖勤罚懒，往往因缺乏资金来源而难以完全实现。我们也曾努力于开辟财源，但因坚持凡与业务无关即使"赚大钱"也不干的原则而收益不大。从而使我们渐渐认识到图书馆这种机构还应主要依靠国家和学校的资助，不要过于沉重地把服务与创收两副担子都压在图书馆的肩上。

二是数量和质量的关系问题。我馆在实行三制后曾发现有人为完成和超越定额，求快求多而忽视质量，因此在制定考核数量指标时，应同时强调质量检查，如设立专职校对检查员，严格部室之间交接手续（不出部室改正者不扣分，否则要扣分）。我们除实行数量奖外，还有质量奖与优质服务奖等以保证质量。

三是体力与脑力劳动的关系问题。我们在制定考核标准时，曾注意到脑力劳动的价值，但是，由于图书馆人员结构复杂，不能只以一把尺子来衡量。我们认为在妥善处理好各类人员关系的同时，还必须更好地落实知识分子政策且应在考核中予以体现，如承包指标宜粗不宜细，由部室按每个人脑、体力情况区别分配，定量指标则脑力劳动要从优记分，对科研成果和咨询项目经鉴定后有单项奖；在分配时还适当考虑职称、学衔。

四是经济手段与政治思想的关系问题。定额考核在经济上人人平等，一视同仁，但还是有种种思想出现，如互相攀比、互不服气，单纯追求数量，有钱干没钱算，嫌图书馆是穷单位等等。这就使我们认识到必须注意加强思想工作来保证改革。所以我们在运用经济手段的同时，还在全馆开展"三爱一优"（爱馆、爱书、爱读者，优质服务）活动，表彰先进，带动全体。用定额管理和思想政治工作两个车轮来推动改革的顺利进行。

我们把这四个关系问题请两位副馆长专门深入研究一下，写成一篇题为《图书馆改革中应注意的几个关系问题》的文章，向全馆作报告，提起注意。

在新的一年开始之际，我们将依据党的十二届三中全会的精神，随时注意发现改革中的新问题，予以妥善解决，把高校图书馆办成为教学、科研服务的学术机构。

原载于《大学图书馆通讯》1985年第1期"馆长笔谈改革"专栏

天津市高等学校图书馆协作情况的调查与思考*

前　言

九十年代初，当中国的图书馆事业依旧徘徊于发展的低谷，等待着回升的时候，时代又向它提出了新的挑战。挑战首先来自于新世纪的迫近——图书馆事业能否以更先进的水平跨入21世纪，便取决于这世纪末的冲刺；其次来自于经济改革的浪潮——在这一浪潮中涌现出的读者需要的质和量都有了巨大提高；第三来自于继续上涨的书刊价格——国家财力还不能保证图书馆有充足的购书经费。

图书馆界的有识之士指出，协作协调是我们在世纪末的冲刺中走出低谷，赶超世纪的捷径。

我们不禁深思：现阶段图书馆协作协调的状况如何？我们能否以整体的力量去摆脱国家经济困难、图书馆经费短缺的处境？我国图书馆界能否作为一个真正聚合的整体携手跨入新世纪？

1990年下半年，我们带着这些问题以问卷的方式调查了天津市75%的高等学校图书馆，其目的在于了解天津市高校图书馆的协作协调状况，并希望通过对这次调查结果的分析以推动全国图书馆协作的发展。

调查结果的描述

我们调查的重点集中在以下方面：

---

* 本文发表时署名来新夏、于良芝、王晓文。

一、天津市高校图书馆的协作范围

我国图书馆事业的管理体制将整个图书馆事业划分为包括高校图书馆系统在内的若干子系统。整个社会与整个图书馆事业对高校图书馆的生存和发展都起着重要的制约作用，因此我们不能不注意到以下几个问题：高校图书馆系统内部，各馆之间的联系如何？高校图书馆与其他类型图书馆的关系如何？高校图书馆的社会化程度或为社会提供服务的能力如何？我们在调查中发现：

（1）100%的高等学校图书馆与其他高校图书馆存在一定程度的协作关系。

（2）40%的高校图书馆与公共图书馆开展协作。

（3）20%的高校图书馆与专业图书馆存在协作关系。

（4）高校图书馆目前还仅以有偿服务的形式向全社会提供一定程度的服务。

总之，天津高校图书馆系统的协作并非绝对空白。它既然处于一个变革的时代和环境之中，便不能不受其影响。阮冈纳赞早就告诉我们，图书馆是一个不断生长着的有机体，因而它总是处于调整自身、完善自身以更好地适应外部环境的运动过程之中。图书馆从长期的孤立分散状态走向横向联合正是图书馆界自我完善的一场深刻变革。许多因素的相互作用导致了这场变革的出现。那么，究竟哪些因素在更大程度上影响了天津高校图书馆现有协作活动的开展？为此，我们考察了推动天津市高校图书馆协作的若干动力因素。

二、图书馆协作的动力

调查这一问题的目的在于了解天津市高校图书馆对其外部环境的关注程度以及他们根据环境的要求调整自身的灵敏程度，从而揭示出天津市高校图书馆的协作是具有较强目的性的呢？还是盲目的和被动的呢？

表一　图书馆协作动力因素的影响范围

动力因素	受影响的图书馆占被调查馆的比例
上级指示	50%
经费短缺	40%
读者需要增长	18%
舆论界的呼吁	18%

被上述环境推入协作轨道的天津市高校图书馆是否确在广阔的领域中开展着正规的协作？

三、图书馆协作的领域

在世界范围内，随着图书馆事业整体化趋势的日益加强，图书馆协作也在不断地扩大自己的领域。我们重点考察了一些传统的协作项目，如共同编制书目数据、互借与交换文献、分工采购、共同研究重大理论问题、交换馆员等项目在天津市高校图书馆中的普及程度，调查结果如下：

图书馆的外部环境因素促使它们走向协作，但要使这种协作广泛、稳定、持久地开展下去则依赖于图书馆自身严密系统的组织管理，如签订书面协议，设置专门的协调组织、专门的信使服务、专用的文献传输设备，定期发表通告，定期召开会议，严格保持和定期分析有关记录等等。天津市高校图书馆系统内部已开展了一定程度的协作，它们是否在完善的组织管理下发挥着应有的效能呢？这一问题构成了我们此次调查的又一重点。

表二　图书馆协作项目的普及范围

协作项目	开展馆占被调查馆的比例
互借与交换书刊	76%
共同研究重大理论问题	50%
共同生产书目数据	30%
分工采购	0
交换馆员	0

四、图书馆协作活动的组织管理

下表粗略地反映了天津市高等学校图书馆协作活动的组织管理状况：

表三　组织管理手段在图书馆协作中的应用状况

组织管理手段　　图书馆比例	馆内是否设专人负责协作事务		与其他馆协作的依据			是否记录与统计协作情况		互借文献的传输手段			与其他馆保持联系的手段			
	有	无	听从专门组织的安排	依据事先签订的书面协议	根据传统	有	无	邮政	汽车等专门工具	人力取送	计算机网络	邮政系统	专门信使	无确定手段
	50%	50%	35%	15%	50%	25%	75%	40%	0%	60%	0%	70%	10%	20%

五、计算机在各馆中的使用及其在协作中的作用

表四　计算机在图书馆业务活动和图书馆协作中的使用状况

使用领域	占被调查馆的比例
未使用计算机	60%
检索	26%
流通	10%
管理	10%
编目	10%
其他	10%

关于调查结果分析

显而易见，"文革"以后，天津市高校图书馆系统的协作已卓有成效。主要表现在：（1）负责高校图书馆协调的"图工委"日益成熟，其影响不断扩大。

（2）在高校图书情报工作委员会的倡导下，各高校图书馆已经不同程度地建立了联系并共同开展过一些重大活动。（3）我们已初步摸清了天津市高校图书馆界文献资源的分布情况，为图书馆协作的深入开展奠定了坚实的基础。

然而，当我们把观察的目光转向世界图书馆协作的潮流，转向我们面临的经费短缺、书刊价格暴涨的困境，当我们把取得的成绩与图书馆协作的巨大潜能加以比较，我们认为应该用更多的笔墨来分析调查中发现的问题。

一、高校图书馆系统还处于相对的自我封闭状态

调查结果表明：虽然几乎所有的高校图书馆都自觉或不自觉地被纳入了图书馆协作和资源共享的轨道，然而整个图书馆系统与外界的联系是非常有限的。以天津市图书馆和各区图书馆为主体的公共图书馆拥有相当丰富的藏书，但只有少数高校图书馆与这些馆开展合作。以各研究单位的图书馆为主体的科学与专业图书馆拥有先进的设备、新颖的文献资料和较高水平的工作人员，是天津市图书馆事业非常重要的组成部分，但有机会利用这部分资源的高校图书馆却为数寥寥。高校图书馆的社会化程度（即向全社会提供文献资料服务的程度）亦很低，校园之外，能够享受高校图书馆文献资料的，仅是少数能够并愿意偿付费用的团体或单位。

造成上述自我封闭状态的原因很多。首先，现阶段我国图书馆事业实行分散型管理体制，体制的刚性使高校图书馆系统无力突破长期以来的条块分割的局面。其次，在很多图书馆中，协作意识还比较淡薄，已经形成的系统内的协作在很大程度上归功于高校图书情报工作委员会的倡导，而在这面旗帜之外，各图书馆缺少与其他类型图书馆开展协作的主动性与热情。第三，所有的高校图书馆都承担着为教学和科研服务的双重繁重任务，但是，几年来，它们几乎无一例外地经历着书刊涨价、经费不足的窘境，他们不得不一再减少书刊订购量。而与此同时，由于社会教育的发展，搞活经济及个人书刊购买能力相对下降等因素的影响，社会对图书馆的需求量迅猛增长。捉襟见肘的高校图书馆还无力应付如此庞大的社会阅读需要。在这种状况下，高校图书馆向公共图书馆（特别是区级公共图书馆）及全社会的封闭，无异于一种自我护保，这是一种值得谅解的遗憾现实。

二、图书馆间的协作还过于被动和盲目，无助于克服经费短缺与读者需要的矛盾

如前所述，图书馆事业整体化的趋势已将天津市高校图书馆卷进了协作的潮流。然而，我们在调查中发现，这种投入表现出巨大的被动性和盲目性。

首先，协作活动的开展似乎未考虑到协作的目的。调查结果表明：导致协作的最重要最普遍的动力因素之一是经费短缺，但是能够以较小投资取得较大效益的分工采购、馆际互借、联合生产书目数据、共建储藏图书馆等协作活动却未得到重视，这些项目或不普及，或不深入，或不规范。以馆际互借为例，天津市高校图书馆虽然比较普遍地开展了这一协作，但是由于没有分工采购和联合目录作为基础，这一活动根本无法发挥应有的作用。我们有理由认为，这种协作与其说是图书馆主动适应环境需要的结果，不如说是政策的产物。

第二，许多图书馆认为它们走向协作的直接甚至唯一的动力是执行上级指示。这似乎表明国家控制图书馆事业的能力是很强的，然而我们决不能忽视问题的另一面：如果我们的图书馆开展合作的动力主要来自上级，那么这种合作必然是被动的，因而必然缺少生气和创造性。

第三，读者需要尚未成为图书馆协作的主要动力。调查结果表明，只有少数图书馆在走向协作时考虑过读者需要的因素。

由于目的不明，也由于缺少主动性和创造性，致使我们开展已久的图书馆协作不能发挥应有的效果。我们至今没有形成全市高校图书馆的文献联合报导体系。在问及通过何种途径了解其他馆的藏书时，多数图书馆回答没有任何途径。各图书馆至今也未形成规范的文献互借体系，绝大多数图书馆互借文献的唯一途径是使用"高校图工委"发放的通用借书证，这些借书证不仅数量有限（1987年以来，在全市所有高校中发放总数为200张），而且没有保留任何关于它们使用情况的记录和统计，这使各高校馆满足读者需要的能力还基本局限于各自的文献收藏体系之内。

三、缺少具体的组织管理措施

高校图书馆情报工作委员会虽然在图书馆协作的宏观控制方面做出了贡献，但高校图书馆的日常协作活动依旧缺少严格的组织管理。这主要表现为：

（1）各图书馆开展协作活动的深度与广度差异很大，这说明全市高校图书

馆还没有形成长期的、稳定的、正规的协作网络。

（2）已开展的图书馆协作活动缺少统筹安排，未实现配套协作。如分工采购、联合编目与馆际互借之间不协调。天津市高校图书馆联合目录工作十分薄弱，各馆之间信息交流渠道不畅，这意味着馆际互借缺少坚实的基础。而目前开展的馆际互借业务则由于范围狭小、管理不善，难以成为分工采购的后盾。

（3）参与协作的图书馆没有共同常设的通讯人员，没有专门的文献传输设备，对图书馆的协作情况缺少记录与总结，相当一部分图书馆甚至没有专门的组织或人员负责对外联络。除高校图工委等协调组织的活动经费外，没有维持图书馆日常协作活动的专门投资。各馆之间也缺少具有约束力的合同或协定，管理不善导致诸如馆际互借、分工采购、联合编目等协作项目无法顺利开展。

四、图书馆自动化与标准化进程缺少统一规划

在计算机的应用方面，各馆之间差异巨大，整个系统的自动化进程没有一个整体规划。图书馆向自动化的投入还没有对协作协调产生有力的影响。在标准化方面，各馆虽然在基础业务活动中逐渐采用了基本一致的标准，但是标准化以前所采用的旧的规范与标准却作为历史遗留问题在多数图书馆中保存了下来，从而使标准化进程变得更加复杂。

调查后的思索

在我们结束了对这次调查结果的描述与分析之后，一系列困惑未解的问题依然萦绕脑际，令我们深思：为什么我们进行了长时间的努力却未能使我们的协作趋向规范化？为什么我们建立了负责该系统协作协调的组织却不能对图书馆间的日常协作活动实现有效的管理？为什么我们一面把经费短缺的责任推向社会，一面却把重复订购与被迫减少订购量的苦果留给自己？在本世纪结束前我们能否改变这种状况？我们应该抓住时代提供的哪些契机才有助于改变这种状况？等等。我们对这些问题的思索或许可以作为本篇调查报告的结语。

一、问题产生的根源

为什么我们不断地呼唤合作，图书馆协作却依旧进展缓慢，问题重重？

1. 传统观念的桎梏与认识上的失误是造成这种状况的重要原因。

图书馆协作协调首先是图书馆事业自身一场深刻的变革，它意味着图书馆事业的高度社会化，不可避免地受到传统的社会心态的严重束缚。这种缘于自给自足的自然经济和稀少的社会交往的传统社会心态的最重要特征就是封闭自守。经过两千年封建社会的沉淀，它几乎渗透于我们的民族文化之中。在不同的时期它可能表现为不同的形式。新中国成立以后的很长一段时间里，我国一方面实行高度集中的计划经济，国家统管了人、财、物的分配，另一方面，国家对经济生活和其他社会生活的控制和管理主要通过各行政部门来实现。在这种经济和社会条件下，封闭自守的社会心态就突出地表现为对公有制的依赖和关注本部门得失的本位主义。在社会财富尚不能满足需要的时候，单位和个人习惯于向国家索取而不习惯于彼此扶持。这种封闭性时时阻碍着高度社会化的图书馆协作的开展。图书馆合作中长期表现出的被动性与盲目性的根源就在于此。

图书馆协作协调还是一场涉及社会生活许多方面的社会变革。一方面，图书馆活动是社会的科学文化生活的组成部分。它的行为方式的变革必将影响整个社会的科学文化生活。另一方面，广大读者来自社会的各个方面，他们是图书馆协作协调的直接受益者，图书馆合作改变了他们获取文献的深度与广度，大大提高了他们的需要被满足的程度。于是图书馆合作便通过读者将其影响渗透到了社会生活的各方面。此外，图书馆协作正日益突破"馆"际协作的限制，将协作的范围扩大到包括一切相关部门。

对于图书馆协作这种社会变革的性质，我们长期认识不足，我们始终把它仅仅视作图书馆内部的自身调整，是可以通过图书馆自身加以完成的。这样的认识使我们一再忽略图书馆协作的广泛的社会基础，从而使我们在屡次的努力中都没有充分利用来自政府、读者及社会其他方面的大力支持。

2. 自上而下的协调策略、图书馆事业的投资机制不利于图书馆协作的开展。

观念的桎梏及认识上的偏差使图书馆协作中来自下方（各具体图书馆及其读者）的动力明显不足，加之我国现有的图书馆事业管理体制，图书馆的合作道路便采取了自上而下的协调策略，由图书馆事业管理机构出面组建图书馆的协作协调组织并由上级主管部门投资维持其日常活动，图书馆协作协调组织在成立之初就缺少牢固的群众基础。

这种先天不足又因我们国家图书馆事业的投资机制而加剧。我国绝大多数图书馆隶属于不同的行政管理部门，该部门负责图书馆的投资管理和使用。各具体图书馆从本部门的利益出发，无意于将本来就相对不足的投资拨出一部分来支持图书馆协作协调活动。这种被国外学者称之为"无痛苦的合作"使各图书馆不太关注图书馆协作的社会效益。

这种自上而下的协调策略和图书馆事业投资机制使各种图书馆协作协调组织无法发挥其应有的效能，这就不可避免地导致图书馆协作缺乏严格的组织管理。

3. 信息不灵也是协作不利的重要原因。在天津市高校图书馆系统，信息不灵表现为：（1）图书馆协作活动的执行者缺少图书馆协作的组织管理知识。（2）不了解国外图书馆协作的经验与发展趋势。（3）不甚了解国内其他系统其他地区图书馆协作的状况。（4）各图书馆内部对协作的理论方面的思索缺乏兴趣。

二、世纪末的契机

对图书馆协作来说，世纪末的冲刺是很关键的。这不仅由于协作是我们在新世纪到来前克服困境将图书馆事业推向前进的重要途径，而且因为时代为我们提供了许多契机。

首先，图书馆现代化建设正在全面展开。图书馆现代化技术曾将国外许多图书馆推向了不以他们的意志为转移的协作的轨道。它的普及亦必将推动我国图书馆协作的发展。

其次，我国图书馆界已普遍感受到图书馆事业所面临的困境，馆内馆外，一片忧患意识。在未来若干年内，我们依旧面临一个不太乐观的投资环境，因此，全国图书馆界对协作协调的紧迫感大为加强。此外，随着改革开放的深入，商品经济的发展，社会化程度的提高，图书馆界的协作意识也将增强。

第三，80年代可谓高校图书馆大兴土木的年代，许多高校图书馆都更新了馆舍和设备，为图书馆协作的开展提供了良好的工作环境和条件。

我们期待着天津市高等学校图书馆能抓住这些契机，将图书馆协作协调活动推向新的高峰。

附：本文由小组调查讨论，写成初稿，由我最后删定成稿。

原载于《津图学刊》1992年第4期

中国图书馆学信息学教育的回顾与展望[*]

——在"第一届21世纪海峡两岸高等教育学术研讨会"上的发言

【编者按】 本文系来新夏教授于1993年11月1日至10日在台湾淡江大学"二十一世纪海峡两岸高等教育学术研讨会"上的报告全文。

我国图书馆学教育已走过了70多年的历程,信息学(原称情报学)教育则起步较晚,约有30多年的时间。它们是今日我国教育体系中的一个重要组成部分("信息学"在台湾同行中称为"资讯学")。近一两年,在大陆,虽然科技界已将"科技情报"一律改称"科技信息",高教系统也将"情报学"改称"信息学",但理论研究中则将"情报学"与"信息学"一词的内涵严加区别。这些名词的含义及译名如何科学地界定,有待继续研究,非本文所探讨的范围。本文旨在围绕图书馆学信息学教育问题,总结过去,审视现实,并瞻望未来。

一、历史的回顾

回顾以往,主要目的是为了总结经验教训,以便吸取借鉴,有所启迪。

我国图书馆学教育(主要指大陆)可划分为以下几个阶段:

1. 1920—1949年。1920年3月由沈祖荣与韦隶华创建的武昌文华图书馆专科学校的诞生,标志着我国图书馆学正规教育的正式开始。其后,金陵大学、国立

---

　* 本文承钟守真、杨子竞二教授及邵元溥先生参加讨论和写作,特致谢忱。

社会教育学院等大学相继设点办学，或开设了图书馆选修课。1947年北京大学中文系附设了图书馆专修科。这是图书馆学教育的起步阶段，在教学体制、课程设置、教学内容上，受美国影响较深。

2. 1949—1966年。50年代初全国仅有武昌文华图专、北大图专和设在重庆的西南师范学院图书馆博物馆专科三个办学单位。1952年武昌文华并入武汉大学，设立图书馆学专科。1954年西南师范学院图博专科停办。1956年，北大、武大的图书馆学三年制专科改为四年制本科，并招收函授生。稍后，吉林师范大学等校也设立了为时不久的图书馆学专科班。

这一时期取得的成绩是，对办学格局作了调整，扩大了招生名额，改进了教学内容，培养了一批当时急需的图书馆学人才。但也存在以下问题：一是布局不合理，仅有武大、北大这南北两家，其他地区形成空白。二是形式单一，仅有大学本科，缺乏其他办学层次。三是教育教学内容存在片面性。我们认为，在当时的历史条件下，学习苏联图书馆学的经验，有其一定的积极意义，但却忽视了对西方图书馆学教育的有分析地借鉴，而且教学内容上政治成分过多，缺乏科学的总结。

3. 1960—1977年。"文化大革命"时期，图书馆学教育基本上陷于瘫痪状态。仅于1979年起武大、北大连续招收了五届三年制的学员。

4. 1978年至今。这是前所未见的图书馆学教育大发展时期。截至1990年，高校图书馆学办学单位已达55所，遍布全国，建立了比较合理的布局。拥有专职教师937人，其中，含教授、副教授211人，初步形成了一批学术造诣较深的教师。出版了许多教材，其中如《图书馆基础》、《目录学概论》、《中文工具书使用法》、《科技文献检索》等书都获得国家级奖励并在高校中广为使用。这十多年来，成绩是显著的，但诸如发展速度过快与规模失控，不少学校办学质量亟待提高，专业课程与实际结合不够密切等都是急需研讨，加以完善的问题。

信息学教育始于1958年，中国科技大学开办情报专业本科生班，但仅昙花一现。直到1978年武大开始招收科技情报专业本科生，才正式启动。其后，山东大学、南京大学、北京大学等校也陆续设置了科技情报专业。社科情报专业的本科教育则始于1979年，中国人民大学所创办的该专业。接着，上海社会科学情报研究所、华东师范大学相继招收社会科学情报研究生。自1990年起，南开大学开始招收社会科学情报专业本科生，现改称信息学专业。

80年代，正当图书馆学教育大发展之际，由于图书馆学与情报学在内容、方法上密不可分，加以70年代末开始的美国"图书馆学院"纷纷改名"图书馆学情报学院"的影响，大陆许多大学的图书馆学系也有不少改名为"图书馆学情报系"。1984年武大还设立了高一层次的"图书情报学院"，下设图书馆学、情报学两个系。这些情况说明信息学教育地位的提高，同时也反映了图书馆学与信息学教育合流的趋势。

二、专业教育体制与目前改革动态

（一）教育体制与专业划分

在相当长的时期内，我国的图书馆学正规教育培养出来的学生多是四年制的本科毕业生。这种情况并不完全适应社会的需求。经过十多年来的发展，图书馆学情报学正规教育已经拉开层次、分出等级，形成多层次的结构。

1. 高等专门教育。它可分为三个层次，一是博士研究生教育，1990年起北京大学图书馆学专业和武汉大学情报学专业开始招收博士研究生。此外，不少院校已选派优秀人才去国外攻读博士学位，其中有些已学成回国。二是图书馆学信息学硕士研究生教育，目前有北京大学、武汉大学、南开大学、华东师大、南京大学、中山大学、中国人民解放军空军政治学院、中国科技信息研究所、中国科学院文献情报中心、军事医学科学院、国防科工委情报研究所等招收硕士生。三是研究生班教育。在文、理、工、农、医和外语等专业的本科毕业生中选拔合格者经过考试进行两年图书馆学情报学专业教育。但不授予硕士学位。

2. 普通高等教育。也有三个层次，一是双学士教育，即图书馆学情报学专业的学生在学习本学科课程的同时，选修其他专业的课程，或其他专业的学生选修图书馆学信息学专业的课程。达到规定学分，毕业时可获得两个学士学位。双学位学生特别受到图书信息及其他学科领域用人部门的欢迎。二是大学本科教育，学制为四年。三是大专教育，学制为三年，其招生、分配和管理体制又分为三种类型：一是经教委批准的国家统一招生、统一分配的正规大学所办的大专班，二是由地方或部门批准、只限于某一地区招生并采取定向或推荐办法分配，三是不包分配的社会大学、夜大学或自费走读大学。另外，南开大学和大连理工大学还接受委托对具有大学水平的图书馆在职人员举办为期一年的进修班，进行专业知识技能的教育。

3. 中等专业教育。初级人才在图书馆和信息部门中约占全部从业人员的40%~60%。但是,这种初级人才的教育未受到足够的重视。近几年来,全国已陆续开办了中等专业学校或中专班、中专函授学校23所。中专的学制一般为两年。中专教育的兴起为中国图书和信息事业培养了一批中等专业技术人才。

在上述体系中,全日制普通高等教育占有最重要的地位,是培养图书信息人才的基地。若就图书信息办学的教育种类结构分析,综合大学拥有办学点24个,师范学院、工科院校各有9个。此外,农业、医学、科技、外语、军事、文科等院校中也设有办学点。这些办学点的出现,表明图书信息事业对专业化人才需求的多样化,而且已向深层次开发。

1992年7月,教育委员会颁布了高等院校专业目录,其中将图书馆学信息学划归图书信息档案类别,下设若干个参考专业方向,成为各类高校图书信息院系开设专业与专业方向的指导。

(二)近期改革情况

近几年,特别是从1991年起,许多高校图书情报院系作了一些改革。主要内容是:

1. 调整专业与专业方向。如南京大学设图书馆学、科技信息、科技档案三个专业。山西大学设信息管理专业。湘潭大学设商务信息专业。南开大学图书馆学专业下设文献信息方向,信息学专业下设涉外经济信息、经济信息传播两个专业,武汉大学也结合经济建设设置了新方向。

2. 课程的变动。国家教委直属大学图书馆学专业的课程,经1992年下半年有关会议讨论,决定设置以下12门课程:图书馆学基础、中国图书与图书馆史、文献资源建设、文献分类法与主题法、文献编目、读者研究、目录学、社科文献咨询、科技文献咨询、图书馆学管理、文献管理自动化、图书馆现代化技术。

信息学课程的设置,各校大体上是增加了计算机与数据库、情报传播技术、经济信息咨询、专业情报如经济信息、企业信息、市场信息、金融信息,以及知识产权法等。南开大学信息学专业还增设了国际经济、国际贸易、经济法等选修课,借以增进学生的经济知识。

3. 系名改变。图书馆学情报学系或图书馆学系先后改名的有:南京大学改为文献情报学系,北京大学、山西大学、安徽大学、中山大学、华东师大等校改为信息管理系，北京师大改为信息技术与管理系，其他一些学校也在酝酿系名的改变。

引起上述变化的背景是：①80年代图书馆学情报学教育大发展，导致供需矛盾加大，一部分图书馆尤其是高校图书馆和信息研究机构用人数量已趋于饱和，社会上其他部门对图书信息专业则缺乏了解。图书馆学情报学院系培养的学生在就业市场上缺乏足够的竞争力，难以与计算机、商业、企业管理等专业学生相抗衡。毕业生出路逐渐呈现狭窄之势。②受到70年代末美国图书馆学教育出现滑坡现象的影响。美国图书馆学教育在世界上堪称先进，但十多年来有十多所高校图书馆学院连续停办，甚至办学历史悠久的芝加哥大学、哥伦比亚大学图书馆研究学院也难逃厄运，这不能不引起我们的深思：图书馆学情报学教育应否改弦易辙？其内部机制是否适应社会现象的需求？

三、新时代下的新任务

当前在全世界，人们面临着一场汹涌澎湃的新技术革命。在大陆，随着改革开放的深化和市场经济的冲击，也强烈要求加强教育改革的力度和步伐。但我们要吸取历史的教训，不能只强调速度，而忽视质量与效益。我们要树立质量意识，培养面向世界、面向未来、面向现代化的高素质的人才，培养高素质的人才，意味着在强化科学知识、职业技能培养的同时，要加强学生创业教育，把拼搏精神、应变能力、组织能力、创造能力、高度责任感和事业心等优良品格作为重要的素质加以培养。而在今天及未来，就我国来说，献身祖国建设的精神、开拓意识、国际意识与拼搏精神，尤应成为素质教育的重点。美国学者奈斯比特在《2000年大趋势》一书中强调，在信息经济的全球性经济竞争中，人的素质和创新精神将起着决定作用。而在我国，传统教育历来重视传授知识而忽视创造能力，注重继承而忽视开拓。我们应当对传统教育的优点予以保持，对其缺点则应努力加以克服。近些年课程框架的点滴改良，教材内容的落后，教学方法的呆板、僵化则显然不利于学生的智力开发与能力的培养。美国学者约翰·科宾认为：现今的图书馆情报学院应承担四种特殊任务：（1）使毕业生能面向信息、信息系统的基本知识、信息技术；（2）开设全新而适用的课程；（3）教师不断实现自身的"现代化"；（4）毕业生思想敏捷和富有创新精神。以上的（1）、

（4）两点是关于培养学生的基本要求，（2）、（3）两点是对院系领导人和教师的要求。我们不难看出，这四项任务是相辅相成并互为影响的。而教师是教育活动的组织者，对学生的成长、发展起着主导作用。教育观念的更新，教学内容、教学方法的改革都取决于教师的素质与态度。教师不具备的品质，很难在学生的身上培养出来。教师如果不能不断地用新的知识武装自己，就难以开出新颖而适用的课程，也难以培养出符合信息技术时代的图书信息工作人员。

我在这里想着重讨论一下对未来图书信息专业学生的培养问题。我认为，应主要从两方面着手。一方面是重新设计课程，一方面是加强社会实践。

课程是教育目标、教学计划的具体化，对促进学生的未来发展，保证学校培养人才的规格具有十分重要的意义。

从向学生传授知识和技能的角度来看，图书馆学与信息学课程所包含的内容直接与下列主要培养目标有关：

1. 了解图书情报领域的历史，以及未来的可能趋势。

2. 了解信息技术及其实现手段以及适合于应用这些技术的条件。

3. 懂得图书信息管理的理论和实践。

4. 设计并建造书目、文摘、索引，或数据库。

5. 懂得利用现代技术来提供各种信息服务，并将这些服务组织到图书馆和信息中心里去。

6. 了解信息源从生产者到用户的全过程中的所有问题。

7. 懂得适用于信息服务领域的研究方法。

基于上述内容，参阅有关文献，我认为，图书馆学信息学教育的课程设置应涉及下列诸方面：

（一）历史与未来

1. 图书、图书馆之历史与展望

2. 信息时代与未来社会

3. 图书馆学史与展望

4. 信息学史与展望

（二）信息的生产与传播

1. 作者

2. 出版者

3. 文献传递的形式和过程

4．国际传播

5．信息生产者的职责

（三）信息源的收集与存贮

1．选择

2．采购

3．馆藏管理

4．馆藏评价

5．图书信息专家的职责

（四）信息的记录与描述

1．描述

　　外在形式的描述

　　目录　编目

　　内容上的描述

　　分类：原则与理论

　　主题标引

　　控制词表

　　叙词表的构造

2．组织

　　文档组织

　　记录结构与格式

3．职责

（五）信息处理与加工

1．形式的转换

2．内容的转换

3．信息分析

　　过程　产品

4．关于特定形式的特殊考虑

5．信息转换服务的衡量与评价

6．职责

（六）信息检索

1．分析用户提出的要求

2. 检索策略

3. 信息源

4. 信息检索服务的评价

　　评价标准

　　评价方法

5. 职责

（七）信息传递

1. 道德、法律和哲理上的考虑（如版权）

2. 信息的传递

　　类型　形式

3. 文献的传递

4. 从外部的信息源提供文献

5. 向特殊读者传递信息

6. 信息传送服务的衡量与评价

7. 职责

（八）信息用户与信息的使用

1. 影响信息需求的因素

　　文化程度　文化差异

2. 潜在用户

　　特定的读者　非信息用户

3. 信息需求的类型

4. 交流渠道

5. 信息流现象

6. 研究信息用户及其需求的方法

　　调查法

　　特尔斐法　引文分析法

7. 信息服务的类型及其所满足的需求

　　图书馆　档案馆

　　信息中心

　　信息分析中心

　　信息源咨询中心

各种类型的网络

信息检索服务

8. 信息专业人员对用户的责任

（九）管理

1. 管理的基本问题

2. 图书馆的管理

3. 机构内的信息中心

4. 信息中心的管理

管理的责任

人事管理

设施规划与管理评价

5. 职责

（十）通讯技术

1. 通讯的历史

2. 现代通讯技术

3. 通讯技术展望

4. 通讯技术与图书信息网络

（十一）研究方法

1. 研究

目的　定义　价值

2. 研究计划的组织部分

序言与背景　问题的确定

文献调查　假设与验证

技术与设计　抽样总体

3. 取得对研究的援助

4. 研究经费

5. 结果的传播

6. 职责

第二个方面，即加强业务实习与社会实践。一是业务实习。目前大陆的多数图书信息系缺乏固定的实习基地，必须改善。应当与本校或校外各类信息机构挂钩，或自己建立"模拟图书馆"或"模拟咨询中心"，借以使学生的理论与实际密切结合，提高动手能力。二是认识社会。组织学生到工厂、企业、公司、商店、农村进行参观访问，调查研究，并结合所见所闻，撰写调研报告，其间可适当开展有偿劳动，这不仅使学生在经济上有所收益，克服"一切靠家长"的依赖思想，更重要的是（使其）接触社会，认识社会，在社会大环境中得到磨练，增长才干，提高素质。

参考文献

1.（美）F.W. 兰开斯特. 情报学的课程内容.《情报学报》，1988（5）

2.（美）J·奈斯比特.《2000年大趋势》，中译本. 中共中央党校出版社，1990

3.（美）J. 科宾. 王英雪译. 信息时代的图书馆员教育.《国外图书情报工作》，1992（1）

4. 黄宗忠. 八十年代的中国图书馆事业.《武汉大学学报》（社科版），1989（1）

5. 肖东发. 中国图书馆学情报学教育40年（1949—1989）.《图书馆学通讯》，1989（1）

6. 彭斐章，谢灼华. 建国四十年来的图书馆学教育.《武汉大学学报版》（社科），1989（3）

7. 严怡民. 关于发展我国情报教育的几个问题.《情报科学》，1991（2）

8. 陈耀威. 控制、完善未来教育结构，培养基础综合的各种专门人才.《四川图书馆学报》，1991（1）

9. 舒文. 高教改革如何适应经济建设的几个问题.《解放日报》，1992.11.22

10. 唐文中，温恒福. 21世纪中国教育展望.《教育研究》，1992（10）

原载于《1993·第一届21世纪海峡两岸高等教育学术研讨会论文集》 台湾淡江大学1993年11月印行；后载《津图学刊》1994年第2期

百尺竿头须进步

—— 《大学图书馆学报》办刊五十期纪念笔谈之一

　　八十年代的岁月光彩给蕴藏丰富能量的高校图书馆事业注入了爆发力。事业在发展，人才在成长，其业绩与成果就在《大学图书馆通讯》——《学报》的篇篇页页上被负载着，呈献给历史的祭坛。

　　《大学图书馆通讯》的50期既有编辑者的无私辛劳，也有高校图书馆界全行业的热心关注。它由侧重于传播信息的《通讯》走向力求登临学术殿堂的《学报》，正是各种力量汇集的发展。沟通情况，深入研讨，不仅使人员素质的提高有所凭借，也为交流经验，研讨学术提供园地。老的一代将在此留下历史的屐痕，新的一代又从中吮吸乳汁；既闪烁着战斗的火花，又倾吐着胜利的喜悦。《大学图书馆通讯》——《学报》八年的积累将成为高校图书馆事业史册的长编。

　　道路是无尽的，但180度的直道却是稀见的，钝角和锐角则往往会遇到。在累积的黄土高原上似乎不宜过多地欣赏源头的巍巍，引吭高歌而陶醉于既往，而重极目远视那滚滚黄流，一本初衷地记录着流经的景物，但更应看到在长流中若干皮艇、竹筏上那些船夫的持篙点拨，以及岸边坎坷小路上纤夫的弯腰奋进。记事记人方显得历史画卷的瑰丽。宋朝有个道原和尚眷念佛门薪火之传时曾有诗句说"百尺竿头须进步，十方世界是全身"，借以祝贺《大学图书馆通讯》出刊50期，并与同志们共勉。

原载于《大学图书馆学报》1990年第4期

欢乐的十年　艰辛的十年

——全国高校图工委成立十周年有感

十年，说长不长，说短不短。欢乐使我们感到不长，艰辛使我们感到不短。

欢乐出于人们的信念。时间刚刚迈入八十年代，在祖国的心脏——北京云集了来自全国各地的一群高校图书馆工作者。人们看到自己所从事的事业闪现了辉煌的前景，于是回忆、展望，说啊、笑啊！就在这种欢乐的合奏曲中迎来了自己的组织——全国高校图书馆工作委员会的诞生。从此，这个组织成了转动我们事业的轴心。它的转动给成千万高校图书馆的男女老少增添了活力——无论《规程》的制订，异地心声的呼应，社会地位的改变，全部事业的猛进都给人们带来了欢乐。

艰辛出于人们的拼搏。任何一条路都是人走出来的。我们的路也是披荆斩棘，跋山涉水走出来的。排除矛盾，求存在，求发展。殚思竭虑去争取各方面的理解和支持，奋斗苦干去证实本身蕴藏的能量。要摆脱附庸，挺起腰杆，招来了多少讥讽嘲弄。争取人财物还得费尽周折。换颜改貌必然从生命的账单上开列了"透支"，大步前进不知走穿了多少鞋底。欢乐和艰辛是成就事业的二大支柱，没有欢乐得不到鼓舞，没有艰辛只能屈从衰落。用欢乐的信念催动艰辛的拼搏，去编织我们事业的锦绣。愿高校图书情报工作委员会在欢乐和艰辛的交响乐曲声中发展、壮大自己的事业，在九十年代里，迈着雄健的步伐奔向第二个高潮。

原载于《大学图书馆学报》1991年第6期

撞击与塑造

——纪念华北地区高校图协成立十周年

中国图书馆事业的发展是在不同文化和体制的撞击下前进的，从对这些撞击的历史和现状的考察，认识新的撞击波，我们才能面临现实、正确对待，并自我塑造新型图书馆工作人员的形象，使社会主义的图书馆事业再振雄风和向前发展。

一、历史上的三次撞击

中国的图书馆事业始自周秦，是世界图书馆事业起步最早的国家，直到清代前期，它按照本身的发展规律平稳正常地发展着自己的事业，逐步完善自己的事业：设立专门机构，配备专业人员，充实公私藏书，制定管理制度，虽然曾有向社会开放的个别事例，但它一直是以藏为主的藏书楼性质，只能适度地为少数人服务。不过，它却为后来的发展奠定了丰厚的基础。进入近代，中国的图书馆事业遇到了前所未有的第一次撞击。

当中国的历史进入近代以来，广大知识分子接受西方文化，有的改良主义者如郑观应就提出改变藏书体制的见解，维新派人物组织学会、读书会等等，使书的作用日见发挥，西方的图书馆学理论和技术操作程序的东传，如人所共知的杜威分类法取代中国传统的四分法。这是对中国图书馆事业的第一次撞击，也是东西方图书文化的撞击。京师图书馆和浙江绍兴古越藏书楼的建立和向社会开放，使中国图书馆事业由以藏为主走向藏用结合并开始以用为主，向近代图书馆模式过渡的现象是这次撞击的成果。

辛亥革命的发生，结束了两千多年封建专制制度，整个社会发生比较明显的变化，对各个领域都有所冲击，特别是"五四"运动前后，新思想的传播、各种思潮的纷纷兴起，给中国图书馆事业注入新的血液，赋予它以新的使命，使其成为革命事业的重要一环。1921年，康敏尼特图书馆的建立，是第二次撞击的一个重要标志。康敏尼特是英文Communist的音译，它又名马克思主义学说研究会图书馆，是中国历史上最早以收集马克思主义著作为使命的图书馆，对"五四"时期马克思主义的传播和研究作出了一定的贡献。随着马克思主义的广泛宣传与研究和中国革命的顺利发展，中国图书馆事业在新的轨道上作试运行。1933年，上海蚂蚁图书馆建立，是建国前的进步图书馆之一。它公开宣布自己的办馆宗旨是："为偏于一隅和少数人享受的图书馆开辟一条新的途径，谋文化水准的提高和大众知识的普及。"明确地提出服务社会和民众的目标，使中国图书馆事业走上一条正确发展的道路；但是，日本军国主义者发动侵华战争，陷我国家于兵火之中，生灵涂炭，百业毁灭，中国图书馆事业遭到空前的破坏，馆舍残破，图书焚劫，人员散失，其损失之巨，已难估计，即以近来发表的有关论述来看也已不忍卒读。抗战胜利，继之以三年解放战争，连年兵火，中国图书馆事业不能不陷于苟延残喘的境地。

1949年，中华人民共和国的成立，改变了中国的旧面貌，百废待兴，诸业并举。这是对中国图书馆事业进行的第三次撞击，是一次根本性的撞击。它的巨大冲击力使近于瘫痪的中国图书馆事业得到复苏，其中高等院校的图书馆事业更见长足的发展。1954年，全国高校图书馆工作会议的召开，标志着高校图书馆事业摆脱了几十年来的附庸地位，形成公共、高校和科研三大系统并行发展的崭新格局。改善馆舍设备，提高人员素质，大量培养专业人才，充实藏书，强化管理等等措施相继落实。可惜，就在蓬勃奋进的途中，在神州大地上点燃了所谓"文化大革命"的灾难之火，摧残了文化，波及了各地各类型的图书馆事业，断送了第三次撞击的可贵成果，使中国的图书馆事业遭受了历史上的最大浩劫。

二、一次重要的撞击及其撞击波

1976年，"文化大革命"终于走到尽头而宣告结束，拨乱反正，万象更新，使全国各行各业都在改革开放的旗帜下，欣欣向荣地展开各项事业，把失去的夺回来成为对举国上下的一种重大的撞击力，中国图书馆事业无可避免地接受了第四次撞击。撞击的反响相当强烈，全国性的专业会议相继召开，制定章程，草拟立法，充实专业人员，改进管理制度，特别是80年代以后，人心凝聚，事业兴旺，成为中国图书馆事业发展历程中的黄金时代，至今犹为所有图书馆界人士所津津乐道。

这第四次撞击的成果，从以下的数字可以得到一个较完整的概念：截至1992年底，县以上公共图书馆已有2565所，比1978年增加了1309所；藏书3.12亿册，比1978年增加1.48亿册；馆舍面积363万平方米，比1978年增加298万平方米。少数民族地区图书馆有561所。截至1991年底，高等院校图书馆已达到1075所，藏书3.7亿册，馆舍面积超过400万平方米。科研系统中型以上图书馆超过4500所。其他中小学系统、军事系统、工会系统等等图书馆数量也很不少。

但是，这次撞击的威力很大，撞击波段也很长，频率也较高，又遇到从计划经济向社会主义市场经济的转换，表面上不像战争那么激烈，实际上，这种经济体制变换的撞击力对社会和群体的冲撞极大，社会的各个板块在不声不响地做着快速移动，整个社会被镭射般的五光十色照得眼花缭乱，原有的平衡有所破坏，即失去陈规的平稳，而人们很难立即适应。这可能就是我们要一再强调消除不稳定因素的原因之一吧！图书馆事业的板块本来比较稳定，但在强大的震撼下，另一些板块跳跃起来，把图书馆这一板块压下去，所以，有人就惊呼我们的图书馆事业处于一种"萎缩"状态，面临"低谷时期"和呈现"下降"趋势等等。其实，这只是片面的观察，因为从一些实际情况来研究，它是由于社会变革所牵动的必然现象，是旧平衡改变后的不平衡，是新平衡的前奏。这可以从两方面来说明，即：

一是从经费的正常增长和书价的超常涨价以及使用经费不当的矛盾来看。我国的图书经费一直是年年有增，据一种统计，1992年公共图书馆的购书费比1986年增长89%，平均每年比上一年增长11%，但由于书价的高速增长，新购图书量却下降了45.6%，平均每年比上一年下降9.6%，从现象上看，当然给人以经费不足的感觉，而书价的直线上升，又与世界性的纸价腾飞有关，一时难以缓解。另外，许多馆经费使用严重不合理，特别是人员机构臃肿，人事费用浩大，如内蒙古某馆藏书仅十多万册，而工作人员达四五十人，至少可精简一半，则能节省年经费六七万元（平均每人每年3000元），可购书6000余册（平均每册10元）。而这些臃肿人员不少是照顾对象、学无专长者，这在基层比较严重。由于图书馆既清闲又高雅，所以特别受到有力者的垂青，只消一张三寸纸条，就可以参加"人吃书"的队伍，占用了购书费。湖南省某县馆的购书钱几乎全被吃掉，年经费仅剩57元，只订了一份广播电视报。我的一个担任县馆馆长的学生告诉我，他毫无抵制安插风之力。这不仅只是臃肿的问题，更严重的是庸人塞道，贤者求去，智者裹足。但这不是图书馆事业本身的问题，而是外力的负撞击。

另一是新形势下某些政策措施未能准确落实。当历史进入转型期的时候，文化领域也出现"趋利"现象，如音像、歌舞、书画等等，都纷纷投入文化市场去逐利，千方百计地去适应"新形势"，图书馆也难免不受波及，于是出现图书馆与市场经济的关系问题，不恰当的求利行为影响了图书馆端庄肃穆的形象。我的家乡是个江南富庶之区，原有一座相当像样的县馆，藏书、设备、管理都超标；但是，去年我回家乡，已经面目全非，原有的门厅和一楼馆舍全部改为化妆品柜、小食店、游戏机店、租录像带店和妇女用品店等等，寻找很久，才在楼侧找到一个楼梯，上到二楼才见到图书和馆长。这个县馆保持着年有增长的拨款，能比较正常地购书，但它又为什么这样做？这就是对文化大领域中的各种不同文化形态缺乏准确的区分，把营利与非营利的文化事业混同起来。其实这方面曾有明确的政策界限，文化部副部长高占祥曾正式著文说："公益性非营利的文化事业门类与品种，如图书馆与博物馆以及高雅艺术由国家重点扶植。"这是政策，也有所落实，但具体到图书馆本身却对非营利性的政策规定不完全都认识，又无足够力量去抵御左邻右舍求利活动的撞击。这就是近来大家比较关心的如何处理好图书馆与市场经济的关系问题。有人曾提出，图书馆具有服务性与经营性的双性问题，现尚在探讨中。我认为，双性问题应有主次之分，应以服务为主兼及经营，而经营也应有所选择，要扬长避短，要经营智力，运用信息资源提供有偿服务，接受项目委托以及书刊售借、读者咨询等等。

上述两种因外力所加而出现的情况，往往是转型期社会必不可免的负效应，如果经过一段有意识的调整，会形成新机制下的新平衡，同时图书馆本身更要千方百计地增强适应力，勇敢地面向市场经济的现实。如果一个馆长自视清高，借"子罕言利"为掩饰，而不去设法适应，力求改革，陷该馆于恹恹无生气，以致管理混乱，人心涣散，那么，这个馆长不是无能，便是懒汉。对于外力所加的困难，也要等待一段适应过程，因为：一方面各行各业的板块摆平和互相协调需要时间；另一方面，政府如何根据各时期的财力来确定对公益性非营利的文化事业投入合理的比例也需要较长的过程。所以，对外加因素只有耐心等待与积极适应；同时，我们也不能不看到这种撞击对图书馆内部的影响，大致说有三条撞击波：

一是传统技巧与现代技术的撞击。中国图书馆事业历史悠久，在长期发展历程中已有一套比较完整的操作方法和理论，但与现代技术的发展状况相比，显有落后之感，特别是第二次世界大战后，现代技术产生了很大的变化，从缩微复制技术、静电复印、声像技术到计算机、光盘，无不影响着图书馆的运转操作。中国的图书馆工作也相应地产生变化，1987年是现代技术进入图书馆的转折点。它的标识是有一批实用系统开发成功，如北图（M-150H系统）、北大图书馆（西文联合目录系统）、武大图书情报学院（SDI-EC10226）、上海交大图书馆（光笔输入多用户实用图书流通系统）等。全国还有50多个图书情报部门设置终端与国外9个系统联机检索，有百多个图书馆安装不同型号的计算机以及微机的普遍使用。这样，就面临现代技术与传统操作技巧发生小撞击的问题，如何处理好两者的结合以发挥良好效能便是当前需加解决的问题。某些大馆只顾一头，倾全部人力、物力于现代技术，而不顾传统技术的完善应用。这是对中国优良传统与当前国情的不认识或缺乏足够的认识，因为大多数馆对传统技巧的应用，恐怕要跨世纪存在，怎能就对其听任而不顾呢？也有个别人出于迎世媚俗的动机，盲目进行好大喜功、脱离实际之举，只图博取推行现代技术的美名，不能保证正常工作的进行。我是赞成现代化的，但是不赞成只顾一头和不切实际的做法，何况实现自动化还需要传统技巧的配合。因为自动化系统需要：（1）运用硬件；（2）具有通用性与灵活性的软件；（3）标准化的数据库。而标准化的数据库是实现自动化的前提。目前究竟有多少馆的馆藏能正常进库，绝大多数的馆藏需要正误、积累后，才能改正不规范为标准化而输入数据库。这是需要熟悉传统手段的大量前期工作。否则现代化设备守寡，购书款无着，等于媳妇进不了门。我们不能让一种矛盾掩盖另一种矛盾。

二是理论性与实用性的撞击。近年来流行一种说法，强调图书馆学是一种应用性学科，是一种动手学科，而图书馆工作只是一种买书编目、管书借还的重复性劳动。这或有一定理由，但却是皮相之言，其危害是在降低中国图书馆事业的价值与地位。中国图书馆事业一直是理论与实用并重的。两千年前，中国图书事业的伟大先行者刘向父子曾整理"积如丘山"的简书，并在此基础上概括出古典目录学的理论，提出世界上最早的图书分类体系——"六分法"，它比欧洲第一个《万象图书分类》足足早了1500多年。千年前宋朝的郑樵提出求书藏书的较完备的理论——《校雠略》，明朝的胡应麟、清朝的章学诚相继又有所补充和发明。正因为有理论指导，中国图书事业才能历久而不衰。任何学科和工作如果缺乏以基础理论研究作出发点，那么这种应用只能是事务性的重复操作。例如分类编目，如只是按《中图法》标注，那是技工，而不是一个有水平的工作人员；如果能掌握分类学的理论并有所研究，那就不仅能无误地分类入目，而且还能改正已有的误分和使新兴学科的准确入类。供人借阅如果只是借借还还，那是机械性劳动；如果能从阅读学的理论为出发点，那就能结合社会学、心理学以及社会思潮多方面研究，使枯燥工作成为兴味浓厚的学问，并能做好用户服务工作。这种理论与应用的撞击理应以彼此融合而获得成效，因为主动权操在自己手中。

三是理想与现实的撞击。从道理上讲，当前既是信息时代，图书是重要的信息源，掌管图书的人无疑应是信息源的掌握者，正如封建时代地主掌握土地、资本时代资本家理应掌握资本那样。所以，图书馆工作者的理想是作为信息的轴心，是为人输送知识、开通闭塞、治疗愚昧、传播科学的医生和学者，有一定的社会价值，理应受到重视；但到了现实生活中，却有极大距离。社会对图书馆人员要求高但又不给以重视，已是世界性问题。我在美国、日本等国和港、台地区遇到这方面人士都有这种呼声。这里有一个事业观的问题，我们不能等待别人给我们价值，而是要自己去寻求价值，实现价值。面临转型社会的现实，不应终日哀叹和沉沦在负效应中，而是要清醒地看到正效应，要转负效应为正效应，努力缩短适应转型期的过程。我们要有自己的理想，但不要空想或幻想。我们是掌握精神财富的百万富翁，但不是断绝烟火的穴居野人。我们不单纯地去追逐金钱，而是善于利用市场经济带来的若干有利条件，站在服务社会的立场上，机智地运用经营头脑，脚踏实地地去闯出一条路。社会已经经过了政治时代，现正处于经济时代的进程中，而文化时代的明天不久定将到来，人们对文化的热切渴求将是发展图书馆事业的主要动力。我们即将昂首峙立在跨世纪的桥梁上，环顾四方，以宽厚的胸膛去拥抱新的文化时代，因为理想与现实的撞击不是使人消沉，而是促人奋发！

三、塑造图书馆人的新形象——迎接第五次撞击

文化时代的到来，将对我们进行第五次撞击。图书馆人将成为无穷尽社会信

息的掌握者，并有足够的力量对其进行加工处理和应用，也将承受社会上方方面面的咨询。任重道远，原有的条件显然有部分已经过时，旧的形象已难适应新的需要，图书馆人正面临着新的挑战。所以，重新塑造自己的新形象是当前很迫切的使命。这种塑造既要面对现实，又要有超现实的要求。在塑造新形象的全过程中，要抓住两个方面：一是中国图书事业的历史悠久，遗产丰富，要正确地接受传统文化中的优良部分；二是现代技术教育，使新形象的图书馆人能适应未来多重挑战性的信息职业。

塑造新形象的具体内容是什么？应该有便于掌握的规格标准。我曾与不同年龄、不同文化层次和不同业务水平的人员接触、交谈，了解他们的心态和要求。结合我个人对未来的展望，提出七个方面的内容：（1）要了解中外图书事业历史以及未来的可能趋势；（2）要了解信息技术及其实现手段以及适合于应用这些技术的备件；（3）要懂得图书信息管理的理论和实践；（4）能设计并建造书目、文摘、索引或数据库；（5）要懂得利用现代技术来提供各种信息服务并能将这些服务组织到图书馆和信息中心去；（6）要了解信息流从生产者到用户的全过程（包括信息的收集与储存、记录与描述、处理与加工、检索与传递、通讯与传播等）中的所有问题；（7）要掌握适用于服务领域的研究方法。这七个方面内容的实现并不很容易，它需要艰苦努力，这正是当前我们需要全力以赴的先行工作，尤其希望有识的馆长能在可能条件下给以支持和策划。

要真正实现新形象的塑造更重要的还是观念的转变，要变被动等待为主动适应，在意识上要树立这样四种观念：（1）立足于勤：勤是成就一切事业的根本，只有勤勤恳恳，毫不倦怠，才能站定脚跟去追求新形象所需要的条件。（2）持之以韧：韧是成就一切事业的关键，一时的冲动是容易的，但持之以恒则需有坚韧不拔之志，点滴积累，循序渐进，能跨越障碍，填平坎坷，作韧性的战斗，直至塑造成新的图书馆人形象。（3）植根于博：新时代的图书馆人要处理、加工大量日新月异的社会信息，因而需要综合多方面的知识，所以，必须把自己事业的根深深地扎入知识的沃土之中。（4）专务乎精：仅博而不精，往往失之于泛，所以要能在博的基础上，选择其中的某一二项达到精深的程度，以加强形象的色彩。

新的图书馆人的形象，将以"立足于勤，持之以韧，植根于博，专务乎精"的观念，从上述的七个方面来塑造自己，满怀信心地迎接中国图书馆事业发展里程中的第五次撞击！

中国图书馆事业将在悠久历史文化的积淀的基础上，以经济体制的转换为契机，以满足人们渴求文化的要求为动力，以重新塑造适应新时代的新形象为手段，达到自身顺利甚至加速发展的目的。那么，图书馆这个不断生长着的有机体必然有能力适应当前，开拓未来。中国的图书馆事业终将重现辉煌！中国的图书馆人也终将受到社会的公正评价和应有的尊重！

一九九五年九月于南开大学地方文献研究室

原载于《河北科技图苑》1995年第4期

廿年风雨廿年情

——祝华北地区高校图协成立二十周年

（2005年9月16日上午）

华北地区高校图协自1985年9月成立至今，已走过了二十年，这二十年，可以用"廿年风雨廿年情"来概括。

这二十年，的确是顶风冒雨的二十年。回想二十年前的上世纪八十年代中期，国家已进入拨乱反正，百业待兴，改革开放的历史阶段，人们也正从十年浩劫中摆脱出来，民心思治，正待崛起。长期受到漠视和冷落的高校图书馆界也开始复兴，成立了全国高校图工委，树立起团结的旗帜，积极推行各项工作；但是，在习惯势力的长期压抑下，难以展现自己应有的风采，甚至在1985年的全国图书馆会议期间，仍然没有得到应有的一席之地，致使我们与会者感到愤愤不平，于是我和吴观国、单行、张厚涵三人，在高校图书馆界同仁的支持下，与有关方面展开论争，争取高校图书馆事业的顺畅发展和应有的平等地位。虽然我们被某些心胸狭隘者强加上"四条汉子"的"恶谥"，但我们终于争取到图书馆界的鼎立之势。在全国高校图书馆界同仁的共同努力下，出现了高校图书馆事业的黄金时代。会议期间，我和河北省高校图工委代表杨华同志同居一室，促膝长谈，深切认识到为了进一步加强团结，奋勇前进，很有必要建立区域性组织来推动事业的发展，捍卫应有的权利。经过五省、自治区、直辖市高校图工委负责人的讨论磋商，众议金同，遂草拟章程，决定建立华北地区高校图协，并在同年9月16日在五省、自治区、直辖市教育行政领导部门的同意下，于天津召开成立会议。在天津市高教局副局长金永清、南开大学副校长范恩湷主持下，共同签订协议。规定每年召开大会，由五省、自治区、直辖市高校图工委轮流值年。从此，华北五省、自治区、直辖市的高校图书馆人在华北地区高校图协的旗帜下，团结一致，共求发展，迈着稳重的步伐，在不很平坦的道路上，克服各种人力、物力、财力的困难，年复一年地创造业绩，积累成果，获取了今天焕然一新的面貌。在此，我以图协倡议人的名义，向与会全体代表致谢，并期待五省、自治区、直辖市全体高校图书馆同仁始终不渝地给予图协以支持。

华北地区高校图协之所以能在二十年艰难行程中获得生存与发展，并取得成就，只靠一个"情"字。在初创时期，我们靠的是一股"热情"。在发展进程中，我们得到国家和各地区教育行政领导部门的"关怀之情"。华北地区高校图协之所以能顺利而迅速地发展，不能不念及全国高校图工委的老少朋友庄守经、萧自力、李晓明、朱强等的深挚"友情"。华北图协工作的推动与发展，可以毫无愧色地说，是我们和各地图工委的负责人同乘风雨之舟的"共济之情"；而更为重要的是全国高校图书馆界成千上万的一代代图书馆人，以似海的"深情"作为我们华北地区高校图协注入活力的无穷源头。我们经历了艰难的昨天和成就的今天，我们也必将迎来辉煌的明天。我63岁时倡议组建华北地区高校图协，73岁时在河北省石家庄市参加十年庆典，如今83岁参加了二十年庆典。在此，我与同志们约定：我将尽力保护自己，满怀信心地争取与老少朋友们共庆华北地区高校图协的三十年庆典！（代表们长时间鼓掌）我诚挚地希望我们共同遵照本次大会的主旨——"同在图协，同做贡献，发展友谊，搞好协作"，奋起拼搏，珍惜既往，创造未来。

祝华北地区高校图协二十周年大会暨第十九届学术年会圆满成功，祝朋友们身心两健，工作顺遂！

原载于《河北科技图苑》2005年第6期

应该重视图书馆员的权利与需求

——在华北地区高校图书馆协作委员会第二十届学术年会上的讲话

我与图书馆结缘，细细算来，已近七十年。这其中，以上个世纪七十年代后期为界，大致可以分为两个阶段。前一个阶段，是我先作为学生、后作为学者，使用图书馆、感知图书馆的过程；后一个阶段，是我先作为图书馆学教育者、后作为图书馆管理者，介入图书馆、参与图书馆的过程。两个阶段，角色不同，感悟也不一样。作为读者，我感受到图书馆员的渊博与热情；作为从业者，我体会到图书馆员的艰辛与无奈。直至如今，我虽已是离休在家的耄耋之年，但仍然关注着当今图书馆事业的发展和图书馆员的喜怒哀乐。

1978年，我在当时的南开大学分校创建了图书馆学专业（今已并入天津师范大学管理学院）。1984年，又在南开大学本部建立了图书馆学系，并任学校图书馆馆长、天津市高校图工委副主任、《津图学刊》主编、中国图书馆学会常务理事等。在二十多年从事图书馆的教育、管理和研究的实践中，我深切地认识到，一项事业要想获得前进和发展，从业人员的积极投入是非常必要的。

现代心理学告诉我们：人的行为是由动机决定的，而动机是可以激发和改变的。我一直认为，在现代图书馆事业中，最重要的是人，最重要的资源是人力资源。图书馆事业要想获得健康发展，离不开图书馆员的积极和主动参与。作为一个图书馆的管理者，特别是领导者，首要之事是根据馆内工作人员的兴趣、特长，帮助他们明确和调整个人目标，使之与图书馆的整体目标相一致，并提供相应的发展平台和空间。我反思既往，在我主政南开大学图书馆的那段时间里，我一直努力而为。履任之初，就提出"老有所安、中有所为、青有所学"的治馆方针。当时，我还非常注意提升南开大学图书馆在海内外的影响与知名度，为的是增强全体工作人员的职业自豪感和向心力。

为了了解图书馆从业人员的实际情况，我曾受当时国家教委和全国高校图书情报工作委员会委托，于1987年组织天津市高校图工委有关人员对天津市高校图书馆干部队伍状况及在评定专业职称前后存在的问题、众人的感受与反应等进行了调查、分析和研究。调查报告后来发表在《大学图书馆学报》1989年第1期上，得到了有关方面的肯定，并引起了图书馆界的普遍关注。

当时调查出的问题，主要集中在诸如干部队伍数量不足，专业不对口，学非所用，难以承受信息社会和高等教育发展的需要；图书馆地位低，领导不重视，时间紧，坐班严，劳动强度大，后顾之忧多，致使图书馆工作人员的心理压力大，人心不稳，影响队伍的发展壮大；人员素质偏低，不适应高等教育的发展；经济待遇低，生活负担重；职务评定工作缓、难、苛、高，职务结构不合理等方面。针对这些问题，我一方面，在我力所能及的范围内，注意加以改善，如努力利用不同渠道解决职称的"瓶颈"问题；另一方面，积极发挥高校图工委的协调、指导功能，在天津高校图书馆系统内努力进行协调，发挥同舟共济、互通有无的作用。在我和众多同志的共同努力之下。至我离休时，上述问题似乎得到一定程度的改善和缓解。天津市高校图书馆的整体评价，也一直居于国内前列。

转眼间，时间已过了近二十年。随着国家经济的发展和对文化、教育事业重视程度的加强，中国图书馆事业发生了巨大的变化。但原先存在的问题，有没有随之消失或发生变化呢？我虽早已离休在家，但出于一个老图书馆工作者的责任感仍然很关心，并且想认真俯视一下，大背景剧变在图书馆事业上有何反响。正好我早年的研究生徐建华教授所指导的一项调查，引起了我的极大兴趣。

徐建华教授指导的是南开大学第三届本科生创新科研百项工程之一的"天津地区高校图书馆员职业生涯管理研究"项目。与十几年前我所主持的调查相比，约略存在着某些相承的关系。他们依然采用问卷与访谈相结合的方法，范围还是天津地区高校图书馆，但调查面没我那次广，仅为天津地区的十几所具有代表性的高校图书馆；调查之后，仍然以调查报告的形式，对天津地区高校图书馆从业人员的基本状况、存在问题及其原因进行了分析，并就解决问题的办法和对策等进行了探讨。所不同的是，这次他们运用了近年来比较受关注的人力资源管理理论，特别是其中的职业生涯管理理论。这反映了"与时俱进"的时代进步。

虽然我对这次调查的结果已有一定心理准备，估计会发现前进中的新难点，但真正看到调查报告时还是吃了一惊。因为近十年来，随着国家对高等教育投入的持续加大，以及图书馆数字化的普遍推广，图书馆从业人员的收入与形象都有了较大程度的提高和改善，再加上天津地区高校图书馆职称工作自前次大力疏导后一直都很正常，按说十几年前调查中的问题理应不存在了。可实际上，除了经济待遇低得到明显解决之外，其他问题基本还不同程度地存在着，并出现了一些新的问题，诸如：图书馆地位低，领导不重视，在图书馆工作心理压力大；不同部门劳动强度差别大，造成心理不平衡；进修机会少、效果不明显，影响职业发展；职称评定难以达到预期效果；管理者职业生涯管理意识不强，缺乏员工职业生涯系统管理；职称评定的杠杆作用并不十分明显，论资排辈的影子依然在起作用。更有甚者，员工们虽然对收入基本满意，但却对分配机制多有微词，从这点上看，不能不引起当今图书馆管理者和研究者应有的警觉。我们无法以收入增加、形象提升、馆舍漂亮等来掩盖图书馆长期存在的有关"人"的问题，如果"人"这个问题不能得到必要的关注和很好的解决，图书馆事业的发展是很难实现预期目标的。

徐建华教授和他的团队，针对这次调查中发现的问题，从职业生涯管理的角度，运用职业生涯分期、职业锚、职业高原等理论，进行了分析研究，提出了许多对策。对于这些新兴理论，我不熟悉，也未认真研究过，不好评价。但有一点我是明白的，在一个图书馆之中，最重要的要素是图书馆员，一个好的决策，是要靠全体图书馆员来贯彻执行的，如果没有全体图书馆员的自觉、积极、主动的参与，图书馆的工作是无法做好的。

徐建华教授团队的这个调查与研究，希望能给有关方面以一定的启示。一方面，研究者应将研究的重点集中在人的身上，以人为本，运用调查、实证的方法，切实了解广大图书馆员的真实感受和喜怒哀乐，运用现代管理理论，来解决当今图书馆界存在的、或被掩盖的带有普遍意味的问题；另一方面，图书馆的决策者们，也应该将关注的重点集中在广大图书馆员身上，了解每一个人的兴趣、特点，重视他们的权利与需求，为每一个人的发展提供指导和帮助，以增强其自豪感、满意度和向心力。只有这样，图书馆事业才能得到飞速发展，我们的社会才能真正和谐。

我真诚希望，徐建华教授等所提出的调查报告，能引起图书馆界的关注，有更多的人参与讨论，并在各地开展类似的调研活动，使我国的图书馆事业，能在科学发展观的指导下，求得更快和更完美的发展，为和谐社会增添色彩。

原载于《图书与情报》2006年第2期"学术方阵"专栏

图书馆与地方文献

当前在图书馆界似乎有一种倾向，比较多地注意到高科技的设置与发展的问题。各馆都在比赛哪个馆电子阅览室有多少，上网程度如何，数字转换进程如何和宽带网的设置，等等。而在一定程度上忽略了一些常规工作，如对文本文献的储存和利用似乎谈得少了一些。所以我想在这方面把天平稍微倾斜一点，谈谈图书馆与地方文献的问题。

我对图书馆工作一直持两手抓的理念，即一手抓高科技的发展，一手抓常规工作的进步。当前人们的舆论和措施，多着重在发展技术设备和加强技术中，而对一般常规工作则不太注重，往往造成经费分配的失衡，藏书建设和用户服务等基础工作渐渐落入不被重视的地步。甚至像文本文献的储存和利用等基本建设工作也很少提到议事日程上来，处于一种冷落的状态。所以我想借这次会议的机会谈一些悖乎时尚的意见，为被冷落的文献部、文献研究室呼吁一下，并提醒某些主持者不要过分沉迷于"见（计算）机忘（文）本"。

首先，我觉得应该对现在面临的时代有一个清楚的认识。我们面临的时代是知识经济的新时代。知识经济这一经济形态，从上世纪的九十年代就为国际组织和学术机构所关注。1996年"经济合作与发展组织"（OECD）第一次正式提出知识经济这一新概念，并界定说，"知识经济是建立在知识和信息的生产分配和使用上的经济"，那就是说人类积累和创造的知识，将成为人类社会生存与发展、文明与进步最主要的推动力。知识经济的特点是经济的增长来源于知识资本，而知识资本的核心是人才加技术。它们进行组合后所拥有的创造能力和这种能力的持久性，就体现了知识经济的价值。这种知识资源的特点有三：一是它是可共享的，二是重复使用而不损耗，三是易于传递以促进知识资源共享与利用。

知识经济时代这个大环境，对图书馆来说，既是机遇，也是挑战，并随时伴随着陷阱。机遇就是：（1）图书馆已经或即将成为知识流通与传递的重要部门，它将直接进入经济领域发挥作用；（2）图书馆的社会地位提高，它将承担更重要的职能，对社会作出更大的贡献，成为知识的管理者；（3）知识经济的发展取决于对高科技人才的培养与争夺，图书馆对培养人才将发挥更大的作用而受到政府、社会与教育部门的重视与支持；（4）图书馆是出成果、出人才的重要保证。因此，图书馆是知识经济的基础性结构，它可以有机地融入知识经济时代而成为知识经济产业的重要部分。这些都是我们所面临的机遇。

但是，与机遇同时存在的还有各种挑战，那就是：（1）知识经济时代对图书馆及其工作人员将有更多的需求和企望，它不仅要为读者进行文献的收集、保存、整理、开发和提供有针对性的服务，而且在智力开发、人才培养、知识信息传递和再生中起到重要的作用；（2）知识经济时代更面临着如何体现综合国力的提高这样一种挑战，要走向全球化就要加速培养人才，提高信息质量，势必要求图书馆员有较高的文化素养，有宽广的知识面，具备卓越的决策判断力，有相当高的图书情报和计算机的业务技能，善于利用图书馆的藏书、设备和管理手段筛选出用户需要的信息，向读者进行高效高速的全方位的传送服务。所以一方面要尽快引进人才，另一方面，就是对现有人员加强继续教育工作；（3）图书馆也必须迅速转变自己，加快现代化进程，逐步向数字化、网络化、虚拟化图书馆发展，使之成为知识经济时代的信息中心和网络中转站。而图书馆员则当然地要成为信息导航员和知识工程师。面临这样的机遇和挑战，可以预测，现在的图书馆势必将在21世纪的二三十年代发生全面性的巨变。新一代的图书馆也就是数字图书馆之类，将顺应历史发展的要求而出现。但是任何事物的发展，既有它前进的一面，也有它不足的一面。在知识经济时代同样也有随之而来的知识陷阱。陷阱这个词大家都不愿听，但它确是历史发展必然伴随的一种现象。以知识为标志的新时代里，知识正如农业时代之手工工具，工业时代之机械工具。知识在未来将获得历史上从未有过的光辉地位，但是我们必须认识到，任何光辉都伴随有阴影，"知识经济"也将伴随着"知识陷阱"——那就是：（1）电脑化陷阱，（2）商品化陷阱，（3）权力化陷阱。

在知识经济这一新时代的大背景下，图书馆可能为适应新时代的需要而倾全力于图书馆的高科技的发展和建设，而忽略或漠视了常规工作，特别是文本文献工作。我们万不可以片面性的思维方式和工作方法来对待新时代图书事业的发展，不要出现"见（计算）机忘（文）本"的现象。我看到不少馆因为片面追求高科技建设，耗用了绝大部分经费，而使文本入藏出现大量短缺，使图书馆文本收藏的功能逐渐萎缩。为了满足高科技建设的经费需要而大大削减购存文本的经费，因此很多期刊短缺了，很多重要的书籍采购量不足。甚至有人还认为只需几间电子阅览室就能很好地发挥图书馆的功能，不可避免地落入"知识经济"的"电脑化陷阱"之中。

我们对于文本应有充足的认识，因为：（1）信息的产生大部分需要有文本根据；（2）数字化不可能涵盖所有文本；（3）全书上网有一定难度，一般经过筛选的网上信息，有筛选者的主观成分，往往会有遗漏；（4）文本的保存时间比较长。由此数端，所以我认为既要随着时代前进而向创建和发展数字图书馆的方向走，也不能偏废文本文献的不断储存和利用，既要开拓创新，又要传承文明。文献的储存不可能无所不收，而应视具体情况来确定其收藏的重点，如各地区的图书馆就应着重地方文献的储存与利用。

"文献"的概念在中国起源很早，一般认为始见于《论语·八佾》。至于文献的具体定义和所涵盖的内容既有自汉以来的不同解释，又有今人的研究和诠释。地方文献应是文献中的很大组成部分。近几年，有不少文章着重阐释了地方文献的有关问题。据说，地方文献最早受到重视的是1941年杜定友先生于韶关任广东图书馆馆长时，杜先生提出以保存广东文献为第一办馆方针，并规定地方文献包括史料、人物、出版三个方面。这一设想很好，但失之于泛，因为这三方面的文献不一定都具有地方文献的内容，所以应该从文献内容来界定地方文献的概念。地方文献是不同于其他文献的一种特色文献，它充分体现着地域的特色，只要是反映本地区的社会、政治、历史、地理、经济、军事、物产资源以及人文活动等内容的文献，不论其时间的上下限和使用各种不同的载体，即使是零篇散页，都应是地方图书馆典藏加工和利用的对象。这些地方文献对本地区的各方面工作都有着参考咨询作用。在网络环境下，地方文献更应以其独有的特色参与各方面的共享。

从网上浏览中可以搜索到无数有关地方文献的信息，真令人兴奋不已。地方文献这一领域竟然已进入更多方面的视野之内，随手拈取数例以见一斑。如广西桂林图书馆对新中国成立前文献设特藏部，专事地方文献的收藏；对新中国成立后的地方文献的收集，则列为藏书建设的重点，多方搜集，已具相当规模。吉林长春图书馆藏有日伪时期有关东北和满蒙的地方文献达3000多种，其中东三省的孤本资料即有600种。一些县地级市公共馆也多注意及此，如浙江上虞市图书馆规定了地方文献的收集范围分古籍地方文献、现代地方文献和虞籍人士著述等。温州市还将其一个分馆改为地方文献部，湖北十堰市以正式和非正式的方式，向市民大力征集地方文献，取得一定效果。一些高等院校也在加强这方面的工作，如海南师范学院图书馆专设海南地方文献部和文献资料中心，专门收集和珍藏琼岛的地方文献。云南民族学院图书馆专设民族地方文献部，收藏已达7万余册。另外，有些省市馆如浙江省馆、甘肃省馆、湖南省馆、天津市馆和首都馆等都做出了令人瞩目的成绩。南开大学图书馆还挂靠由教育部全国高等院校古籍整理研究工作委员会直属的地方文献研究室，承担收集与研究工作。最近完成了天津旧志十二种的整理点校工作，并正式出版，充实了天津地方文献的武库。

为了能更好地加强地方文献的建设工作，特举出一些地方文献资源，以作示例：

1. 地方志与地方史

地方志是一方之史，是专门性的地情书，既有两千多年的悠久历史传统，又受到现实社会的重视，数量较大。地方图书馆有一定的入藏基础。据我所知浙江图书馆收的浙江地方志有1600余种。据一种不完全统计，当前新旧志共有15000余种，成为地方文献之大宗。旧志中保存了大量有关社会经济、自然现象、风土人情、文化艺术的资料，如上海是否设立过市舶司的问题，日本学者藤田丰八郎根据《宋会要》和《宋史》，认为宋末设市舶司，这两种书是可征信的史书，但他们都是宋宁宗前的史料，不包括宋的全部。后来谭其骧先生在弘治《上海县志》中发现附载了宋度宗时的市舶司官员监镇董楷的《古修堂记》和《受福事记》二文，内容涉及到管理市舶司的事，从而肯定宋度宗咸淳年间有市舶司，纠正了宋无市舶司的说法。其他如查找二流人物的生平，防备自然灾害，推动农工商业的发展，提供决策依据，等等，都有重要参考价值。新编方志虽与旧志有重大变革，但仍保持了资政、教化、存史的作用，如径山藏旧说明万历十七年初刻于山西五台山清凉寺，二十年时，方在余杭续刻。新志考订万历七年创意，刊刻时就在余杭。这种文本文献按知识管理学的说法，属于静态的显性知识。

2. 宗族谱

宗谱是与方志有同样悠久历史的一种地方文献，数量也大致相当，在15000余种。除去夸耀与虚构的内容外，确有不少可资参考之处。如名门大族的家族史，地方的开辟发展，为人物的研究提供祖先和子孙的资料最详细，在《五庆堂重修辽东曹氏宗谱》证实曹雪芹的祖籍是辽阳，后迁居沈阳，原属汉军旗，后改归满洲正白旗。宗谱的内容比较丰富，除一般有关家庭的世系、家训、祠墓、传记外，还有专题部分（如杂记和文献），储存着较多的地方文献。家谱对人口研究尤有价值。通过家谱，可以了解到本家庭人口数量、人口结构，人口的增减速度、原因，家庭的兴衰过程，人口的社会构成，职业，文化状况，婚姻状况以及寿命等。

3. 私人档案

国外图书馆多为当地政府保存地方上的官方档案，成为地方文献的一种库存。中国的体制是图档分流，是两大系统，档案有档案馆保存。但散落的私人档案却尚未引起重视。浙江馆收藏的钱塘江大桥的工程设计书，就是很有价值的地方文献，对维修一桥和兴建二桥、三桥都是重要参考资料，这应属于茅以升先生的私人档案。他如杭州的红顶商人胡雪岩所经营的庆余堂药店的档案，天津的瑞蚨祥、北京的同仁堂、杭州的宓大昌烟店等老字号的商业资料也都值得收集。

4. 石刻碑文

在名山古刹立石建碑是中国悠久的历史文化传统。这些碑刻上的文字是地方文献的重要资源，过去久为人所注意。如山西是我国文物大省，到处都有石刻，早在民国时期就有人编著《山右石刻丛编》保存了重要的地方文献，为学者研究所用。沁水县曾汇集石刻文字160余通，有不少反映地区社会生活的文献资料。河南省为了研究该省地震文字记载的准确性，特在全省范围内搜求碑刻文字相印证，终于完成了一部比较系统而可靠的河南地震集，为预测地震提供了重要的历史依据。

5. 隐性知识

这是过去很少涉及并往往被忽略的重要地方文献资源，我国有句成语说"入境问俗"就是为寻求地方文献的隐性知识。近年，美国李华伟博士在研究知识管理课题时才明确提出隐性知识这一概念，以与有文字落在载体上的显性知识相区分。所谓隐性知识就是文献中"献"的部分，也就是地方上贤哲们头脑中尚未变成以文字落于载体的知识。国外有些图书馆对所属社区可以提供隐性知识的贤哲们都很熟悉和关注，遇到各式各样问题无法为读者解决时往往就向这些贤哲们进行咨询。我们的图书馆应该开发这一领域，为这些人建立人才档案，以备随时咨询。

除了上述几例外，地方文献还有图册、簿录和旧照片等等，数量极多，而且大多是有收藏保存价值而一时尚难数字化的，稍有忽略，一纵即逝，终成遗憾。

杜定友先生把地方文献视作地方图书馆的第一要务确是卓见,至今仍具有其生命力的。我之所以如此强调图书馆与地方文献的关系,甚至达到呼吁的地步,主要是希望不要以一种矛盾掩盖了另一种矛盾。我的思路是,不论是哪一种类型、哪一种级别的图书馆都必须在与时俱进的思想指导下,加速图书馆的现代化、网络化、数字化的进程,建立不同内容的地方文献专题数据库以满足资源共享的要求。但与此同时,也不应忽略作为图书馆大宗入藏资料的地方文献,要用同样的力量对之进行收集储存整理利用。只有这样,才能使我们的图书馆事业在知识经济时代能极为完整而全面地为社会现实、经济建设和高科技发展做出重要的贡献!

原载于《图书馆》2002年第6期

一件值得回忆的往事

——忆文献检索与利用课的开设

上世纪80年代，随着大形势的变化，高校图书馆事业也呈现了前所未有的繁荣景象。高校图工委的成立，更推动了这一事业的发展，形成至今犹为人羡称的黄金时代。从此，高校图书馆与公共图书馆、科学院图书馆构成中国图书馆事业三大系统的鼎足之势。高校图书馆人也都踔厉风发，勇往直前，要为高校图书馆争口气，其中有几位冒尖人物，如南京的吴观国、东北的单行、山东的张厚涵和我，因行动积极，敢于争先，曾被界外领导赐名为"四条汉子"。我们对此并不反感，反以为荣，更加努力投身于振兴高校图书馆事业，其中最感称心如意的就是开设"文献检索与利用"课和编写系列教材一事。

文献检索与利用是高校学生应有的基本技能，过去曾设有"工具书使用法"一课，但限于参考工具书的大略介绍，对工具书检索与文献检索的基本知识涉及不足，对于学生读书治学，未能作更有力的辅助，但又不知如何改进。1984年2月，教育部发出《关于在高等学校开设〈文献检索与利用〉课的意见》的通知，各校收到通知，并约略知道将由各高校图书馆来承担教学任务，大家都很高兴，立即有所行动。当时我正任南开大学图书馆馆长兼图书馆学系系主任，《意见》引起了我莫大的兴趣，遂邀约了两位年轻朋友——惠世荣和王荣授，共同研究了《意见》的具体要求，深感开设此课程是非常必要的，而图书馆应义不容辞地承担此职责。我们认为，在开设课程前，应该先编写一本教材，于是决定由我们三人组成编写组，立即着手编写。

《意见》中对课程内容有很明确的四项规定，即：

（1）文献与文献检索的基本知识；

（2）主要检索工具书的内容结构及查找方法；

（3）主要参考工具书的内容作用及使用方法；

（4）在上述内容的基础上，根据实际需要和可能的条件，适当增加阅读方法与技巧、文献整理与综述、情报分析研究，以及论文写作方法等。

这四项规定大体概括了教材所需编写的内容。于是我们即据此拟定编写大纲，分头进行，经过半年的努力，终于完成初稿，定名为《社会科学文献检索与利用》，并油印成册。一方面分送有关专家、学者，征求意见；另一方面在南开大学举办"社科文献检索师资培训班"，对来自全国52所高校的学员，试用这份教材，并广泛地听取意见。所有意见对于初稿的进一步完善起到了很重要的作用。又经过一年的时间，我们从体例到内容，作了较大的修订增补，终于在1986年初，由南开大学出版社正式出版。这在当时是一部试探性的创新著作，虽不能肯定是第一种，但至少是一部前列著作。接着，陆续有一些类似的著述问世，对确立文献课的地位曾起过一定的推动作用。教材编写完成后，我就在南开大学图书馆指定专人备课，分别在文理科三年级开设"社会科学文献检索与利用"和"科技文献检索与利用"两门课程，效果很好。有学生认为课程开设得很及时，对撰写毕业论文有疏通阻塞作用。有的学生则嫌课程开晚了，如果在低年级开设，那会让他们少走许多弯路。这门课虽然教师有更迭，但却一直坚持延续至今，这足以证明《意见》下发的必要和及时。我亦以此作为自己的业绩。但令人惋惜的是，当初编写教材的两位合作者，都未能共享这一欢乐。惠世荣英年早逝，王荣授卧病十余年，至今处于植物人状态，我将永远怀念当年愉快的合作。

在文献课遍地开花的时候，全国高校图工委不失时机地发挥其应有的领导作用。当时的领导人庄守经和肖自力都曾给予它十分关注和具体支持。不久经国家教委批准，于1986年秋组织、成立了"文献检索与利用课系列教材编审委员会"，负责规划、组织教材的编写和审定。由肖自力任主任委员，江乃武、朱天俊、来新夏、吴观国、陈光祚、谢天吉、葛冠雄、潘树广等人任编委。准备从1987年起陆续编写出版一套总数约为30种的系列教材。编委会成员来自北京、天津、哈尔滨、西安、武汉和苏州等地高校，大多在60岁以上，最大的是吴观国，最小的是潘树广，还不到50岁，所以我们戏称他为"小潘"，他也欣然接受。这是一个非常好的团队，特点是亲密无间，认真工作，勇挑重担，不计报酬。肖自力虽是领导，但非常谦抑谨慎，工作又勤奋细致，与大家相处融洽；江乃武有时发病但不愿让他人知道，大家便暗暗关心他；吴观国和谢天吉常常讲点笑话来调剂气氛；小潘则不时被派去为大家跑东跑西，但从无怨言。编委会开会时还有几位年轻朋友做会务工作，他们都是离开大学不久，如朱强老成持重；李晓明精明干练；江成不善饮酒，偏要豪饮，以致呕吐出丑；罗丽年龄最小，聪明伶俐，不讳言"私事"，喜欢"讹"老头，吴观国和我年龄较大，所以经常是罗丽"讹"的目标。每当会间休息，罗丽总是满面笑容地怂恿我们上街。我"上当"的时候较多。上街时，罗丽总走在前头，我慢半拍，紧跟在身后。罗丽喜欢吃零食，遇摊必吃，拿了吃了，用手向后一指，我正好跟上付账。罗丽回头，诡秘地一笑，以示成功，回来就大讲其赫赫战功，博得大家一笑。有时在晚间，罗丽和江成就密谋策划，"哄"老头们出钱，他们跑腿，到大街上买一大堆零食回来，老少同乐，神聊一通，至今回想，犹如家人相聚，真让人感到渗透着一股浓郁的亲情。每当散会，又感到会期太短，而不得不依依惜别。

编委会曾先后在北京、天津、哈尔滨、苏州等地召开，心情舒畅，工作愉快，从1987年开始陆续出版了各门类的"文献检索与利用"课教材。最近，我从私藏中检寻到的就有十余种，特罗列如下：

赵国璋主编，《社会科学文献检索与利用》，武汉大学出版社，1987年8月；

潘树广主编，《语言文学文献检索与利用》，武汉大学出版社，1988年9月；

冯子良、任其荣编，《电器与电子工程文献检索与利用》，大连工学院出版社，1988年9月；

周秀玉主编，《纺织文献检索与利用》，大连理工大学出版社，1989年6月；

范铮编著，《机械工程文献检索与利用》，大连理工大学出版社，1989年8月；

潘树广主编，《艺术文献检索与利用》，浙江美术学院出版社，1989年8月；

北京航空航天大学等五校编，《航空航天文献检索与利用》，大连理工大学出版社，1989年12月；

杨福征、胡昌平主编，《物理学文献检索与利用》，武汉大学出版社，1990年1月；

萧友瑟主编，《土木建筑文献检索与利用》，大连理工大学出版社，1990年2月；

惠世荣主编，《经济文献检索与利用》，大连理工大学出版社，1990年5月；

罗友松、萧毓润主编，《教育文献检索与利用》，武汉大学出版社，1990年6月；

胡十炎、周海鹏、冯素兰等编，《轻工文献检索与利用》，大连理工大学出版社，1990年6月；

余向春、许家祺、邹荫生主编，《化学化工文献检索与利用》，大连理工大学出版社，1990年10月。

这套系列教材当然不止此数。我之所以开列这样一份私藏目录，主要是担心是否在某处能有一套完整的入藏。如果真是说不出确处，我真希望晓明能操持一下，把这套系列教材征集齐备，找一个好去处珍藏起来，那时我一定把我的私藏贡献出来。我为什么对这套系列教材如此痴情？因为这套系列教材包含着许多深意：它是全国图工委看得见摸得着的业绩，是编委会成员与多位小友精心浇灌的成果和友情的纪念，是全国图书馆人热心支持的信物，是高校图书馆事业黄金时代的重要标识。

20年悄悄地过去了，文献检索课的开设和系列教材的编写等，似乎已经从人们的记忆中渐渐地淡化。我非常感谢《大学图书馆学报》编辑部的年轻朋友们，他们没有忘记这些，拂去20年的积尘，发起征文来引动人们追念这些往事，让这拨老去的人们重温往昔的欢欣。但是也常给我一些伤感和黯然，20年终究是人生历史中一个完整的长句，衰老凋零终不可免。当年最年长的吴观国和最年轻的潘树广都尽了自己的人生职责而魂归天上；肖自力体弱多病，意兴阑珊；庄守经和我都年登耄耋，无所作为；江乃武报端时见文章；朱天俊曾于去年王重民先生百年纪念会上一晤，依然谦谦君子；陈光祚和葛冠雄听人转告说，身体欠佳，愿他们康健；谢天吉则久无音信，当亦退归林下。当时那些小朋友也都天各一方，朱强远走深圳，大有腾飞之势；李晓明依然回翔京华，为各方信息总汇；江成商海起伏，无疑早进小康，只是尚欠我一顿佳肴；罗丽曾有一聚，小姑独处，我的嫁妆承诺，久久难付实现，据最新消息，罗丽的迟到婚姻，已越洋实现，但她既不专门相告，毁约在前，我亦只好失信于后，至于如何了账，容待日后磋商。不论如何，开设文献课和编写系列教材这件事，总是每一位有幸参与其事的人无愧的人生亮点，值得夸耀和自豪的。我真期待，在20年纪念的年份内，由我们的信息枢纽李晓明女士，串联一下，把当年的残余分子集合起来，哪怕是自费，在北京团聚一次。八十老翁，在此顿首了！

原载于《大学图书馆学报》2004年第4期"纪念文献检索课全面推广二十周年"专稿

村镇图书馆

1991年4月，我再次访美期间，承过去一位年轻同事小孔的邀请，在一个细雨蒙蒙的下午，驱车到纽约市北郊她所任职的一个村镇图书馆去参观。这个镇图书馆隶属于纽约州威郡的哈里逊镇。这个小镇拥有2.3万多人口，包括白人、黑人、华人、日本人和朝鲜人。从居住条件和设施看，它是一个非常富庶和雅静的村镇。

哈里逊镇图书馆是一座约计有1000平方米馆舍的公共图书馆，内部设施比较先进，自动化程度较高，读者可利用电脑检索目录。声像资料的应用也是多方面的。这个镇图书馆由镇政府指定7人组成管理委员会，是最高权力机构，日常工作由馆长负责。全馆分设成人部、青少年部、儿童部、声像资料部和编目部等部门。全馆人员不多，分为两大类，一类是专业馆员，只有7人，都具有硕士学位，其中一位资深有经验的馆员担任馆长，而各部门的主管均须有五年图书馆工作经验，如果是学士学位只能担任助理馆员，再利用业余时间读硕士学位，以求晋升。另一类是事务性的职员，有十几个人，由一位助理馆员来管理。为了便于镇民利用，它们在镇的另一端还设立一所分馆，由二名馆员负责。

这个馆的图书收藏量达9.5万余种，还有音像资料、激光唱盘等。除英文外，还有一些日文和意大利文的图书，以小说及一般性读物居多，最值得注意的是它藏有全套《纽约时报》的胶片，可以利用电脑查阅所载内容篇目。

这个馆的服务十分周到，每年约计要解答读者各种咨询问题近3万个，平均每天有80多个问题，其中除法律和有关国家政策不作解答外，其他如旅行知识、购物经验、科学知识、读书指导、幼儿教育，可称无所不包。他们特别注重少儿教育，馆内有适应小读者的小桌椅，有录音、录像可以视听，有玩具可以玩，在馆前空草地上还有小火车、转盘等游戏设备，馆员还要在每周三免费为学龄前儿童讲故事，每个月免费为学龄儿童放映电影。它们的开馆时间较长，主馆夏季时间每周47小时，冬季时间每周59小时，分馆略少一些，即使周末的两日也有值班人员开放一定时间。在这2万多人口的小镇上领证者有1.1万多人，几乎占全人口的半数。图书借阅的年流通量达17余万册次。镇图书馆成为镇民的文化活动中心。我去参观的那天，因为是雨天，我估计虽然开馆也一定很冷落，但实际却不然，馆内从白发苍苍的老人、青春年少的青年以至活泼天真的儿童都在馆内各有关部门进行着各种有益的文化活动。小孔告诉我，周末遇到天气不好，不能到远处活动，人们往往聚集到图书馆中来享受这一天的文化生活。

原载于《路与书》（老人河丛书） 来新夏著 中国青年出版社1997年版

美国大学图书馆巡礼

初夏时节，我以一个月的时间，参观访问了美国以州立大学为主的十所大学图书馆。总的印象是：经费充裕、藏书丰富、馆舍宽敞、设备先进、服务周到、工作人员素质高、电脑化程度强。其中可资借鉴的地方确实不少。虽然我们目前限于经济力量，一时尚难以实行，但某些精神和他们的发展轨迹，对我国高校图书馆事业的发展和工作的改进亦不无参考价值。

美国大学图书馆的经费，一般都比较充裕，它们除由州政府拨付一笔定额经费外，还可以自筹，从某些热心人士或团体得到赠书或捐款。赠书往往是学者、专家的个人藏书，因而专业书较集中，有助于专业性研究，而且有些赠书者还承担赠书的保管和使用所需的费用。捐款则多用于建馆，如堪萨斯大学的特藏馆就是一位肥料工业家斯宾塞的夫人为纪念其夫而捐资兴建，以收藏珍善本书为特点的。它藏有1455年至1557年间印刷一页珍本书。

美国大学图书馆在学校中为独立单位，与学院平行、向主管副校长负责。它的人员素质比较高，如堪萨斯大学图书馆全馆工作人员150人，其中60人是有图书馆学和其他学科硕士学位而称为图书馆员的，其余90人则是一般职员。图书馆员地位较高（美国大学的工作人员大致分为三类：第一类是教学人员，第二类是行政管理人员和图书馆员，第三类是一般职员）。图书馆员中有博士、硕士、教授、副教授，其代表人物可参加教授会。图书馆人员实行招聘制，包括馆长在内。如坦普尔大学的馆长到任方半年，是在全国招聘中由斯坦福大学的报名人员中聘请的。这位馆长虽然失去双手，但以一贯工作认真、效率高而被选中。此外，还可以招工，类似我们的勤工助学，大部分由学生应招，每周工作15小时左右，实行计时工资，每小时不得低于国家规定的最低的劳动报酬。有的学校规定图书馆员每七年可以休假一年。虽然如此，社会上对图书馆员仍有不够重视的看法。因此，在六七十年代，在大学图书馆界曾有提高馆员地位的呼声。

电脑的使用在美国大学图书馆已很普遍。从流通、查重、分编、咨询、管理等方面都使用电脑，加大了信息资料的流转速度。在馆外，也广泛利用电脑建立联系。大部分馆都与美国最大的图书馆网络"OCLC"（俄亥俄学院图书馆中心）有往来。"OCLC"拥有70多个成员馆和700多个联机用户，建立了公用编目系统。它已把200多万个书目输入到数据库中供利用。各馆可以利用它的集中编目以减除重复编目的劳动。各馆编目人员只承担检索、校正和使用的工作。电脑检索十分方便。外文检索固不待言，有些馆已有中文检索。如明尼苏达大学的东亚图书馆就曾以中、外文分别检索到我在美国各图书馆入藏的8种著作，还可检索到各书的内容概略。当我到该馆参观时，该馆馆长就把我的著作目录及藏所打印好送给我。这对研究工作需要资料和参考书确是节省了时间和精力。但是，也有好几位馆长对我提出以下应注意之点，如西密执安大学图书馆已全部实现电脑化。它的馆长说：全部实现不能靠经费而需另拨专款，一次性建成，否则效益不大；又说：电脑化的目的是提高效率，加速信息流通而不是省人省钱的事。该馆电脑化后仅节省二人。明尼苏达大学东亚图书馆长盛赞电脑功能，认为查重、编目、检索都有用，但必须拥有一定数量，如只有几个终端，人们需要排队使用，则不如去查卡片目录。又说：电脑化会带来新的职业病，如颈部、腰椎和眼睛的保健问题。现在他们除改善桌椅条件外，还规定凡连续工作2小时即换做其他工作。威士康辛大学是美国名列前茅的大学，图书馆也已电脑化，但有的小环节仍需手工劳动。这些谈话和情况，加深了我对电脑化的认识，图书馆新技术的推广与应用，还有若干问题有待研讨与再认识。

美国大学图书馆的读者服务工作做得较好。工作人员很讲究文明礼貌，对待读者表现热情，总是有问必答，娓娓而谈。各个流程环节都以服务为宗旨。流通工作普遍使用条码机。借书时将所借书情况输入电脑记录并消磁后即可携出馆外。还书只须投入还书箱或还书传送带，虽然不履行任何手续，据说也很少发生纠纷。新书分编，总馆5天可与读者见面，到各分馆也不超过10天。开放时间视工作情况而定。美国实行每周5个工作日，但图书馆则为6天。阅览部门一般由晨8时至午夜12时连续开放。复印设备多而方便，复印室内有一人管收费，由读者自己动手，每页5分或10分，有的馆过厅内设有复印机，由图书馆或复印机公司设置，均投币使用，读者能很快取得所需资料，从而加速图书流通，有助于减少复本量。特别值得注意的是咨询服务工作。每个图书馆的入门大厅内都设有咨询台，接受读者各种业务的或管理方面的问讯，同时也进行用户教育，指导读者如何使用图书馆。对于借书过期规定极严，第一次警告，第二次罚款，被罚者也接受无怨。

藏书量根据学校规模而多少不等，如威士康辛大学图书馆藏书500万册，堪萨斯大学藏书250万册，加州大学洛杉矶分校藏书450万册，印第安那大学藏书200万册，坦普尔大学藏书150万册，纽约州立大学奥本尼公校藏书100万册，斯瓦司模大学藏书50万册。但不论数量多少，都各有重点特色。如堪萨斯大学藏经济思想史著作较多，西密执安大学收藏地图居全国第三位，斯瓦司模大学以收藏奎格教派及和平反战资料为特色等。这样，既有面的供应，也有点的突出，对专门问题的研究起到资料集中供应的便利。除珍善本库入库有严格规定限制外，其余几乎开架，任何人都可入库选书，既方便了读者，又减轻了工作人员的跑库工作量。对于图书保护也很重视，如期刊有硬塑料防护夹，书库内有防火、防潮设备，有的馆为预防某些图书老化和损毁，已开始采用光盘存贮的办法，一张3吋半光盘可全文存贮50万页，既可保护，又可出版。据堪萨斯大学图书馆馆长说：5年内可普遍使用。藏书根据情况，由总馆和分馆分别入藏。由于采购比较慎重，一般教科书不属于藏书范围，复印条件好可以减少复本量等原因，几乎没有什么剔旧工作可言。不少学校有东亚图书馆，藏有不少中文书，如威士康辛大学图书馆藏有中文书15万册，并且还有一个比较完备的中文工具书室。

在参观访问各大学图书馆的同时，也访问了印第安那大学、奥本尼大学、宾夕法尼亚州立大学和加州大学洛杉矶分校等校的图书馆学学院（系），大部分都是把图书与情报合称而招收其他学科的本科生来攻读学位，是研究生院性质，所以名称多用GRADUATE SCHOOL OF LIBRARY AND INFORMATION SCIENCE，教师、学生人数不多，基本上已摆脱传统内容，使得概述和手工方式操作内容相对缩减而向信息咨询科学转变。如历史较长的奥本尼图书情报学院院长确定其学院重点放在计算机运用、电传通讯和缩微运用等课程上。加州大学洛杉矶分校的图书情报学院是可以攻读博士学位的学院，其基本必修课除采购学、编目学、图书馆管理等传统课程外，还有咨询科学和图书资料服务等，而选修课则有系统分析、图书馆工作自动化和情报科学等课程，造就了大量由供应型服务到选择型服务的高级咨询人员。它们的教学方式主要是上课、实习和专题讨论。在这些学院中，有为数极少的我国学生在攻读学位，各院院长都很关心中国图书情报学教育状况，也希望和我们进行访问学者和学位生的交换和输送，加强彼此间的联系。

对于美国同行的这些愿望，我们也表示将力促其实现。

这次访问的时间较短，访问的馆、系较多，而我的观察力又不够敏锐，所以这一巡礼中的所见所闻实有局限，有些情况从理论上和愿望上是愿意接受而有要求的，但实际上有些在实现上有难度，不过其中有些环节和基本精神还是可供改进工作和制订发展规划参考的。容有认识错误处，希望得到批评。

原载于《大学图书馆通讯》1986年第1期

UBC的亚洲图书馆

　　"UBC"是加拿大知识界常说到的一个缩写词语。它的全文是University of British Columbia，中文可译作"不列颠哥伦比亚大学"，以示与美国纽约的哥伦比亚大学相区别，加拿大的华文报纸把British译作卑诗，而把UBC译作卑诗大学。卑诗大学在加拿大西部一座美丽温馨的城市温哥华市郊，在这所大学的校园西北有亚洲中心大楼，总面积有57750平方英尺。而亚洲图书馆即占用大楼总面积的一半，藏书颇为丰富，尤其是宋元明及旧钞善本藏书令人瞩目。在北美洲的同类图书馆中它排名第十二位，而在加拿大则居于首位。所以温哥华的居民，特别是华人华侨都知道亚洲图书馆的名字。

　　1997年5月，我应温哥华中华文化协会之邀去做"中外文化双向关系"的讲演。5月的温哥华正是花季，到处鲜花烂漫，特别是各种色彩的郁金香，像亭亭玉立的少女捧着一杯杯纯醪，等待着啜饮。卑诗大学亚洲中心中国研究所研究员、老友林天蔚教授留我多住几天，特别推荐我去访问该校的亚洲图书馆，并介绍我与该馆馆长周邝美筠女士相识。周邝美筠女士是加籍华人，待人非常热情，温文尔雅，具有东方女性的典型特点。她很热情地陪我参观全馆，并且为我讲述该馆的发展历史。该馆始建基于1959年，当时有位华人教授何炳棣从澳门购进当地藏书家姚钧石的蒲坂书楼藏书4.5万册。其中包括广东省地方志、大藏经的多种版本、甲骨文片、丛书、古文字资料、清末以来的政府公报以及一些连续出版物等珍贵典籍。

　　美筠馆长为了证实她的介绍，还把当年王伊同为这批善本书书目所写序言复印给我。王序写于己亥六月，当是1959年7月。序中说这批书是广东因经商致富而成为藏书家的姚钧石在澳门的部分藏书，姚氏在广州藏书被毁于火后就集中精力经营澳门藏书近十年，方恢复旧观，因担心再蹈覆辙，便求售于海外，而卑诗大学止谋发展亚洲文化学术，遂由实业界人士宽纳筹资议购，并请何炳棣教授负责磋商议定，于1959年2月将这批书运抵卑诗大学，经过三个月的逐箱典验，共有书4.5万册，14万余卷，成为亚洲图书馆的奠基之藏；对其中的宋元明及精钞善本万卷，尤为珍视，很快就按四库分类，编目成册，备读者查用。正因有这样一个基础，适逢卑诗大学于1960年成立了亚洲系，需要有一座储存亚洲书籍的图书馆，于是把香港大学冯平山图书馆馆长吴冬琼女士聘来主持建馆工作，卑诗大学亚洲图书馆从此成立并且很快地发展起来。

美筠馆长还说，该馆虽然年经费只有20多万加元，但是得到社会各方面的捐献和资助，所以能在短短二三十年中，就具有相当规模。她非常自豪地说馆内所藏有中、日、韩、印尼、印度语系和西藏文的佛经，还有中、日、韩文定期刊物2300余种。社会人士也在大量捐赠，其中如1972年温埠华侨陈焯銮先生曾捐款购进《四库全书珍本》、《甲骨文合集》等；雷学溢先生捐赠自己珍藏的"司徒英石先生藏书"4000册，极大地丰富了馆藏。

这个馆工作人员很少，但服务很周到，不仅对校内，还向校外开放，只要缴纳50加元，就可以持"校外人士借书证"借到除珍本外的其他书籍。由于地理环境的方便，该馆和美国西雅图的华盛顿大学图书馆建立了密切的合作关系，彼此交换借用珍藏书刊，他们有一辆特定载运图书的专车，经常往来于温哥华与西雅图之间，无形中减除经费不足的一些困难，事实上又扩大了彼此间的藏书量。

从卑诗大学亚洲图书馆在不到半个世纪的发展即能有这样的成绩看，主要是社会的关注和该馆人员的努力，其中有许多值得我们回味的内容。这次访问使我久久难以忘怀，衷心祝愿中加文化交流日益繁荣，并希望能再次见到该馆的最新发展面貌。

一九九七年八月

原载于《开卷》2001年10月

非婚生子的喜悦

——祝《河北科技图苑》公开发行

城市里一对情侣，两情相悦到不可须臾离，但或为家庭、或为社会的种种情况所约制，一时领不下结婚证而把铺盖卷搬到一张床上（或共用一副铺盖），美其名曰试婚或同居；乡镇间一双男女或因家庭传代和劳力需要，或被陋习（换婚、冲喜等等）所支配，但婚龄不足，不能领到结婚证，于是邀叔姑舅姨、左邻右舍、支书村长共进婚宴，取得共识人证。不论城乡，旷男怨女扯到一块，难免不出现小第三者。这在法律上称为非婚生子女。他们虽说都享有生存的权利，但人前只有未婚妈妈或爸爸，背后也会被多嘴的人冠以"私生子"的恶谥，甚至不被家族承认，不被户籍登录，无处不受歧视。一旦生身父母排除故障，领到了结婚证，于是名正言顺，可以堂堂正正地做人——报上户口，有了口粮，有了亲情，有了家族和社会地位。非婚生子女常常低着的头，抬起来了，真正感到生存的喜悦。

办刊物似乎也有一段像非婚生子般的经历。主事者为了推动事业，宣传政策，交流经验，团结群众；读者作者向往有块园地，更新知识，发表成果，以文会友。双方的要求发展到非常热烈的时候，但正式登记证不是三年五年能争到的，于是只好先非法同居，把非婚生儿生下来再说，这就是所谓"内刊"（即非正式期刊）；也可能进一步邀亲宴友，总算弄到准印证，虽未获完全合法，也强似一无凭证，颇像农村私下结婚；但总算经过父老乡亲点过头的，不过其不合法则一也，所受不公平待遇则同也，仍属"内刊"之列。"内刊"发行不按印刷品，以信件计算，无不超重，邮费支出高于刊物定价；即使呕心沥血把刊物办得很像样，也无权参加优秀期刊的评比，不能参加统一征订；发表的有质量文章不能作为评定职称的筹码，不能出口海外宣扬中华文化，如此种种，不一而足，活像非婚生子女那样，畏首畏尾，见不得人。

十年磨一证，磨地方，磨中央，磨宣传部，磨新闻局，磨张三，磨李四，步履维艰，皇天不负苦心人，终于有一天领到了像结婚证那样具有法律效用的公开发行证和刊号。这对刊物来说，无异于非婚生子听到生身父母领到正式结婚证时的喜悦。我也曾有过沉浸在这种喜悦之中的感受。十多年前，我曾负责创办《津图学刊》，历时十年，惨淡经营，跌跌撞撞，又经多少双友情之手的支援，才使已长成十岁少年的《津图学刊》得到正式合法身份。当一位朋友透露给我已被批准的消息时，我真是喜而不寐，素无失眠之苦的我，竟然思前想后，辗转反侧，直过午夜才渐渐入睡，而当真正拿到正式登记证时，我几乎忘掉古稀之年，喜形于色地逢人便说，为刊物取得合法的身份欢呼。那时，我唯一的思考就是如何培育这位已有合法身份的少年沿着正确的道路茁壮地成长。

河北省高校图工委主办的《河北科技图苑》是《津图学刊》亲密的战友。十多年来，它们共同为振兴高校图书馆事业苦斗。它们一起在艰难的道路上迈进，有共同的苦乐，又先后获得合法地位。我们创办人有共同经历的艰难，现在又有共同的快乐和痛苦的回忆，并且共同享受这来之不易的喜悦。愿这种喜悦将推动所有高校图书馆刊物紧密团结、共同奋进，成为振兴高校图书馆事业的主要战斗队之一。

祝《河北科技图苑》公开发行，祝《河北科技图苑》日益兴旺发达！

原载于《河北科技图苑》1996年第2期

风雨十五年

《津图学刊》经过十五年的风风雨雨，终于从呱呱坠地的婴儿成长为玉树亭立的少年，作为这一刊物的创办人之一和主编，更具有一种备尝甜酸苦辣，历经喜怒哀乐的复杂心情。

刊物诞生时的喜悦至今难忘，我们庆幸广大高校图书馆人员从此可以不仰人鼻息而自有园地。研究的成果，经验的点滴，都将通过这一刊物而广为传播，让人们不再漠视我们这些掌管信息和知识的人。我们感到沉醉的甜蜜，无比的快乐。

当刊物遇到挫折时，我们苦苦地挣扎，摆脱了种种困境。酸楚和辛辣被我们视为人生的必然而淡然处之。我们的信念是只要《津图学刊》能存在，能茁壮地成长，我们会在所不惜地付出一切。

当《津图学刊》成为正式出版物的时候，我们对这来之不易的承认而欢欣鼓舞。从此，《津图学刊》不再低头赧颜，而将昂首阔步，迈着坚实的步伐向更灿烂的未来前进。

但是，一切的道路都不是平坦的，年检、整顿、评比等给我们带来了多少忐忑不安的日日夜夜，编辑部的人员风雨同舟，竭尽全力，求取完善，让《津图学刊》更健康地长大成人。

在这风雨十五年的过程中，我们并不孤单，有煦煦的春风在不停地吹拂，有炽烈的热情在默默地鼓励。我们有主管单位——天津教委的关怀和支持；我们有坚强的编委会和团结一致的编辑部，同舟共济来战胜一切困难；我们有全市高校图书馆及各馆馆长们做有力的后盾，特别是经济上的慷慨协办；更重要的是我们已逐渐形成一支具有相当水平的作者队伍和比较稳定的读者群，他们是刊物的生存源泉。所有这些，极大地增强了我们对《津图学刊》好好生存的信念，还为

《津图学刊》的层层登高注入了活力。

在这风雨十五年的过程中，我不能不特别提到《津图学刊》的另一位创办人阎英琏女士。她是我十五年来唯一共同走过来的合作者。她以坚忍不移的精神，任劳任怨的工作作风，细致入微地协调各方，共同办好刊物。

当然，《津图学刊》还有不少需要改进和完善的地方，还有急需创造条件，努力不懈去追求的未来。

我代表《津图学刊》向十五年来关心我们，鼓励我们，支持我们的各方朋友致以真挚的感谢，我们更期待在未来的岁月里有日益增多的朋友给以鞭策和帮助！

原载于《津图学刊》1998年第4期

廿年风雨廿年情

二十年，在历史的轨道上只是一瞬，但在人生和事业上却是一条漫长之路。人生之路并不是一帆风顺而会有程度不同的辛酸艰难，但只要敢于拼搏奋斗，终会穿越险阻，昂首前进的。《津图学刊》的事业之路，亦复如此；但它终于从童年、少年走到成年。在二十年刊庆的日子，不仅是我们主办其事的几个人感到难以言喻的兴奋，更给图书馆界的朋友们带来极大的欢乐，因为他们亲眼看到常年呵护关爱的稚嫩绿芽，经过玉树亭立的少年，而即将起步走向参天大树的雄壮。

《津图学刊》之所以能有今天这样的发展，是靠众人捧柴，我们的主管单位天津市教委一直在对刊物浇灌和扶植；各高校图书馆从经济和道义上给以全力的支持；各地的作者和读者经常给以热情的关怀；编委会和编辑部的同仁们则同心协力，风雨同舟。所有这些，都在激励和鞭策我们必须办好刊物。我们的回答只有一个，那就是一定把刊物办下去，办得更好，为图书馆界朋友们坚守住这块难得的园地，在与时俱进的思想指导下力求生存、发展！

作为《津图学刊》的创始人和经办者之一的我，伴随着《津图学刊》的每一前进步伐，有过种种情感上的起伏。我曾因广大图书馆界人员不再仰人鼻息，能有可供自己驰骋的园地而踌躇满志，也曾因刊物的日新月异，总在不断展现新的面貌而愉悦；但我也曾因财力的困窘，人力的不足而仰屋长叹，又因年检、整顿、评估等例行要务，不得不奔走呼号，多方陈说。不过我又很幸运，每当我身陷困境时，总会有不少可资信任和依靠的人士援手相助，从隙缝中拉着我的手走向豁朗，呈现出柳暗花明又一村的胜境。社会也总是一次又一次地把这副重担放在我和我的同事们的肩上。

我已年逾八旬，但我不承认发挥"余热"的说法。我自信我依然具有充沛的

"热力"。歌德曾经说过：人如果从八十岁往后活，那么有一半人就会是天才。诗哲的意思是，八十岁以后的人，大多是经历了无数的风雨晴朗，周历了多少崎岖通途，充满着异味的甜酸苦辣，阅尽了世间百态，终于积累了弥足珍贵的经验教训，那么自然会像天才那样去面对一切，战胜一切。

憧憬未来，看到未来，是人生最大的幸福。"廿年风雨廿年情"，我和《津图学刊》已把命运系在一起。我和我的同事们将不负所有帮助过我们的朋友们的期望。我们亦将倾全力，为图书馆界的朋友们和广大的读者、作者，把《津图学刊》办成更完美，更有特色，更为人们所喜爱的一份学术性的专业刊物！

我和我的同事们深深地感谢二十年来所有对《津图学刊》关爱的朋友们！

写于《津图学刊》创刊二十周年之际，时年八十一岁

原载于《津图学刊》2003年第6期

《津图学刊》卷首寄语

本刊从今年起改为国际16开型，至此已是第三期了。

回顾这三期的内容，我和编辑部的同事都感到较之过去确实有某些显著的变化。首先是作者队伍的充实，有多位在图书馆界颇著声望的老专家为了支持刊物的改版，向我们提供了既有理论深度又有实践事例，既能遵守学术规范又善于表述的论文，值得推荐给读者认真一读，以汲取教益。也有几位中年学者给我们撰写了很有创意的文章，他们受过比较系统的正规训练，具有一定的理论功底，又从事过多年的实际工作，对于前沿问题比较敏感，他们的论述对读者们思考问题是会有所启发的。更值得关注的是一批青年作者，其中在读研究生所占比重较大。他（她）们的一个特点是有感而作，大都是有较长时间的积累，结合读书学习中遇到的问题而写作，写作态度也比较严肃认真。另有些作者具有长期在第一线工作的经验，文章写得实在，如果能再从理论上去认识和概括已有的经验，那文章将会更吸引读者。所有这些作者都是我们办好刊物的支柱，我们衷心期待他们给我们更加强力的支持。

我们也不讳言，在某些已刊发的文章和大量的来稿中，却也存在着一些让我们很难措置的问题。我们很感谢他们的热心。但文章加工量很大，而我们的编辑力量却很小。责编在大量来稿中反三复四地挑选一些可上可不上的文章，送请编委和主编复审，其目的就是想多发现些新作者，但往往是退修者少而不用者居多。我对此十分抱歉，因为我深知写文章的甘苦，未能使作者的文章取得社会价值使我深感内疚。但是保持刊物的应有质量又是我们的职责和原则，因此，只能请求那些作者体谅并寻求再一次合作的机会。

在历来审稿的过程中我们感到来稿中普遍存在着一个文字表达问题（恕我直言，我看到某些图书情报学方面的著作中都程度不同地存在着这类问题），读完全文不知主旨为何，特别明显地表现在标题用字上，十字、二十字，甚至近三十字。凡是标题过长，往往文章散漫，表述不清。其次是炒冷饭的问题，有许多文章常集中到一个题目上，如职业道德、知识经济、服务工作等等人所熟知的问题，内容又多千篇一律，使人无从修改，只好割爱。因此我们斗胆建议：作者，特别是初涉写作之门的作者，要重视选题，题旨要明确，内容力求集中充实，不要漫无边际；谋篇不要过长，要短小精干，言之有物；要有新意，哪怕只有一点；成文之后，请比自己水平高的、和自己同等水平的以及比自己稍差的三部分人看看，提出修改意见；不要急于发表，冷处理一段时间，修改后再投向报刊。这样的文章发表命中率会比较高，我们也期待这类文章在来稿中的比重会越来越高。

我和我的同事们真诚地感谢所有的读者和作者对我刊的关爱和支持，我们企盼着更多的关爱和支持！

原载于《津图学刊》2001年第3期

奉命停刊启事[*]

《津图学刊》，一份学术性的双月刊，将于二〇〇四年奉命停刊！

《津图学刊》自一九八三年创刊至今，已达二十一年。在这二十一年漫长的事业历程中，一直兢兢业业恪遵党和政府的政策法令及一切有关出版规定。从未出现过任何政治性和业务性错误与过失。在历次整顿报刊工作中，《津图学刊》都在主管主办部门与出版部门的关注和爱护下，得到改进与发展。

《津图学刊》在这二十一年漫长的事业历程中，始终得到广大作者与读者的关注与支持。作者不断地提供自己的优秀作品，以丰富刊物的稿源和交流心得与经验。读者热情支持并经常提出需求与建议，致使刊物内容日益丰富，保证从不脱期。

《津图学刊》在这二十一年漫长的事业过程中，得到图书馆界，特别是天津市各高等院校的无私帮助与协作，推动了刊物的改进与完善。从内部准印到以正式刊号发行，从小型三十二开本到大十六开国际刊型，从季刊到双月刊，无不渗透着天津市高校同仁们的心血与精力。

《津图学刊》对所有上述的关注与爱护，都在此表示感谢。在办刊二十年纪念会上，我们也曾表示要为广大图书馆界更好服务的决心，但从二〇〇三年根据中央治理整顿报刊的精神，《津图学刊》因由天津市教委主管主办而列入整顿治理之列。二〇〇三年十一月三日，《津图学刊》奉到天津市治理整顿党政部门报刊散滥和利用职权发行工作协调领导小组办公室根据中央报刊治理办[2003]02号文件精神向本刊另一主办单位天津市高校图工委发出津新出报字[2003]270号"关于对《津图学刊》实行管办分离的通知"称：

---

* 本启事署名为"《津图学刊》编辑部"。

你单位主办的《津图学刊》在此次治理整顿中实行管办分离。

当即由主管单位负责人多次与出版部门联系，并提出施行意见，但未获明确答复。二〇〇四年一月十四日，《人民日报》公布"全国党政部门报刊划转名单"，《津图学刊》又被划转归入天津出版总社。二〇〇四年九月十日，《津图学刊》未经事前任何商讨沟通而受到天津出版总社无编号通知一件，称：

《津图学刊》编辑部：

为了进一步贯彻落实新闻出版总署关于报刊治理整顿的有关指示精神，按照期刊出版管理规定要求，经研究决定停办《津图学刊》。请你编辑部自收到通知之日起停办刊物，并做好有关善后事宜。

对停刊理由与如何做好有关善后事宜，通知中无明确说明。经请示原主管主办单位天津市教委，并遵照教委领导指示，努力做好作者稿件处理与读者订阅足期等善后工作，妥善安置人员。

《津图学刊》原使用有关证号有：

刊号：ISSN1005—8153 / CN12—1237/GZ

期刊出版许可证：津期出证字第1049号

广告经营许可证：1201044000199号

税务登记证：津地税字120104712801260号

以上各证号自二〇〇五年一月起作废，如有盗用和冒用，本刊不排除法律追诉权。

为了使广大读者作者以及关心本刊的有关人士了解本刊停刊原委，特作如上叙述，祈求理解。

别了！经历二十一个年华的《津图学刊》终于奉命停刊了！编辑部以未能为广大读者与作者以及爱护本刊的有关人士守住这一阵地而深感愧疚。我们向您深深地三鞠躬，表示我们最诚挚的歉意！

原载于《津图学刊》2004年第6期

编辑出版

《中国古代编辑事业简编》写作提纲

【编者按】 著名学人、南开大学教授来新夏先生，当年曾计划编写一部《中国古代编辑事业简编》，大概是因行政工作的繁忙而未及完成，但写作提纲尚存。此提纲思路明晰，严谨缜密，从中也可管窥到来先生的治学路数。兹有幸刊载，或许会予后学以启示。

三十多年前，我奉命担任一所高校出版社的领导，为了熟悉这项工作，我将出一条历史线索，准备写一本《中国古代编辑事业简编》，拟定了一份简单的写作提纲，但一直未能成书，而被搁置起来。尘封既久，也就忘却。三十年很快过去，我已年逾九十。2013年秋整理藏书旧稿，发现这份写作提纲，已纸破字残，自忖已无力完成，又不甘放弃，遂稍加修订，或可供有意者参考。

一、"编辑"语词的始见

编辑一词，据读书所及，始见于《南史》卷三九《刘苞传》。苞，南朝梁人，其本传有云："少好学，能属文，家有旧书，例皆残蠹，手自编缉，筐箧盈满。"缉通辑，此编辑二字之连用也。苞在《梁书》卷四九亦有传，与《南史》记事，基本相同，惟缺此论编辑一段，不悉何故？但苞传所谓"编缉"的含意，还不完全是后世所谓的编辑工作。刘苞所作尚限于整理编次和校补写本的讹误脱漏。至于具有收集资料整理编次删削订补的编辑效能，则始于唐代。在《唐大诏令集》中，仪凤元年所颁令制中云："然以万机事广，恐听览之遗；四海务殷，虑编缉之多缺。"这条令制的意思是政府管理的事务涉及面很广，怕只听听看看会有遗漏；天下的事都急着要办，担心收集编次多有不足。这是加强编辑工作的指令。这种要求似与当今编辑工作的含义相去无几了。我认为中国古代的编辑事业也就是沿着收集资料整理成书这样一条路线发展下来的。

二、秦以前的编辑事业

我国最早的编辑事业应始于正式书籍的出现，而最早的正式书籍的形式，就是简册。中国最早一部比较完整的字书《说文解字》对"编"字的解释是"次简"，即对简加以组织排列，使之次第有序。那就是说，将记有人们思想观点的竹木载体编连成册，使之便于流通、阅读与传播，所以最初形态的书籍就已含有编辑的辛劳。由此断言编辑事业是随着正式书籍产生而产生的。那么作为正式书籍的简册究竟始于何时？据《尚书·多士》所记："惟殷先人，有册有典。"这是有关简册的最早文献记载，说明在商代已有以简册为载体的正式书籍，因此可以说中国古代的编辑事业当始于商代。

那么，担任具体编辑工作的有哪些人？据《隋书·经籍志》所载：

> 南面以君天下者，咸有史官，以记言行。言则左史书之，动则右史书之，故曰："君举必书"。

> 下逮殷商，史官尤备，纪言书事，靡有阙遗……诸侯亦各有国史，分掌其职。

这些史官既要纪言书事，必然要对书写材料进行加工，也必然要对前代史官和自己所积累的和记录的材料加以编次整理，直至利用。这些工作主要是由史官来做，所以史官是中国古代最早的编辑。

春秋后期由于生产力的发展，生产关系也随之而发生变化。原来依附于奴隶制领主贵族的"士"分化出来，以其所特有的知识技能活跃于社会。他们四处游说，扩大影响，招徕门徒，创办私学，逐渐形成一个新的、专门从事精神生活的知识阶层——"士"。他们冲破了原由史官垄断典册文献的束缚，出现了私人著书立说的社会现象，为编辑事业的发展创造了新的社会文化背景。

孔子是我国第一个创办私学的人，他教授学生用的课本——《六经》即搜集各种文献材料整理编辑而成。《庄子·天运》篇云："丘治《诗》、《书》、《礼》、《易》、《乐》、《春秋》。"这个"治"字，即含有整理、研究和编辑的意思。清人章学诚在《文史通义》中说："六经非孔氏之书，乃治周官之典也。"可见孔子所做只是编辑工作，孔子应是我国有姓氏可查的第一位编辑。孔子是继承前人所进行的部分编辑工作，而进行了更为全面系统的编辑工作。

孔子的编辑工作有其一定的指导思想。首要的两条是"不语怪力乱神"和"述而不作"。"怪力乱神"不利于当时社会安定，危及统治者利益，所以孔子将其置于不涉及的删除地位。如编辑《诗经》时，就规定"诗三百，一言以蔽之，曰思无邪"这样一条标准，以体现温柔敦厚的诗教精神。"述而不作"是指整理编次已有的资料，而不参入个人的任何文字。

孔子的编辑工作是在搜集大量材料基础上进行的。他编辑《诗经》，是面对搜集到的古诗三千余篇，先"去其重"，把重复部分删除，再"取可施于礼义者"，用政治标准衡量一下，于是编成一部三百零五篇的《诗经》。《书经》也是在搜集到的三千篇文件中，编选了百篇成书。孔子把整理编次好的材料，又按其不同内容与体裁进行编辑。如《诗》按其内容分为风、雅、颂；《书》又按体裁分为典、谟、诰、誓。至于《春秋》，则以其先后因果关系而采用依时间顺序编排史事的方法，创造了编年体的编辑方法。《六经》的编辑，应是中国古代编辑事业的辉煌成就。

战国时期的百家争鸣局面，更给编辑事业创造了用武之地。《吕氏春秋》就是这一时期编辑事业的突出代表作，是秦相吕不韦集合门客共同编辑的一部杂著。《吕氏春秋》分八览、六论、十二纪，共一百六十篇，包罗道、儒、墨、兵、农诸家的思想议论，是杂家的经典作品。书成之后，"布咸阳市门，悬千金其上，延诸侯游士宾客有能增损一字者予千金"。"一字千金"的豪言壮语，正表明这些编辑们的全方位自信。《吕氏春秋》亦成为诸子百家中杂家的标志性著作。其他各家亦经编辑之手，由单篇流传逐渐汇编成一家之言。

三、两汉的编辑事业

汉朝是一个空前的统一国家，在争夺政权的战争中，就注意到了大收篇籍的工作，即大量收集在战火中散失的文献资料。建政以后，高祖刘邦首先组织大规模的国家编辑工作，"命萧何次律令，韩信申军法，张苍定章程，叔孙通制朝仪"。次、申、定、制都含有一定的编辑工作量。这些人奉命为汉政权编辑了法律、军事规章和施政、礼制等方面的书籍，把编辑事业推向由国家主持的地步。

西汉武帝时的《史记》和东汉明帝时的《汉书》是这一时期编辑事业中的代表作。这是两部纪传体史书的首创之作，一部是通史，一部是断代史，都足以垂范于后世。《史记》的作者是司马迁，他继承其父司马谈的遗业，又广收典籍和实地采访所得而编成一部自黄帝至汉武的通史，创造了纪、传、表、书（志）的不同体裁。《汉书》的作者班固，则是接受父班彪和叔班游遗存的资料和图籍，并在妹班昭的协助下，完成了西汉一朝历史的编写。这两部学术著作，都是经过编辑工作的全过程而产生的。

与编辑两大学术名著有同样学术价值的编辑事业，就是西汉末年的刘向、刘歆父子整理国家藏书而编辑的目录学专著——《别录》与《七略》。汉成帝河平三年，著名学者刘向及其子刘歆奉命开始我国历史上第一次由政府组织的大规模图书整理编辑工作。这次编辑工作对保存和发扬我国古代文化起了极为重要的作用。他们在工作中形成一整套编辑方法，为后世所遵循。这套方法的程序是：

1. 分类编辑：将已搜集到的单篇和将要搜集到的文献材料，拟定为六艺、诸子、诗赋、兵书、数术、方技等六类，各类由专才整理。

2. 广备众本：从各方面搜集应予编辑的文献资料，有中书、外书、太常书、太史书等各方来源。

3. 比勘内容：单篇流传，易有残缺异同，相互比照，确定篇次。

4. 确定书名：既成一书，流传书名各异，乃使异名归一。

5. 撰写叙录：一书既成，呈阅时附有简单叙录，刘向又录副本备查，遂成《别录》，其子刘歆据向书又撰《七略》。

《别录》与《七略》二书为最早编制之国家图书目录著述，也是我国古代第一部私人编辑的力作。

东汉后期，编辑事业有所发展。政府增派许多知名学者参与编辑工作，整理编辑经子艺术等图籍，其中的代表人物是蔡邕，最有贡献的编辑事业是灵帝时的熹平石经，这是以蔡邕为首的一批学者，对各种经书流传本，详加校订后的国家统一课本，经上石刊行后的重大政治行动。

两汉也很注重歌谣乐章的搜集编辑，设立专门的乐府，在黄河长江流域采诗，把口头文学编成书面文字，而得到长期保存。乐府活动一直沿袭了下来。

四、魏晋南北朝的编辑事业

这一时期的编辑事业主要在选本的编辑、类书的纂集、佛教文化的汇总和科学著作的编撰等方面。

当时的选本编辑活动，主要有两方面：一是搜集社会流传的风尚和士族生活的宋宗室刘义庆（403—444），搜集大量有关材料，加以筛选，编辑成《世说新语》一书，反映了这一时代的社会风貌，特别是士族的玄谈异行。由于文字生动，故事感人，成为当时选本编辑的代表作，对后世颇具影响，读者群广泛。有好几部后续作品，甚至沿用了这一书名。另一方面是从许多文人作品中选文成书，如梁昭明太子萧统（501—531）选一百三十多位作者的七百余篇文章，编成第一部总集——《昭明文选》。

类书是从各种图籍中分类选出资料，分类编辑成书，是一种便于翻检的编辑方法，肇始于魏文帝曹丕。他在黄初年间曾命"诸儒撰集经传，随类相从"。学者刘劭、王象等人参与其事。分四十部，部数十篇，共八百余万字，命名《皇览》，为后世官修大书的开端。该书已佚，有清人辑本。大类书之编辑踵起，如南朝梁武帝编辑《寿光书苑》、《华林遍略》，北朝则编有《修文殿御览》等，皆依《皇览》遗法。

佛教自东汉时传入，南北朝时已趋兴盛，随着僧人、诸经之交流日增，译经事业蜂起，遂有经录编次。现存最早佛经经录，为梁释僧佑撰《出三藏记集》。"出"者，出版印行之意；"三藏"为佛典之经、律、论三大类；"记"者，各经皆记其缘起、名录、经序和列传等四要点；"集"者，将各篇提要汇成一书，保存了中国译经史的重要资料。

六朝实行九品中正制，社会极重门第，入谱与否，入何种门第之谱，皆关乎个人政治身份之贵贱高低及升迁空间。加以周边少数族内侵，中原动荡，社会高层南迁，为显示维护其社会高层地位，大修宗谱。于是宗谱渐成地方文献之大宗，而为当时编辑事业之一大端。

五、唐宋时期的编辑事业

唐、宋时期，官方参与编辑事业日多，逐渐走向制度化。

唐代确立官修史书制度。唐太宗监修的正史，就有《晋书》、《梁书》、《陈书》、《北齐书》、《周书》及《隋书》等六种。书成众手，自然形成一支有相当规模的编辑队伍。这些编辑人员都受到优遇，所以当时著名史学家刘知幾就说："得厕其流者，实一时之美事。"

唐承《皇览》之遗，类书编辑事业，渐见发展。如欧阳询奉命主持编辑的《艺文类聚》百卷，分四十六部七百二十七目，对前人著述全篇收录，涉及唐前古籍一千四百余种，起到了保存历史文献的作用。魏征也受命组织编辑人员，编辑《群书治要》一书，共五十卷，它从六经诸子中，把自五帝至晋的有关治理国家大事的文献编成。唐玄宗为便于其皇子们作文时检索典故，曾命学者徐坚等编《初学记》，共三十卷二十三部三百一十三目，每目分叙事、事对和诗文三部分，从群经诸子、历代诗赋和唐初作品中选编成书。

宋代文化事业比较发达，编辑事业更加制度化，设置专职编辑人员，承担纂修实录、国史和会要等国家编辑项目。设官定制，编辑有一定规章制度，也是仕途链中的一环。唐宋时期除了大量开展官方编辑事业外，还以政府力量，编辑大部头类书、史书和诗文集等类公私著作，还授权或委托重要官员及著名学者主持大书要集的编辑事业。

宋代则是编辑类书的鼎盛时代。太宗、真宗时代编了四部大书：《太平御览》、《太平广记》、《文苑英华》、《册府元龟》。类书既保存了古代文献，又便于后人利用，把编辑工作与学术工作联系起来，提高了编辑工作的重要性。

这一时代编辑事业的最大成就，就是宋代的编辑史书《资治通鉴》，由宋朝重臣司马光组织了一批优秀编辑人员，编辑了一部上起战国，下止五代的编年体史书，给后世编辑编年体史书树立了榜样。

另外，唐朝的杜佑编辑了一部专讲典章制度专门问题的图书——《通典》。宋人郑樵更在汇通思想指导下，编辑了一部《通志》，其后元代的马端临又编

《文献通考》，与前面两种合称为"三通"，是读书人必读必查的重要用书。清朝学者甚至认为"不读三通，是为不通"。后世又有续编多种，形成"十通"，是古籍中的一大门类——政书类。

诗文集的编辑始于汉，南北朝时体例粗备，至唐、宋文风颇盛，印刷条件也有较快发展，大多由自己或他人编辑诗文集，即目录学上的别集。数量较多，难以枚举。

六、明清时期的编辑事业

这是中国古代编辑事业的辉煌时期，它在大型类书和丛书的编辑事业上所作出的贡献，足以震惊世界。

明成祖永乐六年（1408），一部规模宏大的类书——《永乐大典》完成。全书二万二千八百七十七卷（包括目录六十卷），三亿多字，收古今图书八千种，有经史子集、释藏道经、戏剧工艺等多种内容。上自先秦，下止明初，佚文旧典，借以保存，后来多从此书辑佚。清代从康熙四十年至雍正三年间，编成一部定名为《古今图书集成》的大类书，共万卷，分六汇编、三十二典、六千一百零九部，有一亿六千万字。比《太平御览》丰富，比《永乐大典》有条理。所收资料多为整篇整段，保存了大量原始资料，对后来辑佚、校勘，有提供史源的作用。

清乾隆朝有一次空前的编辑事业，那就是投入人力最多、收录图书最广而编辑的一套大丛书——《四库全书》。全书分著录与存目两部分，有写本八部，分藏南北七阁及翰林院，另写两套《四库全书荟要》分藏宫内摛藻堂和长春园的味腴书屋。四库全书共收书三千四百六十一种、七万九千三百零九卷，分装三万六千三百册。这部大丛书不仅对历来积存文献进行了一次系统的整理，起到了流通和保存的作用，同时在十五年的编辑过程中培养了一大批高水平的编辑，提高了编辑图书的基本技能。对清代编辑事业的大发展有极大的推动作用，主持这项工作的纪昀更是清代的一大编辑家。

辑佚是清代兴盛起来，并有特殊编辑意义的学术领域。它从许多著作中搜寻被征引的佚书片段和篇章而编辑成书，其成就在于谋求恢复古籍的粗略面貌，并在客观上是对清代摧残传统文化的一种对抗。清代著名的辑佚书，如黄奭的《汉学堂丛书》，有二百一十五种；马国翰的《玉函山房辑佚书》，六百三十二种；严可均的《全上古三代秦汉三国六朝文》，七百四十六卷。辑佚书作为一项整理恢复图书的编辑手段，对复原和加大古籍的流通量，起着不可低估的作用。

清代有一项遍及全国的编辑事业，那就是从全国到省、府、州、县、乡、镇等各级政权的编辑地方志工作，一般由当地主官主持，组织当地乡绅文士编写地方志，作为地情书。中国地方志起源早、传承久、品类全、数量大。据一种统计：自古至上世纪五十年代前，共有八千余种，而清代所编辑达80%以上，可谓巨观，从而形成一支巨大的编辑队伍。

清代由于雕版印刷的进展和新式印刷的兴起，所以书籍出版兴盛，集部图书的编辑事业繁兴。个人诗文别集的编辑成书，据近年新编清史的统计达四万余种。总集的编辑，也得到政府的重视，许多有学识的重臣都躬与其事。如康熙四十四年彭定求奉命编辑《全唐诗》，共收唐、五代诗四万九千首，作者达二千二百余人。其他尚有多种，难以枚举。古代编辑事业，至清可谓大盛。

一九八五年秋初稿
二〇一三年秋对文字粗加修改订正

原载于《编辑之友》2014年第4期

回顾与展望

榴花似火的五月是南开大学出版社走过匆匆五年的日子。古人往往喜欢以"白驹过隙"来形容如梭的岁月。我社的五年正是如此匆匆地在繁忙中奔驰过来的。这匆匆的五年所留下的萍踪屐痕处处可掇拾到渡越险阻的辛劳和春华秋实的欢笑。

五年间，我们从几个人、十几个人发展到如今已拥有近五十人而略具规模。我社是一个只有五年历史的新起出版社，它以高校师生、科研人员和自学青年为主要读者对象，这些可尊敬的读者喜爱我社的出版物。他们善意的批评和动情的爱抚不断地给我社注入活力，使我社得以从破土而出的幼苗成长为枝叶扶疏的枝干。

我社在京、津、沪、武汉、广州已建立了一支数量可观、学术上有成就的作者队伍，即以我校而论，22个系、49个专业、12个研究所、129位教授、485位副教授、872位讲师以及一大批博士、硕士研究生都是我们的基本作者。他们以脑力和心血熔铸、凝练成各种专著教材，像母亲以乳汁哺育婴儿那样使我社从默默无闻而成长为在海内外初具影响的出版社。

五年间，我社冲破了言情、武侠、荒诞出版物的险风恶浪，坚持两个效益和配合教学、繁荣学术的经营方针，同心戮力，共出版了301种图书（其中有60种重版书）。我社为21所高校出版了经济、文史、哲学、社会学、图书情报学、理化和数学等学科的60余种教材；同时又有节奏地推出了一些专家学者的专著和为大学生、自学青年所需要的读物。这些图书中有多种获教委和省市级优秀成果奖，有的还被评为畅销书。

回顾这匆匆的五年，不能只停留在流连和感慨，而应该站在新的起跑线上展望未来。

我社今后的出书重点仍将是教材、专著和工具书。教材的注意力将放在填补空白、解决急需方面,力争在短期内协助各院校摆脱油印教材的困扰;学术专著的重点则放在对现实问题的研究成果和有理论创见方面。

大家都了解,目前出版业由于多方面原因而处于一种萧条过渡时期。我社为了迎接这种挑战,采取了以收补歉的方法,一方面有计划地出版拥有众多读者面的知识性读物,以其赢利来补贴学术专著的出版;另一方面我们将尽力协助作者多开辟一些有利于解决出版困难的渠道,以增强出版可能。我社抱着有一点余力多出一本书的宗旨,虽然这将降低我社的经济利益;但学术界和全社会得到的效益却是更大的。我们诚挚地希望作者谅解和理解。

我社将有可能得到国家和学校的资助,在明年建成一座六千多平米的准现代化装备的社属印刷厂,预计1990年年出书量可达160余种(其中新版书近百种,重版多版书60种),约4800万字,使我们有可能以更多更好的出版物奉献给广大的读者。

我们向一切支持、爱护和理解我们的朋友致谢,并希望继续得到支持、爱护和理解。

原载于《南开新闻出版史料(1909—1999)》 崔国良主编 南开大学出版社1999年版

主编职责与总纂技巧

【编者按】 这是南开大学来新夏教授在 1993 年 6 月甘肃兰州市举行的"兰州市地方志主编研讨班"上所做的学术报告,刊载于《兰州古今》(1993 年第 1 期)。

目前北京志的编纂工作已进入编写阶段。为进一步提高主编纂修能力,确保志书质量,本刊特将此文转载,供在工作中参考。

一、主编的素质和要求

首先谈主编的定位、到位问题。

作为志书的主编,他所主持的工作是要编修出一部合乎质量要求的志书。主编,既是一个指挥者,又是一个战斗者;既是一个决策者,又是一个执行者。一身两任,位置重要,所以不能虚位,不能挂名,要定位,而且要到位。一部志书从它一启动就必须有主编,而且一定要到岗到位。从实际看,有些地方主编没有到位,有的没有定位。一种是虚位待贤,等待能力、学识都达到的人来承担;另一种情况是为了搞平衡而难以定出合适的人选。一部志书往往在开始的时候是群龙无首,各行其是,等到一定的时候主编到位了,这时就会形成两种现象:一是尾大不掉,难领其事的困境。各方面都做了,一人一摊,大家都是平行的各路英雄,形成尾大不掉的局面,主编后去,别人先去,主编把谁也不好动。二是为了排除干扰,自己陷身于矛盾之中。主编到位迟了,想改变被动的局面,但已处在早已形成的网之中,矛盾重重,身陷其中。主编不与志书同时产生,就会产生这样两种矛盾。所以一部志书主编的定位是志书的首要工作,主编的到位是志书成败的关键所在。有的地方有主编,但这个主编只是遥领,或者是挂衔,如某某主任、局长兼主编，放在各位之上，是定位，但没有到位。这种遥领形式的挂位比不定位更为不当，因为既然有了主编，那么编定的全过程和编写过程中的一切问题都应该请示主编，而挂名的主编不熟悉情况，难以顾及其他具体事务，所以会发生贻误战机、蹉跎岁月的弊端。这样的状况往往使志书的若干问题虚悬得不到及时解决，以致造成人心涣散，严重者达到一事无成，从而出现再度组班的现象。

主编一定要定位而且到位，这是编好志书不可缺少的条件。如果本地实在找不出一个主编，应该确立主编群，也即主编组，包括几个副主编，有一定的决策权。这种办法可以解决一时之急，但这是一种不得已之举，最好不用这个办法。编定一部志书是非常浩大的工作，如果没有一个最后裁定的人，这是非常危险的。智者见智，仁者见仁，每一个人站在不同的角度都要谈出自己的看法，并且都有一定的道理。所以一部志书必须要有一位敢于承担责任，敢于裁决问题的主编，而且必须是一位能者。主编一经到位，他本身对志书要有宏观控制的能力和具体参与的意识，当主编不是去做官，而是去做事，但他又不是一个编辑，而是担当主编职务，所以既要有宏观控制的能力，又要有具体参与的意识；既要负责整个志书的总纂，也要安排推动分纂；既要主管修志的行政事务，也要亲自参加修志的具体工作。一个主编如果仅仅是宏观地发号施令，不参与具体篇章的纂写，那么他就很难总结写作当中的经验教训，以这些经验和教训来指导全局。如果一个主编不亲自掌握最原始的、最关键的资料的话，他也无法指导属下的编辑来编写并提供帮助。所以，从主编的定位、到位以及他的任务来讲，有八句话："总揽全志，组织力量，亲自动手，指导全局，作出决策，把好关卡，抓住战局，贯彻始终"。主编要按照这八句话来要求自己。

确定了主编，应该形成一种主编负责制，包括：一是对志书负责；二是对领导负责，因为我们的志书是官书；三是对当地的父老负责，因为志书是一方之全史，一个地区的政治、经济、军事、文化、社会、民情等各方面都要在志书中得到一个全面的横断面的反映，在这个地区成长、生活、工作的父老，他们将依靠志书而得到流传，所以志书写得好与坏，和他们有着密切的关系，应该对得起当地的父老乡亲。

其次，谈谈主编应具备的能力。

主编对志书的作用既然这样重要，究竟什么样的人能当主编，主编的条件是什么？对主编是有一个客观的要求，但并不等于每个人都要具备所有条件才能当主编；主编要有他的标准，但并不是完全够了标准才能当主编。这个问题要辩证地理解，有些可以在工作中得到充实，逐渐达到这个目标。

主编至少应具备三种能力。

一种是组织能力。可以分为两个方面：一方面是行政组织能力，应该对志书编纂的行政进行组织管理，包括经费的申请、争取和安排，人员的调配，日常编务工作的安排，这属于行政组织能力；另一方面是业务组织能力，能组织本志编辑人员的工作，组织社会人员的参与，组织专家学者的指导，组织各志的分纂。有些专志要牵扯到好几个业务部门，主编就要很好地协调，组织和安排适合的人做这方面的工作。这些，就是主编的行政组织能力和业务组织能力。

二是攻关能力。志书的攻关非常重要，修志工作是一项专门性的工作，又有很多方面要求人。修志的人自己没钱，要靠财政；修志的人自己不能下达任务，要靠办公厅；修志的人自己不能找人，要靠人事部门等等。所以修志人员必须具备攻关能力，也就是搞好各方面的关系。"关系"本来不是坏名词，"关系学"是社会科学研究的一个重要广泛的领域，研究人与人之间关系问题。现在对"关系学"有着庸俗的理解，扭曲式的理解。"关系学"是研究人与人之间关系的学问。这种攻关能力分三条线：一条是对上的攻关。主编要协调好和上级领导的关系，解决经费和人员的问题，修志自始至终存在着人和钱的问题，出版也要出版费，这就得领导点头，要获取支持。第二条是对志办以外要协调好各口之间的关系，取得有关部门的资料和支持，承担分纂任务。编总志的时候，很多资料都要依靠各口的支持，如果资料提供得不好，就成了"无源之水，无根之木"，如果关系处理不好，各口还会拖拉、敷衍、拒绝，工作就难以进行，所以主编一定要做好和各大口的攻关工作。第三条线是对内部的攻关，这是非常重要的。有的同志很误解，认为对内部都是自家人，大家说话谁也不在乎，其实不然，事实并不如此。大家口头上讲的都很好，实际上一个单位只要有五六个人就会有三种以上的不同意见，尤其修志的工作每个人都学有专长，都有自己的见解，所以对于主编来讲，对内的工作量相当于上面两个量的总和。主编应如何搞好攻关，根据很多主编谈的经验，综合起来看有这么几条：一是知人善任，层层负责。二是作风民主，博采众长，能够广泛听取大家的意见。三是行不轻率，动不伤人，不要一会儿一个主意，使下面的同志不好工作。要深思熟虑，行动不能伤人，不要面责其非，伤了人的感情。四是功推予人，过归于己。当领导要扛得起，出现问题和差错要敢于承担责任，特别是对上、对外，这叫领导的姿态、胸怀和风度。如果一个主编对内做到"知人善任、层层负责、作风民主、博采众长、行不轻率、动不伤人、功推予人、过归于己"，那么他领导下的志办就会成为一个非常和谐、非常融洽的集体，战斗的集体。这是主编的攻关能力。

三是纂修能力。主编一定要有纂修能力，这是最主要的，是他的中心能力。第一，由于主编是纂修志书的主角，他本身一定要有根底，一定要有理论知识。人所共知，志书是官书，这也是中国的传统。既然志书历来是官书，官书就得按官书的要求。封建社会的志书有教化百姓、巩固统治这样一种基本要求，有一套封建的纲常伦理为指导，因此志书中就存在节妇烈女等等维护封建礼治的东西。作为社会主义官书也有社会主义的官书的理论，这就是马列主义毛泽东思想，方法是辩证唯物主义和历史唯物主义。作为主编，应该掌握这个理论的基本原理。第二是具备方志学的基本理论和基础知识。中国的方志，已有二千多年的历史。从战国到宋，基本完备了志书的体例。我们有着丰富的遗产，有不少可以借鉴和依靠的资料。因此对方志发展过程及其不同的论点、历代修志的经验和有关资料、历代编修的体例及纲目等等有一个轮廓性的了解，对二百多年前章学诚的修志理论有一个大致的了解，对我们现在的工作才能有所借鉴。了解旧志的谋篇立章是如何进行的，对我们现在的借鉴也有一定意义。这些作为一个志书的主编是应该掌握的。第三是主编应该熟悉地方的历史与现状，即熟悉地情。修志是修当地之志，是修一方之史，应对当地的天、地、人等各方面的事情、从历史渊源以及整个发展、现状，要了解和熟悉。一个城市最初的建制、所叫的名称、以后所叫过的名称、区划的变迁、地理形势、天象地貌、人文过程、经济发展、政治势态、文化遗迹、名胜古迹、特殊人物等等，作为主编来说，应该了然于怀，谈起来如数家珍。既为当地作志，就必须熟悉当地地情。第四是熟悉专业知识。地方志是综合性的百科全书形态的一套著作，它涉及的方面非常广，既涉及自然环境，又涉及人事活动；既涉及了文化科技，又有政治经济等方面的问题和知识。一个主编应该对它的专业熟悉。当然，要求每一个主编对志书的各方面都了解也是不现实的、不可能的。但主编要依靠各专业的工作者作为他的辅助，完成这项任务。现在编地区性的志书常常遇到的较大难题，一个是地理志，它对天象地理有很多专门术语，如果用得不恰当，要贻笑大方；另一个是方言志，要用国际音标注音，这不是大家所熟悉的，也不是一朝一夕所能熟悉和掌握的东西。这些专业性都很强，作为主编不一定了解这些东西，但应该了解如何解决这些问题。第五是善于吸取已有成果和已有的实践经验。借鉴已经出版的志书，要善于吸取，但不要全盘拿来，应该结合地情吸取已有成果，充实自己的志书。第六是主编要具有驾驭文字的能力，是能文之士。不但要能写，还要能改别人的文章。虽不能全文修改，要进行一些范例性修改，使同志们得以进步，受益匪浅，从而使志书的质量得以提高。有时一大堆东西看来如入宝山，却往往莫知所从，这就需要主编具有驾驭文字的能力。驾驭文字并不是很简单的事情，因为志书对文字要求非常严谨，不像文艺作品可以夸张、描述、绘声绘色。志书不允许作过多的藻饰，文字既要实事求是，有充足史料根据，又要生动活泼，具有可读性。这必须在实践中不断提高。

作为一个主编，必须具备组织能力、攻关能力、纂修能力，所以不学无术的不能干，有学无术的不能干，不学有术的也不能干。主编必须有学有术。古人云："上马擒贼，下马草露布。"要求主编能够具备这样一种文武全才。这也是一个目标。从修志工作来看，主编背后还需要有两个权威。一是行政权威，如果没有行政权威当后台，则只能仰屋而叹；如果有行政权威支持，要人要钱都能解决。二是学术权威，特别是要依靠一些学术权威。这些权威可以对他的知识缺乏部分、业务欠缺部分予以补充。所以说，主编必须具备三种能力和两大权威的支持，才能承担这样的工作。

再次，谈谈主编的气质。

作为一个主编，首先应自觉地认识到自己是帅而不是将，应该有帅的风度，要自己有主张，不能唯唯诺诺。一个很强的主编，对自己的志书应有一个看法，心里有一条线，不能受别人支配和摆布，否则，是不合格的，只能算是唯唯诺诺的一个奉行公事者，而不是一个自有主张、有大将风度的帅才。主编应该坚持原则，坚持马列主义毛泽东思想的指导原则。有闻必录与秉笔直书不是一回事。孔子立《春秋》言褒贬而后乱臣贼子惧。他有一个指导思想，你乱臣贼子，就必然受到口诛笔伐。他并不是有闻必录，有利于封建礼教的这些东西，他录了，不利的就口诛笔伐了。有闻必录是一种自然主义状态，任何一个社会不是纯粹的社会，都是真善美与假恶丑并存的。我们社会主义风气好，但是又有不正之风，甚至于有些地区和部门歪风甚涨，但这不是社会主义本身的要求。我们要求树立正气，反对党风的不正，反腐、反贪。社会上有很多扶危济困的好事，也有很多明火执仗抢劫偷窃的现象。如果有闻必录把这些众生相都记上，那么这本书就成了杂货铺而不是一贯到底的著作。作为主编，应该衡量哪些该入，哪些不该入，应该有一个衡量的标准，坚持原则。司马迁写《史记》，以"诗、书、礼、乐、易、春秋"六艺为标准。我们主编就要坚持以马列主义毛泽东思想为原则。所谓有闻必录，就要录历史和现状的真实。要去粗取精，摈弃某些东西，要有一条指导的线索写出有用的东西，主编要坚持的就是这个原则。这是不容置疑的，也不掩饰、隐瞒。要坚持实事求是，反映历史真实的原则，要看问题的本质主流，而不是讲它的表象和支流。马克思主义的具体体现就是实事求是，我们要求得历史的真实，挖掘历史的真实面貌，让人们得到教育，流传后世，得到启示。在实事求是的原则下，坚持对历史全过程的认识。我们的党和国家政府要求做到既讲辉煌又讲艰辛，不能粉饰太平、只歌功颂德不讲教训。失误是客观的，有些东西是错误的，不应该做而做了。有些主编很有风骨，有棱角，有棱角尽管不大受欢迎，但主编要有风骨有棱角，有些东西才能收进志书，有些东西也才能舍掉。这才叫坚持原则。

主编的气质还表现在严格执行标准上。志书有凡例，这是主编定的，表现主编的思想，体现社会主义志书的方面。这些也是标准，坚持标准叫作"史德"，对人不因其功掩其过，不因其过而没其功。对各级领导的要求，符合凡例的才能做。主编这支笔，是一支惊天地泣鬼神之笔，一笔下去千古定论，这个定论就要看有没有史德。定事写人要不循私情，不媚世俗，执行标准也表现主编的一种风骨。主编还应具备傲骨，人不可有傲气，但不可无傲骨，人有傲气是浅薄之流，但应该有傲骨，敢于坚持原则，坚持标准。

主编的气质还表现在不断修正错误方面，要有勇于承担错误和改正错误的精神，遇到不对的立即改过。主编在前期工作中容易出现心虚，在后期工作中容易出现陶醉。在前期心中没底怕出错，等到成书了，大家一看还不错，自我神采飞扬，陶醉于里，因此他就不能承认不足，这些都容易显出主编的分量。主编应勇于承认不足。

主编要有斩关夺寨的精神和勇气。斩关就是攻关，至少要攻四关夺三寨，要攻观点关、体例关、资料关、文字关；要夺一审、二审、终审这三寨。主编如果没有攻四关夺三寨的精神和勇气就不是一个完整的主编。评审中遇到什么样的问题，不管风吹雨打我自岿然不动。不管什么样的意见都要逐一解决，并把它解决得很好，何所畏惧。所以主编要有攻关夺寨的精神。

二、总纂技巧

主编承担总纂的工作，从总的流程来看有这样几个步骤。

（一）总体规划，分头进行。地方的志书应以市、县、区为单位，下面有很多分纂虽各行其事，并不等于没有人总领其事，作为方志办来说，应该总体规划，然后分头进行编定。

（二）全面反映，贮料备征。总纂时要考虑到志书全面反映行业、地区，如何全面反映，就要依靠坚实的资料，要全面搜集贮备起来。备征，就是准备使用。

（三）考虑志书的类目。一部志书的类目如建筑的蓝图，没有很好的类目就很难把志书搞好。

（四）汇集草稿，精雕细刻。县志分章分编由各编辑人员撰写，他们所写的都是草稿，可以用大笔勾勒的方法写，把内容写出来，但是到了总纂阶段，就要进行精雕细刻，要详加考虑。

（五）出版校订，根绝错误。古人说"藏之名山，传之后世"，这是说古代印刷落后，没有办法出版；现在出版业很发达，要产生社会效应，要提供给社会，让广大的群众接受，就要出版。一部志书往往有三种伤：硬伤、隐伤、软伤，在出版时要根绝这三种伤。硬伤是志书明显的错误，一定要改。隐伤是暗的，一下子不容易看出，特别是年代，原来用农历，现在用公历，旧历年底公历则是年初，如果不注意，就会差一年。还有同姓名的隐伤，也不容易看出来。软伤是指有错误，但也能马虎过去，不够准确，在文字上很容易出现。如果县医药志里有这样一句话："我县能制各种中成药"，这句话经不起推敲，各种就是说什么样的中成药都能制，后来改为"能制多种中成药"则符合实际，这就是软伤，这些往往出现在前期，应及时发现，以根绝错误。志书的总纂要经过这么五个步骤。

总纂的技巧我们概括为以下几个方面：

一要通盘考虑，具有时代气息

我们现在写的志书绝不能有清朝光绪的味和民国几十年的味。我们现在写的志书和八十年代也有所不同，应该有现在时代的气息，包括我们的专业志，以前是计划经济，现在是市场经济。一本专业志，是发展经济建设、投资、立项的可靠依据。如最近东南地区有好几种规模的投资项目的签订，志书都起了重要的作用。外商投资时对有关部门搞的资料，他不大相信，但把志书摆在谈判桌上，有好多专业数据，是几年前就有的，外商一看说中国的志书我们早有研究，是有传统的，现在的志书我们依然相信，于是签订了投资合同。这就是志书投入市场经济的大海中。

过去我们志书的语言用法在现代志书中并不是完全合适，过去某些并不实事求是，如有些抗日将领的功过。另外还有宗族问题，作为血缘纽带，有没有一些积极因素，在志书中如何处理？过去两岸对立得很厉害，互相称为"匪"，随着时代的发展，国共之间称谓也就改变了，称蒋介石，后来又加了先生，叫蒋介石先生，所以我们的志书中也要体现新的东西。尤其是在市场经济的大潮中，应该适合它的要求，如土特产品、地理位置、矿产资源、投资环境等方面，应如何表述，才能适合经济发展。旧的志书轻经济、重人文；现在特别强调重经济，志书中也出现向经济倾斜，偏重经济的现象，文化部分占志书的四分之一，有的五分之一。这种重经济、轻文化的现象对我们民族精神很不利，对悠久的文化历史也不利。现在编写志书，这一部分应该相应增长，"衣食足而知荣辱"，文化道德还是要提倡。中国台湾、韩国经济发展很快，由于文化素质跟不上，现在中国台湾落到第十一位，韩国落到二十多位。在亚洲地区新加坡发展上去了，因其非常重视文化的发展，用人们的文化素质来推动经济的发展。所以总纂的技巧根本问题是要认识到矛盾的实质问题，而不是仅接触一些现象。

二是写好概述

志书中有概述，目前已为大多数人所认同，各地志书中都有概述，甚至于发展到全书、全篇、全章的概述。概述有三个写法：一种是全志浓缩法，把全志书浓缩精炼、高屋建瓴，写六七千、万把字的概述。一种是特点勾勒法，把一个地方的特点，地理状况的特殊，人文的特色，革命斗争的特点，把它要言不烦，大笔简要勾勒出来。一种是分段提要法。有的书有11个大篇，于是写11段，等于把每一篇的要言小句，放在前面组成概述，我把这种写法称之为分段提要法。

究竟哪一种好，目前尚无定论，但一部方志或一本专业志前面的概述应是一地之概，还是一书之概，大家也弄不清楚。有的是概一县之要，看完了概述该县的情况已大概了解和熟悉了；有的是概一书之要，把书中的内容提要一下，这就概成了提要。概述，既是一书之要，也是一地之要，更重要的问题是编志书的人要达到"引而不发"，就是说大家看了概述以后，认为还不够，还要翻原书，如果概述写得很完整，使人看了后再不想看原书，那么，虽然你概述写得很完全，但失去了引导人家看原书的意义，所以概述很重要的一条就是引导作用。都说一点，但不能说透，这就是引而不发。发要发在志书中，概述只能是得其大要。概述最好是不要献策，不允许检讨，如"我们这个地区的经济发展缓慢是因为思想不解放"云云，也不要规划未来。概述的文字也不宜过长，不设章节，应高屋建瓴，一气呵成，读起来如长江而下，得全书之大要，如还想了解，则读全书。

三是写好大事记

大事记在旧志书中有，新志中也有，而且普遍设在卷首。现在大事记中有两个比较集中的问题，一是什么叫大事，一是大事记体例如何？这就需主编掌握好情况，不能一概而论。如沿海地区与内地不同，发达地区与内地不同，开放地区与闭塞地区不同。如天津的蓟县，国家高级领导人、外国的元首都到过这个地区，所以蓟县志的大事记写到元首一级、政治局的常委这些人物来了后记入大事记。江苏山区的一个县把农业厅副厅长的到来作为一个大事，说这里从来没有过厅长更不用说省长了。当然大事不能以级别而论。这就要根据这个地方的实际情况来定大事。从原则上讲，大事应该是重要的历史变革，重大事物的开端，重大的工程建设，重要的科技发明，重要的经济、军事、外事活动，重大的自然灾害。现在我们处在重要的经济建设时期，应该以经济建设为重点，但是在记经济方面的重要变革的同时，绝不能对政治上的大事有所忽视。对政治事件记述时大家普遍感到有困难，从新中国成立以来到八十年代初期"文革"结束，我们经常处于政治运动之中，政治运动在志书中占了很重要的地位。怎么写，写得太多好像我们一直搞政治运动，写得不够又违背了史实，怎么才能写得恰当？而大事记恰恰帮了主编一个大忙，许多问题在大事记中解决，作为一种基本史实记录下来。修志的人对这个问题有一句话：两头好述，中间难记。一头是反右前，一头是十一届三中全会以后，这两头好说，成就辉煌，反右到"文革"是中间，大家不知道怎么写。有的把政治运动写到政权政府类，写到中国共产党这一栏，结果这一栏里的大事都是运动，给人一看共产党都搞了运动没干别的事。这些问题好多同志都在大事记中简要论述，给人知道有这么些事，处理得还好。

大事记在志书中还应该起通贯古今的作用。我们的志书没有贯通古今，除非在沿革部分作一些介绍。我们的新编地方志不是旧志的继续，不是旧志的补编。我们是新编地方志，不可能把历史全部写进去，这样历史部分也要靠大事记解决，大事记又解决了一个贯通古今的问题，看了大事记，使人对本县的历史有所了解。旧志有一个问题，大事记里写一些奇事、怪事，我们新志的大事记也有挪用旧大事记记奇事怪事的现象，如奇胎、怪胎等的记叙，最好不要这样做。

大事记的体例应该是编年与纪事本末相结合，既能看出事件发生的时间，又能把某一个事件的前后本末完整化。有人提出应该把它记在始还是放在末呢？这个问题应该看事件的本身，如果事情严重就可以把它记在开始的年代，反右应该记在1957年，后来哪一年平反哪一年改正，大家一看一目了然。如果是一个大工程就应该把它记在落成的年代。记事产生恶果记在开始，可以看到我们如何对恶果纠正；产生成果记在末尾，可以看到我们如何艰难。这是大事记中很重要的一条，就是编年与纪事本末相结合的方法。

四是处理好篇目设计的问题

从地区来讲有三种方式：大篇小篇专业志，编县志就是大篇、小篇，编市志的就是大篇小篇专业志了。有的县先写专业志，可以独立，是写县志的纲目。市一级工程浩大，是靠专志的总成分卷进行。大篇的好处是总体设计，逻辑性强，但归属比较难。小篇可以反映地方特色，如青州以烟草为主就设烟草篇。也有人认为篇章的设计应该定格，不应随便升格，如果把每一个地方的特色单立篇章是一种升格的行为，违反了定格。我认为志书是人修的，应该没有预先的定格，人是制造格的，不是格束缚人，人制造格不是作为绳索套在自己脖子上。现在编志要创新，不存在升格的问题。如黄土高原就有自己的特点，滨海地区又有其特色。苏州园林就可以写园林志，这样就可以反映地方特色。所以篇目的设置，谋篇立章可以允许大家自行定格，允许突出地方特色，不要千人一面，公式化。

篇目设置的顺序应先自然，次经济、次政治，以学术文化殿后，再附以人物、附录，就完成了整个的篇目。各篇目的设立不但要考虑它的内容，还要考虑它的形式美，各篇之间要有一种形式上的相对平衡，不要三五百字就设一篇，忽大忽小，字数相差很远，不合体例。

五是搜集和运用好文献资料

在搜集资料中，有无、多少、是非、曲直、真伪都关系到志书的好坏，所以一定要有很充实的资料作为志书的物质保证。搜集资料要经过搜集、整理、考辨、利用等多道工序，如果没有正确理论指导，盲目搜集，那么就会埋没于资料当中，不知所措，难以插手，无法选择。志书应以资料为基础，但又不是资料汇编。志是以资料为基础，加以科学论述的地方著述，不是资料的分类编辑的参考书。资料中有一个口碑资料和文献资料的处理问题，写志书以文献资料为主，口碑为辅。口碑资料要得到文献资料的印证，一个人说的不能算数，要反对孤证，志书中应禁绝把口碑资料原文搬入。

文献资料中还应注意一个问题。使用者比搜集者远远要少，使用量远远低于搜集量。如果没有搜集到的大量资料作为基础，也就选不出这么多有用的资料作为记述的依据。搜集的任何资料都是辛勤劳动的成果，不能丢弃，未被利用的也要加以分类和保存。

现在大家往往注意文献资料，忽略数字统计资料。数字资料是文献的一种，在文献学中把数字列为文献的一种。现在志书中的一些数字，如统计局的数字，实用性较大，科学性较差。它有公布的数字，有内部的数字；有向上请求拨款的数字，有向百姓征稽税收的数字；还有一个向外宾发布的数字。种种不同的数字，差距很大。如唐山地震时伤亡很重，统计局按照户口上消亡的数字作了统计，但志书的主编他不相信这个数字，于是派人到各旅店、饭店、宾馆、各住家户了解地震那天的流动人口量，一算多出1.7万人来。所以主编应多动脑子。又如三年困难时期，死亡人数的统计，直接写不好说，也不好看，于是河南的一位主编用1958年到1960年人口变化统计表，一对比正常年人口死亡率、灾害年人口死亡率则说明了这个问题，省去了文字上的很多麻烦，然后在灾情篇中结合一说。这说明数字可以讲许多你不愿意讲的话。现在用数字的方法，最好办法就是画坐标图，画百分比的图，让人看了一目了然，节省文字。所以说图表是志书值得注意和利用的表达方式。

六是关于人物志和人物入志问题

人物是志书中的主要组成部分，当初我们起草条例的时候，讲到生不入传的问题，有很多顾虑，一个是顾虑人的变化，二是防止干扰。生的人怎么入，由谁定，不好定标准；但生不入传，从传一看都是死人，毫无生气，鬼影憧憧。有些地方有所变通，说生不能入传我们可以给立人物简介，不作论定。这种方法适合当前的发展，也可以鼓舞一些人。人物传的标准应该以人对社会正反两方面的作用而定，对社会有所贡献给他立传，留传后世，对社会发展起阻碍作用的人给他立传是让他遗臭万年，这都可以，绝不能有其他标准。现在志书中有劳模篇，但是好多地方和单位的劳模是轮流坐庄，贬低了劳模的价值。有的地方写人物，提出要把县长写上，这个我认为不妥。作为一县之长，兴办水利，发展农业，关心老百姓的生活，做出贡献和成绩，这是他本身的工作，如果不做工作他就不配当县长，而且有些也无所建树，这种以职位入志不是正确的态度。另外就是烈士英名录，这个问题开放前不大注意，开放后发生了变化，有的老兵从台湾回来了。他被俘后被送到台湾，经过一段时间的服役他又回来成了友好人士，结果县志已把他列入烈士英名录。好多县都出现了这个问题。所以关于人物传，主编一定要动脑子，把他核实。

在人物传中一是容易出现多溢美之词的现象，把人物说得非常好，往往过了头，超出了真实。二是演义式，有很多夸张成分，对人物拔高和渲染。三是悼词式，罗列事实，高度赞扬。四是模型式，千篇一律，好像是固定的模式。五是判决式，和街上贴处决布告格式差不多，不加分析，全盘否定。人物入传是一件百世不朽的事，应该严格标准。另外，人物的排列问题，有的以生年为序，有的以卒年为序。如有的地方儿子先死，老子后死，如果按卒年则把儿子放在前头了，这样排序法把许多历史顺序弄混。如有些老的功绩在辛亥革命，你把他排在后生后面，也就把辛亥革命的事迹排在社会主义建设的后面，这样处理显然是不恰当的。

七是处理语言文字问题

语言文字是一部志书的外貌，是给读者的第一印象。现在有好多志书语言文字不够好，有些话因果关系不清，有些话用简称引起了笑话，如户县志中有一句话说"1962年全县成为无盲县"，这就容易产生歧义，是没有文盲不是没有瞎子，志书是要让后人看的，定语一定不能少。注意文字是为了行文的规范，并不是咬文嚼字，所以应该在志书完稿后，看看是否做到了行文谨严完美，清新可读。

八是处理好附录问题

志书一般最后都有附录。现在的附录很杂乱，如有一部志书的附录把志办成立时县委下发的各种文件、任命书放在里面；有的志书中收入了传说，非常古怪；还有一部志书附录中收录袁世凯的姨太太轮班值日。这种做法和想法都是不合适的。附录中究竟应该放什么，应以文征为主，就是文献汇辑，如发现的碑或某一篇重要的文字，或传单，有史料价值这是一类；另一种是旧志的凡例的叙法，有很多可以借鉴；还有当地的诗文，有些很好，在民间流传，可以把它编入附录。在一部志书中题词和人物插图要尽量减少，少到不可再少的程度。有人想搞平衡，实际是越想平衡越摆不平。如有了县委书记的照片就应有人大常委会主任的，也应有政协主席的、纪检书记的，不好摆平，干脆一个不上，题词也如此。县志的字数最好限制在100万字左右，主编要精简文字，在不影响内容的前提下尽量简要，不要劳民伤财。

以上讲了两个大问题，即主编的职责和总纂技巧，都是自己多年来的看法，借兰州这次主编研讨班谈出来，供参考，以便共同研讨。谢谢大家！

根据录音整理，未经本人审阅

原载于《北京地方志》1993年第4期

我喜欢的编辑

作者和编辑是对手，也是伙伴。我曾经根据亲身体验，总括二者的关系是"互为衣食父母"。作者是编辑的稿件资源，而编辑又是作者成果问世的平台。合则两利，不合者俱伤。我爬格子至少五六十年，接触的书刊编辑也不下数十人，较亲近的也有二三十人。在这二三十人中都有过十年以上的交往，对他们的编辑工作，有喜欢的，有不太喜欢的。我的选择标准在三个方面，即约稿、改稿、发稿。

约稿是作者与编辑接触之始，我不喜欢约稿时，催促甚急，等稿到手，就漠然处置，如石沉大海。约稿时口头上是随作者立意，实际上心中自有主张，不合心意，或未趋时尚，或没有什么经济效益，即使学术价值甚高，也往往"留中"，等待时机。我喜欢的编辑，则是约稿时最好互相沟通，了解彼此的意图，甚至建议命题，以免作者空耗精力。编辑收到稿件后，最好尽快提出裁决意见，免得作者期待多日，杳无音信，等也不是，另投也不是，进退维谷，难定行止。我曾向本地某晚报投稿，二月有余，毫无音信，我即转投日报，五天后即刊出，不意次日晚报也刊出，同一地区，同一题目，时间间隔又如此之近，颇似一稿两投，实由编辑搁置，令人尴尬。

改稿是编辑的中心工作，我对此不持绝对态度，不像张中老那样决绝——"宁退毋改"。张中老说的"毋改"，是毋乱改。编辑有时由于缺乏某些领域的专业知识，或时代相隔度较大，互不理解，把作者原意改反了。我喜欢编辑能用心审稿，做好改稿工作，不要只停留在改"的地得底"上，不要不核对就信手"批改"引文，不要不尊重老作者的行文习惯，而随意改用时尚语言，更不要把作者的某些思想火花视作非主流而大肆斧削。我曾写过一篇有关钓鱼岛问题的短文，在结尾一段中涉及日本军国主义游魂的警示，在某报发表时，被编辑全段删除。事先既不通气，事后也不说明，使全文成为残篇，作者意图被阉割，颇近于"强奸民意"。我喜欢有些编辑慎重改稿的态度，他们尊重作者，除了按规范改订标点和错别字外，如遇重要改动，总与作者商量，取得共识，特别是题目的改订，有时的确是点睛之笔，令人叹服。如我曾应邀为北京大学古文献研究中心所编《美国图书馆藏宋元版汉籍图录》写序，题目仅在书名前加一"读"字而已，显得古板笨拙；在发表时，编辑将标题改为《一部域外珍善汉籍的流传图史》，既吸引了读者的视线，又突出了文章的内容，改得真好！

发稿大多是对编辑工作而言，但却是书稿面世前的重要阶段，其中或许还应包含一些作者的话语权。如在发稿以前，有的编辑就简单地按照退回的清样照发，没有再重视作者的改动处。至于二审、三审，很多是走过场，写上几句不疼不痒的话，甚至只表示画圈同意，以应付三审制度。我喜欢在交清样后，编辑还能浏览一遍，看看作者是否认真校对过？自己对作者的建议是否被接受，或作者尚有异议。作者在清样中的新增文字是否必要和恰当？对作者不接受或有疑议的文字是否能再沟通，共求图书的完美。在出版时最好由责编在书的折口上写点提要，既以表达编者的见解，亦可供读者做导读。书稿编辑将编排清样与作者见面，似已成常规。但对装帧封面，作者往往没有机会表达意见。有些学术性著作，但编辑自作主张，弄个花里胡哨的封面，还饰称时尚，使作者啼笑皆非。有些编辑则非常敬业，尊重作者，出版前与作者交流封面设计方案，以及设计理念与内容是否隐合等等，甚至将封面小样请作者过目，共同树立一个书前好形象的双赢效果。

我所说的喜欢与否，只是从个人感觉的视角看问题，也许是偏见，也许是过时，而且也是就事论事，不伤及与编辑朋友们几十年的友谊，希望我的编辑朋友们不要对号入座。

原载于《文汇读书周报》2013年1月11日

老编辑寄语

二十多年前，也不知何种机缘，我被任命为南开大学出版社的首任总编兼社长。我的编辑出版经历不深，只在二十世纪五十年代初，做过一份名叫《历史教学》月刊的轮值责任编辑。这次上任以前，我思考、回忆了好几天。当时校长亲自送我赴任，我在全体人员会上发表了"施政演说"，提了几点要求，也作了一些承诺。直到现在，还依稀记得大要，冒昧地和年轻一代交流沟通。

当一个编辑不能只停留在编稿，而是要做全天候编辑，要了解从约稿到出书的整个流程。当时南开社正在草创建设时期，招收了几位编辑，为了让新编辑能成全能，我规定头一年的编辑要在各部门过一遭，从选题、约稿、审读、写审读报告、设计版面到校对、发行、写简介和书评，无不让他们亲历其事。当年或有怨言，认为琐碎，但二十多年后，小编辑成了老编辑，却常在怀念当年老社长给他们的这笔财富。因为他们知道各环节的要领和甘苦，工作中便能明事理、共和谐，不会跟人扯皮，人们自然很喜欢这样的编辑。

当编辑不能只就事论事，只要会处理稿子就算合格。我要求他们不能只当技术编辑，而要争取当学者编辑。编辑是手段，不是专业。编辑技能三两个月一实践就会，但应有一门专业、多门杂学奠基。编辑要开阔眼界，所以我承诺编辑应该参加学术性集会，一则了解学术行情，提高书稿质量；再则接触学者，物色选题，构建作者网。编辑不要当收购站的收购员，坐等人家送货上门，而是要当采购员，看准作者，组织稿源。

编辑定选题，要依靠学术信息，看准潮流趋向，要考虑经济与社会两个职能，而以社会职能为重。不要只想编保证赚钱的书，不注重学术质量。只想自己编的书畅销，可多得提成奖金，不想编有价值、细水长流的长销书。不要每出一本书，好像狗熊掰棒子，随掰随丢，再版量微乎其微。这样既难坐享良性循环的赢利，亦难创造品牌。碌碌一生，无所作为，充其量是个编辑熟练工。

编辑约稿要用两只眼，一只看名家名作，一只看普通作者。编辑高手往往从一般作者中发现佳作，甚至帮助某些作者从稚嫩走向成熟。许多前辈有名作家常感念发现他们的编辑，有些知名编辑也常倾全力帮助一位作者成功。可惜现在已经很少听到这方面的故事了。

编辑审稿一般都喜欢动手改稿，我不太赞成。编辑应该少动手而多动脑。因为一则写书的人多是这门学科学有专长的人。负责任的作者，至少爱惜自己的羽毛，所以不大有硬伤和错乱，而且思路也一贯（个别混饭吃的除外）。编辑也许自以为是，随意改动，反帮作者倒忙。我主张编辑要学会看全局、看思路、看主题、看文字，如发现有些不妥处，约作者商榷，请作者自己动手，编辑最好只作些技术处理，如设计版面、疏通文字、修订标点（一般作者多不注重标点）。对于不合格的稿件，纵然有关系、有市场，也应双手奉还。

收稿前，编辑要通读全稿，因为断断续续看很长时间，所得往往是片段记忆，通读则可获得这本书的完整概念，让自己在学术和知识上得一大收获，博观约取，为走向学者型编辑铺垫道路。最后清校样对红，是最后一道质量关，是挽救错误的最后一道门槛。当年我们是铅排，常有碰乱字盘的可能，现在虽用电脑胶片，但也有出错的几率。注重质量要贯彻始终。出书以后，要帮发行人员了解这本书的主要内容，哪些是亮点，哪些是卖点。自己要写简介、书评，也要写编辑手记，记工作得失，以便改进。

说来说去，当一名编辑的确不容易，要和作者、管理部门、出版部门、市场营销、读者反馈多方面接触。一个好编辑如没有宽容的度量和超人的睿智是很难得心应手的，也只有如此，才能造就学术兼备的学者型编辑，也只有这样的编辑多了，才能使文化事业正常发展，使中华文化源远流长。二十多年转瞬过去，我的那把椅子已经五易其主，各有各的想法，各有各的施政方针。与时俱进是历史发展的必然，我不对当前的举措说三道四。但我认为二十多年前的老生常谈，还是值得怀念的。人人懂得寻求记忆，那会进步得更快！

原载于《编辑之友》2009年第2期

编辑苦乐

1946年，抗战胜利的第二年，我从大学毕业，有朋友介绍我先后到《文化月刊》和《文艺与生活》杂志去当助理编辑，这是我编辑生涯的开端。但为时较短，只干了半年，接触到一些有关编辑方面的知识和技巧，很感乐趣。因为得到的是未曾有过的新鲜事物，学到许多不熟悉的文化技巧，一切不以为苦。

二十世纪五十年代，有几位历史界的学人办了一份同仁刊物——《历史教学》，他们都年长于我，因为知道我当过编辑，邀我参加编委兼值班编辑，每三月一轮。那时还是铅排时代，值班编辑从组稿、编辑、排印、校对、发行等一系列工作都要熟悉，都要体验，一共干了十年，对铅排工作可说已经掌握。这十来年可说是有苦有乐，跑印刷厂，改一次稿，谨慎小心，尽量少改和不影响版面，否则牵一发动全身。交稿过程中，要为作者核对引文出处，要使版面悦目，要保证不误刊期等等说不完的苦楚；但当刊物出版，编辑是第一个读者，拿着尚有油墨香的新刊，看到自己经手制作的成果，不禁有些飘飘然，翻来覆去地要看三四天，把此前的各种辛苦都忘却而自我陶醉。尤其是为了核对作者的引文，在作者所注出处的引导下去查对原典，又可读许多原著。这十年里，我读过许多我应该读的书，开拓了眼界，丰富了知识，增长了智慧，真感到当编辑的快乐，享受了无穷的乐趣。我期待有机会再当编辑。

二十世纪八十年代，政策落实后，我被任命为一所名校的出版社社长兼总编辑，那是刚建立起来的新单位，事务繁杂，我亦事必躬亲。在大气氛的激励下，我想尽力把事办好——组织队伍，建立部门，选题约稿等等。虽然是书籍的出版，与编刊物有所不同，但有些环节还是可借鉴既往的。我训练新来的编辑人员必须各部门轮转一遍，熟悉编辑业务和技巧，对工作要严肃认真，要多读书，鼓励编辑参加学术会议，了解学术信息，把自己锻造成一个编辑家而不是编辑匠。

当时编辑们叫苦连天，感到负担重。但等他们渐渐成熟长大，在业务工作中，善于协调各部门，吃得了苦；在编辑工作中不辞辛苦，虽说核对订正作者引文苦些累些，但借此也充实了许多。他们感到对什么事都能轻松自如，感到了乐从苦中来。我干了两任后，虽说苦乐兼尝，但能培养出一批编辑家，也感到无比的欣慰而乐在其中。

二十世纪九十年代，出版界进入一个以计算机进行编辑的机排时代。一时计算机被人顶礼膜拜，甚至有位高层领导公开宣称图书馆都可以不设，只要有电子阅览室，就能网罗天下，助长了废书不读的风气，从而也使编辑人员失去了读书的良机。每天只是数字数行，引文最多在机上核对而不回归原典，不用很久，形成束书不读的习惯，以致文字笨拙，思想贫乏。一切依靠计算机，连个审读报告都写得艰涩难读，对文稿也只能改点"的、地、得"的用法和标点的略加改易，对文稿内容无发言权。时间一久，必然感到空虚苦恼。一个理应具有学术素养，为人提供精神食粮的编辑却与书日益疏远，天长日久，逐渐走向编辑匠的前途。这究竟是苦，还是乐？值得深思！我不反对机排的进步，"机"的作用，为人减少负担，但不能"因机废书"。真正的撰著，不妨利用"机"作为查询资料的途径和手段，而回归原著，将会带来对原著的引文准确、理解恰当的效果，自己又能得书香的涵育，提高学术素养，做一个合格的编辑家，不亦快哉！不亦乐哉！

原载于《编辑之友》2012年第7期

《林则徐全集》与茅林立

　　林则徐是中国近代史开端时期的重要历史人物，是海内外共钦的民族英雄，也是现实生活中的一位能员干吏，不仅有躬行实践的政绩，也有大量留存于世的文献可供研究，历来是中国近代史的研究热点，特别是自上世纪五十年代以来，由于政府的关注，学者的研究，后裔的努力，林则徐研究成一时风尚，开过无数会，涌现出无数研究者和研究群体，写出了不少论文，搜集了大量资料。林则徐的个人著述也相继以奏稿、公牍、日记、诗文成书出版，虽然中华书局出版过《林则徐集》，但因"文革"干扰，未能搞成全集。1995年，在一次林则徐学术讨论会上，各地学者提出了重新编纂《林则徐全集》的呼吁。次年，经多数专家学者公议，成立全集编委会，邀请部分高校、各地社科院和社会有关人士参加，启动了编纂工作。

　　启动之初，首先遇到落实挂靠单位问题。最初鉴于林则徐的历史地位和社会声望，大家认为由福建人民出版社承担编委会日常工作为宜，但由于至今我们也不尽了然的背景干扰，这项任务终于落到海峡文艺出版社身上。海峡社派了一位年轻编辑茅林立来当全集的责编。编委们虽然不便明言，但都有隐忧，这么一个小社，这样一位年轻编辑，能够担得起这样的重任吗？能够将全集出好吗？我为此曾和林子东大姐商议过。她对茅林立了解得多一些，非常真诚坦率地对我说："小茅为人，踏实肯干，只是经验少些，我们多帮些，让年轻人历练历练。"我相信子东大姐，于是事情就这样定下来。《林则徐全集》历时六年，终于在2002年9月正式出版问世。全集包括奏折、文录、诗词、信札、日记、译编等六部分。另有书法专卷，共四百余万字，图文并茂，装帧精美。全集出版为林则徐保存了较完整的本身文献，令海内外民众仰望景行，使研究工作进入更深层次，更高境界。这些成绩，虽有众人拾柴之功，但责编茅林立的敬事而信，恪尽职守之劳，则是极为重要的一环。

　　人们熟知，编纂委员会只是一个议事决策的机构，编委也多是社会上的忙人，不可能亲手操办具体搜集编纂事务。我是编委会召集人之一，在与小茅相处六年的过程中，接触较多，经常有书信往来，所以我对他的了解也较多，认识也较深，自以为有资格来评说小茅对全集的工作。

小茅在接受这项任务时还很年轻，我和他也是初识。他为人质朴勤快，勇于任事。他把杂乱无章的一堆旧稿作梳理检核，包揽了所有与全集有关的事务。他不轻易打扰编委，即使非请教问题，或判定异说时，也在来信中以一种非常歉抑的态度，详尽地叙述事情的内容，提出自己的看法，要求对方给予指导，使编委们都很愿意回答他的提问，甚至往返商榷。

搜集资料是非常艰巨的任务，小茅几乎跑遍与林则徐文献有关的档案馆、图书馆和博物馆，经过若干艰难曲折的途径，搜求到大量资料，常常发现历来都没有注意到的资料和文物。他往往把这类喜讯函告给我，共享快乐。如果遇到某些阻碍，他也毫不灰心，想方设法，达到目的。对方有始而刁难，终为其诚心感动而为他开绿灯者。经年累月的广采博收，使《林则徐全集》的内容，超越前人的质与量，为全集的编纂奠定了基础，开辟了前进的坦途。

大量的资料需要考证，小茅不轻信所谓原始资料和专家定论，而是凡有疑点都细心考订，有时也向编委和专家请教，有些还订正原来专家著述中的差错。据我所见，他对全集的考证，约有百余处，增强了全集的可信度。嗣经编排整理，全集内容和范围大增，共收奏稿及清单1232件、信札1060件，特别是增入译编卷，收录经林则徐认可和润色的译作6种，为前此所未有。

六易寒暑，全集终于在2002年8月编竣，完成了全集的全部编纂工作。在2002年8月下旬定稿会前前后后，各方的意见汇总到会上，编委的不同看法，又颇多争议。小茅以其诚朴谦抑的态度，奔走磋商，调节斡旋，终于使会议圆满结束，完成一部几近完整的《林则徐全集》。

《林则徐全集》的完成，虽有各方的努力，但最辛苦、最操劳的是小茅。他不仅是林则徐研究者的功臣，更为出版界树立典型。他磨炼了自己，成为注重两个效益的出版家，完成了由初识林则徐到林则徐研究专家的转变。他不仅为海峡社争得声誉，还为学术界充实文献库存。真诚地希望他能百尺竿头，更进层楼，把编纂林则徐全集的精神行为贯彻到底。望九老叟，拭目以待，小茅其勉旃！

二〇〇九年除夕迎米寿之年写于南开大学邃谷

原载于《炎黄纵横》2011年第7期

陕甘宁边区出版业的发展

陕甘宁边区不仅是抗日战争时期最大的解放区，是中共中央和中央军委领导全国人民进行抗战的中心，同时也是马列著作和党的报刊书籍出版中心。

陕甘宁边区的出版发行工作早在边区政权未正式建立以前就有一定的基础。1935年10月中央红军到达陕北后，大部分地区还未建成巩固的根据地，但政府报刊仍坚持出版，各种出版机构仍坚持工作。1935年11月25日中华苏维埃临时中央政府机关报《红色中华》复刊，由铅印改为油印，版面由八版改为四版。中央印刷厂、八路军印刷所用石印设备出书印报，中央发行部、红军大学发行科坚持图书报刊的发行工作，甚至还发展了新的编辑出版机构，如西北青年救国联合会筹备会成立了青年知识社编辑委员会，除在《新中华》（《红色中华》的改刊）开辟《青年呼声》副刊外，还出版了《革命故事》、《列宁故事》、《大众哲学》、《通俗经济学讲话》等几十种大众读物，并建立青年书店负责发行青年知识社的图书与各种报刊。许多文艺团体，如中国文艺协会、人民抗日剧社总社都有自己的出版机构，并编辑出版团体刊物。

抗日战争时期，陕甘宁边区的出版业在中共中央出版发行部的直接领导下，出版、发行了各种书籍：有大量的马列主义经典著作，如《共产党宣言》、《社会主义从空想到科学的发展》、《法兰西内战》、《哥达纲领批判》、《德国的革命与反革命》、《共产主义运动中的"左派"幼稚病》、《社会民主党在民主革命中的两个策略》、《列宁选集》等；有毛泽东在抗战时期的所有著作、文章；有为适应党内在职干部学习的需要而出版发行的党内读物如《马恩列斯毛论共产党》、《农村调查》、《党的建设》等等；此外，还有大量的政治、经济、文化等方面的书籍以及普及读物、教科书、识字课本等，如《大众哲学》、《通俗经济学讲话》、《高尔基社会论文集》、《妇女问题讲话》、《救亡歌集》、

《世界知识读本》、《国难群众游戏》等。

陕甘宁边区的出版业中报纸杂志的出版发行工作是重要的组成部分。除江西瑞金中央苏区创刊的《红色中华》报改版为《新中华》报外，陕甘宁边区还出版了《群众报》和其他一些报纸。1941年5月16日，中共中央机关报《解放日报》正式在延安出版。这是解放区第一张对开铅印日报。《解放日报》出版代替了《新中华》、《解放》等报刊，成为中共中央的重要宣传阵地。

原载于《海南日报》2009年7月27日

（天津）油印抗日报刊

　　1937年7月7日，日本军国主义者挑起卢沟桥事变，揭开了中国人民全面抗战的帷幕，陷中国人民于腥风血雨之中。29日，天津沦陷，我们全家在日寇飞机轰炸和扫射下，逃难到租界。开始寄居在意租界亲友家，因住房仄陋，难以久住，原来在新车站的旧居也为炮火所毁，而战局恐亦非一时半会儿所能解决。几经辗转周折，全家终于在法租界绿牌电车道教堂前一条名叫益德里的胡同里，租到一间住房，开始托庇于另一个帝国主义法国管理之下，以苟全性命。

　　大约快到旧历年底的时候，有一天清晨，我忽然在对着后门的窗台上发现摆着几张报纸。我偷偷打开窗户，又看看无人进出，便把这沓报纸拿进来，只见是几种油印小报，多是十六开本，各刊版数不同，有多有少，有一张正反四版的，最多的一份是四张十六版。刊名虽已记忆不清，但大都有抗战含义。内容主要是通报战况，像是从收音机中录下来的，有中央社的，有路透社的，也有美联社的。有胜利的喜讯，也有战败的消息，但战败有时用"转移"字眼，如说中国军队经过与日寇激战后转移到某地，如果按地图追索，则是撤退。油印刊每天都有，但有时刊种不一，基本是免费，有时刊上也写定价，我即放点钱在窗台上，也会被收走的。过了旧历年，这类报刊一直在送。我很好奇，总想看看送报人是谁，我曾起过几天早，但窗台上就已有油印刊了。有一次我有意在天蒙蒙亮时，就在窗帘后头偷窥，只见一个短打扮戴着齐眉破草帽的男子，把小报放在窗台上，一闪身就走出后门，我赶紧绕出后门，但已看不见送报人！这些默默的抗战人，可能在彻夜刻写印制后，就分头投递，给闭塞窒息的人们，送来一丝亟待知道的或喜或愁的消息。我真诚地感谢这些不知名的真正中国人。祝福他们平安。

　　油印小报的内容很丰富，刻印的字迹也很工整认真，印制也很用心。当时我正在读中学，同学间偶尔偷偷地交流小报消息，互相补益，但从不带小报到校，怕惹是非。每天家人都看完，就撕碎放在煤球炉烧掉。我真后悔当时为什么不留存一份，作为抗战另一战线的珍贵见证资料呢？我对油印小报的具体情况，知之甚少，尤其是由于当年政治上的幼稚，还不知道政治背景之说，只要是抗日，就拥护，就钦佩。近年来很想写点文字来慰问曾冒风险，传送信息的新闻战士，我曾努力搜寻有关史料来全面了解天津油印小报的全貌，但所获不多。直到最近，我求教于天津地方史专家、天津政协文史办的杨大辛兄，方使我得知天津油印小报的概貌。大辛兄推荐两篇文章给我。一篇是乔多福所撰《抗战初期天津地下出版的抗日报刊》，文中概括了当时地下报刊的形式说："这些秘密出版发行的抗日报刊，形式多样，有大报，有小报，有日刊，有周刊，半月刊或月刊，还有特刊和号外。限于条件多数是油印的，少数是铅印或石印的。"作者还统计了自天津沦陷至1938年底天津出版发行的三十余种报刊的名称说：

《实录》、《长城》、《吼声》、《大报》、《匡时》、《抗敌》、《火线》、《红光》、《大众》、《解放》、《灯塔》、《妇女》、《文摘》、《突击》、《电稿》、《牺牲报》、《小公报》、《炼铁工》、《华洋新闻》、《中华日刊》、《生存日刊》、《生存周刊》、《时事纪闻》、《抗日小报》、《新闻报》、《大华报周刊》、《中山旬刊》、《小益世报》、《讨倭月刊》、《北方周刊》、《前哨周刊》、《宣传工作指导》、《高仲明纪事》、《张雅轩纪事》。

就这三十余种刊名来看，当时地下抗日报刊，已呈相当繁盛之势，也反映敌占区民气之激昂。另一篇是由香港人士史馥所撰《天津沦陷后出版的〈纪事报〉》。此文集中记述当时颇有影响、极具规模的一份抗日报刊的总面貌，内容相当详尽。《纪事报》全名是《高仲明纪事》，高仲明显然是个化名。它在天津沦陷后的五十天即1937年9月在法租界创刊，坚持办了两年多。它由《大公报》编辑顾建平和《益世报》编辑程寒华等四人在极其艰险的条件下编印的：从偷听电台，连夜刻印，到凌晨发送，整整一个通宵。这是一份日出八开四张的报纸，两面刷印成十六个版面，可容万字左右。创办时不过十几份，但很快赢得读者，发展到几十份、几百份，直到近千份，是众多地下抗日报刊中极具代表性的一种。它报道了平型关战役，武汉、南京、上海等地的战况，以及台儿庄大捷等消息，还刊发有关文告，宣传抗日，抵制投降，对坚定民众信心，激励民众斗志等都起到重要的作用。

　　这些地下抗日报刊的主持人、编者、刻印者和发行者，虽然其政治背景有所不同，但他们抗日宗旨是一致的。他们在险恶的环境和艰苦的条件下，日日夜夜在为宣传抗日鼓舞民众而辛劳工作的意志和勇气，是值得表彰的。特别是在纪念抗战胜利60周年之际，更不能忘怀另一条抗日战线的战士和他们所做出的事业。可惜，很长时期这些业绩未能有更多的文字记述。我想这种地下抗日报刊绝不是只有天津一地，而天津的具体情况恐怕也远不止此，甚至有些当事人已旅居海外。我真挚地祷念海内外有更多的知情者能提供资料，更希望当年的有心人能提供珍藏多年的实物，以充实、填补抗日战争史和中国新闻史上特殊的一页。

原载于《中华读书报》2005年9月7日

天津出版印象[*]

天津市目前拥有出版社14家，其中1家综合性地方出版社、8家专业出版社、2家高校出版社、1家社科院出版社、1家电子出版社和1家翻译出版公司。从总体上说，天津市出版社类型比较全面，包括综合、文艺、教育、科技、古籍、音像、美术、专业画社、少儿、电子、翻译公司、社科院及高校出版社。

令人遗憾的是，天津虽为全国四大直辖市之一，可出版业在全国业内的地位和影响力，却难以与之相匹配，即使与江苏、辽宁、广东、湖北等兄弟省市相比，无论是现有出版社的数量、规模、实力，还是发展速度与态势等方面，都显现出较大的差距，与北京、上海这两个传统出版中心相比，差距更是明显。以"九五"期间全国图书出版资源分省区市配置状况为例，就地区而言，华东（不含上海）、中南是出版业相对发达地区，进入前百位序次的出版社分别有16家和17家；在出版总量前十位的地区，华东有4个，中南有3个。根据统计，北京（含中央级社）、上海、江苏、山东、辽宁、广东、湖北、四川、浙江、湖南、陕西等能够进入出版大省，北京（含中央级社）、上海、重庆、河北、江苏、广西、山西、辽宁、安徽、云南、湖南、海南、湖北、山东、福建等可以列入出版强省行列。在不均衡发展条件下，全国的图书出版中心和出版物流中心的分布，北京、上海作为2个传统的出版中心，继续保持稳定的地位，以2+6方案看，加入南京、沈阳、广州、武汉、成都、西安等6个出版业较发达的城市，则是相对合理的。反观天津，天津市的出版社只占同类社的3.57%，占同类市场份额的2.29%，列第十九位；在同期对出版大省及出版强省的排序中，都没有天津的位置。

---

[*] 本文发表时署名来新夏、徐建华。

如果对天津出版业再多一些了解，还能发现更多的问题。

缺乏影响力

这是对天津出版业最直观的感受。具体而言，就是缺乏有影响力的图书和出版社。为了了解津版图书在全国的销售情况，我们选取了中国城市图书销售排行榜（2004年10月第4周）、全国图书阅读指数排行榜（2004年9月、10月）、《新京报》国内图书排行榜（2004年11月12日发布）和京、沪、穗图书销售排行榜（2004年3月、9月）等六份榜单作为依据。

中国城市图书销售排行榜，是全国14家大型书城的销售统计，其中，津版图书共8次上榜，且6次上榜的是同一本书，即天津人民出版社的《清醒纪》，而上过榜的出版社也只有天津人民出版社、百花文艺出版社两家。同时期，长江文艺出版社共上榜17次；北京的出版社则上榜24家，图书上榜共计72次。

全国图书阅读指数排行榜9月、10月的两份榜单中，津版图书10月榜上有名，天津人民出版社的《清醒纪》和《玉兰花开》两本书分列第五位和第十位。

《新京报》国内图书排行榜中，这两本书依然上榜。因为考虑到出版的周期性，我们还特意选取了2004年3月的京、沪、穗图书销售排行榜进行比较，发现三地的榜单上也都只有同一本天津人民出版社的《同学少年都不贱》上榜。

在了解津版图书全国销售情况的同时，也不能忽略对出版社的关注。我们选择了出版社传媒报道指数排行榜（2004年9月、10月）和2003年中国部分出版社知名度排行榜作为参照。比较之后发现，在这两份榜单中，全国前十位中都未找到天津市出版社的身影。而在2003年中国部分出版社知名度排行榜中，仅找到天津人民出版社一家，位列第四十九位。在前四十八位中，北京的出版社有37家，上海5家，辽宁2家，浙江、南京、湖北、广东各1家。

排行榜不能说明天津出版的所有问题，它只是冰山的一角。排行榜以畅销书为准，而畅销书是出版社市场影响力、知名度的重要指标之一，也是一个出版社策划能力、业务流程、加工制作水准和市场营销能力的重要体现。因此，通过畅销书这一侧面，可以窥见这个出版社的经营理念和市场运作能力，而这也正是出版社的生存之基和生命之源。

从上述的榜单中，虽然我们可以找到津版畅销书的身影，但数量少得无法令人兴奋。这很大程度上反映了天津出版社在畅销书生产上的薄弱，在市场化运作上的欠缺。上榜的名次和数量，也是一地出版社影响力的反映，由此可见天津的出版社在全国的知名度和影响力还很有限。

缺乏规模优势

天津既没有组建出版集团，将散落在各出版社的优势整合起来，也没有一两家特别强的出版社，对周围的出版资源形成很强的吸纳能力。无论是天津出版的整体实力和各出版社的销售码洋，都是偏低的，所生产的图书在全国市场上没有多少亮点，也没占多大份额。从1999年开始，全国陆续出现了上海世纪出版集团、广东省出版集团、北京出版社出版集团、辽宁省出版集团、中国科学出版集团、中国少年儿童新闻出版集团等集团军。2002年4月，中国出版集团也宣告成立。

虽然在集团化建设过程中，也存在着许多问题。这些问题，是发展中出现的问题，不能只看问题不看发展。就一个国家的出版业而言，其国际竞争力和发展水平，很大程度上是由这个国家的大型出版集团决定的，而我国目前缺少的也正是这种具有强大竞争力的出版集团。对于一个城市来说也是如此。面对各地的集团化建设，天津的反应似乎过于平静。天津的出版社虽然种类齐全，但是数量少、规模小、经营分散，在与实力雄厚的大型出版社或出版集团竞争时，就处于劣势，甚至边缘化。据悉，2005年，天津也将组建出版集团，起步晚了不是坏事，至少可以其他出版集团为鉴，少走一点弯路。

落后的根本原因是观念

天津出版业受旧体制的影响比较深。但天津并没有独立于国家的整个出版体制之外，大家所处的环境是大同小异的。所以，过分强调旧体制的约束，会忽略天津出版人自身存在的问题，自己应负的责任。天津有深厚的历史文化积淀，有雄厚的学者和文化人群体，为天津的出版提供了良好的资源环境，但天津的出版做不大做不强，甚至还落后，根本原因就是人脑的问题。比如长江文艺出版社，他们积极吸纳出版界高手加盟，扩大出版规模，在北京、上海等地均设立图书中心，市场化、企业化的起点很高，成功摆脱了原有体制的束缚，获得了丰厚的回报，提高了长江文艺出版社在全国出版业的影响力。《新周刊》"2004中国阅读贡献榜"中，长江社被评为最大年度贡献和最具人气指数的出版社。相比之下，天津目前尚没有一家出版社表现出这样的运作手笔。

天津离北京很近，这是好事还是坏事，是地域优势还是地域劣势？如何将京津两地的出版资源互动运用？天津出版业应该对自身作一个基本的判断和定位。说起来，天津与北京都是直辖市，但就出版资源而言，天津与北京差距甚远，在出版界的地位，与"地方出版"无异。现在，只要是有一点想法的地方出版社，都在往北京挤，争夺北京的出版资源，远在广西的广西师大社、接力社，在北京的分支机构，已经发展成为颇具实力、业绩斐然的出版实体。反观天津，与北京近在咫尺，却没看见有谁在北京这个广阔天地里大有作为，令人遗憾！

原载于《出版广角》2005年第3期

我与南开大学出版社

——贺南开大学出版社 30 年社庆

1984年8月，我被任命为南开大学出版社首任社长兼总编辑。当时，我已是南开大学图书馆馆长和图书馆学系主任，懵然不知为什么又加此重任，以致引起一部分喜欢评说和窥伺者的多方猜测，并深挖查寻我的幕后。结果是一无所获。我想这也许是落实政策后的一种补偿。

我到出版社时，出版社已经从学报编辑部和中文系等单位调集一些人员，搭起了班子，但领导层人员一直未配齐。时经一年，我方到任，出版社才算完整齐备，开始正常的运转。当时我已承担着两个实职职务，既又受命，只能尽力去做，先从掌握"大政方针"入手——健全机构、制定规章制度、引进人才、策划选题等工作。先已到任的支部书记兼副社长崔国良先生很积极配合我，主动分担了日常行政工作。崔先生是由中文系调来，为人耿直豪爽，遇事直言不讳。虽然脾气有些急躁，但心中不存芥蒂。领导层的无间合作，成为办好社的重要保证，在此基础上，一切措施将会顺畅推行。我和崔先生的合作直到我1992年任满离开出版社。这是我在任期内保持平稳发展的关键所在。

没有规矩，不能成方圆。草创时期制定规章制度，是十分必要的。大家由不同单位调集一起，不能各吹各的号。如何凝聚力量，为同一目标奋进呢？我在到任之初，就先将出版社定位为学术性兼经营性的机构，避免在建社之初，就瞩目在"钱"上。我首先决定建立社务会制度，每月召开一次，由社和部门领导组成，汇总各种意见和建议，经过讨论和协商，共同做出决定，以体现集体领导和上下沟通的意愿。根据当时出版社的经济状况，我提出"小有余"的经营方针：出书要有学术含量，要取得经济上赢利和社会良好效应，既要出畅销书，以维持全社的生计；又要有长销书，以提高出版社的社会声誉，维持长治久安的发展。在我的任期内，出版社正处于初创时期，虽然人少力薄，但办社目标基本达到，而且没有出过一本被评审为"不良读物"的书。

人才是建社、建好社的重要资源。一个新建单位，仅凭各方人力支援是不够的，必须更多地引进人才，加强培训。所以当年规定：凡是新到社的编辑人员必须周历出版社的各个部门，轮流顶岗。这样，编辑可以了解到各环节的甘苦和彼此衔接的流程，可以避免产生某些不必要的误解。为了提高编辑素质，我要求编辑人员每年选择参加两次社会上的学术活动，以便编辑了解学术前沿信息，及时抓住好选题和合适作者。这可能是我在建社之初，工作中侧重编辑而忽略行政人员培训的缺点。虽然领导工作各有分工，但我还是有一定责任。听说当时和以后，行政人员有所抱怨，是应该的，至今我对此事还心有歉意。

选题是出版社的生命线，有好选题就有好书，就能产生双效。因此，我非常重视选题，规定每季度开一次选题会，讨论和筛选选题。我的思路是以编辑工作为重心，所以选题会只有与编辑工作相关的人员参加，甚至连分管行政的领导都不能参加选题会和干预编辑事务，当时曾引起部分人员的不满。这是我办社时一件自以为得意，但却是颇为偏颇的做法。不久，我意识到这种做法不妥，但没有公开承认改正，而是渐渐有所变动。选题的来源不外两途：一是作者主动来稿，这是作者看得起这家出版社，二是编辑向作者邀约得到的选题。我赞成前者，因为出版社主动性大，而后者必须审慎，否则一旦稿子不称意，则很难处理。当全稿交来出版社后，编辑就将承担其职务中的中心工作——审读和编辑。我很迷信"编辑不是作文老师"的说法，不能只停留在改稿中。我曾向编辑强调，编辑不应只改错字、语法和标点。要发现优秀作者，培养后学成熟，要宏观全局，微观细节，以醇、疵比例来确定该稿是否采用。如有需改动处，当与作者商量，最好请作者自己动手，编辑只是最后的通稿。一审后的二、三审是保证书稿质量水平的关键，虽只抽查部分，但应认真审阅，能从滴水看到大海，由此来确定书稿的优良等级，可惜多年来只剩下一种流程，用以符合三审制而已。

事业初创，诸事艰难。当时，我社位于全国高校出版社前列，为了保障实力增长，我对出版社的行政工作，比较注重财务进出，管理较严，在财务上实行"一支笔"。我在收入上，始终贯彻"小有余"的方针。在经济结构上，学术与经营并重，以畅销书的赢余补助学术性较强等长销书的不足。对日常用途，则比较苛细，可能也遭到有些人"抠门"的疵议。当时，为了树立廉洁办社的形象，对员工生活的改善和提高关注不够。至今反思，我未免"左"了点，缺乏对现实的更多考虑。

我认为一个单位不仅要有和谐的气氛，更要有良好的风气。因此，我对员工违反职业道德的行为，都认真严肃处理。有一位副总编辑和一位编辑室主任曾利用职务之便，除在他人书稿上挂"著者"之名外，还"分润"这部书的稿酬。事后被原作者举报，经我核实后，通过组织程序，让他们离社，另行安排。其间虽有人说情，包括学校的个别领导，都被我婉拒了。这一举动对全社员工，特别是新到社的年轻人，有所警惕，为以后良好的社风奠定了初步基础。

南开大学出版社在不够平坦的道路上走过了三十年，自我离任后，至今已更迭了六任社长。虽然由于客观条件的影响和主观性格的各异，每一任都显现不同的办社风格，但走发展道路的总方向一直未变。我因享高年，得以伴随出版社走过这三十年，虽然眼见它的发展、成长，但终究限于所见所闻不足，难做出全面恰当的评说。我只能回忆我主持工作那几年的所作所为，忠实地叙述。是耶？非耶？留待他人讲论。"人去政声后"，我很注重离任后同仁们的评论，因为那是无顾忌的实话。在我离任后很久，有一位女总支书记说到我在任那几年为"来新夏时代"，以示与他人的不同；又有一位资深编辑至今犹念念不忘当年各部门轮训的效应。我的人生宗旨是：我在我所处的时代，尽力做好我应做的事。同仁们的真情评论，对我是莫大的激励。我感谢所有爱我、支持我的人。我更祝愿南开大学出版社在未来的岁月里，能沿着正确轨道，发展得更兴旺，更有好名声。

二〇一三年四月下旬写于南开大学邃谷

原载于《南开大学报》2013年5月31日

互为衣食父母

—— 贺中华书局百年

中华书局成立于1912年，至今已是百年老店，在中国出版界是与商务印书馆并称的双子星座之一。它的经历与绩效，在中华书局95周年纪念时出版的周其厚所撰的《中华书局与近代文化》专著中已有详尽的记载，这里就不再赘述。

我与中华书局的接触，早在读小学时代。我读过中华书局出版的修身课本和《小朋友》杂志，从那时起就已认识了中华书局至今尚在使用的局标。中学时代读过中华书局版的若干图书，因为那时只有中华书局、商务印书馆和世界书局三家是人们认可且熟知的。它们有课本、有读物，而我读得较多的是中华书局版的书。我也渐渐知道中华书局的创办人和经营者陆费逵和舒新城的名字，我常称陆费逵为陆先生，后来有位老师告诉我，陆费是复姓，不能称陆先生而应是陆费先生。大学时代，我专攻文史，而中华书局又以文史著述为主要出书范围，所以我读中华书局的书更多些。但这些只是一种读者与书局的关系，没有任何人际交往。

我与中华书局真正有人际交往是在上世纪五十年代后期。那时，中华书局正在筹划出版《林则徐集》，而我正在研究林则徐的生平事迹。中华的副总编辑赵守俨是我读辅仁大学时的师弟，他让手下把由中山大学编的《林则徐集》全稿送津，请我审读。年余审读结束，我亦借此搜集了一些重要资料，结合历年积累的有关林则徐的资料，编成《林则徐年谱》初稿，等待进一步充实修订。不意1960年，我受到政治审查，教学与科研的权利被剥夺，社会活动受到禁锢，我和中华书局刚刚开始的业务联系亦中断。直到上世纪七十年代末，社会终回轨道。我在下放农村几年中所写的《目录学浅说》被中华书局接受，收入一套历史丛书中。

同时，我编订的一部地方志论文集也由中华书局出版。从此，我和中华书局的交往日益增多，一直延续至今。

在这些较为频繁的交往中，我和中华书局的领导李侃、赵守俨以及许多位编辑由相识而熟悉。我每到北京，总要到中华书局王府井大街旧址小憩交谈。当年一些老编辑总谦抑地说，作者是他们的衣食父母，没有作者的支持，他们就无事可做了；我则认为作者如果没有编辑，作者的著作只能藏之名山，无出头之日，所以编辑也是作者的衣食父母。渐渐地，"互为衣食父母"就成为我们的共识。其中，我最常去的地方是崔文印先生的办公室，我和崔文印先生谈得最多，因为他重听，杂事少，能坐下来畅谈。交谈的内容也多围绕着我的写作计划。我向崔文印先生谈过我在增订《近三百年人物年谱知见录》和撰著《清人笔记随录》、《书目答问汇补》等书，他都表示支持，甚至表示即使退休也要当《书目答问汇补》的责编。其间，中华书局有点人事波折，许多学术著作被搁置。即使如此，崔先生在我毫不知情的情况下，为了我的著作出版，屡次陈言，甚至写书面报告力争。直至书局恢复正规，我的著作被列入选题，我才知情，听后深感情意。

我的另一部学术工具书《近三百年人物年谱知见录》在上世纪八十年代初即将定稿时，赵守俨师弟即曾邀约在中华书局出版。中间因经办人的处理失误，才由上海人民出版社出版，当守俨得悉后，非常遗憾，一面向我致歉，另一方面再次约我，如果日后增订，一定要在中华书局出版，表现出一位出版家敬事而信和对作者尊重的真诚，可惜后来这部书由中华书局出版时，守俨师弟已英年早逝，令人唏嘘。中华书局的继任领导人李岩为争取实现守俨的遗愿，曾亲自出面与数家出版社领导折冲，终于使《近三百年人物年谱知见录》（增订本）在中华书局落户，实现了守俨师弟的夙愿。中华书局为一位普通作者的一部普通著作，两代领导人信守诺言的精神，当今已不多见。"互为衣食父母"的共识，得到更真实的体现。

从上世纪八十年代至今的三十多年过程中，我和中华书局联系频繁，与中华书局人的交往密切，"互为衣食父母"的精神日益彰显。中华书局有些业务上的事多有所咨询，我的著述亦多由中华书局出版。回顾这三十年间，我在中华书局出版过《目录学浅说》（初、再版）、《古典目录学》、《史记选》（初、再版）、《三学集》、《皓首学术随笔·来新夏卷》、《清人笔记随录》、《近三百年人物年谱知见录》（增订本）、《书目答问汇补》和点校的《阅世篇》、《清嘉录》等。一个作者在一个出版机构能在三十年间出十多个版次的著述，也算是少见的。我不能不感谢中华书局领导的扶持，更感谢各位责编：陈抗、柴剑虹、崔文印、李晨光、张继海、陈志刚、张荣国的难得友情和认真负责的精神。我的学术成长与中华书局是密不可分的。

中华百年，值得庆贺。"百"是中华民族祝愿吉祥的语词，百岁是人瑞，百尺竿头象征事业的大展宏图，中华书局在头一个百年做出对中华文化应有的贡献，是中华文化向前发展的一股动力。预祝中华书局在第二个百年继承前此的优良传统，多出学术著作和普及文化读本，在第一个百年的基础上更显辉煌！

二〇一一年岁暮写于南开大学邃谷

原载于《书品》2012年第1辑"庆祝中华书局百年华诞专栏"

祝《天津记忆》百期

　　《天津记忆》是天津报人王振良君和他的几个志同道合的朋友们自筹经费，合力创办的一份民间刊物。2008年冬，始创之际，我曾应振良之请，为题刊名，一直使用至今。并不时为刊物写稿，刊物亦曾为我出过几期有关我的人与文的专册。彼此契合无间，我当算与这份民间刊物有过相伴共舞的岁月。

　　这份刊物于不经意间，已经走过三年百期的历程。不仅自具特色，而且已在民间刊物这一行业中异军突起，具有一席之地，成为不少人所喜爱的读物，我亦为之瞿然而喜。这几年的过程看似轻松的快速过去，但它的艰难坎坷也为办刊人所备尝。即使我偶尔听到振良等人的辛苦，也不禁为之扼腕。

　　这份刊物虽只是32开五六十页的小册子，但它有自己的特色。它以记述天津的人、事、文、物为主要内容，尽量挖掘搜求津门的往事陈迹，举凡先贤时彦、风土人情、语言物产等等，无所不包。这不仅使津门旧事显扬幽隐，也因此吸引更多读者了解本土事物，增进乡土感情。

　　这份刊物不仅供一般阅读，而且自创刊以来就注重刊物的文献性。他们一面编刊，一面深入社会调查，发现许多被掩没的重要人与事，大都有根有据，备陈始末，缀辑成文，信而可征，可以说为天津的地方文献开一大史源，增强了这份刊物的文献价值。更有值得注意的是，他们将其中文献史料价值较高，数量较丰，在当时具有一定社会影响而至今渐被遗忘的人和事，组织专题讨论，邀请专业人士，共同研讨，及时发行专刊，如对北派通俗小说名家名著的研讨，曾引起海内外人士的关注，这在民间刊物中是不常见的。

　　这份民间刊物自创刊至今已达百期。"百"是中华民族吉祥语词中的最高期望值：长命百岁是对生命绵长的祝福，百年好合是对婚姻美满和谐的期待，百尺竿头是对事业兴旺发达的期盼，百里挑一是对出众人才的赞誉，那么刊物百期无疑当是前进路途中不容忽视的里程碑，是值得回顾，值得记忆，值得思考，值得研究的前进契机。我真诚地希望在事诸君能不为既有成绩所陶醉，亦不因一些偶然的缺失而沮丧。加强动力，更建新猷，为民间刊物的方兴未艾，做出自己对时代的应有贡献。

二○一一年十月下旬写于邃谷

原载于《天津记忆》第100期（三年间·百期行旅纪念集）　文津社编　2011年11月印行

祝《开卷》百期

今年是改革开放三十年，正好是《开卷》出版百期。这不是偶然，而是必然。没有改革开放，《开卷》不仅办不起来，即使办了，亦到不了百期，它会在不同理由的借口下被叫停。而《开卷》竟能寿延百期，真是《开卷》之幸，亦为学人文士之幸！

"百"是中国人最喜欢的一个字眼，人活百岁称"期颐"，被多少人艳羡，尊为人瑞；孩子落生被人祝祷"长命百岁"；参加各种考试，总期盼门门百分；男女结婚，有句常用的贺词是"百年好合"；描述人生的奋斗历程是"百里征程"；一切行事都能圆满成功是"百发百中"、"百无一失"；誉人出众是"百里挑一"；繁荣学术文艺的好政策是"百花齐放，百家争鸣"，还有数不尽的好字眼如"百尺竿头"、"百战不殆"等等，连二十四史的最好版本都名"百衲本"。由此可见，《开卷》百期是多么宝贵啊！

我从《开卷》创刊那期起，就深受《开卷》编者董广文先生的青睐。期期获得赠阅，我也期期从头看到尾，因此我是最忠诚的读者之一。我衰年变法，时喜舞弄小块文章，成稿有寄《开卷》者，一则报李，再则不受种种"官刊"程式拘束。因而又是《开卷》的作者之一。读者、作者，一身二任，关系非同一般，我又焉得不有所献言哉！

《开卷》的一大功绩，是作者群广泛，称得上是"群贤毕至，少长咸集"，既有不常动笔的耄耋知名人士，也有不见经传的后起之秀，各行其道，各说各话。既能聆听故人往事的历史声音，也能感受当代的新鲜时尚，有所评论，也能各抒己见，有评有说，不落空套。我若一时兴之所至，挥笔成文，既可自我愉悦，又能供人鉴评，属于双赢，何乐不为？

《开卷》的又一功绩，是起了文献征存的用途。其人其事，看来不是什么惊天动地的大事，但历史往往靠细节编织。百期《开卷》，分门别类，多可自成体系，积存文献资料，令人得一完整概念。尤其册尾以子聪署名的记事，以开卷为轴，辐射各方，单独条目固不见出奇，积少成多，乃成文坛学界之大事记要。求真求实，弥足珍贵。《开卷闲话》（一称《开有益斋闲话》）和四册《我的（书房、书缘、笔名、闲章）》等成书，便是明证。

百期《开卷》，应当尚属少年，但已是玉树风姿，日新月新，茁壮成长，自在意中。我们期望它二百、三百以至七百、八百期，绵延不断地出下去。我很喜欢于光远先生对开有益斋所写的一句题词："它比我们任何人都活得长久得多。"我也借这句题词来祝贺《开卷》的百期。

原载于《我的开卷》 蔡玉洗、董广文编 译林出版社2008年版

我与《博览群书》

从小就爱读书，但"博览群书"这一词语，却是十多岁时，从一位中学国文老师谢国捷先生那里听到的。他刚从辅仁大学毕业，风流倜傥，出口成章，颇受学生爱戴。他的话像金口玉言那样被奉为经典。从此以后，我就把"博览群书"作为读书的目标，见着书不管内容讲什么就看，为我后来号为"杂家"奠定了基础。稍长，读了一本《颜氏家训》，有句话大意说：读书未遍，不可妄加雌黄，更加引起我对"博览群书"的追求。但一直忙于工作，只能利用余暇，零星地读些应时需用的书，与"博览"相距日远。

上世纪六七十年代，我接受政治审查十八年，形式是"内控"，类似软禁，不能参加社会活动，不能出头露面，不能教政治性强的课（由教中国近代史改教写作）……无疑给我一种良好的读书机会。一是我必须不时写点小文章，作写作课的范文，无意中加强了我的笔墨；二是我可以不参加听反修报告，不参加学习，在家闭门思过，除了用一天时间写检查外，都可以看书，于是夜以继日地、略有目的地读大量书，还写了两三部著作。我开始真正懂得"博览群书"的意义和作用。群书的丰富内涵，帮我度过漫长无奈、遭人白眼的日子，挫败了躁气，一切泰然处之。

书看多了，就想看看有关书的序跋和评论，于是常找一些有关书的报刊插花似的浏览。今天看这，明朝看那，直到《博览群书》这本侧重书的专刊在二十几年前问世以后，我就专一地订阅了它。常常凭借《博览群书》的推介找书来读，对个人读书起到导读作用。偶尔也写点文稿寄去，蒙编者青睐发表，对自己又是一种激励。前几年曾受聘为编委，每期赠阅，于是阅读《博览群书》便成为自己读书的日课。

既受聘为编委，就想多尽点责任，所以这几年在《博览群书》上发表文章较多。仅就记忆所及，就有《漆永祥与江藩研究》、《一部可供历史实证的图像册》、《读〈关于罗丹——熊秉明日记摘抄〉的札记》、《藏书家文化心态的共识与分野》、《图书馆人的再塑造》、《〈鲍廷博年谱〉序言》和《漫话读书》等多篇。有些读者曾写信给我，表达自己的看法，使我内心十分愉快，因为能借此与读者互动。所以，我认为《博览群书》既是作者与读者共同耕耘的园地，又是彼此交流沟通的乐园。在我们这样一个文化大国，不能没有这样一份与书相关的刊物。

今年12月是《博览群书》的300期。300期不是个小数，折成年有25年，也就是四分之一世纪。我从《博览群书》中读到许多推介好书的文章，也引导我按图索骥地去找某些推介的书读，实际上也是督导我多读了许多应读的书。在2008年第4期上，我读了沈津写的一篇有关《日藏汉籍善本书录》的文章，因为我和沈津先生、《书录》作者严绍璗先生以及文中涉及的人士都是旧识，所以就到图书馆去查对，增加了许多知识和了解到驳正的理由，有利于日后对《书录》的使用。邵燕祥兄写的《游民文化拉杂谈》（2007年第10期），对王学泰先生所著《游民文化与中国社会》作了推介，引导读者去读王著。我读过清人笔记数百种，其中记述游民资料较多，但未曾理出头绪，得邵兄指点，读了王著，确是一部有分量、又善论辩的好书。这篇书评，诗人邵燕祥按意在诗外的路子，写出意在书外的书评，为书话创一新格，而行文中忽隐忽现的闪亮，又令人深思回味，浮想联翩。止庵先生的《关于郑振铎》（2007年第3期）虽然文字不长，但对犹在大多数人记忆中的郑振铎的怀念，不仅大笔勾画郑氏的写意形象，也引起我重读文中引录的郑氏遗作。冯英先生的《关于"非卖品"——〈东北义勇军概况〉》让我这粗知大略而长期不清楚实况的人，得到一种很大的满足。因为是"非卖品"，所以介绍得详尽些。而且注明原藏者黄炎培和现在入藏于鲁迅博物馆，便于人查找。这本人人想读的好书，虽然"非卖"，也能寻踪而得。好文章引出的好书，的确太多。我只能就记忆略举一二，借以祝贺《博览群书》的300期。我虽于2009年退出编委会，但我永远是《博览群书》的读者和作者，因为我真爱这份刊物。

原载于《博览群书》2009年第12期